法律文书论丛

法律文书论丛

Development and Innovation in Legal Writing

法律文书
革故与鼎新

马宏俊 ■ 主编　袁　钢 ■ 副主编

北京大学出版社
PEKING UNIVERSITY PRESS

图书在版编目(CIP)数据

法律文书革故与鼎新/马宏俊主编. —北京:北京大学出版社,2018.10
(法律文书论丛)
ISBN 978-7-301-29913-5

Ⅰ.①法… Ⅱ.①马… Ⅲ.①法律文书—研究—中国 Ⅳ.①D926.13

中国版本图书馆 CIP 数据核字(2018)第 219390 号

书　　　名	法律文书革故与鼎新 FALÜ WENSHU GEGU YU DINGXIN
著作责任者	马宏俊　主编　袁钢　副主编
责任编辑	王建君　王欣彤
标准书号	ISBN 978-7-301-29913-5
出版发行	北京大学出版社
地　　　址	北京市海淀区成府路 205 号　100871
网　　　址	http://www.pup.cn　http://www.yandayuanzhao.com
电子信箱	yandayuanzhao@163.com
新浪微博	@北京大学出版社　@北大出版社燕大元照法律图书
电　　　话	邮购部 010-62752015　发行部 010-62750672　编辑部 010-62117788
印　刷　者	北京溢漾印刷有限公司
经　销　者	新华书店
	650 毫米×980 毫米　16 开本　22.75 印张　434 千字 2018 年 10 月第 1 版　2018 年 10 月第 1 次印刷
定　　　价	76.00 元

未经许可,不得以任何方式复制或抄袭本书之部分或全部内容。
版权所有,侵权必究
举报电话:010-62752024　电子信箱:fd@pup.pku.edu.cn
图书如有印装质量问题,请与出版部联系,电话:010-62756370

保证司法公正,不断提高司法公信力(代序)

  保证司法公正,不断提高司法公信力,是党的第十八次全国代表大会确定的推进司法改革的目标。司法公信力不仅可以反映司法赢得人民群众信赖的程度,更是衡量司法改革成效的一个重要标准。为实现上述目标,人民法院建立了审判流程、庭审活动、裁判文书、执行信息四大公开平台,以司法公开倒逼司法公正,而裁判文书的释法说理不仅可以化解当事人之间的矛盾,也可以提高人民法院的司法公信力。

  因此,探索法律文书学建设、研讨法律文书已经成为保证司法公正、提高司法公信力的重要环节。《易经·杂卦》有云:"革,去故也;鼎,取新也。"秉承革故鼎新的法律文书学发展理念,中国法学会法律文书学研究会组织编写了《法律文书革故与鼎新》一书。本书将中国法学会2016年三次重要学术活动的精华浓缩并呈现给各位读者。2016年8月14日,由中国法学会法律文书学研究会主办、贵州警察学院承办的"法律文书理论与实务"学术研讨会在贵阳市举行,该研讨会是中国法学会法律文书学研究会2016年"1+N"活动模式中面向法治、主题精准、人员精悍、研讨深入、服务社会、理论实务并重的专业论坛之一。2016年9月24日,由中国法学会法律文书学研究会主办、中国青年政治学院承办的"司法改革与法律文书改革研讨会暨2016年学术年会"在北京市举行。2016年12月2日,中国法学会法律文书学研究会第二届全国优秀法律文书评选活动颁奖仪式在海南政法职业学院举行。本书汇集了两次研讨会上提交的优秀研究成果以及荣获第二届全国优秀法律文书评选活动一等奖的优秀法律文书,从法律文书改革的基本问题、质量问题、说理问题、形式问题等多个角度全面展现了在司法改革背景下法律文书的最新发展。

  关于法律文书改革的基本问题。必须紧紧围绕最高人民法院从2014年启动的民事、刑事诉讼文书样式改革的精神,把握法律文书尤其是裁判文书繁简分流的基本方向,抓住繁简分流改革的根本原因,即裁判文书同质化严重、裁判文书与多元化审判程序不匹配。在分流标准问题上,审判程序类型是决定刑事裁判文书繁简分流的直接标准。同时,繁、简裁判文书释法说理的要求也不相同,要式裁判文书释法说理应当充分,有针对裁判主文(裁判要点)的释法说理、针对诉讼争点进行的充分的释法说理、针对公众疑惑的问题进行的释法说理;简式裁判文书的样式和说理可以适当灵活。而在检察文书方面,适用新文书样式的检察刑事诉讼法律文书存在种类不够完备、内容有待完善、格式设置不科学、内容要求不统一等问题。

关于法律文书改革的质量问题。法律文书质量是法律文书的生命线,在提高法律文书的质量方面,可以从完善检察文书说理机制、健全检察文书质量审核机制、建立风险评估处置机制和民意吸收反馈机制四个方面完善机制设计;对于法律文书语句使用范围不当扩大、界定标准不明确、内涵外延不清晰、使用语境不规范等法律文书用语泛化现象,应该规范法律文书用语的含义,厘清法律文书用语之间的逻辑关系,构建科学合理的量刑体系和量刑方法。

关于法律文书的释法说理问题。裁判文书说理制度的实践改革需要理论支撑。裁判文书说理存在双核心的争议:以"裁判结论"为核心的说理与以"争点"为核心的说理,前者的目的是论证裁判结论为何成立,体现司法公正与权威;后者是为了论证争点问题如何解决,体现司法公开与透明。裁判文书说理制度的结构应当包含内部规范与外部规范两大方面,裁判文书的内部规范是裁判文书说理改革的内在要求,而外部规范是裁判文书说理改革的外部保障,尊重说理规律是说理改革的基础和前提,但还需要外部保障机制与内部规范相结合,并保持平衡。在"以审判为中心的诉讼制度"的改革背景下,裁判文书说理应成为庭审实质化的映象。

关于法律文书的形式问题。法律文书的文书模板、制作规范等形式问题是决定法律文书制作能否达到应有的"质"与"量"的关键环节。在司法公开的大背景下,需要进一步强化法律文书制作程序和制作规范,但是也应防止法律文书的模块化和形式化。

法律文书理论研究和实务工作是系统工程,需要从结构、格式、规范、改革、质量、问题等方面聚焦,特别关注法律文书说理的方向、法律文书制作的研究方法,需要在深度和广度上进行拓展,从而实现司法公正,让人们真正能够感受到司法的公平和正义。

本书能够顺利出版,得到了北京大学出版社蒋浩副主编的大力支持,本书副主编袁钢副教授也为本书的出版事宜做了很多工作。

是为序。

马宏俊
2018 年 7 月 28 日于中国政法大学科研楼

目录

法律文书
革故与鼎新

法律文书研究

003	刑事裁判文书繁简分流问题研究	王新清
016	浅议裁判文书说理制度的基本结构	赵朝琴　刘树德
022	裁判文书的制作理应适应司法改革的要求	李兴友　王树全
026	刑事裁判文书改革亟待解决的六大问题	罗书平
036	刑事再审裁判文书的写作规则与方法	
	——以中国裁判文书网公开的305篇刑事再审裁判文书为样本的实证研究	杨　凯　黄　怡
048	论裁判文书的合理表述	薛　峰
060	检察文书公开现状的思考	
	——以山东省四市为研究对象	田荔枝
071	浅论民事裁判文书改革与审判方式改革	张海雷
075	法律文书质量标准体系建构的困境与突破	吴　杰
082	论刑法谦抑性原则在裁判文书中的运用	高壮华
097	论司法便民视角下的网上立案	石先钰　苏　红
104	论刑事判决书的罪刑说理	
	——庭审实质化视角的展开	张云鹏
113	法律文书用语泛化现象实证研究	
	——基于106个故意杀人案刑事判决的分析	赵　权
121	论裁判文书质量的保障措施	
	——从当事人和律师的角度	赵旭光
129	裁判文书说理改革的价值追求	肖　晗
133	刑事判决书中酌定量刑情节说理研究	奚　玮　王　璐
142	论古代刑事裁判文书说理特点	
	——文理优长	侯兴宇
149	论裁判文书说理的维度和限度	叶建平

157	裁判理由的沟通性及其展开	
	——以哈贝马斯交往行为理论为视角的一种探索	卓朝君
172	刑事裁判文书的说理问题研究	
	——对四要件说理模式的反思与重构	郭文东
183	民事裁判文书说理之探讨	刘金华
189	裁判文书说理辩难：基于中国刑事错案的反思	王春丽
197	法律推理在裁判文书说理中的问题及优化	
	——基于S省H市人民法院300份裁判文书的实证分析	田 源
207	迷惘与厘清：司法裁判的可接受性研究	郭妙林
217	反思与重塑：我国裁判文书说理问题研究	郝巧会
228	论我国裁判文书公开制度与改革	钟穗青
234	从庭审的实质化谈新民事裁判文书中证据写法的强化	程 滔　吕 颖
241	裁判文书说理中的公证文书效力问题	袁 钢
247	规范制作公安法律文书	段 钢
257	检察文书制作应避免过度"形式化"	李世清　邹俊波
262	新版检察刑事诉讼法律文书的规范完善	薛 培　杨辉刚
269	民事检察指令制度研究	文向民
285	辩护词制作新探	宋振江
290	浅议财产保全和强制措施类民事裁定书的主文制作	王建平
299	浅谈司法公开与审判权的独立行使	张陆庆

优秀法律文书

305	第二届全国优秀法律文书评选活动纪实
318	检察文书一等奖获奖作品专家评语
331	刑事裁判文书一等奖获奖作品专家评语
332	民事裁判文书一等奖获奖作品专家评语
333	民事裁判文书一等奖获奖作品专家评语
334	行政裁判文书一等奖获奖作品专家评语

335	律师文书一等奖获奖作品专家评语
341	公证文书一等奖获奖作品专家评语
347	精准定位、励精图治、努力奋斗　全面提升影响力，实现跨越式发展
	——中国法学会法律文书学研究会第三次全国会员代表大会工作报告　　马宏俊

法律文书革故与鼎新

法律文书研究

刑事裁判文书繁简分流问题研究

王新清*

最高人民法院发布的《关于全面深化人民法院改革的意见——人民法院第四个五年改革纲要(2014—2018)》(以下简称《四五改革纲要》)指出:"根据不同审级和案件类型,实现裁判文书的繁简分流。"所谓裁判文书的繁简分流,是指根据不同案件情况和审判程序,制作不同格式和内容要求的裁判文书,避免裁判文书格式和内容的同质化现象。通俗地说,就是有的案件的裁判文书要"繁"写,有的案件的裁判文书要"简"写,案件不同、程序不同,裁判文书的内容和格式也应当有所区别。

繁简分流后的裁判文书,应该怎样命名,是法律界和法学界较少论及的问题,需要认真研究。我们能不能仅仅根据字面意思,把"繁写"的裁判文书叫作"繁式裁判文书",把"简写"的裁判文书叫作"简式裁判文书"呢?笔者认为,"简式裁判文书"的名称可取,"繁式裁判文书"的名称则不可使用。理由如下:第一,从常理而论,人们喜简而厌繁。"简"有"简单""简洁""简易"等意思,"简式裁判文书"这个名称,可以让人们想到这是一种格式简便、内容简洁的裁判文书,容易使人接受。"繁式裁判文书"则不同,"繁"是指"繁多""复杂",人们容易对"繁式裁判文书"的名称产生厌烦的心理。第二,"繁式裁判文书"语义不明确,它复杂到什么程度,往往使人无法形成一个明确的概念。

笔者认为,裁判文书繁简分流后,与"简式裁判文书"相对应的裁判文书,可以称作"要式裁判文书"。从字面意思看,"要"是指"重大、值得重视的",如"要术、要言、要务、要事"。"要式裁判文书"不仅可以与"简式裁判文书"相对应,还可以表达这种裁判文书有"重大、值得重视"的意思,又能避免使用"繁式裁判文书"带来的不必要的负面影响。从法律层面理解,"要式裁判文书"是指法律上有明确要求、格式上要素齐全、内容上释法说理充分的裁判文书;"简式裁判文书"是指格式简便、释法说理简化的裁判文书。

"实现裁判文书的繁简分流"是最高人民法院确定的司法改革的一项重要内

---

* 王新清,法学博士,中国社会科学院大学临时党委常务副书记、副校长,中国社会科学院研究生院副院长。

容,它应当在刑事诉讼、民事诉讼、行政诉讼中得到认真实施。然而,自最高人民法院《四五改革纲要》颁布以来,法学界、法律界对为什么要实行裁判文书繁简分流还没有达成共识,对繁简分流的标准也把握不准,对要式裁判文书释法说理的程度、简式裁判文书的格式也存在不同的认识,所以,有必要对裁判文书繁简分流问题进行深入、系统的研究。鉴于篇幅和研究问题的方便,本文主要对刑事诉讼中裁判文书的繁简分流问题进行研究,对民事诉讼、行政诉讼裁判文书繁简分流问题不多涉及。

一、刑事裁判文书繁简分流的根本原因

近几年来,法学界和法律界对裁判文书繁简分流问题的研究,是伴随"加强裁判文书释法说理"问题的研究而展开的。

长期以来,我国的刑事裁判文书"不讲理"的现象比较严重。刑事裁判文书对当事人的诉求不做回应,对诉讼中控辩双方争议的焦点不做归纳,对适用的法律不做解释,对裁判的理由不做论证,对公众的疑惑不做说明,给人一种"不讲道理、直接下判"的霸道感觉。司法界也承认"裁判说理一直存在欠缺,饱受学界诟病"[①]。在这种情况下,加强裁判文书的释法说理成了全社会的共识。党的十八届四中全会通过的《中共中央关于全面推进依法治国若干重大问题的决定》也明确规定"要加强裁判文书的释法说理"。

然而,有不少法官担心,如果所有的裁判文书都要加强释法说理,将大大增加法官的工作量,在当前法院"案多人少"矛盾异常尖锐的情况下,将是法院,特别是基层人民法院、中级人民法院不可承受之重。在这种情况下,有法官、学者提出,要加强裁判文书的释法说理,首先应当对裁判文书繁简分流,以"缓解当前法院日益突出的'案多人少'的矛盾"[②]。按照这个逻辑推理,对裁判文书进行繁简分流的原因,主要是为了减轻法官的工作量,缓解当前存在的"案多人少"的矛盾。

笔者认为,对刑事裁判文书实行繁简分流的根本原因,是目前我国刑事裁判文书的同质化现象比较严重,与刑事诉讼法规定的多元化审判程序不匹配,需要说理的没有充分深入说理,不需要深入说理的也得"八股式"地列举"裁判理由",导致"该繁者不繁、该简者不简",不利于司法资源的优化配置。刑事裁判文书繁简分流以后,可以适当减轻法官的工作量,缓解当前"案多人少"的矛盾。但这不是根本原因,也不是终极目的。缓解"案多人少"的矛盾只是裁判文书繁简分流带来的一个效果,不能作为裁判文书繁简分流的逻辑起点。

刑事裁判文书的同质化问题,表现在两个方面:一是最高人民法院制定的

[①] 庄绪龙:《裁判文书"说理难"的现实语境与制度理性》,载《法律适用》2015年第11期。
[②] 费元汉、郭文东:《裁判文书要不要繁简分流》,载《民主与法制》2015年第26期。

《法院刑事诉讼文书样式(样本)》存在同质化;二是实践中各地、各级人民法院制作的刑事裁判文书也存在同质化。

我国当前各级人民法院使用的《法院刑事诉讼文书样式(样本)》最早发布于1999年,规定"刑事诉讼文书样式共9类164种,其中裁判文书45种"①。此后,最高人民法院办公厅又陆续印发了一些裁判文书样式,比如《一审未成年人刑事案件适用普通程序的刑事判决书样式和一审未成年人刑事公诉案件适用简易程序的刑事判决书样式》等,涵盖了一审、二审、死刑复核、再审、执行等各种程序中的判决和裁定。这些裁判文书的种类看起来不少,但是格式和内容大体雷同。下面以一审判决书为例来说明这个问题。

最高人民法院发布的《法院刑事诉讼文书样式(样本)》共有9种一审判决书,包括自诉、反诉并案审理用判决书,单位犯罪用判决书,公诉案件适用普通程序用判决书,公诉案件适用简易程序用判决书,公诉案件适用简易程序审理"被告人认罪案件"用判决书,公诉未成年人案件适用普通程序用判决书,公诉未成年人案件适用简易程序用判决书,公诉案件适用普通程序用刑事附带民事判决书,自诉案件用刑事附带民事判决书。② 这9种判决书虽然适用于不同的一审案件,但其格式基本相同,都包括以下要素:控诉方(公诉机关或自诉人、代理人)、辩护方(被告人及其辩护人)基本情况;控方意见和辩方意见;经审理查明的事实;支撑事实的证据;本院认为(判决理由);判决主文(判决的具体内容);审判人员的落款。在判决理由部分,一般要求写上:"根据查证属实的事实、情节和法律规定,论证被告人是否犯罪,犯什么罪,应否从宽或从严处理。对于控、辩双方关于适用法律方面的意见和理由,应当有分析地表示采纳或予以批驳。"③即使是公诉案件适用简易程序审理"被告人认罪案件"用判决书,也要求这么写,和公诉案件适用普通程序(被告人不认罪案件)用判决书的写法大体一样。

由于最高人民法院制定的《法院刑事诉讼文书样式(样本)》有同质化现象,司法实践中的刑事裁判文书也是同质化的。"长期以来,裁判文书在我国被强调为公文,法官拘泥于公文的程序化和格式化,裁判文书千篇一律,稍有变化即引来争议。"④不论是什么案件,也不论在什么程序中,裁判文书的格式大体相当,内容基本一样。最高人民法院审判委员会委员、第二巡回法庭庭长胡云腾博士曾撰文指出:"当前对裁判文书说理的批评,归纳起来有以下几点:一是认为千篇一律,空

---

① 最高人民法院办公厅编:《法院刑事诉讼文书样式(样本)》,人民法院出版社1999年版,第2页。
② 参见司法文书研究中心编著:《人民法院诉讼文书样式、制作与范例(刑事卷)》,中国法制出版社2015年版,第1—122页。
③ 司法文书研究中心编著:《人民法院诉讼文书样式、制作与范例(刑事卷)》,中国法制出版社2015年版,第107页。
④ 罗灿:《推进裁判文书说理改革要避免的五大误区》,载《人民法院报》2015年2月6日。

话、套话较多,应当说这比较符合实际……"①武汉市江岸区人民法院的方芳对百份刑事裁判文书进行研究后,认为这些裁判文书"裁判理由程式化,千篇一律,缺乏针对性,造成刑事判决书'千篇一面'"②。

刑事裁判文书的同质化现象,会给刑事诉讼法治建设带来以下两点危害。

第一,刑事裁判文书的同质化,不能反映不同刑事审判程序的特点,造成裁判文书和刑事审判程序相脱离,影响刑事审判程序功能的发挥。

刑事审判程序是多元化的。为了客观公正地处理刑事案件,各个国家都从本国的实际出发,针对不同的刑事案件类型,设计了一些不同的刑事审判程序。改革开放以来,随着我国法治建设水平的不断提高,《中华人民共和国刑事诉讼法》(以下简称《刑事诉讼法》)规定的刑事审判程序的种类越来越多,也呈现出多元化的特点。2012年修订的《刑事诉讼法》规定的刑事审判程序,就包括了一审程序、二审程序、死刑复核程序、审判监督程序、特别程序。在刑事一审程序中,又有公诉案件的审判程序和自诉案件的审判程序、简易程序和普通程序之分。在普通程序中,又有当事人达成和解的一审程序与当事人没有达成和解的一审程序之分。随着司法改革的不断深入,还会有新的刑事审判程序不断涌现。例如,2014年6月27日,第十二届全国人民代表大会常务委员会第九次会议通过决定,授权最高人民法院、最高人民检察院在北京、天津、上海、重庆等18个城市开展刑事案件速裁程序的试点工作,2016年8月底试点工作结束,刑事案件速裁程序呼之欲出。2016年7月22日,中央全面深化改革领导小组第二十六次会议审议通过了《关于认罪认罚从宽制度改革试点方案》,2016年9月3日,第十二届全国人民代表大会常务委员会第二十二次会议通过了《关于授权最高人民法院、最高人民检察院在部分地区开展刑事案件认罪认罚从宽制度试点工作的决定》,刑事案件认罪认罚从宽制度拟在北京、天津、上海等18个城市开展试点工作,试点期限为两年。这18个城市也是刑事案件速裁程序试点城市。认罪认罚从宽制度,是我国宽严相济刑事政策的制度化,也是对刑事诉讼程序的创新,该试点工作结束后,还会有新的审判程序出现。

不同的刑事审判程序因应不同的刑事案件而设立,本身带有鲜明的特点。刑事裁判文书是对应刑事审判程序的法律文书,应当反映相应审判程序的特点,如果不能反映相应审判程序的特点,将会影响该审判程序功能的发挥。例如,《刑事诉讼法》规定的简易程序,是为了简便快捷地处理一些基层人民法院管辖的一审刑事案件,在保证司法公正的基础上,提高刑事诉讼效率。如果适用于简易程序的判决书和适用于普通程序的判决书一样,有相同的格式和基本一样的释法说理

---

① 胡云腾:《裁判文书的说理艺术》,载《法制日报》2007年6月17日,第14版。
② 方芳:《刑事裁判文书中说理缺位之困境与突破——以基层刑事审判工作为视角》,载《第八届中部崛起法治论坛论文集2015》,知网空间会议论文库,访问日期:2016年8月21日。

(判决理由论证),将使法官在裁判文书的制作上花费过多的时间,影响简易程序功能的发挥。再如,二审程序是因为人民检察院的抗诉、当事人的上诉而引起的,是针对个别问题而提起的,二审法院应当围绕抗诉、上诉问题进行审判,一般不再对全案的证据审查、事实认定、法律适用做全面的审判。但是,如果适用于二审的驳回上诉、维持原判裁定书和一审判决书一样,陈述二审法院对全案的事实查明、证据认定,对一审法院的判决进行全面的分析论证,说明维持的原因,也是和二审程序的功能发生冲突,不利于提高二审的诉讼效率。

第二,刑事裁判文书的同质化,造成司法资源的浪费,影响了司法资源的科学化、合理化配置。

根据案件的不同情况设置不同的诉讼制度和程序,并为不同的诉讼制度和程序配置合理的司法资源,是国家司法制度、程序设置时重点考虑的内容之一。我们知道,"诉者告也,讼者争也",处理诉讼案件审判程序的直接目的,就是要在保证实现公平正义的前提下解决具体的纠纷。犯罪嫌疑人、被告人不认罪的案件,由于控辩双方在诉讼中争议较大,对证据的审查认定、对事实的查明、对案件性质的确定、对量刑的决定都必须慎之又慎,需要制定严格而细致的制度和程序,并相应投入更多的人力、财力和物力;对于犯罪嫌疑人、被告人认罪的案件,由于控辩双方对证据、事实、适用法律没有争议或者争议较小,因而只需要适用简单的程序就可以解决,相应的,也不需要投入较多人力、物力和财力。

在保证司法公平正义的基础上,根据案件的不同情况,从节约诉讼成本的目的出发,1996年在修订《刑事诉讼法》时,开始进行普通程序和简易程序分类设置的尝试;2012年修订的《刑事诉讼法》完善了简易程序,新设立了和解程序;2014年进行了速裁程序试点;2016年开始认罪认罚从宽制度试点工作。简易程序、和解程序、速裁程序和认罪认罚从宽制度[①]有共同的特点,即这些程序都建立在犯罪嫌疑人、被告人认罪的基础上,诉讼中控辩双方没有争议或者争议较小,裁判文书就不需要就证据审查、事实认定、裁判理由阐释等方面着墨太多,只需要在保证被告人认罪是在客观、自愿的情况下,可以根据具体情况直接对案件作出裁决,没有必要细致地分析证据、事实,详细阐述裁决理由。然而,我们目前使用的简易程序裁判书,并没有简化证据审查、事实认定、判决理由阐释等内容,使得司法实践中审理的控辩双方争议不大甚至没有争议的案件,也要像制作普通程序裁判书那样,详述证据、事实和裁判理由,让审判案件的法官花费大量的时间和精力制作本来不需要详细论述的裁判书。这一方面会造成司法资源的浪费,另一方面又使法官不能把更多的精力投入到被告人不认罪、控辩双方争议较大的案件裁判书的制作上,影响了司法资源的科学化、合理化配置。

---

① 从理论上说,简易程序、和解程序、速裁程序都应包含在认罪认罚从宽制度中。由于目前认罪认罚从宽制度还在构建过程中,法学界目前把这四者并列。本文这里的行文遵循了目前的通说。

二、刑事裁判文书繁简分流的标准

刑事裁判文书繁简分流的标准,是刑事裁判文书繁简分流的分水岭。这个标准设立的正确与否,是刑事裁判文书能否成功分流的关键。

最高人民法院发布的《四五改革纲要》,对裁判文书繁简分流的标准作了一些规定,指出:"根据不同审级和案件类型,实现裁判文书的繁简分流。加强对当事人争议较大、法律关系复杂、社会关注度较高的一审案件,以及所有的二审案件、再审案件、审判委员会讨论决定案件裁判文书的说理性。对事实清楚、权利义务关系明确、当事人争议不大的一审民商事案件和事实清楚、证据确实充分、被告人认罪的一审轻微刑事案件,使用简化的裁判文书,通过填充要素、简化格式,提高裁判效率……"这个规定明确的裁判文书繁简分流的标准是"不同的审级和案件类型"。根据这个规定,可以归纳出最高人民法院倡导的刑事裁判文书繁简分流的情况如下:需要制作"要式裁判文书"的案件包括以下四种:第一,再审案件;第二,二审案件;第三,控辩双方争议较大、法律关系复杂、社会关注度高的一审案件;第四,审判委员会讨论决定的案件。可以制作"简式裁判文书"的案件有:事实清楚、证据确实充分、被告人认罪的一审轻微刑事案件。

从严格意义上来说,最高人民法院《四五改革纲要》的前述规定,并不是刑事裁判文书繁简分流的一个科学标准。首先,"审级和案件类型"不能成为确定裁判文书繁简分流的直接标准。因为审级是指审判的层级,同一审级审判的案件,有的复杂,有的简单,故同一审级有不同的审判程序,比如,我国的一审程序中就有普通程序和简易程序的设置。因此,根据审级是不能对裁判文书进行繁简分流的。案件类型对裁判文书的繁简分流有决定作用,但不能直接作为裁判文书繁简分流的标准,如果一个国家的刑事诉讼法不根据案件类型设置不同的程序,裁判文书便无法做到繁简分流。例如,我国1979年《刑事诉讼法》就没有普通程序和简易程序的分野,所有的一审案件都按普通程序处理,裁判文书也就无法实现繁简分流。其次,该规定不周延。该规定明确了需要加强刑事裁判文书说理(也是需要制作要式裁判文书)的四类案件,可以制作简式裁判文书的一类案件。至于其他案件需要制作什么样的刑事裁判文书,并没有加以明确。再次,按照该规定,简式裁判文书适用的案件范围过窄,仍然无法解决裁判文书与审判程序不匹配、不利于司法资源优化配置的问题。根据《四五改革纲要》的规定,通过简易程序处理的案件,只有"轻微案件"才能使用简式裁判文书,其他通过简易程序处理的不属于"轻微案件"的案件,不能使用简式裁判文书。这样,法院当前面临的"案多人少"的矛盾无法缓解,也会影响需要加强释法说理案件的要式裁判文书的制作质量。最后,该规定中使用的"事实清楚、证据确实充分"的限定语,主观色彩浓厚,缺乏客观性,无法作为标准使用。在刑事诉讼中,控、辩、审三方由于所处的诉讼地位不同,往往对同一个问题有不同的认识。司法实践中,法官、检察官认为事实清楚、证据确实充分的案件,被告人、辩护人往往不那么认为。用这种主观性较强的词语来表述一个标准,往往因容易出现歧义而无法使用,同时还为司法人员行使"司法强权"提供了借口。因此,有必要就刑事裁判文书繁简分流的标准进行深入探讨。

笔者认为,对刑事裁判文书进行繁简分流的标准,要基于案件类型以及由它所决定的审判程序这个线索去寻找。

"控辩双方在审判中的对抗程度"是审判程序、裁判文书繁简分流的主要决定因素。刑事案件是很复杂的,根据不同的标准可以把它们划分为不同的案件类型。从通过审判程序解决法律纠纷这个角度,可以把审判阶段的刑事案件划分为控辩双方就控诉事项达成"合意"的案件和达不成"合意"的案件。① 控辩双方达成合意的案件(以下简称"合意性案件"),双方争议不大或者没有争议,法院审判这类案件的难度低,工作量小,立法可以为这类案件的处理配置一些"以效率为主"的简便快捷的审判程序,以保证案件的迅速解决,尽快恢复受到犯罪行为侵害的社会秩序。同时,法院对这类案件制作的裁判文书,因为控辩双方对很多问题的认识是一致的,因而不需要对证据审查、案件事实认定和法律适用做详细阐释,不需要就裁判理由进行细致的论证,可以使用简式裁判文书。控辩双方达不成"合意"的案件(以下简称"对抗性案件"),双方争议的问题多,对抗程度高,同时也可能产生较大的社会影响,法院对这类案件的审判,需要投入较大的人力、物力和财力,国家也要为这类案件的处理,配置一个系统、细致、周全的,以保障人权和实现公平正义为主要目的的审判程序。在这个审判程序中,法官制作的裁判书,必须对控辩双方存有争议的所有问题给予关注和回应,必须详细阐释裁判的理由,以说明法院裁判的正当性,保证裁判的顺利执行。所以,对于对抗性案件,应当制作要式裁判文书。为了充分保障被告人的人权,实现司法的公平正义,对于那些控辩双方虽然达成合意(被告人认罪认罚)、但依法可能被判处无期徒刑或者死刑的重大案件,也应适用普通程序(正当程序)进行审判,制作要式裁判文书。

控辩双方是否就控诉事项达成"合意",是设置审判程序的主要参考因素。适用简易程序审判的案件,把"被告人承认自己所犯罪行,对指控的犯罪事实没有异议""被告人对适用简易程序没有异议的"作为基本条件。这两个"没有异议",实质上是控辩双方就刑事案件的实体问题、程序问题达成了"合意"。对于不具备这些条件的,则适用普通程序进行审判。除此之外,《刑事诉讼法》还在特别程序中规定有"公诉案件的和解程序"。对于犯罪嫌疑人、被告人和被害人自

---

① 参见王新清、李蓉:《论刑事诉讼中的合意问题——以公诉案件为视野的分析》,载《法学家》2003年第3期。

愿、合法达成和解协议的,实体上可以从宽处理,程序上可以作出不起诉决定。在此之前,最高人民法院还通过司法解释,设置过"普通程序简易审"的程序,该程序也以被告人认罪为前提,审理过程中可以简化法庭调查的某些环节。2014年开始试点的速裁程序和2016年开始试点的"认罪认罚从宽制度",都以被告人承认指控的犯罪事实为基本条件。最高人民法院发布的《四五改革纲要》中提出,"构建被告人认罪案件和不认罪案件的分流机制,优化司法资源配置"。可以预见,在不久的将来,我国将根据控辩双方的对抗程度设置两类不同的审判程序。

笔者认为,控辩双方的对抗程度决定审判程序的繁简分流,审判程序的类型决定裁判文书的繁简分流。审判程序的类型是确定刑事裁判文书繁简分流的直接标准。所以,在确定刑事裁判文书繁简分流之前,必须完成审判程序的繁简分流。

当前,我国刑事审判程序繁简分流的改革已经启动,亟须进行科学的设置。①笔者认为,一审公诉案件的审判程序,根据控辩双方是否达成"合意",原则上可以分别设置"合意式审判程序"和"对抗式审判程序"。凡是控辩双方就指控的犯罪达成"合意"(被告人客观、自愿认罪)的,适用"合意式审判程序"进行审理;凡是控辩双方没有达成"合意",或虽达成"合意"但依法可能判处无期徒刑以上刑罚的严重案件,适用"对抗式审判程序"进行审理。适用"合意式审判程序"审判的案件,制作简式裁判文书;适用"对抗式审判程序"审判的案件,制作要式裁判文书。

司法实践中,被告人认罪认罚的程度是有所不同的。根据被告人认罪认罚的不同程度,可以设置若干个"合意式审判程序"。起诉后被告人对指控的犯罪没有异议,也同意公诉机关的量刑建议(如果有附带民事诉讼,还对被害人的物质损失进行了赔偿的),控辩双方达成辩诉协议的,通过"速裁程序"②进行处理,裁判文书可以使用包括"表格化裁判文书"在内的简式裁判文书;起诉后被告人对指控的犯罪没有异议,但是不同意公诉机关的量刑建议,或者对附带民事诉讼请求有异议的,通过"简易程序"审判,省略法庭调查环节,直接进行法庭辩论,裁判文书使用只就量刑或赔偿问题陈述理由的简式裁判文书。

对于按照对抗式审判程序审判的案件,如果被告人承认指控的犯罪事实,对控方举出的证据也没有异议,只是对是否构成犯罪或者对于构成何种犯罪有异议的,审判时可以简化对证据、事实的查证,在制作要式裁判文书时,也可以简化相关内容。对于按照对抗式审判程序审判的重大刑事案件(含可能判处无期徒刑以上刑罚的案件),被告人认罪认罚的,可以简化法庭调查和法庭辩论程序,适用"普通程序简易审"进行审理,在制作要式裁判文书时,也可以根据审判的情况,

---

① 详细论证我国刑事审判程序繁简分流、科学设置这个问题,不是本文的主旨,这里只是稍作论证,笔者将在另一篇论文中详细说明这个问题。

② 这里说的速裁程序,是今后可能重新设置的速裁程序,不是进行试点的速裁程序。

对有关内容进行简化。

二审程序是由公诉机关抗诉或当事人上诉引起的,一般来说对抗性明显,应当适用"对抗式审判程序"进行审理,裁判时使用要式裁判文书。但是,如果在上诉审程序中,当事人放弃了上诉要求,或者控辩双方就上诉、抗诉的事由达成了合意,也可以适用合意式审判程序进行审理,裁判时使用简式裁判文书。

按照上述标准对刑事裁判文书繁简分流后的功效到底如何,虽然还需要司法实践进行检验,但是,理论预测的效果应该是明显的。有论者认为,按照意大利经济学家帕累托的"二八定律"公式,繁简分流可以达到"二八开"[1]。国外的经验也能证明繁简分流对司法资源合理配置和法官减负有明显的作用。在美国,"联邦地方法院的刑事案件大多数采取辩诉交易。根据美国司法部统计局的资料,到2010年时,全美联邦法院中平均每100件定罪的刑事案件中有97件是通过辩诉交易结案的。联邦巡回上诉法院也不是都制作长篇大论的裁判文书,在2002年9月30日至2003年9月30日之间,美国联邦第九巡回上诉法院仅15%的裁判内容刊登裁判汇编,绝大多数裁判是以精简方式做成的"[2]。由于缺乏全国性的司法统计数据,我们不好对司法实践中"合意性案件"的数量妄加揣测,但根据国外经验,如果"合意式审判程序"设置得当,至少有60%~80%甚至更多的案件可以得到快速处理,也就是说,在法官制作的刑事裁判文书中,有60%~80%可以制作简式裁判文书。这不仅可以较好地实现司法资源的优化配置,缓解法院"案多人少"的矛盾,同时也为在对抗式审判程序中加强裁判文书的释法说理提供了可能。

三、刑事裁判文书繁简分流后的释法说理

在最高人民法院发布的《四五改革纲要》中,把"实现裁判文书的繁简分流"这一内容,放在了"推动裁判文书说理改革"标题之下,这种行文方式令人深思。笔者认为,从整体来看,实现裁判文书的繁简分流是为了推动裁判文书的释法说理改革。作为裁判文书,释法说理是其基本的要求。也就是说,所有的裁判文书都是需要释法说理的,只是根据审判程序和案件的具体情况不同,释法说理的程度、侧重点也是不同的。有的案件需要从实体到程序进行全面的释法说理,有的仅需要就程序或某一个实体问题进行重点说理;有的需要系统、细致地释法说理,有的需要简单地释法说理。一般而言,要式裁判文书需要细致、深入地释法说理,简式裁判文书需要简单地释法说理。

---

[1] 参见庄绪龙:《裁判文书"说理难"的现实语境与制度理性》,载《法律适用》2015年第11期。
[2] 转引自罗灿:《美国裁判文书说理的微观察——从费尔南德斯案的司法意见书切入》,载《人民司法》2015年第7期。

（一）要式裁判文书释法说理的基本要求

要式裁判文书是对抗式审判程序中使用的刑事裁判文书。对抗式审判程序是刑事诉讼中的普通程序，也是基准程序，合意式审判程序是以它为蓝本进行简化而形成的。适用对抗式审判程序审判的案件，是对抗程度高、案情重大复杂、可能判处的刑罚重的刑事案件，在审判过程中，控辩双方将进行激烈甚至是全面的对抗，法官要进行精细化的审判，由此形成的裁判文书必须是格式规范、要素齐全、释法说理充分的裁判文书，不如此就不能发挥审判的定分止争的功能，不能保证当事人服判息诉，不能平息社会舆论，安定社会秩序。

我们说要式裁判文书应当释法说理充分，也不是提倡"文字多多益善，篇幅越长越好"，而是要针对当事人和社会公众的疑点和困惑，围绕"为什么如此裁判"把道理说透。司法实践中，"有的判决书洋洋洒洒近万言，可往往下笔千言，却不知所云"[①]；有的裁判文书迟缓且冗长，成为当事人投诉的焦点之一。[②]

要式裁判文书应当格式规范、要素齐全，这要求裁判文书应当反映案件审判的过程，呈现法官心证的全貌。当前人民法院适用普通程序的裁判文书格式，有对控辩双方意见的叙述，有对证据的罗列，有对法院认定的案件事实的陈述，有对判决理由的简单解释。但是，这些要素之间没有形成一定的逻辑关系。在这样的裁判文书中，看不到控辩双方的争议焦点，看不到控方是否完成了举证责任，不能得知案件中有没有非法证据被排除，更看不到法官形成心证的依据和过程。另外，裁判文书罗列的证据和法院认定的案件事实之间也没有形成紧密的逻辑关系。所以，这样的刑事裁判文书没有说服力，难以实现裁判文书应当具有的展示审判过程、心证形成过程的功能，难以实现裁判说服功能。

根据上述论证，笔者认为，要式裁判文书至少应当具备以下要素：第一，控诉方（公诉机关或自诉人、代理人）、辩护方（被告人及其辩护人）的基本情况；第二，控方意见及其举出的证据；第三，辩方意见及其提交的证据（或提出的证据线索）；第四，控辩双方争议的焦点（包括证据、事实认定、案件定性、量刑建议等方面）；第五，审理查明的问题（包括对有争议证据审查的情况、有无证据被排除、控方举出的证据能否形成证明犯罪的证据锁链等）；第六，法官根据合法有效的证据对案件事实的推导过程和对案件事实的认定；第七，已查明的案件事实与指控的犯罪是否存在对应关系；第八，法官对控辩双方意见的采纳情况及其理由；第九，判决主文（判决的具体内容）；第十，审判人员的落款。只有具备了这些要素，才可以全面展现对抗式审判程序的全过程，展示法官的心证历程，才能解决当事人和社会公众的困惑，具备充分的说服力。

---

① 费元汉、郭卫东：《裁判文书要不要繁简分流》，载《民主与法制》2015年第26期。
② 参见费元汉、郭卫东：《裁判文书要不要繁简分流》，载《民主与法制》2015年第26期。

要式裁判文书应当释法说理充分,这里所说的"释法说理充分",并不是要求对审判中涉及的所有实体问题、程序问题进行面面俱到的释法说理,而是要根据具体的案件情况,针对重点问题进行充分的释法说理。一般来说,要式裁判文书释法说理的重点,主要有以下三个方面。

第一,针对裁判主文(裁判要点)的释法说理。在这方面,要针对被告人是否构成犯罪、构成何种犯罪、为什么如此量刑进行充分的论证,为判决主文的成立提供充分的依据。特别是在法院对控方、辩方的意见没有采纳或部分没有采纳的情况下,必须说明不予采纳的理由。对裁判主文的释法说理必须充分,应当展现审判的全部过程。法院的刑事判决有一个结构严谨的逻辑关系,它要根据合法有效的证据认定案件事实,根据认定的案件事实适用法律,根据适用的法律形成判决。裁判文书要展现"证据→事实→适用法律→裁判"的过程,在这个过程中,容易忽视对事实的认定。有法官认为,"事实是判断,不能说理"。笔者认为这种观点是不对的。因为一些冤错案件的判决书就是因为没有把"从证据到事实认定的转化过程"说清楚,才酿成错案,或者把错案掩盖了。法官认定案件事实,不是由法官臆断的,而是法官根据证据和推理得来的。由证据到事实的转化,需要在证据理论的指导下,运用证据法、程序法来证明和推导。由证据到事实的过程,就是法官心证形成的过程,把这个过程在裁判文书中展现出来,可以让当事人、社会公众判断法官形成的心证是否符合法律、是否符合逻辑、是否有根据、是否正确。如果说事实认定不需要说理,裁判文书的释法说理性就会大大降低,就会助长法官对事实认定的主观臆断性。在多数案件中,事实认定是审判工作的中心环节,事实认定完成后,适用法律就容易了。

第二,针对审判过程中控辩双方争议的焦点问题(即诉讼争点),进行充分的释法说理。案件不同,控辩双方的诉讼争点也不同。一般来说,控辩双方可能在证据取舍、事实认定、案件定性、量刑轻重等问题上形成争点,再深入下去,诉讼争点可能在某一个证据是否应当排除,是否属于正当防卫、紧急避险,是构成此罪还是构成彼罪,甚至某个量刑情节是否存在等问题上。只要审理结束时控辩双方对这些争点的认识没有达成共识,这些争点没有解决,裁判文书就应当对此有所回应,在这里必须坚持回应一切争点的原则。

第三,针对公众疑惑的问题进行释法说理。有的案件,公众非常关注,会提出一些疑惑性问题需要司法人员解答。比如,发生在 2006 年的邱兴华案件,公众对邱兴华是否有精神疾病展开了热烈的讨论。有人提出了"邱兴华有精神病,不应当负刑事责任"这样尖锐的问题,引起了社会公众对起诉、审判邱兴华公正性的怀疑。[①] 一般来说,公众对案件事实了解不多,提出的问题可能是片面的,但是,一

---

① 参见孙大明:《对邱兴华杀人案的司法鉴定学反思》,载《犯罪研究》2008 年第 5 期。

旦形成了舆论,如果在裁判文书中不予回应,定会影响裁判的执行,甚至会降低司法公信力。所以,对于公众疑惑的问题,应当在裁判文书中亮明观点并说明理由,解答公众的疑问,为裁判的执行创造良好的社会环境。

法律应当对要式裁判文书提出明确的要求。当前,适用普通程序审判案件形成的裁判文书,一个普遍的问题是"不说理"或"说理不充分",其原因主要不是法官不会写,而是出于各种顾虑,法官不愿写、不敢写。[①] 所以,法律应当对要式裁判文书的制作规范提出要求,"完善裁判文书说理的刚性约束机制",为裁判文书说理营造良好的制度环境,督促法官制作说理充分的裁判文书。此外,除了法律对要式裁判文书进行规范外,还可以借助裁判文书公开上网的契机,在全社会建立裁判文书说理的评价体系,表扬奖励优秀要式裁判文书的制作者,为推动裁判文书说理改革营造良好的社会环境。

(二) 简式裁判文书释法说理的基本要求

简式裁判文书是合意式审判程序中使用的刑事裁判文书,它不是指一种刑事裁判文书,而是指一类刑事裁判文书。合意式审判程序应当是"认罪认罚从宽制度"的重要内容。我国"认罪认罚从宽制度"的改革试点工作,可能探索若干个以认罪认罚为前提条件的"合意式审判程序"。笔者相信,在不久的将来,我国会出现以"速裁程序""简易程序"为代表的若干个合意式审判程序。根据裁判文书与审判程序相匹配的原则,每一个合意式审判程序都会有一种简式裁判文书相配套,每一种简式裁判文书都会有自己的格式和独特内容。

作为"认罪认罚从宽制度"重要组成部分的"合意式审判程序",其适用的条件是被告人的"认罪、认罚"。正是由于被告人的认罪、认罚,控辩双方才可能就案件的实体问题、程序问题达成一定的合意(控辩协议)。在这样的审判程序中,一个重要的问题是查明被告人认罪、认罚是出于自愿而不是被迫、被欺骗,是基于客观的认识而不是基于错误的认识。所以,合意式审判程序的一个主要任务,是要审查被告人的认罪认罚是否出于自愿,是否存在错误的认识。作为这种审判程序文字载体的裁判文书,也必须有对被告人认罪、认罚自愿性、客观性审查的记载。

简式裁判文书适用的案件是合意性案件,存在于合意式审判程序之中,一般来说,控辩双方没有争议或者争议不大,因此释法说理的任务不重。但是,简式裁判文书并不是不需要释法说理,而是其释法说理以简单的形式进行,一般不需要长篇大论式的阐述裁判理由,只要把有关事项,特别是对"认罪认罚""控辩协议"等情况进行真实的记载,就是在为裁判主文阐述理由。

---

① 参见庄绪龙:《裁判文书"说理难"的现实语境与制度理性》,载《法律适用》2015年第11期。

简式裁判文书可以有灵活多样的格式。有论者提出的"令状式裁判文书""表格式裁判文书"①都可以作为简式裁判文书的表现形式。笔者建议,在对"认罪认罚从宽制度"进行改革试点的过程中,伴随着合意式审判程序的设计,把一些论者建议的裁判文书格式作为试点的内容,检验这些裁判文书格式是否符合实践的要求。在试点结束后,应当根据实际情况,制定与有关合意式审判程序相匹配的刑事裁判文书格式。

[参考文献]

1. 司法文书研究中心编著:《人民法院诉讼文书样式、制作与范例(刑事卷)》,中国法制出版社 2015 年版。

2. 王晨主编:《刑事法律文书写作交互指引——以法官审判与律师辩护为视角》,北京大学出版社 2015 年版。

3. 最高人民法院办公厅编:《法院刑事诉讼文书样式(样本)》,人民法院出版社 1999 年版。

4. 王新清、甄贞、李蓉:《刑事诉讼程序研究》,中国人民大学出版社 2009 年版。

5. 中国法学会法律文书学研究会编:《司法改革与法律文书发展》,中国法学会法律文书学研究会 2016 年学术年会论文集。

6. 中国法学会法律文书学研究会编:《阳光司法与法律文书》,中国法学会法律文书学研究会 2015 年学术年会论文集。

7. 马宏俊:《法律文书与司法改革》,北京大学出版社 2005 年版。

---

① 邵海林:《裁判文书如何繁简分流》,载《人民法院报》2015 年 7 月 26 日。

浅议裁判文书说理制度的基本结构*

赵朝琴　刘树德**

一、导言：裁判文书说理改革实践需要理论支撑

改革开放以来，裁判文书说理问题从来没有像近几年这样引起各方面的重视。《中共中央关于全面深化改革若干重大问题的决定》指出，"增强法律文书说理性，推动公开法院生效裁判文书"；《中共中央关于全面推进依法治国若干重大问题的决定》指出，"加强法律文书释法说理"。现行诉讼法、司法解释、证据规则等对裁判文书说理的规定，虽然角度不尽一致，表述不够系统，但是已有的规定为裁判文书说理的理论研究与写作实践提供了重要的指导。最高人民法院《关于全面深化人民法院改革的意见——人民法院第四个五年改革纲要（2014—2018）》、最高人民法院《关于进一步推进案件繁简分流优化司法资源配置的若干意见》、最高人民法院《关于完善人民法院司法责任制的若干意见》等，都对裁判文书说理作出了具有针对性的规定和要求。2015年4月30日，最高人民法院发布了《行政诉讼文书样式（试行）》，2016年6月28日，最高人民法院发布了《人民法院民事裁判文书制作规范》和《民事诉讼文书样式》。此外，刑事诉讼文书样式正在紧锣密鼓地进行修订。法院诉讼文书样式中对裁判文书说理提出了具体、系统、明确的要求，是研究裁判文书说理制度结构问题的重要资料。

最高人民法院曾三次出台关于人民法院在互联网公布裁判文书的规定，最近的一次是2016年10月1日施行的最高人民法院《关于人民法院在互联网公布裁判文书的规定》（法释〔2016〕19号），这些规定使裁判文书说理的公开性得到了进一步的保障，同时也为各界研究裁判文书说理提供了直接、完整、海量的裁判文书信息资源。在裁判文书上网的大背景下，无论是各级人民法院，还是社会各界，有关裁判文书的信息传递方便而迅速，引起了非常广泛的关注。

与此同时，值得注意的问题是，有关裁判文书说理的制度性规定越来越多，但

---

* 本文为教育部人文社科一般项目"裁判表达的现实图景与制度重构"（项目批准号12YJA820098）的阶段性成果。
** 赵朝琴，河南财经政法大学教授，法学博士，中国法学会法律文书学研究会副会长。刘树德，最高人民法院司法改革领导小组办公室法官，法学博士。

都是散见于其他制度之中的零敲碎打的内容,呈现出碎片化特征;裁判文书说理制度内容的可操作性还不够强,呈现出条款虚置的脸谱化特征;裁判文书说理制度的效力高低不一,呈现出效力整体偏弱的特征。因此,有必要梳理近年来有关裁判文书说理制度的内容,并将这些散见于不同地方的说理制度资料进行综合分析,以裁判文书说理基本理论和当前裁判文书说理实践为切入点,系统探析裁判文书说理制度的基本结构,为丰富裁判文书说理的理论体系与说理实践提供智力支撑和实践借鉴。

二、裁判文书说理制度结构的主要特征

（一）法律属性

裁判文书说理制度的结构属性,与裁判文书说理的属性息息相关。裁判文书说理具有双重属性,即法律属性与写作属性,其中法律属性具有决定性作用,写作属性对法律属性具有反作用。就诉讼进程而言,裁判文书说理是其中一个重要的、必不可少的、无可替代的环节。裁判文书说理本身就是一个展示裁判结果(包含证据、事实、法律适用的阶段性结果)何以得出的过程,既要反映实体正义价值,也要反映程序正义价值。既然法律属性是裁判文书说理的本质特征,裁判文书说理制度的基本结构就应该以反映裁判文书说理的法律属性为依据和指导。

（二）双重核心

裁判文书说理存在双重核心:一个是以"裁判结论"为核心的说理,目的是论证裁判结论为何成立,体现司法的公正与权威;另一个是以"争点"为核心的说理,目的是论证争点问题如何解决,体现司法的公开与透明。此处所指的"裁判结论",即判决或者裁定的结果,既有实体方面的,也有程序方面的。此处所指的"争点",即对"裁判结论"至关重要的争议焦点,并非当事人所有的争议问题都是裁判文书说理的核心。裁判文书说理不仅需要以裁判结论为核心,同时需要以争点为核心。裁判文书说理的双重核心之间具有内在的联系,"裁判结论"这一核心具有决定性作用,"争点"的确定须以"裁判结论"为判断依据。裁判文书说理制度的结构设计应反映裁判文书说理的双重核心,明示说理的双核定位。刑事裁判文书、民事裁判文书与行政裁判文书说理的核心标准有很大区别,应当在裁判文书说理制度中分类具体表述,但是在各自的类型体系内,以裁判结论为核心的说理定位是同质的,是可以相互参照的。

（三）繁简分流

繁简分流是裁判文书说理改革需要坚持的一项重要原则,这一原则的理论基

础是裁判文书说理的双重核心。以双重核心为前提进行裁判文书说理的繁简分流,既能保障说理正义价值的全面实现,又能实现说理效益价值的良好效果,对节约说理成本和缓解说理压力有重要的理论意义和实践意义。以此为基础,也应当在裁判文书说理制度中明确繁简分流的原则。具体而言,裁判文书围绕核心标准进行的说理应当翔实和充分,与核心标准无关或者关系不大的说理应当概括和简化。各级人民法院不乏繁简分流的制度规定,实践中也不乏繁简分流的改革措施,关键是要真正厘清繁简分流的理论依据,建构符合实际的繁简分流的具体标准和制度规范。

(四) 内外平衡

裁判文书说理制度的结构应当包含内部规范与外部规范两大方面。裁判文书说理的内部规范是对如何说理本身进行的探索,是裁判文书说理改革的内在要求。裁判文书说理的外部规范是对如何达致说理效果进行的探索,是裁判文书说理改革的外部保障。裁判文书说理内外部机制的构建不是彼此孤立的,而是一个系统工程。尊重说理规律,是裁判文书说理改革的基础和前提,但并不等于裁判文书说理改革的效果会自动实现,还需要构建裁判文书说理的外部保障机制,并保持裁判文书说理制度内外部规范的对应和平衡。总体上看,关于裁判文书说理的内部规范比较丰富,而外部规范则比较缺乏。对裁判文书说理的外部规范而言,如何构建既能保障裁判文书说理规律、原则、方法、技巧的良好实现,又能促进法官说理积极性、促进说理充分的优秀裁判文书不断涌现的刚性约束机制与柔性激励机制,还要进行缜密的考量和科学的设计。

(五) 结构张力

裁判文书说理具有规范性即共性,这是由裁判文书的程序价值决定的,也是裁判文书说理的内在属性。裁判文书说理的共性内容一般会通过说理制度、文书样式等予以固定,以体现裁判文书说理的程序正义目标,这是说理的底线要求。实践中,不能因为固定说理的规范性内容有这样那样的困难或问题,而否定其内在的程序法律价值;规范和固定说理的共性内容不仅是为了实现说理的效益,而且是尊重说理程序法律价值的应有之义。裁判文书说理具有特殊性即个性,这是由具体案件的千变万化及裁判文书的实体价值决定的。裁判文书说理的共性内容框定说理的结构和区间;裁判文书说理的个性内容则由共性内容界定的空间所制约,个性化说理应该在此空间内进行。基于裁判文书说理共性与个性及其关系的特征,裁判文书说理制度的结构必然具有内在的张力。这一制度内在的张力,是指裁判文书说理制度的个性化表达,在裁判文书说理制度的共性内容框定的空间内千变万化的形态。

三、裁判文书说理制度的重构

(一) 裁判文书说理制度的内部规范

裁判文书说理制度的内部规范主要包括:科学界定裁判文书说理的内涵、主体、对象、特征、功能;系统阐述裁判文书说理的价值目标(正义、效益、秩序)与基本原则(公开性、中立性、合法性、合理性、繁简分流);全面规定裁判文书说理的三个方面——事实分析、证据分析、法律分析(包含实体法分析与程序法分析);明确要求裁判文书说理应当围绕争议焦点和裁判论点进行重点说理;适度吸纳法律方法中的说理方法,即肯定三段论的不可或缺,同时阐明其他法律方法的重要作用;尝试建立裁判文书说理的基本模式和梯次制度体系;与宪法、法律和裁判文书格式、写作要求做好对接;区别化对待不同类型、不同审级、不同案情的裁判文书说理,既要规范说理的共性知识,又要为展示说理的个性特征留足空间。

(二) 裁判文书说理制度的外部规范

裁判文书说理制度的外部规范主要包括:进一步完善责、权、利相统一的裁判文书公开说理机制,需要研究裁判文书的署名与说理主体的统一性问题,审判委员会的地位与表述等问题;进一步完善各类裁判文书说理的基本标准或者裁判文书说理的目标体系;进一步完善允许对裁判文书理由的上诉和申请再审,以及对说理不充分裁判予以宣布无效或者改判的相应机制,衔接后续诉讼法的修改;进一步完善裁判文书说理的评价与奖惩机制,激发法官充分说理的积极性和荣誉感(说理理想目标),建立处罚适当的惩罚机制(说理底线标准),引进第三方评价机制;进一步完善裁判文书说理的相关配套制度建设,以司法改革全面深化大背景为有力支撑。

(三) 裁判文书说理制度的冲突与协调

在裁判文书说理制度的内部,存在以下几组关系,需要在制度设计中厘清其中的冲突因素,构建裁判文书说理的协调机制。一是裁判结论与说理材料的关系,可以裁判结论的产生为基点进行两者的关系构建。二是证据分析与事实分析的关系,可以证据分析为基础进行两者的关系构建。三是事实分析与法律分析的关系,可以法律方法中事实与法律之间的往返观照理论为基础进行两者的关系构建。四是说理依据与裁判依据的关系,可以实践案例与概念分析为基础进行两者的关系构建。五是充分说理与简化说理的关系,可以繁简分流原则为依据进行两者的关系构建。六是共性说理与个性说理的关系,可以实体正义、程序正义价值分析为指导进行两者的关系构建。七是说理权利与说理义务的关系,可以说理制度的结构平衡与实施效果为原则进行两者的关系构建。

四、讨论:裁判文书说理制度的结构层级与效力设定

裁判文书说理制度的结构,既应有尊重裁判文书说理的基本规律、方法、技巧、规则等内在机制的元素,还要有规定说理义务、责任承担、评价标准、奖惩措施等外部机制的元素。现有制度中,法律、司法解释中有裁判文书说理的规定,制度性、规范性文件中有裁判文书说理的规定,裁判文书格式、样本中也有裁判文书说理的规定,这些都是关于裁判文书说理制度的重要规范,有着鲜明的层级和一定的拘束力,裁判文书说理应当遵照执行。相比国外的诉讼法律制度,我国的诉讼法及其司法解释对说理内容的完整性与实施效果等方面都有需要完善和改进的地方,例如不说理的裁判文书是否有效,三大诉讼法及相关司法解释中有关说理的内容是否需要统一协调修改等,都需要在尊重说理规律的基础上,结合多方面因素进行综合分析评估与整体设计。

一个关键的问题是,现有裁判文书说理的制度形式是不系统的、零散的、碎片化的,缺乏关于裁判文书说理的系统和完整的制度,这与裁判文书说理的要求不相匹配,建议通过制定专门的裁判文书说理制度的形式予以规制。具体来说,建议由最高人民法院制定出台裁判文书说理的规范性意见,该意见的层级可确定为"司法解释",以增强拘束力,切实落实裁判文书说理责任。意见在具体表述裁判文书说理制度时,应通过完善说理结构要素、明确说理具体标准、科学界定说理权利与义务等内容来体现。

之所以建议以司法解释的方式系统规定裁判文书说理的相关内容,一个重要的依据,是来自《中华人民共和国刑事诉讼法》《中华人民共和国民事诉讼法》《中华人民共和国行政诉讼法》及其相关司法解释和制度性文件中关于说理问题的规定。尽管这些规定在内容上并不十分系统和深入——其实在诉讼法和司法解释的体系内也无法系统和深入,但是这些规定明确显示出,裁判文书说理已经属于诉讼法和司法解释规范的范畴。只不过基于裁判文书说理涉及法学、写作学、逻辑学等交叉学科的知识这一客观因素,无法在诉讼法和司法解释中予以完整和系统地规范。但是,这又恰恰说明,对裁判文书说理进行专门、完整、系统地规范,用司法解释的方式是可行的。该司法解释出台以后,与现行法律制度非但没有冲突,而且是其必要的补充,相关诉讼法和司法解释不需要因此而进行修改,裁判文书格式样本不需要推倒重来,语言表述也不存在障碍,施行起来十分方便,可操作性强。

需要警惕的是,裁判文书说理制度需要与其他制度配套实施才能实现良好效果,要避免因为制度过于超前或者孤立而导致的负面影响。有关说理责任承担的

程度规制要适宜,要考虑当下社会背景和现有法律制度的体系。既要体现说理价值与说理导向,又要起到激励作用和保障良好的制度实施效果。我们有理由相信,有了系统的、可操作性的裁判文书说理司法解释,就等于开启了在裁判文书中公开、普遍、充分、平衡说理的大门,有助于统一和规范法官的说理行为,有助于坚守说理底线、履行说理义务、追求说理效果、体现职业荣耀的良好说理新风尚的养成。

五、余论

裁判文书说理制度的基本结构,单就立法完善而言,问题似乎不难说清,就是抓住裁判文书说理的"双核心"问题,关键在于厘清说理标准和评价体系,其他的方面或者分章节表述,或者与现行法律制度进行必要的衔接。但是,这还远远不够。在此非常想对法官们说,裁判文书说理司法解释的制定,不是为了给法官增负,而是减负,是帮助法官避开说理的困境甚至是陷阱,更是助推裁判文书说理更加符合规律、走上更加规范和良性的轨道,实现良好的说理法律效果。与此同时,我们也可以负责任地向社会说,这样的改革可以向社会各界公开裁判结果的形成过程,展示法官自由裁量的心路历程,透彻分析各方争议的焦点问题,使裁判结论站得住脚,受得起质疑,经得起推敲,可以让社会公众通过个案的裁判文书说理感受到司法的公平、公开和公正。而个案的点滴积累,就是在具体、生动、持续地向社会传递法治理念,就是在推动全面依法治国的伟大实践。

裁判文书的制作理应适应司法改革的要求

李兴友　　王树全[*]

一、当前裁判文书制作上的不足

(一) 不能反映庭审的全貌或全过程,不能体现审判公开的内容

裁判文书作为诉讼过程的记录,表明法官审判权的运用和诉讼各方的权利是否得到充分的保障,所以,其当然应当对导致法律后果的主要诉讼过程有一个全面、客观的交代。我国审判方式改革经过几年的探索,基本上形成了以公开审判、当庭举证、质证、认证、对席辩论为主要内容的庭审模式。按理来说,这些关系到裁判结果的内容应在裁判文书中得到最大限度的反映,即应当将当事人举证、质证、法官认证等主要庭审过程都包括进去并描述清楚,阐发透彻。遗憾的是,这一内容在现有的裁判文书中并没有得到应有的体现。在裁判文书中看到的只是控辩双方或诉讼双方的指控与陈述,以及法院认定事实、裁判结果部分,很少看到当事人举证、质证、法官认证和裁判说理的内容。另外,大多数裁判文书对证据的表述只是列举证据的种类、名称,却没有具体的内容,有的裁判文书甚至连证据都没有。例如,在刑事裁判文书中,只有控辩双方提出的意见和主张,而无相应的证据材料,在"经本院查明"之后,即是"上述事实有书证、证人证言证明,足以认定",至于这些证据是谁提供的,是否经过质证,都无从得知。更有甚者,有的裁判文书既无控辩双方的举证、质证,也无法官的认证,在"本院审理查明"的事实叙述完之后,直接进入"本院认为"部分。由于裁判文书不能反映庭审的全过程,使得开庭程序成了法官与当事人的一场演练,审判公开的内容因为裁判文书的缺陷而大打折扣。

(二) 不说理或说理不充分现象突出

我国的民事诉讼法和刑事诉讼法以及法院诉讼文书样式都强调裁判文书的

---

[*] 李兴友,原河北省人民检察院法律政策研究室主任,二级高级检察官。王树全,河北省张家口市崇礼区人民检察院法律政策研究室负责人,一级检察官。

说理,但是法官在制作裁判文书时却只注重事实认定和裁判结果,忽视裁判文书的说理,即使说理,也是套话和干巴巴、空洞的说教,没有和法律条文有机地结合起来,更谈不上进行法理上的分析,逻辑不严密,说服力不强。从司法实践看,我国法院的审判质量是经得起检验的,大多数上诉、申诉案件都是维持原判。但是,为什么上诉、申诉案件数量却居高不下呢?其中一个重要原因是与裁判文书说理不透或根本就不说理有关。裁判认定的依据在结案报告中,当事人不知道,加上当前社会上存在的一些不正之风,一些当事人、群众总怀疑法官办案不公,一旦败诉或听到某种传闻,就会立即上诉或者申诉。如一名被判处无期徒刑的罪犯在服刑中一直申诉,理由是犯罪后曾在亲友规劝下到公安机关投案自首。法院复查后,以原判对投案自首情节已作考虑为由驳回申诉,维持原判,并令其服判息诉。可原判决上并无有关投案自首及从宽处罚的文字,致使该罪犯及其亲属不断申诉。但法院在立案再审时发现,该自首情节在原审法院的结案报告中已作过认定,但在裁判文书中却只字未提。

(三) 引用法律不缜密、不具体

当前的裁判文书,在援引法律条文方面多存在笼统的倾向,无论是法律、法规还是司法解释,很多都不交代具体的法律条文(包括条、款、项、目)及其内容,如"根据中华人民共和国……法,判决如下……"有的不交代所依据的是哪一部法律,而是只写"依法律判决如下……"有些复杂案件,涉及法律及司法解释,法官虽然做了这方面的工作,但却不在裁判文书中加以说明。很显然,这样的裁判文书即使裁判结果公正,当事人也很难心服,常常使胜诉一方觉得胜有侥幸,败诉一方觉得败得稀里糊涂,甚至产生法官"审判不公"的误解。

二、裁判文书发展的思路

(一) 判决书的首部应反映案件审理的概况并显现出办案效率

应突破原有判决书首部的格式,写明:①立案时间、庭审时间、审理期间、超审限原因;②诉前、诉讼中财产保全和证据保全情况;③当事人的追加和变更情况;④简易程序变更为普通程序审理原因及变更情况等。这样就使判决书首部对案件审理的主要过程有一个客观、全面的反映,使判决结论的形成具有充分的法律依据。办案效率也是当事人对法院关注的一大焦点问题,因此,写明案件审理的时间安排也可以使当事人了解法院的审判效率,便于群众监督。

(二) 判决书的事实部分清晰明白,符合逻辑,一目了然

判决书的事实部分应包括如下内容:①为体现当事人平等的地位,对原告、被

告主张的事实、理由、请求,第三人的参诉意见,适用法律的建议,对权利的处分意见等完整地叙述,以此将双方当事人争议的事实及案件审理的重点呈现在人们面前,为事实查明部分的叙述做好铺垫。②在当事人诉称、辩称后完整地列举当事人支持其主张的证据,体现"谁主张,谁举证"的原则及举证责任负担情况,由此可以避免诉讼文书样式将证据放在认定事实之后,以"上述事实有……予以证明"的表述所导致的看不出证据由谁所举的弊端,杜绝"暗箱操作"等不规范情况的发生。③按照"当事人质证意见"——"法官认证意见及结论"——"依认定证据推导出来的案件事实"的顺序叙述法庭质证及认证结果,并以"根据上述认定的证据,本院认定如下事实"代替"经审理查明"的表述,引出法院认定的事实。这不是单纯的文字表述上的改动,而是诉辩式审判方式的必然要求。"经审理查明"的表述体现了纠问式审判方式下法官主动为当事人寻找证据证明案件事实发生经过的审判观念和思维方式,具有主观、武断的明显弊端。审判方式改革要求法官的角色转变为"审查者",即以审查者的身份审查当事人所举的证据是否足以证明其主张的事实,反映在判决书中的事实查明部分就是以"通过对证据的分析认定推论出法律事实"来代替"经审理查明",以体现诉讼当事人诉辩对抗,法官"居中"审查证据并作出判断的诉讼结构。而且采用这种"先有证据,再依证据推定事实"的写法也符合一般人的逻辑思维。而先叙述查明的事实,再叙述"上述事实有某某证据为证"的写法,从逻辑结构上看是先有结果再谈原因,不符合思维的逻辑过程。

(三) 在判决书后附加作出判决所依据的具体法律条文

当前的裁判文书,在援引法律方面存在笼统倾向,引用法律不缜密、不具体,这样的裁判文书降低了诉讼效率,增加了诉讼成本,甚至会影响社会稳定。因此,有必要在裁判文书后将裁判所依据的法律、法规和司法解释的具体条文完整写出,进一步公开法院的裁判依据,既方便当事人了解法律的相关规定,从而对法院判决更加理解,服判息诉;同时又可以起到普法的效果。

三、裁判文书发展的意义

(一) 体现审判公开的内容和公开审判的原则

一方面,将原告的起诉,被告的应诉或不应诉,原、被告当庭举证、质证及法官认证等主要诉讼过程体现出来,使人一目了然;另一方面,裁判理由、适用法律及裁判结果的公开,本身就是公开审判原则的一个体现。因为法院审判公开,不仅是庭审过程的公开,也包括裁判认定事实的依据、裁判理由、适用法律及裁判结果的公开。以此标准制作的裁判文书可以大大提高裁判文书的透明度,为防止个别法官徇私枉法设置了一道屏障。

（二）有利于定分止争

司法实务中，经常出现这样的现象，诉讼中胜诉一方的当事人一般认为裁判司法官是公正的，而败诉的一方当事人往往认为裁判司法官是偏私的。不论是胜诉方还是败诉方，从内心确信角度来看都不是出于心服口服。目前，上诉、申诉以及上访案件居高不下，可以说在很大程度上与裁判文书不说理或说理不充分有关。无休止的上诉、申诉不仅浪费了有限的司法资源，而且难以达到定分止争的法律终极目标。为此，增强裁判文书的说理性，势必有利于司法活动实现定分止争的功效。

（三）有利于实现"阳光司法"

改革后的裁判文书可以成为向社会公众展示法院文明和公正司法形象的载体。通过对裁判文书的内容进行改革，公开当事人的主要诉讼活动过程及法官认定事实、适用法律作出判决的论证思维过程，实现了对审判活动从静态叙述到动态叙述的转变，增强了案件审理的透明度。通过裁判文书，可以发现整个裁判过程公正与否，法官是否公平地保障了当事人行使诉讼权利，判决结果是否是合乎逻辑的结论。易言之，整个裁判过程是否做到了程序公正和实体公正。如此，可以减少或杜绝法官在审判中的不公正行为，有效防止司法腐败。当事人也可以从判决书中明确了解法官作出判决的思维过程和理由，消除以前对法院"暗箱操作"式审理方式的疑虑。

司法改革是一项系统的工程，而制作裁判文书是审判实践的重要环节，同时裁判文书又是审判活动的主要载体。法官应通过理性的判断和严谨的推理对个案作出公正的裁判，制作逻辑清楚、说理透彻、认定事实准确且适用法律恰当的裁判文书，让每一位当事人都能通过裁判文书感受到法律的公平正义。

刑事裁判文书改革亟待解决的六大问题

罗书平[*]

根据党的十八届三中全会、四中全会分别通过的《中共中央关于全面深化改革若干重大问题的决定》和《中共中央关于全面推进依法治国若干重大问题的决定》中有关"增强法律文书说理性,推动公开法院生效裁判文书""加强法律文书释法说理,建立生效法律文书统一上网和公开查询制度"的要求,最高人民法院在《关于全面深化人民法院改革的意见——人民法院第四个五年改革纲要(2014—2018)》中进一步重申"推动裁判文书说理改革""建立裁判文书说理的评价体系,将裁判文书的说理水平作为法官业绩评价和晋级、选升的重要因素",并特别强调"根据不同审级和案件类型,实现裁判文书的繁简分流",明确宣布"对事实清楚、权利义务关系明确、当事人争议不大的一审民商事案件和事实清楚、证据确实充分、被告人认罪的一审轻微刑事案件",可以"使用简化的裁判文书,通过填充要素、简化格式,提高裁判效率",从而拉开了对现行法院诉讼文书样式全面改革的序幕。

2016年6月28日,最高人民法院发布了修订的《民事诉讼文书样式》及《人民法院民事裁判文书制作规范》。仅从数量上看,文书样式种类就由1992年发布的《民事诉讼文书样式(试行)》的372种增加到568种,其中包括与修订后的《中华人民共和国民事诉讼法》(以下简称《民事诉讼法》)增设的小额诉讼案件特别程序相配套的"小额诉讼案件判决(裁定)书(表格式)"和"小额诉讼案件判决书(令状式)"。这种对法院诉讼文书样式修改的趋势和文书样式种类的增幅,势必对刑事诉讼文书样式的修订工作产生极大的影响和导向作用。

据悉,有关刑事诉讼文书样式的全面修订正在紧锣密鼓地进行。在2015年11月最高人民法院研究室与中国法学会法律文书学研究会联合组织的"司法公开与裁判文书改革"研讨会上,负责刑事诉讼文书样式修订工作的最高人民法院研究室向会议提交了8份刑事、民事诉讼文书样式修订稿(刑事4份、民事4份)[①]

---

[*] 罗书平,中国民主法制出版社第八编辑部主任,国家法官学院教授。
[①] 具体包括:刑事判决书(一审公诉案件适用普通程序用)、刑事判决书(一审公诉案件适用简易程序用)、刑事裁定书(二审维持原判用)、刑事判决书(二审改判用)、民事判决书(一审普通程序用)、民事判决书(二审改判用)、民事判决书(被告承认原告全部诉讼请求用)、民事判决书(当事人对案件事实没有争议用)。

供与会代表讨论并征求意见。

从发布的《民事诉讼文书样式》及《人民法院民事裁判文书制作规范》看,应当说,最高人民法院对中国法学会法律文书学研究会汇总提交的修改意见较为重视,大多予以采纳,但对一些重大问题的修改意见,似乎并未引起足够的重视,以致目前《民事诉讼文书样式》中有关民事裁判文书样式的总体结构和规范要求呈现出越来越繁琐的趋势,似与有关裁判文书改革应当坚持繁简分流的要求渐行渐远。

有鉴于此,笔者提出当前刑事裁判文书样式改革中亟待解决的几个问题,请教于同行,供起草者参考。

一、刑事裁判文书样式应否进行结构性调整

从最高人民法院研究室提交研讨会讨论的4份刑事裁判文书样式修订稿及"样式说明"看,起草者对刑事裁判文书样式做了结构性调整。

原刑事裁判文书样式的结构由五部分组成:首部;事实和证据;裁判理由;裁判结果;尾部。

最高人民法院研究室提交研讨会讨论的4份刑事裁判文书样式修订稿和4份民事裁判文书样式修订稿将其结构修改为三部分:标题(含法院名称、文书名称、案件编号);正文;落款(含署名、日期)。其中第二部分"正文",又由以下五个板块组成:首部;事实;理由;裁判结果;尾部。

2016年发布的《人民法院民事裁判文书制作规范》将包括民事诉讼文书样式结构在内的制作规范调整为以下九个部分:一是基本要素;二是标题(含法院名称、案号);三是正文;四是落款;五是数字用法;六是标点符号用法;七是引用规范;八是印刷标准;九是其他。其中第三部分"正文"由以下九个板块组成:当事人的基本情况;委托诉讼代理人的基本情况;当事人的诉讼地位;案件由来和审理经过;事实;理由;裁判依据;裁判主文;尾部。

笔者认为,在法院诉讼文书样式之外单独规定"制作规范"是必要的,它既有别于文书样式本身,同时又可以独立成篇,作为法官制作裁判文书时"通用"的规范化标准。但是,《民事诉讼文书样式》及《人民法院民事裁判文书制作规范》做如此繁琐的、大规模的结构性调整是没有必要的,理由如下:

一是自最高人民法院1992年发布《法院诉讼文书样式(试行)》、1999年发布《法院刑事诉讼文书样式(样本)》以来,在审判人员的印象中,裁判文书由首部、事实和证据、裁判理由、裁判结果、尾部共五部分组成,已经根深蒂固,适用过程中也无不妥。如果在强调裁判文书说理和规范法院文书样式的大环境中对文书结构动大手术,似无必要。

二是纵观《民事裁判文书样式》修订稿,将文书样式结构由"五部分"调整为"三部分",实际上无非就是将五部分中首部、尾部中的一小部分内容分离出来作为独立的第一和第三部分(标题、落款),第二部分(正文)则是一个硕大无比的"肚子",基本上包括了原五部分结构中的绝大部分内容。可以预测,这样的结构性调整,不可能受到广大基层法院法官的欢迎,甚至还会引来"闭门造车"的诟病。

三是2012年修订的《中华人民共和国刑事诉讼法》(以下简称《刑事诉讼法》)第197条规定:"判决书应当由审判人员和书记员署名,并且写明上诉的期限和上诉的法院。"2012年修订的《民事诉讼法》对此问题也作了类似的规定。①2014年修订的《中华人民共和国行政诉讼法》虽然没有对行政裁判文书的制作作出直接规定,但在第101条明确规定:"……本法没有规定的,适用《中华人民共和国民事诉讼法》的相关规定。"《民事诉讼法》有关制作民事裁判文书的上述规定,同样适用于行政裁判文书。既然裁判文书上的署名是由法律规定的,足以说明这绝不是一个简单的落款问题。事实上,它与裁判文书必须写明法院名称、案件编号、上诉期限、上诉法院一样,都构成法院裁判文书的重要组成部分。所以,完全没有必要将"标题"和"落款"的内容从原"五部分"的法院裁判文书样式中分离出来做如此的结构性调整,至少在没有更好的方案时不如维持现状。

二、全面落实繁简分流,切实推行格式文书

不知从何时起,裁判文书越写越长、判决书越来越像"书"的不正常现象日益突出,日趋严重,经常可以看到几十页甚至上百页的判决书。

判决书是一种公文,而且是一种特殊的公文,它是人民法院对于诉讼案件进行审理后所作决定的书面文件,具有法律效力。但应当明确,判决书不是"书"。判决书的读者主要是与案件密切相关的当事人和诉讼参与人,而不是社会公众。既然判决书不是"书",就完全没有必要写得像中、长篇小说那样。否则,不仅法官写得累,当事人读起来也累,既不利于司法为民,也不利于提高效率,徒增诉讼成本。

然而,令人遗憾的是,社会公众普遍发现,文书长度的增加并不能当然地得出裁判文书"更加讲理"的结论。恰恰相反,在那些"超长型"甚至"加长型"的判决书中(以职务犯罪案件为例),绝大多数文字都是在不厌其烦地照抄照搬起诉书的内容和公诉人在法庭上出示的一组又一组的"证据材料"(其实多为证明有关被告人的身份和履历、被告人的历次口供、众多证人的证言),而对被告人及

---

① 《民事诉讼法》第152条规定:"判决书应当写明判决结果和作出该判决的理由。判决书内容包括:(一)案由、诉讼请求、争议的事实和理由;(二)判决认定的事实和理由、适用的法律和理由;(三)判决结果和诉讼费用的负担;(四)上诉期间和上诉的法院。判决书由审判人员、书记员署名,加盖人民法院印章。"

其辩护人的辩解和辩护意见(如非法证据排除)则大多一笔带过,少有针对性地给予回应,其中使用最频繁的话就是"被告人的辩解及辩护人的辩护意见与经审理查明的上述事实和证据不合,不予采纳",这样的判决书很难让人感受到公平正义。

由于应该释法说理的不讲道理,无须讲理的却连篇累牍,其结果,既影响裁判效果,又影响司法效率。因此,最高人民法院根据中央有关裁判文书应当加强释法说理,建立生效法律文书统一上网和公开查询制度的决定,再次强调对裁判文书应当实行繁简分流。

其实,对裁判文书实行繁简分流是老生常谈,是自20世纪90年代最高人民法院全面修订《法院刑事诉讼文书样式(样本)》时起就已经确立了的一种理念。

2001年6月15日,最高人民法院办公厅在《关于实施〈法院刑事诉讼文书样式〉若干问题的解答》中,就裁判文书如何做到繁简适当的问题,提出了明确要求:一是应当因案而异,原则上可以控辩双方有无争议为标准;二是对适用简易程序审理的案件要体现简易程序的特点,对控辩主张的内容可以高度概括,对"经审理查明"的事实可以概述,对定案的证据可以不写,对判决理由则可以适当论述。

2003年3月14日,最高人民法院、最高人民检察院、司法部在《关于适用普通程序审理"被告人认罪案件"的若干意见(试行)》(已失效)和《关于适用简易程序审理公诉案件的若干意见》(已失效)中,规定了可以对具体审理方式进行简化,但未涉及对这两类案件的裁判文书应当如何简化的问题。

2014年6月27日,全国人民代表大会常务委员会通过的《关于授权最高人民法院、最高人民检察院在部分地区开展刑事案件速裁程序试点工作的决定》中,明确了对部分刑事案件适用速裁程序的相关内容,包括设定速裁程序的目的、确定适用速裁程序的区域、适用速裁程序的范围和条件,其中对适用速裁程序的内容只有一句话,"进一步简化刑事诉讼法规定的相关诉讼程序",没有涉及适用速裁程序审理的案件,其裁判文书应当如何体现"速裁"的特点的问题。此外,该决定还要求最高人民法院和最高人民检察院"应当加强对试点工作的组织指导和监督检查",在为期两年的试点中"应当就试点情况向全国人民代表大会常务委员会作出中期报告"。不过,最高人民法院和最高人民检察院至今尚未出台有关适用速裁程序的检察文书、审判文书应当如何简化的指导性文件。

我国目前试行格式化刑事裁判文书的主要是适用简易程序和速裁程序审理的案件,这种较为"超前"的做法,应当说是符合我国司法实践需要的。对于案情简单、法律关系不是很复杂、被告人认罪的案件,采用类似于英美法系国家实行的"诉辩交易"案件大都不单独制作判决书而采取"填充"式的做法是可以的。只是这一举措事关司法体制改革的全局,应由最高人民法院在修订《法院刑事诉讼文书样式(样本)》时一并考虑。

三、刑事裁判文书是否应当告别"经审理查明"

一个偶然的机会,笔者看到一份我国台湾地区台北地方法院作出的"刑事简易判决"。从这份制作于2015年8月的简易判决中可以得知,被告张某被指控"违反毒品危害防制条例"规定的"持有第二级毒品罪",因检察官声请以简易判决处刑,法官"唯念其犯罪后尚能坦承犯行,态度尚可"等"一切情状",判决如下:"处有期徒刑二月,如易科罚金,以新台币一千元折算一日。扣案含第二级毒品甲基安非他命成分之金色包装咖啡色药锭一包(验余净重四点六公克)没收销毁之。"

之所以对这份简易判决产生浓厚兴趣,原因在于该判决对被告犯罪事实的认定与众不同,也可以说,判决书对被告的犯罪事实并未作专门的叙述,只是将检察官在起诉书中有关事实和证据的内容"一笔带过":

> 本件犯罪事实及证据除均引用附件检察官声请简易判决处刑书之记载外(详附件),另更正及补充如下:
>
> (一)声请简易判决处刑书犯罪事实栏第五行及第八行、证据并所犯法条栏一第二行之"梅锭"均应更正为"金色包装咖啡色药锭"。
>
> (二)证据部分补充"搜证照片七张(见毒侦字卷第20—21页)。

这就是这份刑事判决书中经审理查明的"事实和证据"的全部内容。

在一份定罪判刑的刑事判决书中,居然看不到经法官(法庭)"审理查明"的犯罪事实,似乎不可思议!但是,这种经审查确认并"引用"检察官的"声请简易判决处刑书",再对其中个别需要更正和补充的地方予以注明,岂不比在判决书中再"照抄"一遍起诉书更为准确、清晰、简洁和一目了然?!

根据2012年修订的台湾地区"刑事诉讼法"的规定,适用简易判决程序审理案件制作的判决书,"得以简略方式为之,如认定之犯罪事实、证据应适用之法条,与检察官声请简易判决处刑书之记载相同者,得引用之"。换言之,如果控审双方的意见一致,且被告自愿认罪,判决书上对检察官指控的犯罪事实就无须重复叙述,直接"引用之"即可;如有确需变动的,直接更正或补充就行了。

台湾地区法院有关裁判文书繁简分流的做法,确实值得借鉴。

由于"经审理查明"是最高人民法院正式发布的裁判文书样式中的必备要素,在裁判文书改革中,如果规范样式不改,即使再"概括"、再"扼要"、再"简化","经审理查明"的犯罪事实和证据都是必不可少的!这样,多年来,在刑事判决书中,既有检察机关的指控内容,又有被告的供述和辩解,更有"经审理查明"的犯罪事实,如此叠床架屋的构架,难免不出现重复,繁简分流也就成为一句空话。

其实,在所有的诉讼案件中,所谓"案件事实",都是对已经发生的"客观事实"通过法定程序将其最大限度地还原成"法律事实",而这些"法律事实"都不是

(也不可能是)法院"审理查明"的,因为案件发生时,审理案件的法官不是当事人,也不是在场人,没有亲身经历或亲眼目睹案件的全部或部分过程(如果确有这个经历,则该法官就应当依法回避)。法院只是在法庭上,通过组织控辩双方举证、质证,最后认证案件事实的。事实上,刑事诉讼由"纠问式"向"控辩式"转化后,在法庭上除了控辩双方围绕指控内容所进行的举证、质证外,并不存在也不应该存在一个独立于控辩主张以外的"经审理查明"的事实,法庭调查的中心内容就在于对指控是否成立、辩解是否有理作出"评判"。

20世纪90年代,在云南省高级人民法院对褚时健案件作出的判决书中,之所以对公诉机关指控的"被告人褚时健贪污1 156万美元"的犯罪事实不予认定,并不是云南省高级人民法院事先就清楚褚时健没有贪污该笔巨款,也不是在法庭调查中"审理查明"褚时健没有实施这一犯罪行为,而是因为"罗以军、钟照欣的证言不能作为认定事实的根据,公诉机关出示的合同书、付款凭证等证据不能直接证明被告人褚时健具有非法占有的故意",遂作出"指控被告人褚时健贪污1 156万美元证据不充分,本院不予确认"的评判结论。

由此可见,在刑事裁判文书中,以"评判如下"取代"经审理查明"势在必行。

四、如何体现"审理者裁判、裁判者负责"

党的十八届三中全会通过的《中共中央关于全面深化改革若干重大问题的决定》中有关"改革审判委员会制度,完善主审法官、合议庭办案责任制,让审理者裁判、由裁判者负责。明确各级法院职能定位,规范上下级法院审级监督关系"的改革目标,真的是抓住了问题的关键,亟待全面贯彻落实。

笔者认为,既然实行"办案责任制"和"谁办案谁负责"的错案追究制度,那么,当案件不是由法官一人独任审判而是由合议庭审判,且合议庭组成人员在评议案件出现不同意见时,这个"不同意见"是否应当在裁判文书中如实予以表述?应当如何表述?如果不表述,那么"办案责任制"如何落实?"谁办案谁负责"的板子是打在全体合议庭成员的身上,还是打在发表了多数意见的法官的身上?如果最终法院判决是根据审判委员会的决定作出的,是追究合议庭组成人员的责任还是追究审判委员会组成人员的责任?由于这些问题在《法院刑事诉讼文书样式(样本)》中没有涉及,有必要提出并加以解决。

至于在裁判文书中如何公开法官的不同意见?公开法官的不同意见是否限定案件范围(是否适用于刑事案件)?是否限定法院范围(对中级、基层人民法院判决中的不同意见是否公开)?是否公开持不同意见的法官的姓名?如是审判委员会讨论决定的案件,是否公布不同意见的审判委员会委员的姓名?是在判决书中直接公布还是将不同意见作为"附件"附后?等等。这些都属于操作层面的问题,建议最高人民法院在设计司法改革的进程、步骤时,可以在制定司法解释和修订法院诉讼文书样式的形式时一并解决。

关于对审判委员会讨论决定的案件在裁判文书中如何说理的问题,笔者主张可以从以下三个方面入手:

首先,提交审判委员会讨论的案件应当符合《刑事诉讼法》第180条及最高人民法院《关于适用〈中华人民共和国刑事诉讼法〉的解释》第178条规定的条件。

其次,应当阐明合议庭将案件提交审判委员会讨论的具体理由。

最后,如果审判委员会只是对案件的部分问题进行讨论并作出决定,其余部分仍按合议庭的意见作出决定,相应地应当分别阐明作出裁判结果的理由。

五、非法证据排除案件裁判文书的理由表述

有关刑事裁判文书对非法证据排除案件是否说理及如何说理的问题,在1999年最高人民法院发布的《法院刑事诉讼文书样式(样本)》中没有明确规定,2010年最高人民法院、最高人民检察院、公安部、国家安全部、司法部发布的《关于办理刑事案件排除非法证据若干问题的规定》中也未涉及。2012修正后的《刑事诉讼法》虽然设立了非法证据排除制度,且随后最高人民法院公布的《关于适用〈中华人民共和国刑事诉讼法〉的解释》对非法证据排除程序也作了专门解释,但均未对该类案件的裁判文书制作提出具体要求。由于无法可依和无章可循,司法实践中的做法五花八门,一定程度上影响了裁判文书质量和司法公正形象。

目前,在全国法院受理的刑事案件中,有关被告方是否提出排除非法证据的申请、人民法院是否启动非法证据排除程序,并无权威的司法统计数据,自然,有关刑事裁判文书中是否表述和如何表述有关非法证据排除程序的情况,也是一个未知数。

2015年1月,重庆市高级人民法院钱峰院长向重庆市人民代表大会所作的工作报告称:2014年重庆市三级法院共审结一审刑事案件24 982件,其中有96件启动了非法证据排除程序。对公诉机关指控证据不足、指控罪名不成立的5名被告人依法宣告无罪,另有11名被告人在被宣告无罪前公诉机关撤回起诉。

2015年10月,在四川省成都市召开的"刑事庭审实质化改革试点研讨会"上,四川省高级人民法院有关部门负责人介绍,近年来,四川省三级法院刑事审判工作中有关非法证据排除呈现出"三多两少"的特点:一是启动的案件类型多为常见、多发型案件;二是程序的启动以被告方申请为主;三是启动的事由为受到刑讯逼供的较多;四是经庭审认定非法证据的比率低,只占23%;五是侦查人员及

其他人员出庭说明情况的比率低,仅占21%左右。① 但这位负责人对有关排除非法证据的请求提出后受理、采纳与否的情形和理由是否在刑事裁判文书中表述的问题,未做介绍。

当然,考虑到有关非法证据排除的内容,只是刑事裁判文书中事实与证据部分中的一部分,而有关适用普通程序的公诉案件刑事判决书也只是《法院刑事诉讼文书样式(样本)》中164种样式之一。因此,笔者认为,修订《法院刑事诉讼文书样式(样本)》势在必行,但并不意味着将原样式全部推倒重来,或者面面俱到地逐一修改,而是建议最高人民法院应当将非法证据排除程序在刑事裁判文书中如何表述的问题纳入刑事裁判文书改革的重要内容之中,提上议事日程,至于如何修订,则是具体的方法问题。

通常情况下,关于人民法院刑事裁判文书的修订路径,无非有以下四种:一是修订《法院刑事诉讼文书样式(样本)》;二是修改《关于适用〈中华人民共和国刑事诉讼法〉的解释》;三是对刑事裁判文书制作中个别亟待解决的问题作出司法解释;四是对刑事裁判文书制作中一些较为普遍的问题作出解答。

显然,第一种方式即修订《法院刑事诉讼文书样式(样本)》和第二种方式即修改《关于适用〈中华人民共和国刑事诉讼法〉的解释》的方法,目前并不可取,第三种方式也不可取,因为目前有关在刑事裁判文书中如何表述非法证据排除程序的问题已非个别,远远不是出台一两个有关刑事裁判文书的单项司法解释(如《关于审理死刑缓期执行期间故意犯罪的一审案件如何制作裁判文书有关问题的通知》《关于刑事裁判文书中刑期起止日期如何表述问题的批复》《关于在裁判文书中如何表述修正前后刑法条文的批复》)所能解决的。笔者主张可以采用第四种方法,即借鉴2001年最高人民法院办公厅发布的《关于实施〈法院刑事诉讼文书样式〉若干问题的解答》的办法,以问题解答的形式对有关刑事裁判文书中如何表述非法证据排除程序的问题进行统一答复,而且,答复的数量和长短比较灵活,可以做到成熟多少解答多少。如最高人民法院办公厅在《关于实施〈法院刑事诉讼文书样式〉若干问题的解答》中,分别按照制作刑事裁判文书的五大组成部分,即首部、事实和证据、理由、判决结果、尾部进行分类,在每一类中再设立若干个问题进行解答。其中在事实和证据部分设立的问题就有:

> 在表述控辩双方的意见和经审理查明的"事实和证据"部分时,如何做到"繁简适当"?
>
> 对被告人一人或者多人多次犯同种罪的,事实和证据可否归纳表述?

---

① 成都法院网、成都中级人民法院官方微博报道:2015年10月14日,由四川省法学会、四川省法官协会主办,成都市中级人民法院承办的"刑事庭审实质化改革试点研讨会"上,四川省高级人民法院刑事审判第一庭庭长袁彩君的发言。

修订样式要求在裁判文书中写明的"证据来源"的含意是什么？

在表述证据时，对被告人供述、被害人陈述、证人证言等言词证据应当用第一人称还是第三人称？

对隐私案件的被害人或者其他案件中不愿在裁判文书中透露真实姓名的证人，为保护其名誉和安全，可否只写姓不写名？

对自首或者立功或者累犯等情节，在裁判文书中应当如何表述？

对经审理确认指控的事实不清、证据不足而宣告无罪的案件，事实和证据部分应当如何表述？可否省略该部分而直接写"本院认为"？

……

应当说，当年的这些"问题解答"对于全国法院全面贯彻执行《法院刑事诉讼文书样式（样本）》，正确执行第一次"大修"后的《中华人民共和国刑法》《刑事诉讼法》，确保审判案件质量和法律文书质量，都起到了重要的作用。

笔者认为，制定这类"问题解答"有几个操作层面上的问题需要先行解决：

一是"问题解答"的主体不宜继续沿用"最高人民法院办公厅"的名义，而应当以"最高人民法院"的名义，以体现"问题解答"的权威性。

二是"问题解答"的性质可以不作为司法解释（文件字号可以不用"法释"），而只是作为司法规范性文件，使这类属于"文书档案"范畴的规范性文件更易于出台。

三是"问题解答"的发布可以分期、分批地进行，本着成熟一批发布一批的原则，以适应审判工作的需要。

四是"问题解答"的文字不宜过长，即对每一个具体问题的解答意见可就事论事，有话则长，无话则短，点到为止，如最高人民法院《关于刑事裁判文书中刑期起止日期如何表述问题的批复》那样简单明了。

五是"问题解答"的起草工作可坚持以自上而下、自下而上相结合，司法机关与专业学会（如最高人民法院与中国法学会法律文书学研究会）相结合，理论研究与司法实务相结合的原则进行，以体现"问题解答"的专业性、可操作性和权威性。

六、是否公开审理、开庭审理及发回重审等诉讼性说理

对依法不公开审理的案件，如一人被指控犯数罪的案件，如果全案没有公开审理，那么，就应当写明全案不公开审理的理由；如果是部分被指控的犯罪公开审理、部分被指控的犯罪没有公开审理，也应当分别予以写明。那种一个案件中只有一罪符合不公开审理的法定条件而将全案不公开审理的做法，是违背宪法和法律设立的公开审判制度的。正因为如此，《刑事诉讼法》才明确规定，不公开审理

的案件,应当当庭宣布不公开审理的理由,这一规定当然适用于一人犯数罪的案件。

二审不开庭审理的案件是否应当说理,答案是肯定的。按照修正后的《刑事诉讼法》的规定,第二审人民法院对二审案件的审理方式包括:一是应当组成合议庭开庭审理的有四类案件;二是决定不开庭审理的,应当讯问被告人,听取其他当事人、辩护人、诉讼代理人的意见。因此,二审刑事裁判文书对不开庭审理案件的说理,应当阐明不属于应当开庭审理的案件,且已经讯问被告人,听取其他当事人、辩护人、诉讼代理人的意见,以体现程序合法。

关于二审发回重审案件,无论二审法院是以原判决事实不清或者证据不足为由,还是以一审违反法定程序为由发回原审人民法院重新审判的案件,刑事裁判文书都应当写明"事实不清""证据不足"或者"一审违反法定程序"(如对被告人及其辩护人提出的有关启动非法证据排除程序的申请无正当理由不予受理等)的具体理由,不得沿用过去的习惯做法,只是笼统地称"原判事实不清、证据不足",而对"事实不清、证据不足"的具体内容另附内部的补充调查提纲予以说明。

除此之外,有关对自诉案件不予受理、驳回起诉、准许和解、准许撤诉的刑事裁定书,应根据案件的基本事实,阐明适用《刑事诉讼法》和相关司法解释对自诉案件的立案受理和审理程序的规定。限于篇幅,此处不再赘述。

刑事再审裁判文书的写作规则与方法

——以中国裁判文书网公开的305篇刑事再审裁判文书为样本的实证研究

杨 凯 黄 怡[*]

  刑事审判监督程序有别于刑事一审、二审程序，它是一种刑事救济程序，是对已经发生法律效力的案件再次进行实质上的法律评判，而这一法律评判最集中的展现就是刑事再审裁判文书。刑事再审裁判文书需要体现刑事审判监督程序独有的特点，需要展示刑事审判监督理念。一方面，刑事再审文书相较一审、二审文书更容易撰写，它不是从零开始，原审裁判文书已经将案件的基本情况，包括当事人身份情况、案件基本事实和证据、裁判理由进行了梳理，因此，刑事再审文书的撰写就有了基础。但另一方面，刑事再审文书的撰写又是不易的：一是经过多次审理的案件，需要通过梳理使裁判文书显示出更为清晰的脉络；二是再审作为对案件的再次评判，无论是改判还是维持原判，均需要更充分的说理；三是如果原审裁判文书对于事实认定不清、认定错误，或者表述不当，证据采信不当，证据罗列的方式不合理，那么作为再审裁判文书，必须克服原审裁判文书的影响，而有时"推倒重来"比"白手起家"更为艰难。本文以中国裁判文书网公开的305篇再审刑事判决和刑事裁定为样本进行实证研究，分析刑事案件的再审规律和再审案件透射出的审判监督理念，总结刑事再审裁判文书的一般写作规律和方法。

一、刑事审判监督的司法理念

（一）启动再审的被动性与主动性

  《中华人民共和国刑事诉讼法》（以下简称《刑事诉讼法》）第241条规定："当事人及其法定代理人、近亲属，对已经发生法律效力的判决、裁定，可以向人民法

---

[*] 杨凯，华中师范大学教授、应用法学与法治社会研究院院长。黄怡，湖北省高级人民法院审判监督一庭法官。

院或者人民检察院提出申诉,但是不能停止判决、裁定的执行。"第243条规定了三种启动再审的途径:一是院长发现;二是最高人民法院发现和上级人民法院发现;三是最高人民检察院、上级人民检察院抗诉。

从启动再审的程序而言,"院长发现"可以作为一种主动的形式,尽管发现的途径可以来自当事人及其法定代理人、近亲属的申诉,还有可能是检察机关的检察建议。当事人的申诉或者检察机关的建议,尽管在司法实践中有复查程序,但并不是刑法上的审理程序,而是人民法院发现错案的一个途径。除此以外,还有人民法院在审理案件过程中发现错案的情形,例如最高人民法院《关于适用〈中华人民共和国刑事诉讼法〉的解释》第325条第1款第(七)项规定,审理被告人或者其法定代理人、辩护人、近亲属提出上诉的案件,不得加重被告人的刑罚,"但判处的刑罚畸轻、应当适用附加刑而没有适用的,不得直接加重刑罚、适用附加刑,也不得以事实不清、证据不足为由发回第一审人民法院重新审判。必须依法改判的,应当在第二审判决、裁定生效后,依照审判监督程序重新审判"。第330条规定:"第二审人民法院审理对刑事部分提出上诉、抗诉,附带民事部分已经发生法律效力的案件,发现第一审判决、裁定中的附带民事部分确有错误的,应当依照审判监督程序对附带民事部分予以纠正。"第331条规定:"第二审人民法院审理对附带民事部分提出上诉,刑事部分已经发生法律效力的案件,发现第一审判决、裁定中的刑事部分确有错误的,应当依照审判监督程序对刑事部分进行再审,并将附带民事部分与刑事部分一并审理。"另外还有法院通过自查或者上级人民法院在检查中发现的错案线索,这些都是法院发现原判确有错误,主动再审的情形。检察机关抗诉则是一种人民法院被动地启动再审的形式。

(二) 维持既判力与有错必纠的平衡

终审判决(裁定)一经作出,必须有相当的稳定性,否则,"终审不终"将导致社会关系一直处于不稳定的状态,最终会损害司法的权威性。因此,司法必须容忍人民法院在量刑幅度范围内的自由裁量,对于偏轻与偏重的裁判,不宜轻易启动再审程序予以改判。我国刑事再审程序坚持"实事求是、有错必纠、不枉不纵"的指导原则,"有错必纠"要求对于在罪与非罪之间、在量刑畸轻或畸重时,都没有自由裁量的余地。可见,维持既判力与有错必纠之间是辩证统一的关系,不能失之以衡。

(三) 有罪推定与疑罪从无

再审案件与一审、二审案件最大的不同,在于再审案件是对原本已经发生法律效力的案件进行重新的评判,被告人在原审中已经被认定为有罪,其身份上就是罪犯,是被法院确认的犯有特定罪行的人。部分当事人在申诉时认为,只要对案件认定的事实提出一点疑点,事实中只要有一部分细节认定得不明确,对证据提出一点质疑,法院就应当进行调查,或者对案件进行再审,这是对刑事审判监督程序的误读。在一审、二审阶段,证明被告人有罪或者罪重的责任应当由检察机关承担,而一旦判决、裁定发生了法律效力,这个证明责任就不再属于检察机关,而是转移给了当事人一方。当事人必须提出证据或者证据线索,证明原判认定的事实确有错误。换句话说,法官在审查申诉案件时,应当坚持有罪推定原则,而不是在案件未决状态时的无罪推定。

对刑事案件进行复查、再审时又必须坚持疑罪从无原则,而不能是疑罪从有或者疑罪从轻。疑罪从无针对的是原审中的证据不确实、不充分,不具有排他性,不能排除合理怀疑,或者证据链不完整等情况,不能完全证明检察机关所指控的犯罪事实,必须根据疑罪从无原则作出有利于被告人的评价。例如,广东省珠海市中级人民法院审理的徐某奸杀案,由于被告人供述的细节与现场勘查情况高度一致,使得供述不合情理;被害人体内提取的精液经 DNA 鉴定,一份是其男友的,另一份"不能肯定是徐某的,也不能排除是徐某的",等等,疑点不能排除,珠海市中级人民法院以事实不清、证据不足为由对坚持申诉 16 年的徐某宣告无罪。再如,湖北省安陆市中级人民法院审理的王某贩卖毒品一案,对于部分贩卖毒品的事实,由于被告人供述与证人证言不一致,因此人民法院从排他性角度和疑罪从无的原则出发,仅认定供证一致的王某向谢某贩卖毒品麻果两次的犯罪事实。疑罪从无原则,不论是在一审、二审阶段,还是再审阶段,都是必须坚持的刑事司法原则。

(四)证据裁判

证据裁判原则贯穿了刑事再审的全部程序,包括启动程序和审理程序。最高人民法院《关于适用〈中华人民共和国刑事诉讼法〉的解释》第 375 条第 2 款第(一)项至第(四)项规定,符合以下情形的应当决定重新审判:有新的证据证明原判决、裁定认定的事实确有错误,可能影响定罪量刑的;据以定罪量刑的证据不确实、不充分、依法应当排除的;证明案件事实的主要证据之间存在矛盾的;主要事实依据被依法变更或者撤销的。可见,"证据问题"是重新审判的原因。经过再审后,同样要依照证据裁判原则,准确认定事实,并依照最高人民法院《关于适用〈中华人民共和国刑事诉讼法〉的解释》第 389 条之规定处理,对于依照第二审程序审理的案件,原判决、裁定事实不清或者证据不足的,可以在查清事实后改判,也可以裁定撤销原判,发回原审人民法院重新审判。对于原判决、裁定事实不清或者证据不足,经审理事实已经查清的,应当根据查清的事实依法裁判;事实仍无法查清,证据不足,不能认定被告人有罪的,应当撤销原判决、裁定,判决宣告被告人无罪。

（五）程序正义

程序正义原则在刑事再审程序中有着至关重要的意义。第一，违反程序正义原则的要求，是重新审判的法定理由。《刑事诉讼法》第242条第1款第（四）项规定，违反法律规定的诉讼程序，可能影响公正审判的，人民法院应当重新审判。第二，刑事再审程序是当事人寻求司法救济的最后一道屏障。我国刑事案件在二审终审的原则性规定下，《刑事诉讼法》又赋予了当事人申诉权，当事人得以对已经发生法律效力的案件提出申诉，人民法院应当保障当事人的申诉权利。第三，人民法院复查申诉案件、审理再审案件要符合法律的程序性规定，包括时限要求、开庭规定。依照法律规定的审理期限审理案件，不无故拖延；对法律规定应当开庭审理的案件必须一律开庭审理，对法律规定可以开庭审理的案件也尽可能开庭审理，充分保证当事人的各项诉讼权利。

（六）人权保障

2012年修订的《刑事诉讼法》将"尊重和保障人权"写入总则，这意味着人权保障成为刑事诉讼活动的一项基本原则。刑事再审程序，正是通过对案件的重新审判，真正实现"惩罚犯罪分子，保障无罪的人不受刑事追究"，"保护公民的人身权利、财产权利、民主权利和其他权利"的任务，其中包括对无辜被告人人权的保障，也包括对被害人人权的保障，两者不可偏废。之所以坚持"有错必纠"原则，正是因为任何的错判，都是对人权保障原则的破坏。

二、刑事再审裁判文书的形式特点

（一）刑事再审裁判文书的共性特点

刑事再审裁判文书基本上包括以下内容：当事人身份情况，原判审理经过，案件来源及再审经过，原审认定的事实，原审裁判理由，申诉或抗诉理由、再审理由，再审认定的事实，再审裁判理由，裁判法律依据，判项，落款。

（二）刑事再审裁判文书的差异性

1. 案号类型

从裁判文书的案号，一般都能直观地看出案件的审判机关、审理阶段。例如，福建省福州市中级人民法院审理的（2014）榕刑再终字第3号案件、湖北省高级人民法院审理的（2013）鄂刑监一再终字第00012号案件。部分案件的案号没有突出再审程序的特点，如河南省驻马店市中级人民法院再审二审的司某某交通肇事案的刑事判决，案号为（2015）驻刑二终字第00055号。部分案件案号没有明确列明再审程序是一审或者二审阶段,如广东省汕尾市中级人民法院再审二审的(2015)汕尾中法审监刑再字第1号案件。

2. 对当事人的称呼

在刑事再审裁判文书中,对当事人(以被告人为例),通常称为原审被告人、原审上诉人、申诉人。有些裁判文书在整份裁判文书中只使用一个称呼,即"原审被告人",如安徽省高级人民法院审理的张云等故意杀人、抢劫案再审的(2014)皖刑再终字第00005号刑事判决,浙江省高级人民法院审理的潘某受贿案再审的(2014)浙刑再抗字第1号刑事判决。有些则注重在裁判文书中体现被告人在不同审判程序中的特点,如江苏省高级人民法院审理的姜莉、王宗伟贪污、挪用公款案再审的(2011)苏刑再终字第0001号刑事判决,在表述一审程序、上诉程序、再审一审程序、再审二审程序中分别使用了被告人、上诉人、原审被告人、原审上诉人的称呼。有些还突出了申诉案件的特点,在裁判文书中表述再审内容时使用"申诉人"的称呼,如贵州省安顺市中级人民法院审理的申诉人金彪、杨荣、赵文学等人抢劫、盗窃、掩饰隐瞒犯罪所得收益罪一案的(2015)安市刑再终字第3号刑事判决。

3. 内容的差异

(1)刑事再审裁判文书一般不表述公诉机关起诉指控的内容,这也是最高人民法院公布的刑事再审裁判文书的标准范式,因为再审案件主要是针对原审认定的事实和证据进行评判。也有个别法院(如湖北省高级人民法院)为了体现诉讼的完整性,在刑事再审裁判文书中仍然保留公诉机关指控的内容,在内容上可能会显得重复和累赘,但有助于阅读者了解审理的全过程,也不失为一种有益的尝试。

(2)对原审及再审认定事实与证据的详与简。由于案件具体情形的不同,再审裁判文书对事实和证据的表述差异很大。①再审认定的事实和证据与原审认定的一致,特别是控辩双方对于事实和证据没有异议的,作"原判决、裁定认定事实清楚,证据确实、充分"的表述,不再重复陈述事实,证据则可能采取完全列举的方式或者只对证据名称进行简单罗列。例如湖北省高级人民法院审理的贾丽敏非法经营案,对于原审和再审认定的事实和证据,采取了原审详细表述,再审简单概括的做法;浙江省高级人民法院审理的卞秋平故意杀人案,由于本案再审的理由是发现卞秋平在裁判发生法律效力之前已怀孕,判处被告人死刑,同时宣告缓期二年执行,剥夺政治权利终身,属于适用法律错误问题,原判认定的犯罪事实和证据没有发生变化,故仅对证据作了名称的列举。②再审认定的事实和证据与原审认定的不一致的,如果是案件的主要事实发生变化,通常采取简单表述原审、详细表述再审认定的事实和证据;如果是案件的部分事实发生变化,则可能有不同的做法,既可能采取上述做法,也可能详细表述原审,再针对性地表述再审认定的不一样的事实部分。③再审中当事人或者检察机关提交了新的证据的,应当针对提交的新的证据进行详细评价。

(3)是否附相关法条。刑事再审裁判文书并没有强制性规定附相关法条,部分法院选择在裁判文书的最后附相关法条,如安徽省高级人民法院、上海市高级人民法院的再审文书,这有助于帮助当事人充分了解人民法院的裁判依据,让人一目了然,一是省去了查找法律条文的麻烦和时间,二是通过裁判文书普及了法律知识,也不失为一种有益的尝试。

三、刑事再审裁判文书的不足

刑事再审裁判文书的制作,应当坚持规范性原则,按照最高人民法院下发的刑事再审裁判文书样式和技术规范的要求制作,保证刑事再审裁判文书的基本结构,并符合裁判文书的一般技术性规范。从中国裁判文书网公开的刑事再审裁判文书中可以看出,刑事再审裁判文书还存在以下不足。

1. 裁判文书的规范性有待进一步加强

(1)称谓不统一

对于当事人的称谓,正如前文所述,不同法院对于当事人在裁判文书全文中的称谓并不一致,建议根据相关诉讼程序,表述当事人的身份,即:

申诉人(原审被告人,二审上诉人)李某某……

公诉机关指控,被告人李某某……

××人民法院一审认定,被告人李某某……

被告人李某某不服,提出上诉……

××人民法院二审认定,上诉人李某某……

原审上诉人李某某不服,向××人民法院提出申诉。

本院再审认定,申诉人李某某……

判决如下:申诉人李某某无罪。

(2)引用法律、法规不统一

①刑事再审裁判文书对于法律、法规的引用,是引用全部定罪量刑的法律、法规,还是只引用涉及改判部分的法律、法规,各地法院做法不统一。例如,湖南省郴州市中级人民法院(2014)郴刑再终字第3号刑事再审判决,陈某军、张某、胡某兵、邱某犯故意伤害罪、寻衅滋事罪再审一案的争议事实为邱某是否构成累犯,该院以邱某在犯前罪抢劫罪时未满18周岁为由,认定邱某不构成累犯。该判决引用了《中华人民共和国刑法》第234条第2款(故意伤害罪)、第293条第1款第(二)项(寻衅滋事罪)、第25条第1款(共同犯罪)、第27条(从犯)、第69条(数罪并罚)和《中华人民共和国刑事诉讼法》第245条(按审判监督程序重新审判案

件的审理程序)、第225条第(二)项(二审案件的审理程序),即引用了关于定罪量刑的全部法律条款。再如,安徽省高级人民法院(2014)皖刑再终字第00005号刑事判决,该院对原审被告人张云、张虎、张达发、许文海、吴敬新、刘顶军犯故意杀人罪、抢劫罪一案再审后,认为原判认定原审被告人张云、张虎、张达发、许文海、吴敬新犯故意杀人罪的事实不清、证据不足;原判认定原审被告人张达发、许文海、刘顶军犯抢劫罪的事实清楚,证据确实、充分,定性准确,量刑适当。该法院的裁判依据引用了《中华人民共和国刑事诉讼法》、最高人民法院《关于适用〈中华人民共和国刑事诉讼法〉的解释》《中华人民共和国民事诉讼法》等程序性规定,没有引用《中华人民共和国刑法》关于抢劫罪的相关条文。

②先引用实体法还是先引用程序法不统一。2009年10月26日发布的最高人民法院《关于裁判文书引用法律、法规等规范性法律文件的规定》第2条规定:"并列引用多个规范性法律文件的,引用顺序如下:法律及法律解释、行政法规、地方性法规、自治条例或者单行条例、司法解释。同时引用两部以上法律的,应当先引用基本法律,后引用其他法律。引用包括实体法和程序法的,先引用实体法,后引用程序法。"从这一规定看,裁判文书在同时引用实体法和程序法时,应当先引用实体法,后引用程序法。然而,在司法实践中,对于实体法和程序法的引用先后问题,各地人民法院的做法并不一致。经统计,在笔者所收集的305篇[1]刑事再审裁判文书中,同时引用实体法和程序法的裁判文书共有223篇,其中先引用实体法后引用程序法的有165篇,先引用程序法后引用实体法的有58篇。

③部分案件只引用了实体性规范或者程序性规范。仅引用实体法或者程序法,并不违反法条引用的强制性要求,但是对于再审案件而言,无论是维持原判还是撤销原判,处理结果都可以在程序法中找到依据。

2. 辩护权保护有待进一步加强

辩护权是被告人权利的核心和基础,甚至有学者认为,"辩护权是被追诉人所有诉讼权利的总和"[2]。然而,在我国的刑事审判中,对于辩护权的尊重和保障不足,一直为人所诟病。体现在刑事再审裁判文书中就是:①对被告人的辩解意见和辩护人的辩护理由简单概括,概括不准确、不完整。②对被告人的辩解意见和辩护人的辩护理由不予采纳时,没有逐一说明理由、说理不充分甚至没有说明理由。

3. 事实认定依据不足、说理不足

(1)《刑事诉讼法》明确规定了"犯罪事实清楚,证据确实、充分"这一要件,这就要求所有和定罪量刑有关的事实和情节,都有经过举证、质证和认证的证据予

---

[1] 以上305篇为作者在最高人民法院裁判文书网和各级法院公布的典型案例文书中收录的再审刑事裁判文书。
[2] 熊秋红:《刑事辩护论》,法律出版社1998年版,第6页。

以证实。但有一些案件尽管认定了相关事实,对于某些特定的细节、情节却没有列举相应的证据,使得事实的认定显得依据不足;或者对于某些事实的认定,实际上没有证据证实。

(2)部分刑事再审裁判文书说理不充分,只是简单地引用法律条文,或者表述案件的基本事实并直接得出被告人的行为构成或者不构成某种罪名。对于简单的案件,控辩双方对事实和证据基本没有异议时,这样处理并无不当。但对于部分情节复杂、涉及的关系复杂、控辩双方争议较大的案件,没有推理的过程,只简单地套用法律条文,难以说服控辩双方。究其原因,一是由于一直以来我国刑事审判法官的刑事法律思维训练不足;二是由于部分刑事法官存在"多说多错,少说少错"的想法,害怕承担责任,不愿意深入地剖析、充分地说理;三是由于部分案件的部分事实和证据确实有存疑之处,而裁判文书选择对这部分事实和证据的认定采取回避的态度,以免显出裁判依据的不充分和对裁判结果的不自信。而裁判文书说理的不充分,恰恰是导致部分当事人不停上访、申诉,检察机关坚持抗诉的原因。

四、刑事再审裁判文书的改革方向

(一) 形式的规范化

1. 形式是内容的载体

一篇形式规范、格式完整的刑事再审裁判文书,能够让人一目了然。正如前述,我国刑事再审裁判文书所包含的基本内容是一致的。总的说来,刑事再审裁判文书的形式已经基本完备,但仍然可以在其完整性上进一步改进。例如,绝大多数刑事再审裁判文书没有公诉机关的指控内容,也没有原审中被告人及其辩护人的辩解意见和辩护理由,仅表述原审法院认定的事实。这是由于再审是基于原审认定的事实和证据开展的,也是为了避免裁判文书过分拖沓冗长。但从内容的完整性来讲,有诉才有审,正如刑事裁判文书有"公诉机关指控"部分,刑事再审裁判文书同样可以保留该部分。当前,在要求将可以公开的裁判文书全部上网公开的背景下,刑事再审裁判文书面对的是全国甚至全世界的阅读者。而除了案件当事人以外,其他人对于原审中的情况是不了解的。因此,将案件审理的全过程在刑事再审裁判文书中予以展现,让看到刑事再审裁判文书的人,都能了解这一刑事案件审理情况的全貌,更加符合裁判文书公开的真正目的。再如,在刑事再审裁判文书中,在不涉及审判秘密的前提下,应尽可能更加完整地体现诉讼由来和裁判过程的原始情况,包括有的案件曾中止审理,是何时因何事由中止的,何时因何原因恢复诉讼的;对于曾发回重审的案件,发回的主要理由是什么;等等,都应在裁判文书中以精练的语言作出必要的交代。完整地展示诉讼程序过程,既是公开审判司法原则的具体要求,也有利于向社会公众展示法官严谨细致的审判作风、消除"暗箱操作"的疑虑、增强裁判的权威性和公信力。

2. 内容应繁简得当

当前,不少观点认为,裁判文书应当"瘦身";笔者认为,裁判文书应当"凹凸有致""繁简分流"。对于原审判决认定的事实和证据,如果再审认定的事实和证据是一致的,则可以详细列举原判认定的内容,简化再审认定的内容;如果案件的事实很简单,控辩双方对于原判认定的事实和证据均无异议,那么裁判文书对于全部的事实和证据的认定都可以采取简单的形式,为裁判文书"瘦身"。如果再审认定的事实和证据与原审认定的不一致,则应对原审判决认定的部分进行提炼,概括性地精简、准确地再现,而不是照搬照抄原审裁判文书的内容,应着重对再审查明的事实和证据进行论述。如果存在相互矛盾的证据,则必须对矛盾证据的采信与否进行详细的分析。如果案件涉及的犯罪事实较多,案情复杂,证据多而杂,则应不吝笔墨,对事实和证据进行详细的认定和分析。总之,要根据案件的具体情况,确定裁判文书的详略安排。

(二) 增强裁判文书的说理功能

党的十八届三中全会通过的《中共中央关于全面深化改革若干重大问题的决定》明确要求"增强法律文书说理性",党的十八届四中全会通过的《中共中央关于全面推进依法治国若干重大问题的决定》再次要求"加强法律文书释法说理",《关于全面深化人民法院改革的意见——人民法院第四个五年改革纲要(2014—2018)》对"推动裁判文书说理改革"进行了具体部署。增强刑事再审裁判文书的说理性,是刑事再审裁判文书改革最重要的目标。刑事再审裁判文书不仅是对被告人及其辩护人辩解理由和辩护意见的评判、对检察机关检察意见的评判,还涉及对法院自身裁判的评判,要否定或者肯定人民法院已经发生法律效力的裁判文书,因此,对刑事再审裁判文书的说理应该有更高的要求。

1. 针对申诉理由、抗诉理由和决定再审理由

最高人民法院《关于适用〈中华人民共和国刑事诉讼法〉的解释》第383条规定:"依照审判监督程序重新审判的案件,人民法院应当重点针对申诉、抗诉和决定再审的理由进行审理。必要时,应当对原判决、裁定认定的事实、证据和适用法律进行全面审查。"作为刑事再审裁判文书,其最重要的特征是对已经发生法律效力的案件进行评价,而申诉人的申诉理由,检察机关的抗诉意见,人民法院决定再审的理由有时是针对全案的,更多情况下则仅针对某一个或者某几个犯罪事实、量刑事实,或者法律适用情况。因此,刑事再审裁判文书没有必要重新对全案的事实和证据进行评价,特别是对于控辩双方没有异议,而且经过再审认定与原审无异的事实和证据部分。刑事再审裁判文书主要是针对控辩双方有异议的事实

和证据,以及经过再审后,再审法院认定的事实和证据与原审认定不一致的部分,进行有针对性的评判。这既是刑事再审案件中"有罪推定"原则的适用,也是为了提高刑事再审案件的效率,实现程序正义的保证,更是对被告人辩护权的保护,对检察机关抗诉权的尊重。

2. 定罪的说理

定罪的说理包括事实、证据和法律适用的说理。第一是针对案件法律事实构建的本质和特点来说理;第二是针对证据的采信来说理;第三是针对双方在构建事实、适用法律过程中的争议焦点来说理。对于刑事再审案件,关键在于针对再审认定的事实和证据与原判认定的事实和证据不一致的部分进行说理,如新的证据的证明力为什么高于原审中采信的证据,并证明原判决、裁定认定的事实确有错误,原审中所采信的证据为何是不确实、不充分或者依法应当排除的,原审认定的证明案件事实的主要证据之间存在何种矛盾。如此,才能为改变原审裁定赋予充分的理由。

3. 量刑的说理

量刑公正问题日益成为社会各界关注的焦点,特别是在裁判文书公开后,相同情形不同判决结果,将会引起当事人的极大不满,也会严重影响刑事司法的权威性。量刑规范化改革是《人民法院第三个五年改革纲要(2009—2013)》的重要内容,也是当前刑事审判改革的焦点和热点问题。量刑规范化将量化引入量刑机制,采取"定性分析与定量分析相结合"的量刑方法,统一法律适用标准,规范法官的裁量权。最高人民法院于 2013 年 12 月 23 日发布了《关于实施量刑规范化工作的通知》《关于常见犯罪的量刑指导意见》(2017 年重新修订),决定从 2014 年 1 月 1 日起在全国法院正式实施量刑规范化工作。量刑规范化使得量刑的结果更为合法和适当,同时也使得量刑的过程更加公开和透明。然而,在刑事裁判文书中,我们依然没能看到量刑过程的展示。笔者建议,在刑事裁判文书改革中,应增加刑事案件的量刑说理部分,特别是对于以量刑不当为由改判的刑事再审案件而言,对量刑的说理部分更为重要。司法实践中,刑事审判法官对于判处有期徒刑的案件,均会制作量刑评议表,如同将相关法条附在刑事裁判文书之后一样,将案件的量刑评议表附于文书之后,可以清晰明了、直观地展示量刑的依据、过程和结果,说明量刑结果的合法性、适当性,增强量刑过程的公开性和透明度。

(三) 裁判文书的风格

关于裁判文书的风格,不能不提被称为"惠阳许霆案"的于德水盗窃案刑事判决,甚至有人称之为"最伟大的判决"。该案的犯罪事实并不复杂:于德水在银行 ATM 机上准备存钱,但发现 ATM 机故障,钱存不进去,账户余额却有增加。因此,在他把钱存入有故障的 ATM 机十多次后,其账户余额增加 9 万多元。然而该案的"本院认为"部分用了6 752个字,对罪与非罪、此罪与彼罪、刑罚的衡量,从技术角度、与许霆案的差异、专家意见、控辩双方的意见、刑法理论、立法本意、人性剖析、主观恶性、行为方式、犯罪后果等角度,进行了"苦口婆心"的说明,毫无保留地展示了法官自由心证的过程。尽管对于这份刑事裁判文书的评价有不同的声音,但不可否认的是,这篇情理法相结合、极具个性的刑事裁判文书,是一份极为经典的判决,对刑事再审裁判文书的撰写,有着极有益的启示。

1. 刑事再审裁判文书的个性化

裁判文书说理应该强调规范,但并不排斥个性。司法实践中,刑事案件的事实各异、类型多样,个性化的裁判文书不仅不会削弱其说理性,反而只有个性化的裁判文书才能加强其说理性。裁判文书的个性化主要体现在事实、证据的认定,以及理由论证的写作上,这要求裁判者根据具体案情作具体分析,反映案件的个性特征,将裁判结果的形成过程,逻辑性地展示在刑事再审裁判文书中。追求刑事再审裁判文书的个性化,有多种途径和方法:

(1)在裁判文书中表达法官的道德情感主张,这在原审定罪结果符合法律相关规定、量刑在法律规定幅度范围之内的情况下十分必要。从道德情感的角度出发,原判的量刑应当进一步从轻、减轻或者从重时,在裁判文书中对法官强烈的道德情感主张进行表达,才能在当事人及社会公众中引起共鸣,认可再审改判的结果。

(2)法官后语。在裁判文书后附加法官针对案件所表达的个人看法。法官针对个案情况和特点,进一步阐述观点,说明案件本身或者案件之外折射出的法律精神和法治内涵,或者表达当事人对法官所寄予的期望,以情感人,以理服人。

(3)开创新的案件事实和证据的展示方式。例如,在刑事裁判文书中加入示意图、表格等,让案件的事实和证据的展示更为直观,一目了然。

2. 刑事再审裁判文书的人性化

刑事再审裁判文书既要体现依法性,又要体现人文关怀。于德水盗窃案的刑事判决中提到,"这一盗窃案是否发生,几乎产生于公民贪欲是否膨胀的一念之间。面对这种罪案,普通公民关注的应该是自己面对这种情况会怎么选择,而不会因这一特殊形式的盗窃对自己的财物产生失窃的恐惧感。所以,这一犯罪对社会秩序和公民的人身财产安全感并不会产生恶劣影响,本案的社会危害性比常态化的盗窃犯罪要小得多"。这与20世纪80年代的比利时布鲁塞尔法院作出的具有历史影响力的判决一样,充满了人文关怀的光芒。该案的基本事实是:一名女子在半夜不慎掉下露台受重伤,一名男子路过时发现了伤者,这名男子洗劫了毫无反抗能力的受伤女子,然后又不忍女子伤重而亡,于是报警后离开,这一过程被附近的监控摄像头拍摄下来。该男子最终被宣告无罪。法官的理由是:"每个人的内心深处都有脆弱和阴暗的一面,对于拯救生命而言,抢劫财物不值一提。虽然单纯从法律上说,我们的确不应该为了一个人的善行而赦免其犯下的罪恶,但是如果判决他有罪,将会对整个社会秩序产生极度负面的影响!我宁愿看到下一个抢劫犯拯救了一个生命,也不愿看见奉公守法的无罪者对于他人所受的苦难视而不见!所以从表面上看,今天法庭不仅仅是单纯地赦免了一个抢劫犯,更深远的,是对救死扶伤的鼓励,是对整个社会保持良好风气的促进与传承。"综上,刑事再审裁判文书不能只机械地反映法律规范,而是要从中体现现代法治文明的刑事审判监督理念,体现刑事再审程序对人权的保护,对社会良好风气的传扬,对人本身的尊重。

论裁判文书的合理表述

薛 峰[*]

一、问题的提出

"正义不但要实现,而且要以人们看得见的方式实现"。裁判文书是体现正义的最直接载体之一,一份人民法院的裁判文书大可剥夺人的生命,小可调处民事邻里纠纷,制约当事人的行为,是司法公正的最终载体和最终体现。对社会而言,裁判文书应起到定分止争、扶正祛邪的作用;对当事人而言,裁判文书应起到使之知法、明理、服判的作用;对法官而言,裁判文书则应起到促进公正司法的作用。不论是在英美法系国家,还是在大陆法系国家,人们都非常重视裁判文书,正是裁判文书完成了从"立法"到"司法"的过程。近年来,随着司法改革的不断深入,有关裁判文书改革的文章很多,每每都涉及裁判文书的内容,即应该反映审理的过程、分析论证等内容。但是,是否将所有的内容都写入裁判文书,裁判文书的质量就可以提高,全社会就可以接受法院的判决了呢?笔者认为,并不尽然。裁判文书要顺利地完成其所肩负的任务,除了要反映合法的审判外,还必须具备科学的表述。实际上,裁判文书的表述直接体现了案件的审理质量和司法正义的实现程度。

二、裁判文书表述之意义

通俗地说,"表述"[①]是说明、陈述[②],是对事实的描述,是主观对客观的反映。一般情况下,表述涉及形象和客观实在之间的关系。既然表述是主观对客观的反映,就有可能符合事实的客观真相,也可能与之相背离。裁判文书的表述是一种表述,是对人民法院行使国家审判权,按照民事诉讼法、刑事诉讼法和行政诉讼法有关审理程序的规定,审理终结所受理的民事、刑事和行政案件,依照有关法律、

---

[*] 薛峰,法学博士,应用经济学博士后,北京市第一中级人民法院审判委员会委员、行政审判庭庭长、审判员。
[①] 本文使用的"表述"是广义的表述,包括语言和写作等内容。
[②] 参见翟文明、李冶威主编:《现代汉语辞海》(一),光明日报出版社2002年版,第67页。

法规和司法解释的规定,作出的解决案件实体问题或程序问题的具有法律效力的处理决定及相关过程的反映。裁判文书的表述是对法院审理案件及其过程这一客观现实的再现,本质上与其他表述一样,是主观对客观的反映,既可以客观地、全面地反映案件裁判的合法性,提高裁判文书的质量,增加法院审判的权威性、严肃性和可信服性;也可以片面地反映审理情况,减损法院审判的权威性、严肃性和可信服性;甚至可以出现与审判背道而驰的现象,严重损害司法形象。因此,裁判文书的表述是完全可以独立于审判而存在的。例如,一个法院对同一个案件的审判出具的"阴阳判决书"。又如,有的案件,一审判决书中表述法院支持原告5项诉讼请求中的3项,驳回了"其他诉讼请求",二审判决书中表述法院在维持原判的同时,又加判支持原判已驳回的部分内容。

表述与客观实在的分离不仅仅限于裁判文书的表述与法院审判的分离,整个法律制度的实践与表述也存在分离的现象;不仅仅限于现代,历史上即已存在;不仅仅限于中国,国外也同样存在;不仅仅限于法律界,其他行业也存在同样的问题,只是在不同时期、不同国度、不同地点,这种分离所表现的严重程度不同而已。以清朝为例,按照清律的解释,清朝主要关心行政和刑事事务,民事诉讼被认定和解释为"琐细的干扰",非国家所关心之事。然而档案资料显示,民事案件事实上占到州县法庭承办案件总数的1/3,地方法庭实际上花费了大量的时间和精力处理民事案件,民事案件的审理在实践中是国家法律制度的重要组成部分。很明显,清律相关的表述与客观实在存在距离。由于清朝官方表述与实践之间的背离,我们过去对清朝民法存在着误解。[①] 又如,与新闻行业相关的新闻侵权往往是因为表述与客观实在之间存在差别而得以发生的。

就判决是建立在当事人自我责任的基础上而言,判决书的表述比判决确定下来的权利义务关系或法律状态本身意义更重大。[②] 法官有必要通过判决书这样一种具有相当透明度和客观性的形式,向当事人以及包括法律专门职业共同体在内的社会上一般人进行说理并论证自己的判断拥有正当性。[③] 在一定程度上,裁判文书的表述决定着判决的正当性。哲学与社会科学方法论的新思潮也证明裁判文书的表述意义重大。哲学与社会科学方法论告诉我们,作为内容的实体本身是事先存在且不变的,而将它们表达出来的言语作为形式则只是一种工具或手段,形式取决于内容,手段服务于实体。但是被称为思想史及方法论上"哥白尼式的革命"[④]的新思潮却认为,思想或实体其实很大程度上是由言语所决定的,表达本身就创造着被表达的内容。从语义哲学开始的这种变革,影响了所有社会科学领

[①] 参见黄宗智:《民事审判与民间调解:清代的表达与实践》,中国社会科学出版社1998年版,第11—14页。
[②] 参见王亚新:《对抗与判定——日本民事诉讼的基本结构》,清华大学出版社2002年版,第280页。
[③] 参见王亚新:《对抗与判定——日本民事诉讼的基本结构》,清华大学出版社2002年版,第282页。
[④] 徐友渔:《哥白尼式的革命》,上海人民出版社1991年版,第1—5页。

域,也从另一个侧面进一步证明了裁判文书的表述决定着审判的质量,更说明了裁判文书表述的重要性。

古今中外各国都非常重视裁判文书的表述。肖扬院长指出的"裁判文书千案一面,缺乏认证断理,看不出判决结果的形成过程,缺乏说服力,严重影响了司法公正形象"[1]和我国最高人民法院印发的《法院诉讼文书样式(试行)》等,其深层次含义乃在于对裁判文书表述的重视。我国历史上的清朝非常重视裁判文书的表述,"当时的判决书是非常讲究逻辑推理以及文章风格的。对控诉人的控诉理由,法院都是严格依据证据、法律、法理,层层分析,详细辨明,有话则长,无话则短"[2]。在国外,无论是大陆法系国家还是英美法系国家,也都非常重视裁判文书的表述。美国法院的裁判文书非常强调法官对案情的努力思考和清晰的文字描述。[3] 美国联邦法院法官中心的《法官写作手册》中写道:"书面文字连接法院和公众。除了很少例外情况,法院是通过司法判决同当事人、律师、其他法院和整个社会联系和沟通的。不管法院的法定和宪法地位如何,最终的书面文字是法院权威的源泉和衡量标准。因此,光判决正确是不够的——它还必须是公正的、合理的、容易让人理解的。司法判决的任务是向整个社会解释、说明该判决是根据原则作出的、好的判决,并说服整个社会,使公众满意。法院所说的以及他怎么说的同法院判决结果一样重要。"[4]在大陆法系国家,也有如出一辙的观点。[5] 在法国,最高法院想方设法使判决书的内容缜密而紧凑,附带性论述一概排除;当判决基于某一理由应予撤销时,其他理由便弃之不顾。另外,那种游离于正文之外的闲文漫笔从来不会在最高法院的判决书中发现,在下级法院的判决书中也很难找到,并且裁判文书也不会涉及案件的背景、法律史、法律政策或比较法,于是法国的裁判文书便具有了"文字精练、表达清晰、风格优雅"的特征。[6] 在日本,作为法官向当事人表明自己如何形成判断的重要渠道,以及说服当事人接受这种判断的说理及论证手段,判决书就成为对抗性的诉讼结构所能允许并要求法官表达自身判断的基本形式,而判决书能否发挥那样重大的作用,取决于其具有的样式及结构。[7]

裁判文书表述的独立性具体表现在以下四个方面:一是裁判文书的任务可以

---

[1] 肖扬:《全面推进人民法院的各项工作,为改革、发展、稳定提供有力的司法保障——在全国高级法院院长会议上的讲话》,载《最高人民法院公报》1999 年第 1 期。
[2] 直隶高等审判厅编:《华洋诉讼判决录》,中国政法大学出版社 1997 年版,第 12 页。其中有关日商加藤democratic治与索松瑞等因违约涉讼一案的判决书是最长的判决书,共 22 000 多字,而最短的才十几行字。
[3] 参见刘莉、孙晋琪:《两大法系裁判文书说理的比较与借鉴》,载《法律适用》2002 年第 3 期。
[4] 宋冰编:《程序、正义与现代化》,中国政法大学出版社 1998 年版,第 307 页。
[5] 迪德(Dewey)认为,法院不只是作出判决而已,他们还必须解释其判决,解释的目的是在说明判决的正确理由如何……以证明它不是武断的看法,能使当事人心服口服于法官的权威或威信。参见王利明:《司法改革研究》,法律出版社 2001 年版,第 350 页。
[6] 参见王利明:《司法改革研究》,法律出版社 2001 年版,第 350 页。
[7] 参见王亚新:《对抗与判定——日本民事诉讼的基本结构》,清华大学出版社 2002 年版,第 283 页。

与审判的任务不同;二是裁判文书的结构顺序在一定程度上可以与案件审理过程不同;三是裁判文书的具体内容可以与案件审理过程的具体内容不同;四是裁判文书的表述可以与判决的正当性不同。但是实践中,人们却由于对裁判文书表述的独立性认识不清,简单地认为增加裁判文书的内容就是按照诉讼进程进行写作,致使出现裁判文书内容繁杂、资料堆积、缺乏逻辑推理等弊病,严重影响了裁判文书的改革。

与其他表述不同的是,裁判文书中表述的客观实在所包含的内容有其自身的特点。裁判文书表述的客观实在就是审判,主要包括两部分内容:一是客观记录部分,主要包括当事人情况、案件来由、法院审理经过和合议庭组成等内容;二是法律真实、证据认定和理由分析部分。由于这两部分内容的性质不同,其写作的要求也不同:对客观记录部分的要求主要是客观、简明、扼要、规范;对法律真实、证据认定和理由分析部分的要求主要是全面、充分、规范。

一份高质量的裁判文书实质上是客观实在(审判)与裁判文书表述相互影响的结果。裁判文书的表述必须以审判为基础,并根据所表述内容的不同,尽量做到贴近客观实在,这样才有利于实现裁判文书的价值。同时,裁判文书的表述又不宜变成审判的"流水账",试图简单地反映客观实在的做法是纯客观主义立场的反映,其结果往往是欲则不达。纯客观主义的立场忽视表达性的解释对实践的强有力的影响。[①] 例如,否认裁判文书表述存在的必要性,简单地认为增加裁判文书记载的内容即可以提高裁判文书的质量。近年来,有些法院按照这种想法制作了裁判文书,结果却导致裁判文书冗长、繁琐,难以被人接受,使裁判文书的改革进入进退维谷的尴尬境地。可见,忽视裁判文书的表述,简单地认为裁判文书的内容等同于客观实在的观点是难以写出高质量的裁判文书的,是不符合裁判文书改革要求的。

三、决定裁判文书表述独立性的基本因素

决定裁判文书的表述独立于客观实在(审判)的因素很多,归纳起来主要是人类的主观因素和语言因素的作用。既可以是主观因素,也可以是语言因素,还可以是二者的结合,这就造成裁判文书的表述与审判相背离。

(一) 人类的主观因素的影响

人天生有一种解释世界的冲动,他需要把社会中混乱的事物统一起来,赋予事物一个稳定的秩序。[②] 人类可以认识客观世界,但不可能完全再现过去的客观

[①] 参见黄宗智:《民事审判与民间调解:清代的表达与实践》,中国社会科学出版社1998年版,第15页。
[②] 参见左卫民:《在权利话语与权力技术之间》,法律出版社2002年版,第207页。

世界。司法作为一种判断过去的事实的技艺,也不可能是对过去的东西的完全再现,实际上没有任何科学能够真正再现这个世界,物理学也不能。正确认识客观、真实的事实与法律事实之间的关系至关重要,也是以事实为根据再去适用法律的前提和基础条件。法律事实并不是客观、真实的全部事实。当一个纠纷被提交到法院由法官进行裁判时,法官只能通过证据去看待纠纷的部分事实,而这部分事实是需要证据来支持的,这种可以支持事实的证据又是被法律认可的,能够确认证据的法律必须合法、有效。即使法官能够知道一切事实,在司法中,他也只能压抑一些事实,突出一些事实。因此,司法中的事实是人为的,是法官不断拣选的结果。① 另外,法院所进行的各种裁判活动,其内容无不指向当事人之间的权利与义务纷争,这一纷争背后的实质内容是生存与发展问题,而解决生存与发展问题,则需要平衡关系。在裁判活动中,面对生存与发展的问题,从本质上说,就是要面对哪些是客观事实,哪些是法律事实。因此,人类对客观事实认识的局限性和司法审判所需要的平衡性从根本上决定了裁判文书表述与审判的分离。法律事实与客观事实的差别,进一步加大了裁判文书表述的独立性。

(二) 语言因素的影响

对人类来说,语言极其重要,它不仅仅是一种工具,在一定程度上甚至支配人。于是,有人认为,上帝用语言创造了人。② 但是,语言又是复杂的。语言是由诸条道路组成的迷宫,从一个方向走来时你也许知道怎么走;但从另一个方向走到同一个地点时,你也许就迷路了。③ 可见,语言是可以进行不同的排列组合的。由符号构成的语言不是抽象的,而是具有现实性的客体,有着重构社会生活的力量。正是语言借助符号造就了许多个具有象征力量(符号暴力)的制度框架,塑造着人们的日常反思活动。④ 例如,登记制度,同样是"登记"一词,由于语言的作用,出现了设权登记和宣誓登记的区别。

裁判文书中的表述完全依赖于语言。根据表述的顺序和语言特色的不同,可以将语言分为裁判文书的结构和法律语言两部分。

1. 裁判文书的结构

所谓"结构",一般是指构成事物本身的各种要素以及这些要素相互结合、相互作用的方式。就裁判文书而言,其结构主要与裁判文书的样式有关。即使是服务于同样的目的,裁判文书也可以有多样的表达样式。由于裁判文书中记载的内容很大程度上与实体法律关系的范畴及其在诉讼中的适用过程紧密相关,同时也

---

① 参见左卫民:《在权利话语与权力技术之间》,法律出版社2002年版,第199页。
② 参见〔古罗马〕奥古斯丁:《忏悔录》,周士良译,商务印书馆1997年版,第236页。
③ 参见〔英〕维特根斯坦:《哲学研究》,李步楼译,商务印书馆1996年版,第122页。
④ 参见〔法〕爱弥尔·涂尔干、马塞尔·莫斯:《原始分类》,汲喆译,上海人民出版社2000年版,第88页。

受到程序结构的内在制约,实务中总会逐渐形成具有普遍意义的裁判文书样式。但是由于法官在起草裁判文书时必须考虑如何更清晰地展示判断的形成过程、使提供的理由或根据更有说服力,或使当事人更容易明白自己的责任所在,因此,一段时间之后,实务界又会产生改革裁判文书的动因。许多国家都非常重视裁判文书样式的改进。例如,日本民事诉讼中,一直高度重视判决书的样式。在新的《日本民事诉讼法》出台前后的一段时期,随着民事诉讼程序结构的改革,实务界对判决书的样式和写法进行了各种尝试和探讨,并制定了新的一审民事判决书样式。①

作为裁判文书的结构,考虑到诉讼具有在时间上按一定顺序继起性地逐渐展开的特点,把不同阶段的内容理解为构成裁判文书结构的主要因素,考察这些阶段之间的前后照应关系及相互影响,可能是一种最为直接的结构。例如,按照《中华人民共和国民事诉讼法》(以下简称《民事诉讼法》)的规定,民事诉讼大致可以分为起诉、受理、答辩、以证据的提出和审查证据为中心的证明活动、庭前准备、开庭审理和宣判等阶段。不难看出,现行裁判文书的结构大致也是按照这个顺序构造的。尽管这种结构非常重要,但如果仅仅停留在这一较为直观的层面,不考虑裁判文书的目的、裁判文书的制作者和接受者以及社会大众等其他因素,很难说这种裁判文书是高质量的裁判文书。

2. 法律语言

每一个人都必须在语言中经历世界,没有人能够脱离语言经历这个世界。在罗马法中,买卖的烦琐仪式被取代了,自从文字发明后,人类找到了记载自己活动和交往的简便方法,在现代社会中,文字甚至强制性地主宰了人类的活动方式,包括审美。② 尽管语言的作用很大,但日常语言存在着模糊、容易引起歧义的局限,它总是借助于特定情景来表达具体事物,这种表达是依赖于经验的。例如,当我们听陌生人谈话时,虽然可以写出听到的内容,但却不一定了解谈话的真正内容,这是由于我们缺乏谈话背景知识或经验所致。法律与哲学不同,它必须剔除日常语言中的模糊、容易引起歧义的部分,用精确的语言表达来解决现实问题,裁判文书也必须用精确的语言表述相关内容。因此,形成了法律语言,这也许就是法律和社会对同一社会事实存在不同界定的原因所在。在司法场域中的当事人和法官生活在两个世界里:一个是具体的生活世界,在其中,当事人对事件有肉身化的感知;另一个是抽象的法律世界,在其中,法官想象和裁剪着事实,使它们符合精美、整齐划一的法律术语和命题体系。③ 法官在裁判文书的表述中必须大量使用法律语言,同时也必须考虑与日常语言的接轨,将法律事实和生活事实交织甚至统一到一起。法律语言有助于形成裁判的中立化和普适化效果,日常语

---

① 参见王亚新:《对抗与判定——日本民事诉讼的基本结构》,清华大学出版社2002年版,第55页。
② 参见左卫民:《在权利话语与权力技术之间》,法律出版社2002年版,第197页。
③ 参见左卫民:《在权利话语与权力技术之间》,法律出版社2002年版,第216页。

言有助于当事人和社会接受裁判文书。在一定程度上,甚至可以说,如何建构争议和答案与如何解决案件无关,与利益分配甚至分配结果是否公正都无关,而仅仅与司法要求的那种合法性有关,与司法概念术语的统一性有关,换言之,与司法的格式化有关。①

四、影响裁判文书表述的主要因素

同一次审判,裁判文书的表述却可以是多样的。导致裁判文书表述多样化的主要因素有裁判文书的目的、当事人和社会的需求、法官素质和裁判文书表述的历史积淀等。

(一) 裁判文书的目的

一般认为,裁判文书具有以下目的:一是为了使诉讼当事人能够准确地知悉法官判断的内容以及判断的过程,而且在制度上尚存争议的余地时,为当事人考虑是否采取上诉等提出异议的措施提供资料;二是为了使社会上一般人有可能通过裁判文书了解法院认定事实、适用法律的具体情况,监督诉讼审判的公正性;三是法官自身可以通过判决书的制作对审理过程和自己的判断作出反思,检查有无错误、遗漏或其他需要及时纠正的问题;四是在当事人行使上诉权利时为上级法院提供实施审查的直观材料或对象,以方便上诉审程序迅速而顺利地进行。在不同历史时期和不同案件中,裁判文书的这四个目的所表现出的重要性不同,与之相适应的裁判文书的表述也有所不同。例如,强调第一个目的时,裁判文书的表述可以省略当事人均已知道的内容,侧重于当事人想要知道的内容;强调第二个目的时,则应当尽量将案件事实、证据、理由写充分;强调第三个目的时,则应当以法官考虑的问题为主,进行写作;强调第四个目的时,则应当从上级法院审查的角度写作裁判文书。又如,对于社会公众关心的案件,裁判文书的表述应当与一般案件的表述有所不同。当然,许多情况下,裁判文书的几个目的往往是同时强调的。法官应根据历史时期和案件的不同性质制作裁判文书。但是现实中有不少法官不但没有全面了解裁判文书的目的,而且不会结合个案的特点突出裁判文书的不同目的。"判决书处理的是实体问题,程序内容无关紧要""为防失言,裁判文书越简单越好""裁判文书是写给诉讼当事人看的,是为其设定权利义务"等错误思想影响了裁判文书的表述。

另外,裁判文书表述的切入点是困扰裁判文书表述的又一关键性瓶颈问题。裁判文书的表述是以面向当事人为主,还是以面向全社会为主,还是以面向法官

---

① 参见左卫民:《在权利话语与权力技术之间》,法律出版社2002年版,第212页。

为主,抑或三者兼顾,是制作裁判文书前必须厘清的基础性观念。不同的答案在一定程度上决定了裁判文书的结构、内容、长短和写作风格等。实践中,裁判文书的制作者和审核者对此没有统一的认识,在一定程度上导致了裁判文书出现重点不一、针对点不同等混乱现象。

(二) 当事人和社会的需求

当事人到法院提起诉讼的主要目的是解决纠纷、保护权益,审理结果乃是当事人欲在裁判文书中首先想要了解的,至于案件事实、审理过程和理由等都是退而求其次的问题。在具体案件中,法官对在处理纠纷过程中或程序的终结阶段所得出的任何结论或判断完全可以用口头方式告知当事人,或只是简单地把判断内容以任意文书的形式作成裁判文书。但是大多数国家的法律都对裁判文书的表述作出了明确规定,即必须制作成具有一定格式和内容结构的书面形式的裁判文书,并以正式宣判的方式告知当事人,这不仅是一种偶然或怎样都行的形式性选择,而是有其深层原因。裁判文书充分、明确地表述裁判结论以及当事人及社会公众所要知悉的案件信息,表明了社会的价值判断。一定意义上,它是规范社会政治、经济、文化等各方面秩序的重要标准,有必要对其意义加以说明,以起到法制教育宣传的功用,这样可以大大提高裁判文书的社会效应,使裁判文书成为弘扬"公开、公正"现代法治精神的有形载体。[①] 以判决书为例,标准的民事判决书的正文结构顺序是"首部、事实、理由、判决依据、裁判主文和尾部"五个部分。这种顺序体现了法官审理案件的逻辑思维过程,但却不符合当事人急于解决纠纷的需要,没有体现以当事人为本的司法理念。于是,在法庭上经常可以看到的情形是,当事人、律师拿到裁判文书后,急于翻到裁判文书的最后一页看裁判主文,然后再看认定的事实和理由。

(三) 法官的素质

再好的制度,如果与执行者的素质相脱节,不能为执行者所了解和掌握,那么,这个制度就是无效的或低效率的。法官制作裁判文书的客观现实,要求裁判文书的表述必须与法官的素质相适应。不同的法官,针对事实基本相同的案件,会制作出不同表述结果的裁判文书,这足以说明法官在对个案的认识上,由于知识面、法律素养等方面的原因会产生相应的认识差异。这些差异往往是由社会综合知识的吸纳、个人道德标准的追求及在岗的职业敬业精神等法官素质所决定

---

① 参见高洪宾、黄旭能:《裁判文书改革与司法公正》,载《政治与法律》2002 年第 1 期。

的。实践中,大多数法官认为,裁判文书制作过程中论理部分最难写作。[①] 其深层次原因在于法官整体素质不高,功底不足,学习不够,综合运用法律分析论证案件的能力不强。具体来说,一是裁判文书质量的高低与说理的透彻与否有关,而说理的透彻与否又取决于法官素质的高低。诉讼文书的质量绝不仅仅是一个文化水平和驾驭语言文字的技巧问题,而是法官的政治素养、法律素养、审判业务能力、文化水平、文字表达能力和审判作风等综合素质作用的结果。要制作一流的裁判文书,就必须有一流的办案质量;要有一流的办案质量,必须有一流的高素质法官。然而,法官整体素质不高却是客观事实。例如,有的法官不能很好地理解法律的立法精神、立法目的、法律条款的主旨和本意,不能熟练地掌握和运用裁判文书中的说理方法,影响了裁判文书的质量。二是近年来随着法院改革的深入,审判人员变化比较大,加之案件数量和难度的增加,有些审判人员疲于办案,无暇继续学习和总结经验,影响了裁判文书质量的提高,反映在裁判文书的理由部分,就是不能从深层次有针对性地阐述裁判理由,反映在裁判文书技术规范上,就是不知道已有的技术规范规定或者知道该规定但不按规定制作裁判文书等。这实际上是"重实体、轻程序"思想在制作裁判文书中的反映。

(四) 裁判文书表述的历史积淀

众所周知,1991 年以前我国实行的是超职权主义的诉讼模式。超强的国家意志、过强的法官意识贯穿于 1982 年《中华人民共和国民事诉讼法(试行)》的始终,职权主义表现得淋漓尽致。在这种传统诉讼模式的影响下,法官中普遍存在着只注重案件事实的调查和认定,不重视裁判文书中的说理,不重视当事人的诉辩意见和提交的证据的倾向。与之相适应的裁判文书表述,就是在裁判文书中基本没有当事人的诉辩意见和提交的证据等内容。《民事诉讼法》颁布后,一定程度上强化了当事人在诉讼中的作用和地位,法院在民事案件中的职权有所弱化。《民事诉讼法》第 152 条第 1 款第(二)项规定,判决书应当写明判决认定的事实和理由、适用的法律和理由。据此,立法从写明判案理由的角度限制了法官的权力。最高人民法院《关于民事诉讼证据的若干规定》为民事审判方式和有关裁判文书的改革提供了新的契机。但是,由于多年来长期形成的超职权主义思想并非一朝一夕能够改变,法官中只注重案件事实的认定,不注重说理和分析证据的积习,影响了裁判文书的表述。诸如"裁判主文直接关系到当事人的权利、义务,所以要着重写好,其他部分可以略写"等思想作怪的现象仍有发生。

[①] 北京市高级人民法院曾在北京市部分法院进行有关调查,发现在说理部分存在着难以法律逻辑类推和演绎(35.5%)、对证据难以分析和批驳(27.7%)、论理部分的结构难以把握(25.8%)等因素,68.2% 的被调查人员认为裁判文书制作过程中论理部分最难。

五、有关裁判文书改革的建议

综上所述,裁判文书改革中,尽管人们已经对裁判文书应该反映的内容有了许多共识,但是由于忽视了对裁判文书表述方式的研究①,导致裁判文书改革的具体措施"难产"。笔者认为,在裁判文书改革过程中,一定要在认识上厘清裁判文书的表述与审判的相互关系,本着兼顾裁判文书的目的、方便当事人和有利于法官写作的原则,确定和采取具体措施。

(一) 落实"以人为本",调整裁判文书的结构

司法乃是法官通过依法审理案件,解决人与人之间的纠纷。在具体案件中,作为司法的"产品",裁判文书是由人制作,为人服务的。因此,裁判文书应该"以人为本"。但是我国现行的裁判文书的表述却并非如此。关于裁判文书的结构,传统思维存在一个有趣的现象,即在裁判文书的结构上强调体现司法审判的过程与在具体内容上忽视呈现司法审判的过程的矛盾。形成这种矛盾的原因有两个:一是认识上未能分清主观表述与客观现象的不同,将裁判文书表现司法审判的过程与司法审判的客观过程简单地混为一谈。以判决书为例,简单地认为,民事判决书的正文结构是最好的反映司法审判过程的结构。二是对裁判文书的认识和思考缺乏系统性思维,未能体现"以人为本"的现代理念,没有将裁判文书的结构与制作者的水平和当事人的需求联系起来考虑。以判决书为例,现行的民事判决书的结构较好地反映了案件审理的过程,但对法官的素质要求却很高。在此种判决书的写作过程中,法官必须具有一定的写作能力和很强的论证说理能力。目前法官的整体素质尚不能完全满足这种判决书结构的写作要求。有些判决书的理由与判决主文相脱节,理由部分洋洋洒洒写了不少,却不知所云,最后以"不讲理"的方式强行得出判决结论。更有甚者,有些判决书的理由与判决结论相矛盾。因此,有必要建立一种与法官素质和当事人需求相匹配的裁判文书结构。基于裁判文书表述的独立性,在裁判文书改革中,可以调整裁判文书的结构,即"开门见山"的裁判文书结构,将现行的"事实、理由和主文"的结构调整为"主文、事实和理由"的结构。这样既有利于法官在裁判文书的写作中紧扣主题进行说理,也符合当事人的需求,并能充分体现为人民服务的审判宗旨。实际上,革命根据地时期和中华人民共和国成立初期以及德国和日本等国的相关判决书的结构,均是将

---

① 近年来,虽然发表了不少有关裁判文书改革的文章,但是笔者在写作过程中未能查找到有关裁判文书表述方式的文章。

判决主文置于判决书的前部①,这一点值得继承和借鉴。

（二）落实法律真实和裁判文书表述的独立性,拓宽裁判文书中事实等部分的写作方法

裁判文书的表述中,常用的方法是试图以面面俱到的叙述方法全面反映审判过程和审判人员的逻辑思维。由于需要反映的信息、论点、论据大量存在,裁判文书必然会越写越长。但是裁判文书的篇幅是有限的,为了在有限的篇幅里,全面叙述和分析所要反映的信息、论点、论据,必然无法充分论述所有定案证据及其理由,无法充分发挥包括庭审笔录在内的所有证据的作用,甚至出现裁判文书的篇幅越来越长,说服力越来越小的现象。写作方法单一,导致裁判文书篇幅的有限性与裁判文书中所要解决的问题、表述的理由及证据的大量性之间的矛盾突出。为了解决这一矛盾,不妨将案件事实划分为无争议事实和争议事实两个部分,将裁判文书中对事实的描述、证据的认定和分析理由集中于争议部分。这样既可以减少不必要的啰唆,又可以将省下来的篇幅留给需要仔细论证的内容。另外,还可以增加援引②等写作方式,对援引后不影响裁判文书内容和目的的案件事实、证据等在裁判文书中采用援引的方式予以简略写作,从而在充分发挥各种证据作用的同时兼顾裁判文书的篇幅,从写作方式上实现繁简分流。

（三）充实理由分析,按照理由的重要性安排顺序,并在理由分析部分引用具体法律条文的规定,增强分析论证的法律根据

提高裁判文书的针对性,是增强裁判文书说服力的客观需要。每一件纠纷都有不同于其他纠纷的特点和特有的表现形式,所以,判决的理由和叙述方式必须针对这种特殊性而有所变化。但是,长期以来,裁判文书在证据和理由的写法上,公式化、抽象化现象十分普遍,导致裁判文书千篇一律,缺乏个性,必须通过改革加以解决。首先,提高裁判文书的针对性,要求无论是叙述事实、证据,还是阐明判决理由,都必须坚持从个案的实际情况出发,做到有的放矢,增强判决的说服力。特别是二审裁判文书更需具有强烈的针对性,因为二审审理的对象是一审已经作出但还没有发生法律效力的判决,经过二审审理,无论是依法驳回上诉,维持原判;还是部分改判或者全部改判;还是发回原审法院重新审理,都必须坚持从每一上诉案件的实际情况出发进行叙述和说理。总之,裁判文书应当突出重点,紧紧围绕诉辩双方的争议焦点充分展开分析和说理。其次,目前裁判文书中普遍存

---

① 参见〔德〕狄特·克罗林庚:《德国民事诉讼法律与实务》,刘汉富译,法律出版社2000年版,第1页;〔日〕中村英郎:《新民事诉讼法讲义》,陈刚等译,法律出版社2001年版,第308页。

② 所谓援引的方式,就是对某些不重要但裁判文书中不可或缺的事实、证据的认定及其理由可以采取不在裁判文书中具体分析,而是注明参见庭审笔录的写作方式。这种方式可以充分发挥庭审笔录的作用。

在着说理贫乏、无力,甚至没有具体分析和说理的现象。理由是判决的灵魂,是将案件事实和判决结果联结在一起的纽带,增强裁判文书的说理性是裁判文书改革的一项重要目标。判决理由充分,是判决具有正当性和说服力的不可或缺的来源和根据,是制约法官独断专行的重要方式,也体现了实质上的公开审判。裁判文书的说理,主要是抓住当事人争议的焦点、证据与证明对象的证明关系,根据法院认定的事实和有关法律、法规和司法解释,阐明法院对纠纷性质、当事人责任以及如何解决纠纷的态度,而不在于"本院认为"部分的篇幅长短。为此,可以借鉴英美法系"对话—论证式"的说理方式,增强裁判文书的说理性,针对具体案件的争议事实和争点分析说理,并在理由分析部分引用具体法律条文的规定,以增强裁判文书说理的针对性和理由的可信度。最后,现行裁判文书中援引法律条文顺序的做法比较混乱。许多裁判文书,尤其是二审和再审裁判文书都是以程序发生的先后决定援引法律条文的顺序。再审案件因是先依据程序法提起再审的,故援引法律条文时则以程序法有关条文为先。建议在裁判文书理由部分最后的法律根据部分,在前述已经援引具体法律条文的基础上,按照法律的性质安排法律条文的顺序。例如,先援引实体法条文,后援引程序法条文。

综上,笔者认为,在裁判文书的改革过程中,强调裁判文书表述的独立性,还有利于裁判文书的补正、裁判文书与现代信息手段的联系等方面的改革。

检察文书公开现状的思考

——以山东省四市为研究对象

田荔枝[*]

一、检察文书公开的背景与现状

公平正义是司法工作的最高价值和最终目标,而这种公平正义又应当是通过司法公开和使社会公众能够看得见的方式来予以实现,非公开不足以彰显正义,非公开不足以保障公平。[①] 因此,近年来,进一步推动司法公开工作就成了我国现阶段全面深化司法改革过程中的一项重要工作。

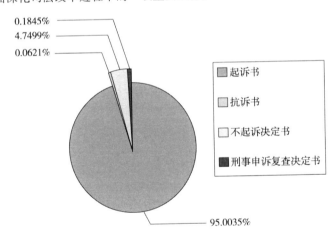

图1 全国检察文书公开情况统计[②]

2013年11月,党的十八届三中全会通过的《中共中央关于全面深化改革若

---

[*] 田荔枝,山东大学法学院副教授。
[①] 参见鹿梦吟:《司法改革背景下司法公开的意义》,载日照市东港区人民法院网(http://rzdgqfy.sd-court.gov.cn/rzdgqfy/401292/401316/925253/index.html),访问日期:2017年9月6日。
[②] 数据来源:中国裁判文书网(http://www.court.gov.cn/zgcpwsw/),访问日期:2015年6月6日。

干重大问题的决定》再次强调:要推行审判公开、检务公开,进一步增强法律文书的说理性。基于此,在2014年1月的全国检察长会议上,曹建明检察长首次提出了检察机关要建立不立案、不逮捕、不起诉、不予提起抗诉等检察机关终结性法律文书公开制度,增强司法公开的主动性和及时性。

在此背景下,最高人民检察院从2014年3月开始着手研发检察机关案件信息公开系统,并在选取了部分检察机关作为试点运行后,于2014年10月起正式开始在全国范围内推行。截至2015年6月6日,如图1所示,我国各级检察机关已经通过检察机关案件信息公开系统上网公开各类终结性检察文书223 877份,其中包含起诉书212 691份、抗诉书139份、不起诉决定书10 634份、刑事申诉复查决定书413份。由此可以看出,检务公开尤其是检察机关终结性法律文书的公开已经成为我国"阳光司法"改革的重要内容之一,纳入整个司法体制的改革当中。

二、现阶段检察文书公开存在的问题

相较于法院裁判文书的公开,我国检察机关终结性法律文书公开的实行时间较短,因而在实践过程中难免存在着一些问题。笔者通过检察机关的案件信息公开系统,统计了山东省济南市、青岛市、潍坊市和淄博市四个地级市的人民检察院及其下辖的各级检察院上网公开的各类终结性法律文书的数量,并结合这些公开文书的种类与内容进行综合分析,发现目前我国检察机关在公开检察文书的过程中,仍存在着以下几点问题。

(一)公开的检察文书种类过少

根据2012年最高人民检察院印发的《人民检察院刑事诉讼法律文书格式样本》可知,人民检察院在具体的实际工作中涉及的法律文书共有223种。当然,这223种法律文书并非全部要向特定人、特定单位甚至社会大众公开,某些涉及国家秘密、检察机关的工作秘密或者个人隐私等应当保密事由的法律文书则应当限制公开或者不能公开,据统计,在这223种检察文书中,需要向相关对象公开的共有31种。[①] 但遗憾的是,现阶段我国检察机关案件信息公开系统中,公开的检察法律文书仅限于一审公诉案件的起诉书、不起诉决定书、二审抗诉案件的刑事抗诉书以及刑事申诉审查案件的刑事申诉复查决定书这4种文书。虽然在公开系统中有"其他文书"一栏,但是据笔者统计,至今尚无检察机关在该系统中公开上述4类文书以外的检察文书,因而相较于理论上的31种,现阶段公开的检察文书

---

① 参见高一飞、吴鹏:《论检察机关终结性法律文书向社会公开》,载《中国刑事法杂志》2014年第3期。

的种类明显过于有限。

(二) 公开的检察文书数量有限

表1 样本市检察院检察文书公开情况统计表[①]

地区\文书种类	起诉书	抗诉书	不起诉决定书	刑事申诉复查决定书
济南市	1	0	0	1
青岛市	3	0	0	0
潍坊市	1	0	4	1
淄博市	7	0	0	0

自2014年10月以来,在全国各级检察机关的极力推动下,我国的检察文书公开情况已经呈现出了一种良好的发展态势,但是就现阶段而言,公开的检察文书数量相较于检察机关处理的起诉书总量,依然数量有限。在此,笔者以济南市公开文书最多的天桥区人民检察院为例进行分析。据不完全统计,该检察院在2014年处理的起诉书总量在600份左右,然而截至2015年6月6日,该院在检察机关案件信息公开系统中公开的起诉书数量仅有228份,其中有143份起诉书是2014年度的,也就是说,该院公布的2015年度的起诉书仅有85份。假设该检察院2015年处理的起诉书总量与2014年持平,仍为600份左右,那么截至2015年6月6日,该检察院公开的起诉书数量仅为全年总量的1/7左右。而天桥区人民检察院是笔者统计的四市地区检察院中公开文书情况较好的,其他检察院公开文书的数量更少。另外,从公开文书数量的角度分析,还存在另外一个问题,即相较于基层检察院,上级检察院公开文书的数量明显过少。截至2015年6月6日,笔者统计的济南、青岛、潍坊、淄博四市的基层检察院公布文书的总量均为数十份到数百份不等,然而这四市的市级检察院公开文书的总量分别只有2份、3份、6份、7份,而更上级的山东省人民检察院则是一份检察文书都未进行公开。综上,我国现阶段检察文书公开的数量总体而言仍然过少。

---

① 数据来源:中国裁判文书网(http://www.court.gov.cn/zgcpwsw/),访问日期:2015年6月6日。

表2　样本市各级检察院检察文书公开情况统计表①

检察院＼文书种类	起诉书	抗诉书	不起诉决定书	刑事申诉复查决定书
济南市各级检察院	1 080	0	58	1
青岛市各级检察院	1 263	0	13	2
潍坊市各级检察院	1 323	0	26	1
淄博市各级检察院	458	0	6	3

（三）公开的检察文书比例不均衡

截至2015年6月6日，全国各级检察机关在检察机关案件信息公开系统上公开检察文书共223 877份，其中起诉书212 691份，约占95%；抗诉书139份，约占0.06%；不起诉决定书10 634份，约占4.75%；刑事申诉复查决定书413份，约占0.19%。从比例上看，公开的这四类检察文书存在着明显的不均衡。而从笔者统计的山东省济南市、青岛市、潍坊市、淄博市的数据来看，这一不均衡的比例被进一步放大。截至2015年6月6日，济南市各级检察院公开的起诉书、抗诉书、不起诉决定书、刑事申诉复查决定书的数量分别为1 080份、0份、58份、1份；青岛市各级检察院分别为1 263份、0份、13份、2份；潍坊市各级检察院分别为1 323份、0份、26份、1份；淄博市各级检察院分别为458份、0份、6份、3份，其中没有任何检察机关公开抗诉书。从这些数据我们大体可以推出，现阶段我国检察机关公开的检察文书基本上集中于起诉书这一类别上，而对于抗诉书、不起诉决定书以及刑事申诉复查决定书的公开力度仍然不够大，存在着严重的文书公开比例不均衡问题。

（四）部分公开的检察文书存在质量瑕疵

检察文书公开旨在进一步深化检务公开，增强检察机关办案工作透明度，规范司法办案行为，提高司法公信力。显然，检察法律文书公开工作本身并非目的，而是为达到保障人民群众对检察工作的知情权、参与权和监督权而采取的一种手段。② 但是，现阶段却存在着部分检察机关过分追求形式上的文书公开，而忽视了实质上的公开，从而导致许多公开的检察文书存在着质量上的瑕疵。主要体现在以下两个方面：一是部分公开的检察文书中存在着许多错别字以及语病。举例而

---

① 数据来源：中国裁判文书网(http://www.court.gov.cn/zgcpwsw/)，访问日期：2015年6月6日。
② 参见韩建霞：《检察法律文书公开制度检视与深化》，载《人民检察》2014年第23期。

言,实践中竟有在一份检察文书中存在 23 处错别字的情况,这些错误的存在大大损害了司法的权威。二是部分检察文书存在着说理或论证过程中的逻辑与引证错误。例如,一些检察机关虽然公开了检察文书,但对作出该文书决定的理由却只字未提或者语焉不详;再如,不少公开的检察文书中或多或少地存在说理部分无论证,或虽有论证,但论证的理由不充分,或论证的理由与引用的法律条文出现矛盾等问题,有的甚至把失效的法律、司法解释等引用在报告结论中。将这些存在质量瑕疵的文书进行公开,不仅无法实现保障人民群众对检察工作的知情权、参与权和监督权的目的,反而会严重损害检察机关的司法形象。

(五) 检察文书公开仅是一种静态的公开

实践中,除了江苏省试点的几个检察机关在检察文书网站下方设有公众留言栏之外,其余实施检察机关终结性法律文书网上公开试点的检察院网站并没有设置相应的公众留言平台,大多数文书的公开还只是静态公开。① 这种静态的公开方式,缺乏检察机关与社会群众之间的互动,即便大众通过公开的检察文书发现了检察机关在办理案件过程中的错误,亦无法通过一些简单便捷的途径将自己的意见及时反馈给检察机关,这样就使得检察文书公开失去了它的本质意义。

(六) 检察文书公开系统缺乏查阅方便性

由于检察文书往往涉及的是刑事案件,出于对当事人隐私的保护,目前在检察机关案件信息公开系统中,基本上都将案件当事人的相关信息隐去,对公开的检察文书标题亦仅作简单的描述,例如李某某涉嫌抢劫案起诉书、王某某涉嫌盗窃案不起诉决定书,等等。在这种情况下,现阶段检察机关案件信息公开系统提供的简单搜索引擎,无论是对当事人、诉讼代理人,还是对需要案件信息的检察官而言,在不清楚案件文书公开的具体日期时,都很难快速便捷地查询到自己需要查看的文书。因而,如何利用网络特有的快捷性、便利性,从技术上为查询、检索公开检察文书提供方便,就成了现阶段亟待解决的问题之一。

三、问题出现的原因

由上可知,目前我国检察机关在公开检察文书的过程中存在着公开的检察文书种类过少、数量有限、比例不均衡、质量瑕疵等问题。笔者认为,问题出现的原因主要有以下几点:

---

① 参见高一飞、吴鹏:《论检察机关终结性法律文书向社会公开》,载《中国刑事法杂志》2014 年第 3 期。

（一）未确立以受众为本位的意识，对受众需求缺乏深层解读

检察文书公开是一种司法活动，但是从另一个侧面来看，检察文书公开也是一种传播活动。丹宁勋爵曾说："正义不仅要实现，而且要以看得见的方式实现。"从传播学角度来看，一切司法活动的存在和表现形式都具有可流动性、可传递性。检察文书通过公开的方式实现了检察院办案信息的公开，是一种典型的传播行为。

检察文书公开，其信息传播的过程存在着传者和受众两类主体，检察院作为传者是活动的起点，而包括社会公众在内的一切能够接触到司法公开信息的人作为受众是传播活动中信息流通的目的地。[①] 我国检察文书公开存在着以传者为中心的倾向，忽略了受众的感受和评价，导致了传播效果的低质化。正如前述指出的，现行的检察文书公开仅是一种静态的公开，并不注重与群众之间的互动。仅有有限的几个检察院存在与社会公众互动的技术设计，但并未有实际行动。而且检察文书公开的系统界面并不是很完善，并不利于公众对自己关注的案件进行检索查找。

社会公众作为检察文书公开的信息传播"目的地"，也是传播过程中的"反馈源"。与此同时，在网络社会的大背景下，社会公众的能动性得到了前所未有的张扬与发挥，具有了一定的生产力。社会公众在接受信息后会进行加工再向他人传播，实现了传播链的衔接。[②] 因此检察文书公开存在着二次传播，如果文书公开缺乏对受众的关注，不深入了解受众特征、需求及其行为和观念动态的发展变化，那么这种信息传播注定是无效率的、失败的，甚至会出现与文书公开目的背道而驰的情况。

（二）公众的知情权、当事人的个人隐私权和司法公正之间存在冲突

权利冲突是指合法性、正当性权利之间所发生的冲突，通常来讲，权利冲突存在于两个或两个以上的合法权利主体之间，既可能发生于个体与个体、个体与团队、个体与国家之间，也可能发生于团体与团体、团体与国家、国家与国家之间。[③]

毫无疑问，检察文书公开与公众的知情权以及当事人的个人隐私之间存在着冲突，即检察文书公开在某种程度上虽然维护了公众的知情权，但是却对当事人的个人隐私造成了侵犯。目前的做法是隐去当事人的个人信息，如韩国对有隐私

---

① 参见鲍慧民、陈丽、顾飞：《"传者中心"向"受众中心"转变——司法公开信息传播的主导模式和路径选择》，载贺荣主编：《全国法院第25届学术讨论会获奖论文集：公正司法与行政法实施问题研究》（上册），人民法院出版社2014年版，第45页。
② 参见孔令华、张敏：《费斯克的生产性受众观——一种受众研究的新思路》，载《南京航空航天大学学报（社会科学版）》2005年第7卷第1期。
③ 参见刘作翔：《权利冲突的几个理论问题》，载《中国法学》2002年第2期。

权侵权隐患的个人信息进行非实名化处理或相关信息删除,这些信息主要是指当事人的姓名或名称、住所地和其他相关个人信息。非实名化处理的信息具体包括以下内容:一是自然人的姓名。不管该自然人是否属于当事人(含专利判决),但法官、检察官和律师的姓名不在非实名化处理之列。二是一般法人或公共企业法人(例如电力公司、高速公路管理企业等)的名称,但国家或地方自治团体、公共机关、行政机关应当维持实名。三是当事人的住所地。采用单词为 A,B,C……AA,BB……及任意组合的罗马字进行非实名化处理。需删除的信息则主要包括:一是判决书中的原告、被告、继承人、参与人、赔偿申请人等的身份证号;二是判决理由部分所显示的地址、公司名、电话号、身份证号、车牌号、账号等。在具体程序上,非实名化处理分为两个阶段进行,第一阶段,利用自动非实名化处理软件实施非实名化处理;第二阶段,在法院事务官的指挥和监督下由外部人力公司职员进行人工验收工作,避免错误的发生。完成上述工作后,法院事务官将经非实名化处理后的文件录入电子卷宗系统。采用类似做法的有日本、英国和德国等国家和地区,而美国、加拿大以及澳大利亚则没有隐匿当事人的姓名。值得指出的是,2007 年我国台湾地区规定除律师、公司、机关行号等不替换外,其余当事人姓名均以"甲 OO""AOO"等代号依次替换。这一做法却引起了台湾地区媒体和学界的强烈反对。媒体和学者认为,这一举措使得文书缺乏可读性,并不当地限制了新闻采访的权利和人民的知情权。因而在 2008 年 5 月提出的一个修正草案中对此又作了特别修正,要求仍应公开自然人的姓名。

从目前各国和地区的通行做法并不一致的情况中可以看出,各国和地区对公众知情权与个人隐私权之效力优先与否并未有定论,各自有不同的做法以适应本国和本地区的实际情况。在我国,目前通行的做法是隐匿个人基本信息,以满足保护个人隐私的需要。当然,基于隐私保护的需要而在文书中隐去当事人的姓名等个人信息亦非绝对。实际上,是否隐去当事人姓名的问题主要还是一个利益衡量的问题。因此,基于公共利益的考虑,有些当事人的姓名等个人信息应当是被公开的。比如公众人物或者官员的姓名就有必要公开。如此看来,个人信息的"可识别性"就不仅仅是一个单纯的事实认定问题,亦有了价值判断的色彩。而决定这一价值判断的基本标准就是"比例原则",即我们应该进行个案分析,在有选择的情况下两害相权取其轻,选择对公众以及个人造成伤害较小的一个方法。

(三) 检察院检察文书公开的动力匮乏

我国检察文书公开并没有受到应有的重视,主要体现在两个方面。一方面是由于高层的重视程度有待加强。最高人民检察院在 2006 年发布的《关于进一步深化人民检察院"检务公开"的意见》中提出"就依法可以公开的诉讼程序、诉讼期限、办案流程、案件处理情况、法律文书、办案纪律等信息,要主动予以公开"。

2013年12月最高人民检察院出台的《2014—2018年基层人民检察院建设规划》要求细化执法办案公开的内容、对象、时限、方式和要求,健全主动公开和依申请公开制度。除法律规定需要保密的以外,执法依据、执法程序、办案过程和检察机关终结性法律文书一律向社会公开。最高人民检察院曹建明检察长在2014年最高人民检察院工作报告中提出"深化检察环节司法公开,完善办案信息查询系统,建立检察机关终结性法律文书向社会公开制度,增强司法公开的主动性"。从以上信息可以看出,检察文书公开被提上议事日程仅仅是近几年的事情,有关公开的要求也主要是原则性的,缺乏具体的规定,而且没有受到舆论的重视,最高人民检察院亦没有详细的、指导性的文书公开的相关文件。另一方面,学界对检察文书公开也没有予以较多的关注。讨论检察文书公开的文章不仅数量上较少,而且在质量上也一般。这两方面都与裁判文书公开形成了鲜明的对比,也凸显了检察文书公开的尴尬地位。

在我国现有制度短时间不能得到改变的情况下,缺乏高层的重视,检察文书公开工作亦缺乏足够的推动力,进而引发了文书公开的种类与数量较少等问题。在目前情况下,自上而下的改革虽有种种弊端,但是胜在执行力强,能够得到快速的实施。故缺乏动力是我国检察文书公开出现诸多问题的重要原因之一。

四、针对现存问题之解决途径

检察机关实施检察文书向社会公开的制度,既顺应了司法公开的要求,也增强了检察执法透明度和社会参与度,提升了检察执法的规范化水平。自检察法律文书向社会公开制度建立以来,各地检察机关积极探索并制定适合于本地区的公开制度,也都取得了不错的效果。但是由于该制度尚处于不断探索的阶段,仍然存在着许多需要改进和完善的地方。通过前述对我国现阶段检察文书公开的数据统计和情况阐述,可以看出,该制度目前仍存在着公开文书种类过少、公开数量不足、比例失调、公开文书质量不高等问题。因此,为了促进检察机关法律文书向社会更好地公开,需要对该制度进行一定的改进与完善。

(一) 规范检察文书的公开范围

检察文书公开范围的不统一和公开文书种类的不全面都会使检察机关在进行文书公开时有所保留,只做一些表面工作,而没有实现真正意义上的文书公开。

对此问题,一方面,最高人民检察院在制定相关规则时,应当对向社会公开的检察文书的范围进行统一的界定,现有的规定过于笼统,无法给各地区制定详细规则提供帮助。另外,我国人民检察院在实际工作中涉及的法律文书多达223种,需要向相关对象公开的有31种,但现阶段真正实现公开的仅有4种,即本文前述提到的一审公诉案件的起诉书、不起诉决定书、二审抗诉案件的刑事抗诉书以及刑事申诉审查案件的刑事申诉复查决定书。虽然在公开系统中有"其他文书"一栏,但并无任何统计内容。检察文书的公开范围非常之小,无法真正实现检察文书公开的目的。因此,检察机关应当扩大向公众开放的检察文书的种类和数量,平衡各级、各地检察院公开文书的比例,使更多的检察文书可以被公众所查阅。另一方面,在文书公开的同时,各检察机关应当在坚持全面公开的基础上正确处理"公开与例外""公众知情权与个人隐私权"之间的关系,对一些不能公开的事项,根据其保密程度,作出不同层次的划分,可以在进行适当保密处理后进行公开,而不能因为含有保密事项而一概都不公开;对某些完全需要保密的文书,也应当对不予公开的决定作出相应的解释与说明,只有这样才能真正实现公众的知情权。①

(二) 提高公开的检察文书的质量

检察文书是各级检察机关行使检察权的重要文字凭证,是保证法律实施的重要工具,是办理案件的客观记录,好的法律文书对于依法惩治犯罪、维护司法公正具有重要意义。目前我国公开的检察文书过分追求形式上的要求,而忽略了实质上的要求,导致许多公开的检察文书存在着质量上的瑕疵,损害了检察机关的司法威严。② 因此,在之后的发展过程中,检察机关要注意提高公开的文书的质量,具体而言:

首先,要建立检察文书质量审核机制。③ 检察文书在上网公开之前应建立一套严密的审查程序,对文书的内容进行严格把关,不仅要对文书中的错别字、病句进行仔细修改,也要确保在文书公开时能很好地保护当事人的隐私、保护国家利益、公共利益不会因文书的公开而受到影响。

其次,应当加强文书说理部分的书写。公开的检察文书不仅要接受公众的查阅,更承担着宣传法律知识、培育公众理性的法律精神、为法学研究提供范本等重任。因此,检察机关依法作出的决定、提出的建议都必须建立在社会的认可、理解之上,否则也就无法取得实效。通过加强文书的阐释说理,提升文字质量、逻辑的严密性,可以更好地发挥检察文书的效果。

(三) 建立检察文书公开的答复机制

根据前文所述,目前检察院的检察文书公开还主要是一种静态公开,即仅将要求公开的文书上网公开,却没有提供一个平台进行交流,缺乏检察机关与社会

---

① 参见高一飞、吴鹏:《论检察机关终结性法律文书向社会公开》,载《中国刑事法杂志》2014 年第 3 期。
② 参见孙伟:《检察机关终结性法律文书公开的现实性分析》,载《山西省政法管理干部学院学报》2015 年第 28 卷第 2 期。
③ 参见韩建霞:《检察法律文书公开制度检视与深化》,载《人民检察》2014 年第 23 期。

群众之间的互动。因此,为了使公众的知情权得到保障,真正起到公众监督的效果,检察机关不仅应当建立一个文书上网的平台,还应当配套创建一个沟通交流的平台,并配有专门答复的人员,变静态的公开为动态的交流。要认真对待检察文书公开过程中遇到的问题,健全公开答复制度。例如,可以成立由业务骨干、微博、微信志愿者等组成的检察文书公开应对小组,对于在案件事实、法律适用方面争议较大或者在当地有重大社会影响的诉判不一、申诉案件,应当主动或依申请进行公开答复、公开听证。

对于公众提出的意见和建议,应当认真吸纳和消化,对于公众提出的批评和质疑,也应当理性面对,确实是有错误的,要及时改正,使群众充分发挥监督作用,真正实现检察文书公开的目的。[1]

(四) 完善检察文书公开的专门网站

从当前各省、市、区检察院进行检务公开的途径来看,大多都是通过在自己的门户网站上进行公开,并且随着网络覆盖率的上升,通过互联网公开不失为一种传播的好方法。但是目前关于检察机关网站的建设还没有统一的规划和组织管理,各省的检察机关网站建设都是在摸索中进行,建设水平参差不齐,大多数还存在着不规范的现象。[2] 因此,为了更好地满足检察文书上网公开的需求,在借鉴裁判文书上网公开经验的基础上,网站的建立要力求规范、高效。检察文书上网并不是一个形式问题,不仅仅是公开即可。现阶段的检察机关案件信息公开系统中仅提供了简单的搜索引擎,无法使群众准确高效地查阅到所需的文书,不利于公众的查阅。因此,在之后的网站建设中,应当设计有效的检索服务,提高检索方便性,最大限度地满足公众的需要。通过不断完善检察文书公开的专门网站,增强司法公开的主动性和及时性。

五、结语

检察文书是检察办案活动的忠实记录,一份高质量的检察文书能够向案件当事人、诉讼参与人传递出程序正当、公平正义、司法权威等价值取向,并对其他公民的行为起到教育、指引作用。本文通过对检察文书公开现状的实证分析,发现其实践中存在着诸多问题,从而未起到法律文书公开应有的作用。当然,现象背后有着深层次的原因。为了充分发挥检察文书公开对于司法改革、推动公平正义的作用,我们应该采取一系列措施:规范检察文书的公开范围,提高检察文书公

---

[1] 参见陈兰、杜淑芳:《监察法律文书公开实证分析》,载《检察前沿》2014年第12期。
[2] 参见许秀姿:《检察机关终结性法律文书上网公开制度论析》,载《中共郑州市委党校学报》2014年第6期。

开的质量,建立检察文书公开的答复机制,完善检察文书公开的专门网站;确立以受众为本位的意识,正确处理好公众的知情权、当事人的个人隐私权和司法公正之间存在的冲突问题,同时增强检察文书公开的动力。只有这样,检察文书公开进程才能不断向前推进,从而有助于推进检务公开,深化司法改革,最大限度地实现人民群众对检察工作的知情权、参与权、监督权与表达权,检察机关也才能取信于民,提高司法公信力。

浅论民事裁判文书改革与审判方式改革

张海雷[*]

裁判文书是法院行使审判权所最终形成的具有法律约束力的文件,其意义不仅在于表明裁判结果,代表国家对当事人的争议给出结论性意见,作为司法公正的最终载体,为了表明裁判结果不是基于主观、擅断、强权干预而作出,它必须体现裁判在程序和内容上的公开、公平、公正,事实上这也正是司法活动的权威性之所在。要达到这个高度,必须改革过去裁判文书只重结果、不重分析与说理的习惯模式,使裁判文书以详尽的事实、周密的论证、充分的说理成为法院严肃执法的最佳写照。

一、民事裁判文书制作现状

当前对民事裁判文书的制作水平,社会普遍反映质量不高,其中尤以案件的有关当事人的反应较为激烈,批评也较为尖锐。事实上,与裁判结果有切身利益关系的当事人在败诉或诉讼请求未完全满足时往往对裁判的公正性提出怀疑,而裁判文书在叙述事实和认证、说理方面的笼统、含糊其辞无疑更加深了这种不信任感。有时候,裁判文书的语焉不详是影响当事人是否要求进入下一步救济程序的重要因素,同时也影响着外界对法院的印象,影响着司法程序及裁判文书本身的公信度。

当事人在上诉、申诉中涉及对民事裁判文书的意见一般有:叙述事实不全面,有选择性地认定事实;认定事实的证据不明显;说理苍白、空洞、形式主义,对是否采证、支持主张只给结论、不述理由,或者给出的理由含糊不清,让人不明所指,难以服气;不全面反映当事人的诉辩意见,对当事人的某些主张采取消极回避的态度等。尽管当事人的诉讼请求并不总是合法、合理的,但针对裁判文书提出的上述批评意见确实在很多裁判文书中都有体现,可以说切中要害,不容忽视。

---

[*] 张海雷,河北省沧州市运河区人民法院民一庭庭长。

二、民事裁判文书制作问题的根源

以上问题的存在根源,除了与部分法官理论功底不足、综合运用法律对案件进行论证性分析的能力相当欠缺等因素以外,也是传统的审判方式所造成的。在实事求是的指导思想下构建的传统的民事审判模式重实体、轻程序,以追求客观上的真实为己任,具有浓厚的职权主义色彩。法院在审理活动中自始至终居于主动地位,反映在概括审判全过程的裁判文书中,便是审判机关以自我为中心的特点。而对当事人在诉讼中的作用的轻视和对司法的程序性要求的忽视,必然导致审判在事实上的不公开、不透明,对案件事实的客观真实性的追求由于失去了程序正当和证据规则的指导,很容易演变为法官在调查取证上的主观随意。这样,在裁判文书中对当事人所举证据进行认证和对其所主张的事实一一作出认定并阐述理由,在主审法官看来,显得既麻烦又无必要,而前者的缺失自然导致裁判理由的不能展开。如此看来,传统的审判方式由于忽视了司法之程序性特征和民事审判应秉持的当事人意思自治原则(当然这种意思自治应受到法律规定之限制),使得民事案件审判的管理既缺乏效率,又有违审判公开原则。而裁判文书作为审判活动的终结性记载,其反映出来的司法理念无疑是令人失望的。

以传统的民事裁判文书的认定事实部分为例,其叙述事实的方式是法院"经审理查明",叙述角度是单一的,强调的是法院经过调查最终掌握的事实,当事人在此所起的作用是消极的。这样的一种叙述方式是结论性的、单元的,它摒除了诉辩各方关于事实的不同叙说及针锋相对的辩驳,所有的意见分歧在此前已经法官甄别、筛选,然后纳入法院认定的事实部分。如此一来,裁判文书虽然读起来条理清晰,有系统的整体感,然而却体现不出当事人在事实方面的争议和法官对其取舍的判断过程及依据,有违审理公开之法治原则;同时,这样的叙述方式由于以法官的视角为主导,往往根据法官的主观取舍标准决定是否对某项具体事实予以提及、确认,表现出较大的随意性,因此在实践中出现很多裁判文书叙述事实有选择性、不全面的例子也就不奇怪了。

民事审判方式进行改革后,审判中的法官职权主义逐步向当事人主义转化,严格贯彻审判公开原则成为诉讼程序逻辑上的本质要求。庭审成为审理活动的中心环节,而当事人围绕其诉辩主张进行的举证、质证活动则成为决定案件命运的关键步骤。法院的职责相应地由过去的主动发现和查明事实转变为以审查确认证据为主,只是当事人举证有困难或双方当事人所举证据相互矛盾,且有必要向第三方调取证据时,才依法行使调查取证权。审判方式上的变革使得审判活动有了显著的对抗性色彩,法院由过去的积极介入与干预复归于中立的仲裁者地位,这无疑是合乎客观规律的科学的转变。相应地,作为对民事案件审理全过程的全面概括,裁判文书也应淡化职权主义色彩,让当事人担当主角,充分体现当事人的诉辩观点和证据支持力度。这也意味着裁判文书应对当事人关于本案的主张和意见予以客观、忠实地反映,而不能随意删改、简化,以偏概全。概括地说,裁判文书应体现诉讼的对抗性和审判的公开性,而要做到这一点,则不能不涉及裁判文书样式的改革问题。传统的民事裁判文书在事实认定部分采用"经审理查明"这种单一的结论性的叙事方式,当事人在事实与证据方面的争议无法得以体现,充分反映庭审过程也就可能成为一句空话。正因为如此,在2016年发布的《民事诉讼文书样式》中对裁判文书样式的改革,最显著的变化就是在判决书的事实认定部分,通过诉辩各方的不同角度反映案件有关事实、争议焦点和庭审过程,明确列出当事人提供的主要证据材料,使得裁判文书对案件事实的反映更为清楚、明白,同时也体现出司法程序的公开与公正。

三、民事裁判文书公开与释法说理

民事裁判文书对于审判公开原则的体现当然不应仅是审理过程的公开展示,它更是裁判者对该裁判结果所作出的负责任的公开解释与说明。原则上,法官作为争议的中立裁判者,本着只服从法律和正义的司法准则,对于其作出裁决的依据没有理由不予公开。但在传统的审判模式中,通常做法是在案件的审理报告中对案件的证据材料进行分析、认证,并说明裁判所根据的具体法律规定、行政规章及法律原理等,而在对外界公开的裁判文书中则以极短的篇幅,寥寥数语即完成认证与论理,以致经常出现认定事实的证据不明显、作出裁判的依据不明确等问题。具体表现为,裁判文书对当事人提供的证据材料哪些采信、哪些不采信不做明确交代;支持或驳回当事人的主张往往不叙述理由或者含糊其辞,让人不明所指;对于当事人的某些诉辩主张不予提及,笼统予以驳回。裁判文书不公开认证、不叙明裁判依据,当然也就给人以"不讲理"的印象。审判公开,就是要将法院的认证、采证意见予以公开,将法院作出裁判的具体法律依据在裁判文书中说清道明,使"判"的依据与"审"的过程都公之于众,以增加审判的透明度,让当事人明了其胜诉或败诉的事实和法律根据。同时,基于"不告不理"原则,民事案件的审理一般依据当事人的诉请而进行,顺理成章地,其裁判文书在阐述事实认定和实体处理意见(包括其依据)时,也应尽量全面地顾及当事人的主张。作为对当事人诉请的积极回应,裁判文书应对当事人正式提出的诉辩主张——作出明确的回答,而不是选择性地对一些主张作出表态,对另一些主张或请求则避而不谈,消极逃避。实质上,如果法院对当事人就该案提出的主张与请求在事实上进行了审理,却未在裁判文书中明确态度、说明理由,毫无道理地保持缄默,也是未严格贯彻审判公开原则的一种表现。

从某种角度来说,民事裁判文书也应是法官根据当事人的诉请,综合运用法律知识与原理对案件事实作出分析、判断,从而对当事人的权利、义务关系作出具有法律效力的处理决定的实用型论文。论文的生命力在其论证,而一份高质量的裁判文书的精彩之处,同样也体现于从现有证据材料到最终裁判结果的完美推理过程。这种推理应立足于可靠的事实,步步为营、环环相扣、逻辑严密。

四、提高民事裁判文书制作水平

作为运用普遍性的法律规范解决具体的个案问题的实例,裁判文书的论证通常应经历以下步骤:从现有证据中确认相关案件事实;从具体的法律事实中抽象出一般的法律关系;运用相应的法律规定推导出处理本争议的基本原则;结合本案的具体事实对当事人的主张进行分析、判断;对当事人的诉请作出处理结论。在一篇裁判文书中,类似的论证过程极有可能重复多次,具体情形视案情需要而定。从目前的现状看,多数民事裁判文书的论证部分较为薄弱,表现为论述过于简略,论证未展开,往往以程式化的语言连接起若干推理结论,令其推理缺乏有效的、实质性的理论支撑,论证苍白、无力,流于形式。最常见的问题是在案件事实和适用的法律之间缺乏连接的桥梁,过度生硬,不能以理服人。例如,对案件的基本法律关系缺少基础性分析(只是以叙述案由的方式一句带过),或在分析时不对案情事实做必要的概括,等等。尽管裁判文书的论证水平取决于法官的综合法律素质(包括对法律专业知识与理论的掌握程度)、思维在逻辑上的严密度,以及良好的文字表达能力,而这些都不是一朝一夕可以提高的,但是,我们仍应鼓励法官在制作裁判文书时根据自己对法律的理解,对案件的事实认定以及适用的法律充分展开论证,在不致曲解法律的前提下以自己的风格撰写裁判文书,大胆抒发个人见解。这是提高法官的专业写作水平的需要,同时也可使裁判文书既遵从法理,亦不悖乎人情。

形式只是达到目的的手段,采取何种形式,应取决于内容的需要。从民事裁判文书制作的现状出发,笔者认为,裁判文书改革应体现民事审判方式改革的方向,突出诉讼的对抗性和审判的公开性,对审理过程尤其是庭审中的举证、质证及认证过程予以公开展示,扩充裁判文书的内容,加强对裁判结论的论证,使得裁判文书以详尽的事实、周密的论证、充分的说理来大大增强其可读性与说服力,而不是在论据模糊、论证空洞的情形下,将判断结果一厢情愿地强加给他人,这才符合裁判文书制作的本质要求。

法律文书质量标准体系建构的困境与突破

吴 杰[*]

一、引言

制作法律文书是审判人员日常工作之一,是衡量审判工作质效和审判人员队伍业务素质的基本标尺,是司法知识和智慧、素质和文明、担当和责任的体现。随着国家司法体制改革的不断深化,审判工作各环节日趋呈现出高标准、严要求的特点,特别是在审判管理方面不断加强案例指导和法律文书评查工作,使法律文书质量以及当事人和社会的认可度得到提高。

因此,如何保证"带错法律文书不出门",坚决维护司法权威,是摆在每名审判工作人员面前的一项亟待解决的重要课题。"车同轨、书同文",标准决定质量,有什么样的标准就有什么样的质量,只有高标准才有高质量。习近平同志在致第39届国际标准化组织大会的贺信中,系统深刻地阐述了标准及标准化工作的重要性。这就要求我们进一步明确、规范、修订和整合现有的制作法律文书的强制性标准和推荐性标准,融合地方差异和文化水平差异,探索建立系统化、流程化、痕迹化的法律文书质量标准体系,形成行业统一的团体标准,为制作法律文书划出一条"底线",以标准促规范,以规范促质量提升。

二、法律文书质量存在的问题

法律文书是审判工作的结晶,是司法公正的重要载体。但从实践来看,时有缺乏说理以及存在差、错、漏等瑕疵的裁判文书见诸报端,不仅严重影响了案件本身的公正,也损害了司法权威。细致研究现阶段的法律文书,主要存在如下问题。

(一)内容和形式存在瑕疵

某报曾以《一份法院判决书出现错误30处》为标题报道某法院出具的一份民事判决书,在这份短短6页的判决书中,存在着"被告名字写错、法院名字写错、漏

---

[*] 吴杰,中国法学会法律文书学研究会副会长、海南政法职业学院院长、研究员。

列原告代理人、标点错误、语法错误"等30处错误,一时间令人唏嘘不已,成为众人笑柄。从众多出现错误的法律文书来看,共性问题主要有以下五个方面。

1. 样式适用错误

当前,人民法院裁判文书样式种类繁多,如1992年《法院诉讼文书样式(试行)》、1999年《法院刑事诉讼文书样式(样本)》、2003年《民事简易程序诉讼文书样式(试行)》、2009年《执行文书样式(试行)》等。然而,有些基层人民法院适用诉讼文书样式极不规范,也不统一,甚至出现"同庭不同式""同案不同式"的现象。

2. 错漏现象频发

裁判文书内容错漏现象频发,具体表现为:错写、遗漏当事人的姓名、名称及称谓;错列当事人或诉讼代理人;多写当事人的个人信息元素;错别字时有发生;标点符号使用不准确的现象相当普遍;错写数字、时间、单元;错引、多引法律条款。

3. 案件定性不准

审判实践中,易将法律关系混淆或适用错误,比如无效婚姻与离婚、承揽关系与雇佣关系相混淆;有的将债务承担关系定为借贷关系,合伙关系定为买卖合同关系。

4. 实体处理欠妥

在一些侵权赔偿案件中,法官的自由裁量权行使不当,导致责任分担不妥,实体处理失当。

5. 审判言词不规范

有些办案法官语言文字功底较差,文书中常出现病句、残句或审判用词不精炼、审判术语不规范;文书中有时使用方言、口语,致使裁判用语不标准、不规范,影响了裁判文书的严肃性。

(二) 说理不科学

1. 说理要素不完整

说理要素不完整表现为:一是缺少证据与事实综合性说理安排。现行法律文书样式将证据与事实分成两部分撰写,这种"割裂式"的样式安排容易使"根据不同证据认定不同事实"的逻辑推理过程变得模糊,看不到证据和事实的对应关系。二是缺少独立的说理程序。现行法律文书样式并未明确区分不同的审判活动,以刑事裁判文书为例,实践中涉及量刑的说理往往仅针对法定量刑情节,量刑说理不独立、不系统。三是缺少对程序性问题的说理。随着公众程序意识的提高,案件的程序性说理日显重要。"一些案件裁判之所以引发议论、质疑、炒作,往往并不是因为案件在实体处理上存在什么问题,而是因为法定程序没有得到切实遵守。"①

2. 缺乏反向说理的设置

现行法律文书样式仅安排了对采纳(认定)的证据和事实进行说理,未要求对不予采纳(不予认定)的证据和事实进行说理。逆向推理和顺向推理同样重要,法律文书说理不能只顾立论,不做驳论。若不对不予采纳(不予认定)的证据和事实进行说理,易使判决显得以偏概全、强词夺理,甚至有可能因此酿成错案。

3. 激励说理的功能不强

按现行法律文书样式,判决书多以合议庭名义而非法官个人名义制作。这是一种不尊重"知识产权"的制度安排——既然无人知晓判决书的真正作者,那么就很少有法官会愿意花费大量时间和精力将自己的观点细致地表达出来,把判决书撰写得说理详尽、无懈可击。②

(三) 司法公开理念落实不够

现行法律文书样式缺少附录法律条文的设置,使得判决书不利于群众阅读和知情权的保障,不符合司法公开的宗旨。司法公开应当坚持以"公开为原则,不公开为例外",不仅要求公开法官的"心证"过程,还要求尽可能公开法律文书说理的全部内容及其依据。

现有法律文书之所以会呈现出以上诸多问题,主要是因为当前一些审判工作人员,尤其是聘任制的司法辅助人员,责任心不强,综合素质不高,驾驭文字的能力不够,校对法律文书时不认真,审批程序把关不严等多方面原因,因此造成法律文书出错影响办案质量和效果,进而影响司法权威和政府公信力的事件屡见不鲜,法律文书质量不容乐观,对此应给予足够重视。

三、法律文书质量标准体系建构的必要性

我国现行法律文书样式,尽管在长时间的应用过程中发挥了重要作用,但统一标准的缺乏也逐步显现出不合时宜的一面,对其质量标准体系进行建构实属必要。

(一) 保证办案质量、维护司法权威的需要

"法律文书具有法律效力。……审核法律文书是必要的。"修改为"在司法权的运行中,法律文书实质上已经成为司法机关与公众对话交流的主要渠道,也是社会公众监督司法权运行的重要载体。公众通过法律文书直观判断法院裁判的

---

① 张军主编:《中华人民共和国刑事诉讼法适用解答》,人民法院出版社2012年版,第5页。
② 参见苏力:《判决书背后》,载《法学研究》2001年第3期。

事实依据和说理过程,进而判断法院的办案质量。但囿于缺乏统一的法律文书质量标准,导致公众通常难以判断文书的质量。构建法律文书质量标准体系能够为公众判断法院办案质量提供基本的参照系,便于公众以此为标准来评判一份法律文书是否说理合格、到位,避免因"空对空"评价、主观评价、盲目评价而引发对司法的不信任,损害司法的权威。"

(二) 锤炼司法本领、提高司法能力的需要

法律文书作为法律思维和司法智慧的结晶,对内反映了审判人员基本的法律素养,对外代表司法机构的整体形象。一些优秀、示范的法律文书,不仅在个案中说理透彻,案结事了,而且事实认定确凿、证据认定清楚、适用法律正确。能够制作标准、规范的法律文书,表明审判工作人员具有过硬的司法能力。因此,在制作法律文书的过程中,以质量标准体系"倒逼"审判工作人员,可以提升事实认定能力、提升法律适用能力、提升庭审驾驭能力、提升文书写作能力、提升信息化技术运用能力。

(三) 完善立法、促进法学研究和普及法治观念、传播法治精神的需要

法律文书不仅是裁判结果的主要载体和当事人评价司法的主要对象,其兼具公共传播、法制宣传教育、法学理论普及、法律文化熏陶等功能作用。建立法律文书质量标准体系,促进制作法律文书有章可循,呈现教科书式的法律文书,是教育公民、宣传法制的有效形式,更是社会公众了解和认识司法的重要渠道。

随着党的十八届三中全会关于"增强法律文书说理性"的提出,以及《关于全面深化人民法院改革的意见——人民法院第四个五年改革纲要(2014—2018)》的出台等一系列政策变化的背景下,法律文书质量标准体系建构已势在必行。

四、法律文书质量标准体系建构的可行性

(一) 法律文书样式已形成模板化

最高司法机关已制定印发各类法律文书的制作规范和样式模板,提供一体遵行的标准化文本,即审判人员严格按照上级司法机关公布的基本格式制作各类裁判文书,统一法律文书中的字体、字号、行距、标点符号等,不得有任何改变或疏漏,做到同类文书一个样,确保文书撰写做到格式统一、要素齐全、结构完整、繁简得当、逻辑严密、用语准确。法律文书形式上的统一标准,为建立法律文书质量标准体系奠定了基本体例结构和要素前提。

(二) 案件质量评查制度体系日益完善

案件质量评查机制是一项内部的监督制约机制,是针对案件质量管理的一种综合管理方式。通过把好庭长先予评查关、审判管理办公室专门评查关、主管院长定期抽查关,评查的内容和范围已逐步从实体、程序质量扩展到立案、保全、文书、卷宗装订质量等各个方面,并设有具体的评查办法和评价量化标准及相应奖惩措施。实行的这些评查办法和奖惩标准为建立法律文书质量标准体系提供了具体参照坐标。

(三) 法律文书纠错系统有效运行

目前,各级司法机关已普遍引进使用各类开发较为成熟的"司法文书纠错系统"软件,对文书信息完整性、格式规范性、逻辑一致性、法律依据准确性进行校验,识别、查找文书瑕疵,完成错别字提示、文书自动筛选、文书样式设置、裁判文书自动生成等工作,辅助审判人员进行文书的制作和校审。运用计算机技术辅助控制法律文书质量,为实现法律文书的规范化、标准化、自动化、辅助化、高效化、统一化提供信息技术手段支持。

分析各省高级人民法院的模板法律文书,笔者发现,法律文书质量标准体系也在各地不断实践之中。① 部分高级人民法院尝试对辖区法院的判决书样式进行全面规范和统一,如2013年,安徽省高级人民法院吸收全省法院的成功经验,制作了《法院刑事诉讼文书规范及样式》;重庆市高级人民法院也计划制定全市法院法律文书样式标准,对刑事、民事、行政判决书等文书格式进行统一规范。

五、法律文书质量标准体系建构的对策建议

(一) 推行法律文书质量标准体系建构的宏观维度

1. 建立法律文书送达前纠错程序

为有效解决差错问题,保障文书质量,建议出台法律文书送达前纠错规程,对法律文书送达前纠错程序进行科学、详细的规定。可规定每份法律文书的"出笼"须经承办人制作、签发人审核、检查组指正核查、签发人责令更正、承办人更正完善等"关口",方能送达。在此过程中,特别强调检查组指正核查的作用,在司法文书纠错系统软件的基础上,可返聘退休法官、检察官组成检查组,做到事实不清不放过、证据不足不放过、定性不准不放过、法理不明不放过、格式不对不放过,从源头上筑牢法律文书质量防线,促进审判人员不断增强工作责任心,严禁法律

---

① 内容来源于对中国法律文书网以及各省高级人民法院门户网站"文书展示"栏目文书的分析。

文书"带病出门"。

2. 完善第三方法律文书质量评查机制

可尝试改变司法机关自己组织力量进行评查的方式,引入社会第三方机构进行评查,保证第三方的独立性,运用统一的质量评价指标体系、质量评价技术,保证评查结果的客观性和公正性。同时,在一定范围内公开评查结果,从而使司法机关普遍接受、认同行业法律文书质量标准,做到"一个系统、一条底线、一个标准",并作为工作中自我约束、自我诊改的最重要依据。

3. 开展入职审判人员职业化培训

高质量的法律文书应以一定的法学理论功底作为根基,根深则叶茂。法律文书的制作与书写虽然是法学教育中的基础知识和技能,但由于高校法律文书必修课和选修课开课的课时不够充裕,实践锻炼少,法律职业人才对于法律文书格式与写作技巧的掌握不够扎实。因此,对新入职的审判人员和法律工作者进行法律文书质量标准强化培训,有利于全面提高其在制作法律文书过程中的格式规范、事实查明、争议焦点的归纳、质证认证过程、法律适用等方面的综合能力,从而提高法律文书制作质量。

(二) 推行法律文书质量标准体系建构的微观维度

1. 法律文书的事实部分写作标准

法律文书的事实部分主要是采用分段叙述的方法,通过增设若干表述自然段,实现说理要素齐备、反向说理及"事实+证据"综合说理的目标。一是增设"经审理查明不能确认的事实和证据"自然段。在该段中,法官可通过对证据的客观性、关联性、合法性进行分析说理,并依法运用非法证据排除规则,剔除不真实、与案件事实没有关联以及来源不合法的证据,进而阐明不能确认的事实。二是增设"关于本案事实和证据的综合分析"自然段。该段应将涉及案件事实的有关证据加以分组、分类判断,找出证据与证据之间、证据与事实之间的印证关系,探寻其是否相互照应和协调一致,确保裁判所依据的事实都有证据证明,对认定的事实均已排除合理怀疑。三是增设"对原、被告双方异议事实和证据的回应"自然段。对于原、被告双方分歧较大的事实及证据焦点问题,应注重开展回应式说理,通过对辩解、辩护意见的立驳结合,增强法律文书的说服力。

2. 法律文书的理由部分写作标准

法律文书的理由部分关键在于将说理作为一项独立环节,同时增加程序性说理。在"本院认为"部分应进行层次划分,如在刑事判决书中,首先论述被告人是否构成犯罪、罪名是什么,其次详述定罪的理由和对控辩双方定罪意见的回应,然后再进行单独的量刑说理,最后阐述相关的程序性问题。关于量刑说理的设置,包括选择具体刑种的理由,选择附加刑的理由,确定量刑区间的理由,适用缓刑的理由,数罪并罚中确定宣告刑的理由,量刑的法定情节、酌定情节的评述,回应控辩双方对量刑的意见等。注意将审理报告的"需要说明的问题"中涉及的酌定量刑情节合理转化为量刑说理的内容。关于程序说理的设置,包括是否具有管辖权,是否公开审理,是否符合回避规定,以及回应辩方提出的诸如超期羁押、超越审限、补充侦查等程序性问题,核心是通过说理排除可能影响公正审判的程序问题。

3. 法律文书的尾部写作标准

法律文书的尾部尽管不是法律文书说理的主要阵地,但在尾部附录法律条文和添加法官寄语的做法实际上属于说理的自然延伸,有助于推动说理完善。笔者提出三点对策:一是明确判决书的撰写人。这有利于构建落实到个人的说理评价机制,促进法官责任制和社会监督机制的健全,进而激励法官加强说理。二是附录相关法律条文。该项设计在方便说理受众查阅相关判决依据的同时,也便于法官核对法律条文引用是否正确。附录的法律条文不仅包括主文中的法律条文,也包括在判决书中其他地方出现过的法律条文;不仅包括法律,也包括司法解释,要实现附录中的法律条文和判决书中表述过的法律条文形成内容和顺序上的对应关系。三是增设"法官寄语"以备例外之需。法官寄语一般寄托了法官的道德情怀和司法期许,是刑事判决书展示情理内容的集中平台。在法律文书样式中增设"法官寄语",可以增加法律文书样式的适用弹性。

论刑法谦抑性原则在裁判文书中的运用

高壮华[*]

司法裁判是诉讼活动获得权威性结论的重要环节之一。裁判文书是各类诉讼主体的职权、职能（或诉讼权利义务）行为追求公平正义结果的表达形式，是现代国家禁止私人之间以非和平方式解决争议，而通过公力救济的程序和途径、通过司法审判的方式给出争议解决确定内容的表达结果，它也是公平正义在个案中得以实现的具体体现。而刑事诉讼程序和刑罚的适用，只是国家对那些严重危害社会的行为所产生问题的解决途径和处理方式，这就预示着刑事诉讼程序的启动和刑罚的适用，是有较高的规格和标准的。它警示人们，刑事违法性的违法层级较高，是性质较为严重的危害社会行为；它是穿透了其他违法行为的层级后进入刑事违法行为的范畴，成为要受刑法调整的违法行为，这也是通常所说的刑事违法行为的二次违法性。在我国，由于市民社会的发展相对落后，缺乏现代意义上的民主法治传统，在普通民众的法治观念中，重刑轻民和重实体轻程序意识还相当浓厚，并不时在部分国家司法人员中暴露出来，这一点，从2012年修订的《中华人民共和国刑事诉讼法》（以下简称《刑事诉讼法》）实施后各地法院纠正的一批冤假错案的频繁报道中可以得到印证。[①]导致这类冤案产生的原因尽管是多方面的，但与相当一部分司法人员对刑法的谦抑性观念认识不够、把握不准不无关系。因此，刑事司法裁判作为刑事诉讼结论性环节，刑事裁判文书作为刑事司法结论性表征，如何体现刑法的谦抑性便是一个值得认真思考的议题。

一、刑法谦抑性含义辨析

所谓刑法的谦抑性，一般理解上可分为两个角度，即立法上和司法上；两个环

---

[*] 高壮华，河南财经政法大学教授，郑州市公安局法制支队副支队长。
[①] 如浙江省的张辉、张高平案，内蒙古自治区的呼格吉勒图案，河南省的李怀亮案，等等，不一而足。这其中既反映了新一届党中央全力推进全面依法治国方针的努力，坚持实事求是、有错必纠的方针，而产生的积极变化；也从另一侧面反映出我国当前社会（包括部分司法工作人员）确实存在着重刑轻民、重实体轻程序的强大的思维惯性，以致一旦出现问题，首先想到的是采用何种强有力的手段予以解决，所以，刑法、刑事手段便成为优先的选项。尽管这类冤案产生的原因是多方面的，但与相当一部分司法人员对刑法的谦抑性观念认识不够、把握不准不无关系。

节,即定罪方面和刑罚适用方面。

(一) 立法和司法角度

从立法角度看,刑法的谦抑性原则,是指立法机关要将某种行为纳入刑法的调整范围,一个前提条件是,必须没有其他方式可以替代,而刑法成为必不可少的解决手段,才能将某种危害社会的行为设定为犯罪;如果有其他方式可以取代刑法方式来处理,将该行为设定为犯罪就是没有必要的,这也称为刑法的必要性原则。从相反的角度看,第一,刑罚的适用不能是无效果。将某种行为纳入刑法打击范围后,如果不能达到预防与控制该项犯罪行为的效果,该项立法则不具有可行性。第二,此项立法不能被替代。如果某项刑事立法所禁止的内容,可以用其他非刑法手段来有效控制和防范,则该项刑事立法即无必要性。因而,那种将群众的违法行为动辄规定为犯罪的立法方法不可取。第三,此项立法不能是无效益的,这是从立法、司法与执法的成本是否大于其收益的角度考虑问题的。

从刑事司法角度看,司法机关宜在充分遵循罪刑法定原则、罪责刑相适应原则和法律面前人人平等原则的前提下,去适度克减不必要的犯罪认定或抑制不必要的重刑主义倾向。[①]

(二) 定罪方面和刑罚适用方面

刑法谦抑性原则在刑事司法过程中运用的表现形式,主要体现在定罪和刑罚适用两个方面:

1. 定罪方面的"疑罪从无"原则

疑罪从无是谦抑性原则在刑事司法过程中运用的最主要表现形式。当事实在罪与非罪之间存在疑问时,认定无罪。谦抑性原则还有另一种表现形式——"疑罪从轻"。当事实在轻罪与重罪之间存在疑问时,以轻罪处理,即认定犯罪成立的标准应当较高,达到事实清楚,证据确实充分,且排除合理怀疑的程度;反之否定犯罪存在或成立的标准则较低。

2. 量刑方面的"疑罪从轻"原则

当事实在是否具备法定从轻或从重情节之间存在疑问时,认定从轻情节或者不认定从重情节,体现的就是"疑罪从轻"[②],而不能相反,将模糊的事实解释为符合法律规定的犯罪构成要件,更不能违背刑事立法者的意愿将法律并未涵盖的行为解释为犯罪,从而扩大刑法的打击范围。对此学界有一种"衡平法"的说法,所谓衡平,是一种修正的法律正义,承认法律在制定时不可能完全规范未来可能发生的全部事实,所以法律的解释应该有弹性。因此,法律之上应该有更高层次的

---

① 参见 http://baike.so.com/doc/185198-195630.html,访问日期:2016年8月5日。
② 参见 http://blog.sina.com.cn/s/blog_5384b7680100pnb0.html,访问日期:2016年8月5日。

理念存在,法律的内容不应该背离这些理念。对于法律的解释,不能仅局限于文意,必须以法律制定时的精神来考量,根据法律的宗旨和立法者的本意作适当的判断。① 但是,在我国,这种以衡平的理由解释法律的权力应当专属于立法机关和享有司法解释权的最高司法机关,以便统一对法律的理解和执行,而不能授予法官个人或基层人民法院。由于我国是成文法国家,法官个人不是法律的创制者,不是立法主体,尤其不能违背刑事立法者的原意,将法律并未涵盖的行为解释为犯罪,从而扩大刑法的打击范围,这是严重的司法权力滥用,是司法专横的突出表现。

3. 轻罪、重罪无法区分时的谦抑性原则的适用

当犯罪行为在轻罪和重罪发生竞合,无法区分时,应用谦抑性原则按轻罪处理;当事实在此罪与彼罪之间存在疑问,而此罪与彼罪的量刑轻重又相同时,显然无法简单地套用"疑罪从无"或者"疑罪从轻"。此时,司法机关应首先适用"证据优势原则",即看证实哪个罪的证据更充分一些,形成的链条规格更高一些,就采信哪部分证据认定具体罪名。在两部分证据基本相当的情况下,则应采纳被告人的辩解。《中华人民共和国刑法》中也规定,刑事案件中,检察机关作为公诉机关应对其认定的犯罪事实进行举证。因此,如果司法机关无法推翻行为人的辩解,就只能采信行为人的辩解。②

(三) 刑法谦抑性的理论与实践基础③

从现实来讲,国家机器为了保证其有效地履行职责,已经发展得足够强大,使任何个人面对它时都很渺小,除了求助于法律以外,几乎没有防御或抵抗能力。

从理性上认识,任何自然人都有可能被卷入刑事诉讼程序,法官作为涉案的犯罪嫌疑人或被告人权利的最后保障,如果作用发挥得不够,就很有可能出现下一个冤案。

从案件事实的时序性来讲,指望通过真实再现来了解案件事实的真实原貌,使法官判断结果不出现误差或错误是不现实的。

从认识论角度来讲,所谓案件事实,是对已发生的客观存在事物的某种性质或者与其他事物存在某种联系的一种判断,这种所谓的案件事实已不是客观事物本身,而是对事物有某种性质或事物之间有某种关系的判断。对其真实性存在争议时是需要进行证明的,达不到相应的证明标准,在刑事诉讼中,就不能确定相关人员的刑事责任。

---

① 参见乔欣、郭纪元主编:《外国民事诉讼法》,人民法院出版社2002年版,第3页。
② 参见 http://blog.sina.com.cn/s/blog_5384b7680100pnb0.html,访问日期:2016年8月5日。
③ 本部分内容参见高壮华:《论新刑诉法对人权保障制度的立法完善》,载《河南司法警官职业学院学报》2013年第2期。另笔者旁听了2012年4月18日台湾学者熊秉元在中国政法大学举办的一次题为"法律与经济学分析"的讲座,笔者赞同从法经济学角度,适用疑罪从无社会危害相对较小的观点。

从人权的自由平等角度来讲,法律面前每个人生而平等,要在法律上确定某人有罪,必须坚持罪刑法定,必须由控告方举证证明并达到认定犯罪的证明标准方可,否则任何人不得被定罪处罚。

从社会进步和文明发展程度来讲,社会的承受能力和容忍度有了很大不同,侦破案件、证明犯罪的技术水平在不断提高,分辨问题更细致、标准更精确。因此,也就更应注重对犯罪嫌疑人、被告人的权利保护。

在面对犯罪嫌疑人、被告人的犯罪事实既不能证明也不能否定,在面对犯罪嫌疑人、被告人的行为在重罪和轻罪之间发生竞合时的选择判断,适宜从法学与经济学的角度考虑,坚持"疑罪从无",或重罪与轻罪存疑时"疑罪从轻"处理,是一种优化选择的结果。

(四) 刑法谦抑性原则在司法过程中适用应注意的问题

1. 准确把握刑法的谦抑性原则的适用条件

只有在有相应的证据引起合理怀疑的情况下,才能适用该原则,如果某种怀疑只是一种猜测,则不能视为合理怀疑。合理怀疑应同时符合两个条件:第一,合理怀疑的成立以证明犯罪事实的证据尚不确实、不够充分为前提;第二,合理怀疑成立的基础在于证据不够充分,而不是简单的主观猜测。

2. 对行为人的主观心理状态的合理推定

在对行为人的主观心理状态的认定存在疑问时,刑法谦抑性原则的适用将受到合理推定的限制。如行为人实施了刑法要求行为人主观上明知或者具有某种目的的行为,而行为人否定时,不能简单地适用疑罪从无,而应根据客观事实作出合理推定。

(五) 贯彻刑法谦抑性原则应当细化为具体的办案工作规则

概括起来,刑法谦抑性原则在司法实践中应当细化为具体的办案工作规则:第一,疑罪从无;第二,重罪、轻罪存疑者从轻罪;第三,定罪证明标准要达到事实清楚、证据确实充分并排除合理怀疑的程度;第四,辩护证据的证明标准相应的较低,只要达到存在合理怀疑的程度,即应被采信;第五,作为裁判案件的法官无权对法律作出扩大打击范围的解释,即将法律规定得不明确或未规定为犯罪的行为解释为犯罪,进行打击[①],该权力应当专属于立法机关和我国享有司法解释权的最高司法机关。

---

① 很重要的原因是,很多法律规范如果在司法审判中的执行把关不严,一切都将变为空谈。可以把刑罚尚未包括的行为解释为犯罪、可以通过解释降低对证据证明标准的要求,会出现很多意想不到的问题。

二、裁判文书对贯彻刑法谦抑性原则的反映

近年来,由于全面贯彻依法治国方针的落实以及2012年修订的《刑事诉讼法》的实施,在刑事司法领域,不断强化人权保障在刑事诉讼中的地位,严格办案程序,提高案件证明标准,认真落实疑罪从无的司法办案原则的情况下,媒体不断曝出了一些法院顶住各方压力,坚持严格证明标准,对于达不到证明标准的案件,坚决按疑罪从无裁判的成功案例。如在一起强奸杀人案件中,一开始侦查机关将被害人的男友列为重要犯罪嫌疑人,提取到被害人体内留存有被告人的排泄物,并取得了被告人有罪的供述,但被告人在法庭上翻供;且在被害人体内同时检测到其他人的排泄物,法官认为该案不能排除他人作案的可能性,因此,果断坚持疑罪从无原则,依法裁判,宣告被告人无罪。两年后,真正凶犯落网,经查实,该案系流窜作案,当被害人男友与被害人发生了性关系并在黎明前离开后,凶犯发现屋门未锁趁机进屋实施了强奸杀人的犯罪行为。该案裁判法官若没有坚持疑罪从无的执法理念,就有可能酿成冤错案件。当然也有近期被纠正的案件,并没有出现如"死人复活"、真凶出现等情节,仍然是原来的证据材料,当时认为事实清楚、证据确凿的案件,由于法治观念的提升和证明标准的提高,用现在的眼光判断属于事实不清、证据不足而被纠正的案件。

当然,对一些颇具争议的案件,情况并非完全如此。笔者看到网上转发的一份被广泛赞誉的判决书[①],对此产生浓厚的兴趣,认真研读发现其中存在不少问题值得进一步思考。审理该案的法官对查明的案件事实表述如下:

> 经审理查明:
>
> 2013年10月30日20时30分许,被告人于某水用其于2013年9月19日开设的邮政储蓄银行卡(卡号为6210×××5100271×××),到惠阳区新圩镇塘吓宜之佳(原创亿)商场旁的中国邮政储蓄银行惠州市惠阳支行(下称惠阳支行)ATM机存款时,连续6次操作存款300元,现金均被ATM机退回,于某水发现ATM机屏幕显示"系统故障",且其手机信息显示每次所存的钱已到账,账户余额相应增加,于是其尝试从该ATM机旁边的农业银行ATM机支取该邮政储蓄账户的2 000元和1 000元,获得成功,其确认上述所存的款已到账后,遂产生了恶意存款以窃取银行资金的念头。于是于某水返回上述邮政储蓄银行ATM机,连续10次存款3 300元,并到附近银行ATM机分3次支取15 000元和转账5 000元后再次返回上述邮政储蓄银行ATM机,连续存款5 000元1

---

① 参见广东省惠州市惠阳区人民法院(2014)惠阳法刑二初字第83号刑事判决书。

次、9 900元3次、10 000元3次,至2013年10月30日21时58分59秒,于某水共恶意存款17次,存入人民币97 700元,接着于某水到深圳市龙岗区其他网点对该账户内的存款进行支取和转账,至次日6时28分10秒共将存款90 000元转移并非法占有。2013年11月1日,惠阳支行工作人员清查核算数据时,发现账实不符,后查明系该行位于惠阳区新圩镇塘吓宜之佳(原创亿)商场旁的ATM机发生故障,客户于某水利用ATM机故障多次恶意存款,获取该行资金所致。同月4日该行联系于某水无果后报警。同年12月12日于某水在湖北省襄阳市樊城区太平店镇其家中被公安机关抓获。至同年12月15日止,于某水及其亲属通过转账和汇款方式将人民币92 800元转入其卡号为6210××××5100271×××× 的账户,退还给惠阳支行。被告人于某水辩称:我不是盗窃,而是侵占。

(一) 定罪论证

裁判者注意到该案与广州许霆案非常类似,而在审理及制作裁判书过程中非常谨慎、认真、仔细。该案与许霆案有很多相似之处,主要有两点不同:第一,发生故障的ATM机不是取钱少扣,而是记载存钱后不收钱;第二,案发后当事人将全款如数退还。那么,我们看看审理该案的法院对被告人的行为是否构成犯罪、构成盗窃罪还是侵占罪是如何综合分析评判的。

一、罪与非罪

这种交易由于银行方面的错误而提供了不真实的意思表示,只是一种无效交易行为,而不具有盗窃犯罪的基本行为属性。另外,没有银行的配合和互动,恶意取款是无法完成的。我们认为,相关专家意见的立论前提很明显,就是不管ATM机是否正常都代表银行行为,不管是民事交易还是刑事罪案,其过错全部由银行负责或承担。对此,本院持不同意见,我们尤其不认可机器故障对操作人的刑事犯罪行为构成过错。理由是,ATM机并不是由银行设计生产,而是由专门的公司生产和维护,银行一般只是购买或租赁使用,机器是否发生故障,银行并不能控制甚至纠正。即使ATM机作为银行服务延伸具有拟人人格,这种故障也不是银行所希望发生或故意造成的,所以,如果把机器故障导致的错误指令等同于银行的正常意志,是不合理的,对银行也是不公平的。机器虽然能替代人完成一些工作,但机器本身是无意识的,人有意识机器无意识,这是人与机器的本质区别,所以机器故障不能等同于银行的过错,即使机器故障产生的民事后果可能要由银行或机器的生产和维护者承担。……所以,把机器自身故障视为银行对操作人恶意取款的配合和互动,显然有失偏颇。……综上,我们认为,被告人的后续行为是非法的,存在明显的非法占有的故意,并且具有社会危害性,应当进入刑法规范的领域。

二、此罪与彼罪的论证

既然被告行为应当进入刑法规范的领域,那么他构成什么罪?控方认为,被告于某水的行为构成盗窃罪,辩方认为构成侵占罪。

1. 我们认为,被告人的行为构成盗窃罪。理由如下:首先犯罪的主客体不存在问题。被告人达到法定责任年龄,也具有刑事责任能力,侵犯的客体是银行财产权。

从主观方面来讲,被告人于某水具有非法占有的目的。责任主义原则要求,责任与行为同存,也即行为人必须在实施盗窃行为时已经具有非法占有的目的。本案中,被告人后面17次存款的目的非常明显,其明知ATM机发生故障,积极追求多存款不扣现金的后果,明显具有非法占有公私财产的故意。……我国刑法理论认为,秘密窃取是指行为人采取自认为不使他人发觉的方法占有他人财物,只要行为主观意图是秘密窃取,即使客观上已经被人发觉或者注意,也不影响盗窃的认定。……其行为符合秘密窃取的特征。

2. 被告人的行为不构成侵占罪。……侵占的突出特点是"变合法持有为非法所有",这也是侵占和盗窃的本质区别,即行为人已经合法持有他人财物,是构成侵占的前提条件。……本案不能认定是侵占的关键在于,银行没有同意或授权,所以不构成典型侵占;同时,被告人于某水对银行资金的占有是通过恶意存款取得,不是合法持有,也不构成对脱离占有物的侵占。

不难看出,法官在制作该案判决书时确实下了一番功夫,构筑起自认为严谨的逻辑链条。

首先,确定ATM机与存取款人之间的关系,是ATM机的设置使用者(银行)与存取款人的关系,而不是ATM机与存取款人的关系,如果ATM机发生故障,造成损害的后果,银行作为机器的管理人,其责任是不能免除的。然而确定这一点的目的仅仅是为了确定该事件的受害方,而不是证实被告人与ATM机发生存取款关系的形式合法性(这一观点,在以后的论述中便被抛弃)。

其次,是对被告人与ATM机的交易行为,仅仅是无效交易行为,不构成犯罪行为的反驳。

ATM机被视为银行的延伸,ATM机所发出的指令代表银行的意志,与ATM机进行的符合规则的操作行为,都应被看作储户与银行的民事交易行为。这种交易因ATM机的故障,ATM机记载了储户存款却未将储户存款收进ATM机,导致银行损失,这只是一种无效交易行为,而不具有盗窃犯罪的基本行为属性。还有很重要的一个方面,没有ATM机的配合和互动,这种行为是无法完成的。

反驳的理由多次偷换了概念。正是在多次偷换概念中,开始是对相关专家意见设置议题予以驳斥,不知不觉中将被告人的行为引入了设定好的论证方向和犯罪论证之中。

  提出反驳议题并论证:

  ①不管ATM机是否正常都代表银行行为,不管是民事交易还是刑事罪案,其过错都由各自负责或承担。②尤其不认可机器故障对操作人的刑事犯罪行为构成过错。机器虽然能替代人完成一些工作,但机器本身是无意识的。所以机器故障不能等同于银行的过错。即使ATM机作为银行服务延伸具有拟人人格,这种故障也不是银行所希望发生或故意造成的,把机器故障导致的错误指令等同于银行的正常意志,是不合理的,对银行也是不公平的。③本案中,机器故障是操作人产生犯意的前提之一,不能说机器故障是银行在诱导被告人犯罪。④ATM机故障产生的民事后果可能要由银行或机器的生产和维护者承担。二者的关系放到刑事罪案中,应该将责任进行明确的区分。⑤把机器自身故障视为银行对操作人恶意取款的配合和互动,显然有失偏颇。

这里提出的五个论点,前四个都与论证被告人的行为构成犯罪无关。①、②、③点是论述ATM机故障导致银行财产损失,银行没有刑事意义上的责任,为银行竖起一道防护墙保护起来。论证机器故障只是前提不是必然结果的目的,只是将被告人的行为引入刑事犯罪领域来论证。本来应是,谁的责任或是什么性质的责任,就由谁来承担什么责任;但其论证的意向是,银行的责任不论了,行为人的责任加重了,就有可能使民事行为的性质向刑事责任转化。在论证ATM机故障时,更是掉进刑事犯罪的框架里出不来了。本案只是因机器故障引发的问题,根本不涉及追究银行和机器的责任议题,不直接论证行为人的行为是否构成犯罪,为何要舍近求远,一再提及并否定ATM机故障对所指控的被告人刑事犯罪行为产生并完成的作用? 非客观中立的、先入为主的论证倾向性突出。④点只是谈到ATM机故障导致银行财产损失的民事责任即使有人承担,也不影响责任人刑事责任的承担。尽管有前四点的论证,也仅是影射而不涉及行为人的刑事责任,只有第⑤点是将被告人的行为引向盗窃犯罪论证的开始。根据普通人的一般常识性认知,盗窃犯罪是指行为人采取秘密窃取的方式,偷盗他人财物,数额较大的行为。本案的特殊性显然不符合这一常识性界定。有鉴于许霆案争论的内容,裁判法官显然是有针对性地展开论证。首先是打开秘密窃取界定的界限,将"秘密"界定为行为人认为是秘密的,至于行为人是否有这样的"认为"在所不论。然而这里还有最关键的一点难以突破,即所有的盗窃行为的形成都没有受害方的配合,而本案的关键点就在这里,如果没有银行设置的服务终端 ATM 机的配合,行为人所希望的结果是无法实现的!这一点也正是裁判法官看到并极力避开的问题,其方法就是变更和偷换了此前的观点。这时的观点是"把机器故障导致的错误指令等同于银行的正常意志,是不合理的,对银行也是不公平的",这里的概念在不知不觉中实现了滑跃式的三种变化:"ATM 机故障,无论多付或少付款,这都代表银行表达了错误的意思表示,就属于无效交易情形,而不是盗窃行为""把机器故障导致的错误指令等同于银行的正常意志,对银行是不公平的";进而跃进到第三步,ATM 机故障使得运行不代表银行,银行没有配合行为人的行为,所以,便把被告人的行为向最相类似的罪名——盗窃行为进行引导。而这一结论是通过何种严谨的论证得出的,却语焉不详。这种逻辑混乱、偷换概念的命题作文似的裁判文书是没有说服力的,更不能令人信服。① 接下来裁判文书便在偏离中立、客观公正的立场上,展开了对被告人行为属于盗窃罪而不属于侵占罪的论述。但是其对被告人的行为构成犯罪,而不构成民法上的不当得利的论述,是直接的逻辑颠倒。

  控辩双方对案件主要事实没有太大争议,但对当其得知 ATM 机出现故障,接下来的带有明显恶意的连续 17 次存款行为的性质认定,双方产生重要分歧。检方指控被告人"遂产生了恶意存款并窃取银行资金的念头"。说老实话,我们绝不赞成行为人的恶意存款行为,任何一个有道德水准的人,遇到这种情况都会有自己的正确选择。但道德要求和判断不能代表法律衡量标准。我国是成文法国家,坚持罪刑法定原则,要确定某一行为为犯罪,必须有明确的法律依据、确定的罪名和犯罪构成要件。对于被告人后续行为性质认定的论证,从裁判文书来看,除了指出银行的过错不属于刑事犯罪中的责任过错、行为人有恶意非法侵占银行资金的目的,且实施了恶意存款行为,是由意外被动获得转变为主动故意侵权,严重的侵权行为即可构成犯罪之外,论证和证明并不能得出所要的结论。其原因是本案的特殊之处在于,没有行为人与银行 ATM 机的互动活动这种交易是无法完成的。② 至于行为人的行为违法程度是民事违法还是刑事违法,或如何突破民事违法界限变成刑事违法的,裁判书也未进行论证,只是因为违法就直接进入了刑

---

① 其中的问题在于,裁判书将不是核心但能置被告人于不利的问题罗列一堆:机器故障不是银行希望的;机器故障不等于银行过错;机器不是银行生产维护的;机器故障对操作人的刑事犯罪行为不构成过错。这些问题虽然看似围绕核心问题,但就是没有进入核心问题,却通过偷换机器故障所产生的错误交易行为无效这一民事问题拉入刑事领域讨论。但是,银行不负责维护 ATM 机、不希望出现的故障没有出现吗?机器故障不等于银行过错,银行没有责任吗?机器故障对操作人的刑事犯罪行为不构成过错,行为人正因为 ATM 机故障(而配合)行为才得以实施,不是事实吗?

② 所有的盗窃行为,如果有受害方的配合与协助实施,其性质将不被认定为盗窃,而作其他性质的判定。尽管本案是在 ATM 机出错的情况下发生的,但我们不能认为,ATM 机正常时代表银行,出故障时便不代表银行,就不承认本案侵害结果是由 ATM 机协助配合下形成的这一事实。至于这种协助配合的原因,以及银行是否有刑事犯罪中的过错责任,这是另外一个议题,然而不能因为这一点,就否定了行为人的行为是在受害方的协助配合下完成的结果,更不能否认这一点与盗窃犯罪构成要件严重不符的客观事实,而这一点也是盗窃罪区别于其他非暴力财产犯罪的主要特征。

事犯罪领域,究竟犯了什么罪,为什么符合该项罪名,并未进行详细严谨的论证。裁判文书对行为人后续行为不构成民法中的不当得利的论证,忘记了民事违法行为与刑事违法行为的层级递进关系,刑事违法侵权往往包含民事侵权,而不能得出不属于民事不当得利就是犯罪的结论。论证的逻辑结果,应当是与裁判书所论证的结果相反,即行为人的行为不构成不当得利,便不可能构成犯罪。

（二）量刑论证

裁判书用大量笔墨论证了被告人的行为构成盗窃罪之后,在量刑时却心发慈悲,充分考虑了被告人的从轻情节。

①被告人的主观恶性是较轻的;②行为方式是平和的;③从后果来看,其发生概率低;④对被告人个人生活状况等其他方面的考虑。判决被告人于某水犯盗窃罪,判处有期徒刑3年,缓刑3年,并处罚金人民币1万元。

其中③论及了因为银行ATM机总体事故发生率很低,利用ATM机故障进行盗窃,其发生概率更低。而撇开了ATM机是做何用途的——它是银行用来与客户进行货币交易的终端机器,不论被告人主观意向如何,其行为没有ATM机的互动配合是无法实现的——这一与所有盗窃犯罪客观方面本质不同的关键环节。再者,法官既然认定被告人的行为构成盗窃罪,且数额达到9万余元,根据统一规范的量刑标准,"判三缓三"的量刑是否已超出了法官的量刑权限?还是法官本身就对这一犯罪认定心存疑虑,而畸轻量刑?他人不得而知。

三、裁判文书存在的问题及原因

（一）裁判文书存在的问题

1. 裁判文书未能完整论述所认定犯罪的犯罪构成特征

裁判文书认定被告人的行为具有社会危害性,且其危害达到了应受刑罚惩罚的程度。但被告人的犯罪必须有明确的罪名,符合具体的犯罪构成要件,而裁判文书对被告人的行为构成犯罪具体要件特征的论证,并不严谨,存在严重的漏洞。虽然,裁判文书从主观、客观方面,主体、客体方面论证被告人的行为构成盗窃罪,是将盗窃犯罪的客观方面——"秘密窃取公私财物数额较大"中的"秘密"作了扩张性解释,只要行为人认为"秘密",就符合秘密窃取的盗窃犯罪的法律特征。但是由于本案的特殊性——本案是在代表银行与客户进行交易的ATM机出现故障的情况下发生的,我们不能得出ATM机运行正常是代表银行,出现故障就不代表银行这种结论(其实,从民事角度看,只是不能正确代表银行)。至于ATM机出现故障后所产生的交易活动无效问题应当如何解决,那是下一层次的问题。但本案被告人的行为却完全是在代表银行的 ATM 机协助配合下完成交易的,无法否认本案侵害结果是在银行的 ATM 机协助配合下产生的这一事实,就不能否认这一点与盗窃犯罪构成要件严重不符的客观事实。而这一点也是盗窃犯罪区别于其他非暴力财产犯罪的主要特征,因为所有的盗窃行为,如果有受害方的配合与协助实施的因素,其性质将不能被认定为盗窃。

2. 裁判文书在论证此罪与彼罪时避开了侵占罪特征

侵占罪,是指以非法占有为目的,将他人交给自己保管的财物、遗忘物或者埋藏物非法占为己有,数额较大,拒不交还的行为。本罪在传统的理解上,侵占他人财物的前提是——他人交与自己保管的财物、遗忘物或者埋藏物,而将其非法占为己有的行为,是首先存在持有的前提,然后变为非法占有。本案的特殊性是,很难找到与侵占罪完全吻合的特征(裁判书将"银行没有同意或授权不构成典型侵占"作为立足点),以致在许霆案中有人将其解释为遗忘物,被否定了。不过仔细想想,ATM 机出现故障怎么跟遗忘是一回事呢? 显然有些牵强。但是正因为是在 ATM 机出错的情况下,将存入的钱款吐出存款机的出钞口,而这时只有行为人最接近该存款机的出钞口,将这种 ATM 机错误地吐出存款的事实,理解为交给行为人"保管"是否更符合情理呢? 我们并不否认导致这种"交与保管"的结果,是行为人恶意主动与 ATM 机互动产生的结果。但没有代表银行的 ATM 机的协助配合,行为人的目的是不可能得逞的。将这种由受害方配合而形成的侵犯财产行为认定为盗窃,根本不符合法律规定的盗窃罪的立法原意。

3. 裁判文书无端地否定行为人的不当得利行为

不当得利,是指没有法律上的依据一方获得财产利益致使他方受损失,而受益与受损之间有因果关系的获利行为和结果。该案判决表述为:

> 发生不当得利的原因有事件也有行为,但本质上,不当得利属于事件,作为事件,应当与获利人的意志无关,不以获利人有行为或识别能力为前提,不是由获利人的意志决定而取得。

该裁判书除了颠倒民事不当得利与刑事犯罪的逻辑递进关系的错误外,还有意削减不当得利形成的不同前提,将行为排除在产生不当得利的原因之外。而不当得利的发生原因,包括人的行为、自然事件以及法律规定。其无法律上的原因即为受益者无权利受有利益,它包括基于受益者的行为、基于受损者的行为、基于法律规定、基于事件,等等。实际上,利益的取得是否得当,并不完全取决于不当得利的产生过程,无法律上的原因,应当指取得利益并继续享有利益欠缺正当性或者法律依据。

（二）裁判文书存在问题的原因

1. 论证问题不严谨、不完整

裁判文书不注意本案特殊性，忽视本案侵害结果是在银行的 ATM 机协助配合下产生的这一事实，这就证明了它与盗窃犯罪构成要件严重不符的客观事实，而这一点也是盗窃犯罪区别于其他非暴力财产犯罪的主要特征。

2. 法官行使其并不享有的权力设定新的盗窃罪类型

法官是司法审判主体，依法对案件事实认定和适用法律作出裁判；但法官不是法律的创制主体，无权超越法律规定作出裁判。本案中，法官实现了两次超越，先是扩大对"秘密"窃取的理解，把被告人的行为往盗窃行为归类；接着为使被告人的行为符合盗窃犯罪的法律特征，将在银行的 ATM 机协助配合下完成的占有银行资金的行为，解释为盗窃，这实际上是在司法过程中设定新的盗窃犯罪类型。本来设定犯罪是立法的专属权力，法官不享有此项权力，但即便如此，我们仍然可以根据刑法谦抑性原则分析这种设定有无必要、可否替代、是否经济高效。首先，本案发生的前提是 ATM 机出现故障，提高技术、加强维修就可避免；其次，尽管 ATM 机出现故障，但是有存取款记录，通过民事不当得利程序完全可以解决；最后，对一个民事问题动用刑事司法机关解决无异于浪费社会资源和稀缺的刑事司法资源，总体是低效率的。

3. 论证此罪与彼罪时以偏概全

裁判文书以"银行没有同意或授权不构成典型侵占"为立足点，无端地排除了本案非典型的侵占行为；判决书认为，发生不当得利的原因有事件也有行为，但本质上属于事件，结果就无端排除了因行为发生不当得利的情形。

4. 论证颠倒民刑逻辑递进关系

裁判文书颠倒民事不当得利与刑事侵占罪或盗窃罪的逻辑递进关系，试图通过论证被告人的行为不构成民法上的不当得利，来论证其行为构成盗窃罪，是论证逻辑方向的错误颠倒。

四、贯彻刑法谦抑性原则是克服裁判文书存在的问题的关键

（一）筑牢刑法谦抑性观念的思想基础

观念是人们判断问题得出结论的思想基础和逻辑前提，刑事法官的法律观念更是决定被告人前途和命运的关键因素。因此，法官关于刑法谦抑性的观念更新就显得尤为重要，认定犯罪必须慎之又慎。要在法律上确定某人有罪，必须由控告方举证证明并达到认定犯罪的证明标准方可，若证明达不到相应的证明标准，则不能确定相关人员的刑事责任；在面对犯罪嫌疑人、被告人的犯罪事实既不能

证明,也不能否定,或其行为在罪与非罪之间存疑时,应当坚持"疑罪从无",或在重罪与轻罪之间存疑时,采取"疑罪从轻"原则处理,等等。这些观念应当进一步强化,深入司法裁判者的思想意识,成为他们判断问题的思维前提。

(二) 强化罪刑法定的基石

刑事司法裁判是确定被指控的被告人是否有罪和处以何种刑罚的最关键环节。如果判定被告人有罪并施以刑罚,被告人就从普通的自然人成为罪犯。因此,罪刑法定原则必须成为刑事法官裁判的基石。我国经过几十年的改革开放,社会和经济生活高速发展,新情况、新问题、新矛盾不断出现,立法跟进的节奏与社会需求时常并不完全吻合,不时会出现对相关问题没有法律规定或规定不明确的情况。立法是一回事,社会秩序的维护、社会生活的正常运行不能停顿,这就有一个对法律规定的盲区如何应对的问题。我国人口众多,情况复杂,这就必须在牢固树立罪刑法定原则的前提下,由立法机关对相关问题及时作出立法解释或由最高司法机关作出司法解释。应当明确,除立法机关的立法解释和最高司法机关的司法解释外,其他主体无权对法律作扩张性解释以扩大刑法的适用范围。本案裁判正是在扩大对"秘密"窃取解释的同时,又否定了受害方协助配合这一不符合盗窃犯罪的特征,而导致扩大了盗窃犯罪的适用范围。

(三) 深化司法机制改革是保障

法律、制度、体制、机制,它们在不同层面发挥着作用,具体的体制机制运作是法律制度贯彻落实离不开的保障。现代国家体制下,各部门(尤其是司法部门)为了使工作任务分解落实,往往制定各种保障机制、考核约束机制,如我们所知的立案批捕率、批捕起诉率、起诉定罪率、重判率、判决发回率、改判率等绩效考核机制,这些机制在极大地保障和促进司法审判客观公正和高效运行的同时,也由于机制设定和执行的功利性目的,在执行中机制的作用往往与法律的正确实施的目的并不完全吻合,甚至有所冲突。例如起诉定罪率的设定,其本意应当是要求公诉人提起的公诉有较高的比例被法院裁判支持,因而获得较好的工作业绩和奖励。但执行中公诉人为取得更高的绩效成绩,会采用各种手段提高起诉定罪率,这无疑不当地限制了裁判权的行使和被告人辩护的效果,使法官因受制于习惯和机制的影响而抑制了独立判断的空间和动力。立案批捕率以及判决发回率、改判率等都同样存在这类问题。因此,要深化司法机关运行机制改革,使各类激励机制的设立更科学、更有利于司法公正的实现。前述谈到的问题,除了筑牢刑法谦抑性观念、坚持罪刑法定原则等因素外,司法机关内部的各种机制发挥的作用也不可小觑。

(四) 落实刑法谦抑性原则是法治进步的体现

落实刑法谦抑性原则的关键在法官,法官应当在观念上克服重刑轻民、重打击轻保护的思维定势。在认定犯罪、论证犯罪和作出裁判时,不仅要严守文字逻辑,更要遵守法律实践逻辑。坚持罪刑法定原则,是法官行使职权的空间和法律依据。犯罪都是具体的,要论证具体的犯罪行为符合具体的犯罪构成要件,以及该犯罪所具有的具体特征,必须认真细致,不能有丝毫含糊。我国的法官不是"造法"主体,无权将法律没有明确规定的行为,通过扩大法律适用范围,将其纳入刑事打击领域。刑法谦抑性原则的落实要体现在以下具体的裁判原则之中。

1. 贯彻疑罪从无原则

用刑罚这种极其严厉的手段来惩罚严重危害社会秩序的犯罪行为,但为了防止冤枉好人,在认定犯罪事实时,采取了远高于民事的判断标准——事实清楚,证据确实充分,并排除了合理怀疑。如果不能排除合理怀疑,就不能认定被告人的行为构成犯罪,而应作无罪处理,宣告被告人无罪。法律的适用是事实和法律两者的结合,过去人们往往局限于仅从事实的角度判断,而从事实与法律规定的吻合度上考虑不足,在遇到前述案件时更是如此,盗窃犯罪的特征不包括受害方的协助与配合,银行的服务终端 ATM 机在正常工作时的运行结果代表银行,出现故障时的运行结果是否仍然代表银行?如果仍代表银行,与行为人的配合互动这一特征,就明显不符合盗窃犯罪的特征。如果出现故障时 ATM 机的运行结果不代表银行(其实是不代表银行的真实意思表示),那么理由充分吗?对此没有疑问甚至怀疑吗?因此,笔者认为,合理怀疑应包括将案件事实适用法律过程任一环节产生的怀疑,既包括对事实认定过程的怀疑,也包括对认定的事实与所使用的法律是否吻合的怀疑,两个方面并重,缺一不可。前文所述案件,正是忽视了案件事实与所适用的盗窃犯罪特征是否吻合这一环节。正是由于没有对此产生怀疑,在法律适用上放弃了刑法谦抑性原则,将出现故障时 ATM 机的运行结果解释为不代表银行,在不知不觉中扩大了盗窃犯罪的适用范围。

2. 贯彻疑罪从轻原则

疑罪从轻原则,是指对行为人的行为在重罪与轻罪之间发生竞合时的判断和处理原则。设想,前文所述案件的特殊性,难以找到完全吻合的可以适用的犯罪构成特征。但是,在 ATM 机出现故障时,把存入的钱款从出钞口吐出,将其理解为交给行为人保管是否更符合情理呢?若没有银行 ATM 机的协助配合,行为人的目的无法实现,这种由受害方配合而形成的侵犯财产行为根本不符合盗窃罪的法律特征。但侵占罪,是在非法侵占他人财物数额较大,拒不返还时方能构成。本案行为人归案时便如数退还了款项,行为人的行为是否构成侵占罪,是存在于两可之间的问题。这或许是裁判法官因受相关机制的影响,为定罪处罚行为人,才弃守了行为竞合时疑罪从轻原则,而以盗窃罪对被告人定罪处刑的思想逻辑。

3. 案件存疑作有利于被告人的判决

所谓案件存疑作有利于被告人的判决,是指对行为人的行为作疑罪从无、疑罪从轻处理都不符合案件具体情况时的一种处理。从前述案件来看,认定行为人构成不当得利是没有疑问的,而认定为盗窃罪或侵占罪都是存在疑问的。就其行为的社会危害性是否突破民法范围,又穿透到刑法领域的问题,不能仅凭感觉,而应严格按照法律规定来衡量。行为人的行为与盗窃罪、侵占罪的法律特征都不完全吻合,又不符合其他侵犯财产类犯罪特征。那么,根据罪刑法定原则,疑难案件应作有利于被告人的判决,认定被告人的行为不构成犯罪,对所涉问题受损害方可选择民事争议的处理方法解决。

论司法便民视角下的网上立案

石先钰　苏　红[*]

为将立案登记制落到实处,最高人民法院通过了《关于人民法院登记立案若干问题的规定》。为了配合立案登记制度的实施,许多地方的人民法院根据本地区的实际情况又创新性地推出了相应的举措,如湖北省宜昌市中级人民法院实施的网上立案措施,广西壮族自治区百色市右江区人民法院制定右江区法院司法便民措施,在线接受网民诉讼咨询。这些措施的实施旨在为人民群众提供更为便捷的司法服务,实现司法便民。随着网络信息时代的来临,司法便民的理念不断创新,湖北省宜昌市中级人民法院提出的网上立案措施就是很好的例证。

一、网上立案的必要性

司法便民的目的在于使人民群众的诉讼成本更低、诉讼更方便快捷。[①] 为实现司法便民,早在2009年2月13日最高人民法院便出台了《关于进一步加强司法便民工作的若干意见》,共提出了17条意见,涉及立案环节、审理环节以及执行环节等多个方面。可见,人民法院一直致力于完善自身的不足之处,为当事人方便、快捷地参与诉讼提供良好的诉讼环境。随着时代的快速发展,司法便民的理念也随之不断深化、丰富。为此,人民法院紧跟时代发展的步伐提出司法便民新举措——网上立案,该措施的提出与实施有着深刻的社会依据。究其原因,有以下五个方面。

（一）回应时代和社会发展的要求

根据经济基础决定上层建筑的理论,社会经济的快速发展必然推动上层建筑的发展。2015年5月,李克强总理主持召开国务院常务会议,鼓励电信企业实行宽带网络提速降费,会上李克强总理不仅提到城市网络速率的提升,还提到推进

---

[*] 石先钰,华中师范大学法学院教授、法学博士。苏红,华中师范大学法学院2015级诉讼法专业研究生。
[①] 参见李章军、尤先夫、庞彩虹:《完善司法便民措施 提高司法为民水平——浙江省象山法院关于司法便民长效机制建立与完善的调研报告》,载《人民法院报》2012年7月29日,第8版。

光纤到户和宽带乡村工程,加快全光纤网络城市和第四代移动通信网建设,以缩小城乡"数字鸿沟"。中国是一个人口大国,同时又是世界上第一大手机拥有国,随着4G网络时代的来临,人民群众了解相关信息的渠道也不断丰富多样,人民群众通过网络获取信息的比重在逐年攀升。网络的普及与快速发展推动了人民获取信息途径的改变,对于在信息时代下如何更加充分地满足人民群众对司法的要求,各级人民法院进行了积极的探索。为了切实做到司法便民,湖北省宜昌市中级人民法院紧跟时代的步伐率先实行网上立案。据统计,自2015年5月1日开始实行立案登记制度以后,截至2015年6月12日,已经有60起案件通过网上诉讼平台立案。① 网上立案举措的实行,一方面满足了人民法院一直追求的司法便民目标,另一方面也符合我国社会经济发展的要求。

(二) 满足人民群众日益增长的诉讼需求

随着社会经济的快速发展、中国特色社会主义法律体系的形成以及我国普法工作的不断深入,人民群众的法治观念不断提升。如今,面对发生在生活中的多种纠纷,人民群众更多地会倾向于选择通过诉讼的方式解决,如琼瑶诉于正抄袭案②,就在一定程度上反映了这一趋势。同时,《中共中央关于全面推进依法治国若干重大问题的决定》指出:"必须清醒看到,同党和国家事业发展要求相比,同人民群众期待相比,同推进国家治理体系和治理能力现代化目标相比,法治建设还存在许多不适应、不符合的问题……"可见,我国目前的法治建设仍不能完全满足人民群众对于司法的要求,司法实践中,我国一直面临着"案多人少,矛盾突出"的困境,这一问题在基层人民法院显得尤为突出。这种情况的存在,一定程度上导致许多案件无法通过诉讼解决,面对此种情形,人民群众往往会通过信访、上访甚至是极端的方式解决纠纷。如何有效解决该问题一直是我国司法界以及理论界探讨的热点问题之一,解决问题的思路就是通过司法改革找出路。为了解决"立案难"问题,党的十八届四中全会明确提出变革法院的案件受理制度,由立案审查制度变革为立案登记制度,做到凡属于人民法院应该受理的案件,法院都应该进行立案登记,该会回应了全国人民对法治的强烈需求和对依法治国的热切期待。③ 网上立案这一举措正好配合了立案登记制度的有效实施,一定程度上满足了人民群众日益增长的诉讼需求。通过网上立案可以确保当事人的案件能够顺利进入人民法院系统,保障当事人的诉讼权利,解决人民群众在向人民法院提交诉状时的"起诉难"困境。此外,网上立案措施的实施可以确保当事人向人民法

---

① 参见郑延:《宜昌全国率先开展网上立案》,载《湖北日报》2015年6月15日,第2版。
② 参见北京市第三中级人民法院(2014)三中民初字第07916号民事判决书。
③ 参见张文显:《全面推进依法治国的伟大纲领——对十八届四中全会精神的认知与解读》,载《法制与社会发展》2015年第1期。

院提交了相应资料之后,人民法院通过电子方式给双方当事人通知之时,系统会自行生成包含日期和时间的电子记录,从而保障了当事人诉讼权利的有效行使。

(三) 司法便民理念的内在要求

司法便民理念不仅要求法院为当事人参加诉讼提供良好的诉讼环境,而且要求法院要不断提高司法效率满足人民对司法的新期待。在传统的立案方式中,往往要求当事人准备一系列的材料到人民法院的立案庭进行立案。在司法实践中,有时会出现因为材料不齐而不能立案的情况,导致当事人为立案来回"折腾",有时还会出现个别法院推托不予立案的情况,增加了当事人的时间成本和讼累,也导致法院"服务者"的形象受损。为了践行"情为民所系,权为民所用"的司法便民理念,通过网上立案系统,当事人只需短短几分钟就能立案,从而避免了当事人为立案而来回奔波之苦,极大地方便了当事人的诉讼活动,同时也满足了司法便民理念的内在要求。随着我国经济社会的快速发展,人民对司法的期待也发生了重大的变化,除了司法公正外,还要求高效司法。《中华人民共和国民事诉讼法》(以下简称《民事诉讼法》)第149条明确规定,适用普通程序审理的民事案件的一般审理期限为6个月,但是现实情况中经常出现案件从立案到审结会超审限的情况,加之有些案件不适合长时间的诉讼,出于经济效益的考虑,当事人面对这种情况时往往不愿意通过诉讼来解决矛盾纠纷,反而更愿意通过信访或者举报的方式找当地的政府来解决问题,这在一定程度上增加了其他政府机关的工作压力。"两便原则"作为我国《民事诉讼法》的基本原则之一,其内在要求是方便当事人诉讼,方便人民法院审理案件。网上立案措施的实施,一方面为当事人进行诉讼创造了良好的环境,另一方面也为人民法院审理案件提供了便利,从而践行了"两便原则"。因此,网上立案举措的实施在很大程度上可以提高司法效率,同时又可以实现"两便原则",从而满足人民群众对司法效率的期待。

(四) 符合现代科技发展的必然趋势

随着社会经济的快速发展,作为现代科技典型代表的计算机已经成为现代人生活中不可或缺的一部分。因其快速方便,计算机也被广泛地运用到司法活动中,如人民法院通过电子计算机来记录庭审活动、公开裁判文书等。当下,为了适应社会的快速发展和满足人民群众对高效司法的要求,人民法院通过利用计算机来实施网上立案,不仅为当事人立案及后续的诉讼活动提供了便利,而且也为法院管理相关案件的档案提供了方便,减少了法院管理相关档案的成本,为法院节省了大量的物理空间,实现了资源的充分利用。这一做法已为许多国家所认可,其中美国早在1995年因一件石棉污染案件的触发,美国司法系统研发了一种网上系统,允许律师通过电子计算机提交并接收电子文档。自1995年至今,美国的网上立案系统已经做得相当完善了。① 因此,从长远来看,审判全程电子化必然成为未来司法发展的趋势,当今的社会是一个全球化的社会,要想与全世界接轨就必须在各个方面都能够跟上时代发展的潮流,一个国家司法的发展情况反映着一个国家经济发展的情况,未来我国的司法也必然会实现审判全程电子化。当下网上立案的实施可以为我国未来审判全程电子化积累相关经验。因此,网上立案举措的出现与实施正是现代科技发展引发的必然现象。

(五) 公正、透明司法的必然要求

党的十八届四中全会提出,"努力让人民群众在每一个司法案件中感受到公平正义",从而实现阳光司法。阳光是最好的防腐剂,只有将司法的运行过程暴露在阳光下,让人民群众真正了解司法,人民才能够信任司法,从而在全社会形成人人学法、用法、尊法、守法的良好氛围。自2013年来,最高人民法院为了贯彻司法公开的法治理念,大力建设审判流程公开、裁判文书公开、执行信息公开三大公开平台。而审判流程的公开要求人民法院充分利用电话、微博、微信等方式将立案、调解、审判、宣判过程向全社会公开。公正、透明司法的实现,在当下而言很大程度上要通过网络来实现。而传统意义上的立案,需要当事人携带相应材料去人民法院的立案庭进行立案,当资料不全时当事人还需要将人民法院所要求的材料补充完整之后才能再次到法院立案,这在一定程度上无形增加了当事人的时间成本,同时,相应材料的复印也会在一定程度上增加当事人的金钱成本。人民法院是为人民服务的机关,应该让所有当事人都能够通过诉讼这一途径解决他们的问题,而不是因为高额的诉讼成本被司法拒之门外。网上立案措施不仅节约了当事人的时间成本,同时也节约了当事人的经济成本。当事人通过网上立案系统申请立案不受法院工作时间的限制,网上立案系统全天24小时开放,真正实现了面对群众"不打烊"②,方便了当事人提交诉状和证据材料,同时也免去了人民群众来回法院的奔波之苦,减少了当事人的讼累。另外,这在一定程度上也节约了法院的成本,一方面,当事人通过网上立案系统向有管辖权的人民法院进行网上立案,人民法院通过该系统直接查看当事人提交的起诉状和证据资料,减少了法院的用纸量,也可以减少人民法院存放纸质文档的物理空间;另一方面,使得相应的办案人员从以往繁重的案卷整理工作中解放出来,工作人员只需要简单地移动一下鼠标就可以完成案件的立案工作,这样大大提高了司法资源的利用效率,可以更好地实现法院人力资源的优化配置。

---

① 参见杨微波:《论美国的网上立案及其启示》,载《网络法律评论》2011年第1期。
② 参见程勇、蔡蕾:《疏通网上立案节点 拓展便民利民空间——宜昌中院诉讼服务中心建设纪实》,载《人民法院报》2015年8月12日,第1版。

二、网上立案存在的问题

任何事物都不是完美无缺的,都需要辩证地分析。作为新生事物,网上立案措施也一样存在问题。网上立案措施的缺陷主要表现在以下四个方面。

(一) 网上立案之后相应文件的安全保障问题

网上立案所保存的资料由于要依附相应的电子设备,因此具有易损性的特点。网上立案后,相应的资料可以在互联网中传输而不受空间地域限制,凡在互联网覆盖的范围内均可急速传输,同时还具有虚拟性、可修改性、不稳定性等特性。[1] 由于这些特性的存在可能造成相关资料出现瑕疵、被覆盖、删除等现象,从而导致相关资料的遗失,如计算机感染病毒或者停止运行等,可能导致所保存的一系列文件遗失;或者遇到黑客入侵法院的电子系统,可能会导致相应文件被篡改或者灭失。如果相关案件的资料全部保存在电脑上,一旦黑客入侵将文件篡改,那么对于处理多种案件的法官来说是不可设想的,可能就会出现法官按被篡改的相关判决宣判,这对于法律的严肃性而言无疑是巨大的挑战。网上立案后文件的保存问题,对于每天要面临众多案件的人民法院而言无疑是一个重要问题。

(二) 偏远地区实施网上立案的困难

虽然电子信息技术高速发展,很多人都会操作计算机及使用网络。但是不能否认,在偏远地区,仍存在没有手机和网络覆盖的情况。在不少偏远地区,留守老人和小孩居多,即使部分地区有相应的网络覆盖,对于留守老人而言,由于年龄以及知识的限制,他们不愿意去接触新的东西。这样,仍不能完全解除偏远地区无法通过网上立案系统来立案的尴尬困境。如何能够让这些老人在出现纠纷之后能够通过网上立案实现起诉,是亟待解决的问题。

(三) 网上立案的形式审查可能出现虚假诉讼、滥用诉权问题

为了解决人民群众面临的"起诉难"问题而实施的立案登记制度,导致大量案件涌入基层人民法院。网上立案确实在一定程度上满足了人民群众的诉讼需求,但是其实施也可能会导致当事人滥用诉权。滥用诉权包括随意起诉、撤诉等,不仅损害了司法的严肃性,还造成司法资源的浪费。

(四) 网上立案的申请主体范围问题

网上立案是一项便民工程,该举措的实施可以为有诉讼需要的人民群众提供

---

[1] 参见王峰、束斌:《电子证据属性决定取证方法和途径》,载《检察日报》2014年8月27日,第3版。

便利,如果某段时间大量的当事人同时操作系统,则有可能出现系统崩溃的情况,从而不利于网上立案举措的有效运行。所以,对当事人的身份应当核实。网络的虚拟性在一定程度上使得任何一个人只要有计算机并会操作,就可以进行网上立案。设想,如果是一个几岁的孩子通过网上立案系统申请立案,人民法院又应该如何识别呢?网上立案申请者范围过广不利于提高司法的效率,无法实现网上立案的初衷。

三、完善网上立案的建议

从世界发展趋势来看,审判全程电子化必然成为未来审判的发展趋势,但是基于我国现在网上立案措施仍处于初步实施阶段的现实,仍有诸多相应的问题需要完善。对此,笔者提出以下建议。

(一) 完善网上立案的技术系统

传统意义上的书面立案,一般不会导致相应资料的丢失,但是实施网上立案,通过电子计算机保存的资料容易丢失。对此,可以研发出一套专门由人民法院使用的网上立案系统。美国早在1995年就研发出了一套用于法院管理案件的专门系统,这一系统在美国法院的广泛运用已经彻底改变了美国司法体系的运作,为美国司法的高效运行添砖加瓦。笔者认为,可以由最高人民法院牵头研发一套技术质量过关,供全国法院统一使用的系统。在开发出这一系统之后,还要不断更新完善,在实践中不断发现问题并进行反馈和改进,这一系统才能够长久有效地运行。

(二) 加强网上立案方式的推广

湖北省宜昌市中级人民法院在推广网上立案方式方面做得十分出色。据《湖北日报》报道,宜昌市中级人民法院实施网上立案之后,首先在秭归县人民法院进行了试点,将网上立案系统布局到各乡镇、司法所以及村组,由网格员帮助村民进行网上立案。宜昌市中级人民法院这一举措很好地将城乡统一起来。笔者认为,其他地方如若建立网上立案系统,可以借鉴宜昌市中级人民法院的做法。虽然需要加强对网上立案方式的推广,但这并不意味着不主张当事人通过传统的立案方式进行立案,要注意将网上立案和传统立案两种方式相结合,实现二者的互补。网上立案是便民工程,当事人有权利选择适合的立案方式。

(三) 实行形式审查和实质审查相结合

网上立案对相关材料的审查是一种形式上的审查,由于网络的虚拟性可能导致当事人利用网上立案系统存在的漏洞提交虚假材料进行立案。为此,笔者认为,在网上立案系统尚不完善的情况下,可以将形式审查和实质审查相结合,以便法院充分了解情况。如对当事人提交的起诉状、主体身份证明、授权委托书、证据材料等文件,必须以通过扫描或者拍照生成的不能修改的文件或者图片形式上传到网站。①

（四）限定网上立案申请者的范围

可以考虑将网上立案申请者的范围限定为律师事务所或者专门的执业律师。上海市法院开通的律师服务平台就是只针对在上海市注册并获取"律师一卡通"的律师开放,"立案、提交诉状、递交证据材料、申请调查令……以后这些工作,律师足不出户通过互联网即可实现"②,"推进依法治国,需要包括律师、法官、检察官等在内的法律执业者的共同努力"③。可见律师群体在法治建设中是一股不可或缺的力量。因此,其他地区可以借鉴上海市法院的做法,对本辖区内的律师事务所以及专门的执业律师的情况了解清楚并进行备案。但是,由于全国每个地区的发展情况不同,因此不能搞"一刀切"。针对不能委托律师的情况,可以在所属区域内安排若干名网格员,由其协助当事人进行立案。

（五）相关配套措施的完善

湖北省宜昌市中级人民法院推出网上立案系统并在全国率先使用电子支付方式缴纳相应的诉讼费,当事人可以通过银联、支付宝等途径交纳诉讼费用,同时电子卷宗的状态也会通过短信的方式发送到当事人手机。该法院的经验值得借鉴和推广,在实行网上立案时,应该将这些相关的配套设施进行相应的完善,以保证系统的正常有效运行。

总之,网上立案措施是一项紧跟时代潮流的司法便民措施,网上立案措施的实行是对司法便民理念的具体实践。但是,网上立案措施实施之初仍存在一定的问题,这些问题只有在实践中才能够逐步发现并予以解决。

---

① 参见张琳:《关于推进网上立案工作的几点建议》,载《人民法院报》2015年2月11日,第8版。
② 胡蝶飞:《在国内率先打通网上立案全流程》,载《上海法治报》2015年1月6日,第A02版。
③ 刘栋:《高科技助推法律职业大数据互联互通》,载《文汇报》2015年3月1日,第7版。

论刑事判决书的罪刑说理[*]

——庭审实质化视角的展开

张云鹏[**]

一、引言

党的十八届四中全会通过的《中共中央关于全面推进依法治国若干重大问题的决定》要求"推进以审判为中心的诉讼制度改革,确保侦查、审查起诉的案件事实证据经得起法律的检验。全面贯彻证据裁判规则……完善证人、鉴定人出庭制度,保证庭审在查明事实、认定证据、保护诉权、公正裁判中发挥决定性作用"。实现庭审实质化是"以审判为中心的诉讼制度改革"的重心和落脚点。所谓庭审[①]实质化,是指案件事实的认定与被告人刑事责任的承担应当通过庭审的方式确定,即"事实证据调查在法庭,定罪量刑辩论在法庭,裁判结果形成于法庭"[②]。

裁判文书是当事人和社会公众感受正义的媒介,是司法公正的直接体现。于是,作为"公正的精髓"[③]的文书说理自然要满足描述裁判制作过程、说明裁判结果逻辑演化和展现法官心证形成路径的基本要求。在"以审判为中心的诉讼制度"改革背景下,裁判文书说理应成为庭审实质化的映像,全面反映事实证据调查、定罪量刑辩护和裁判结果形成的内容;同时,裁判文书说理的充分与透彻也必然在相当程度上倒逼庭审实质化的实现。当下,我国刑事判决书说理"简约化""个案化"和"程式化"的风格[④]存在诸多问题亟待解决。鉴于罪刑说理是刑事判决书说理的核心,是判决结论合理性与合法性的集中体现,本文拟基于庭审实质化的视角仅就刑事判决书的罪刑说理问题略陈笔者之管见,希冀能够对于促进庭审实质化的实现和刑事判决书说理改革的深化发挥不无小补的作用。

---

[*] 本文受到辽宁省社会科学规划基金项目"刑事推定创制问题研究"(项目批准号:L11DFX020)的资助。
[**] 张云鹏,辽宁大学法学院教授。
① 限于主题和篇幅,本文论述的"庭审"仅指刑事案件第一审庭审。
② 最高人民法院《关于建立健全防范刑事冤假错案工作机制的意见》(法发〔2013〕11号)第11条。
③ 参见〔英〕彼德·斯坦、约翰·香德:《西方社会的法律价值》,王献平译,商务印书馆1965年版,第30页。
④ 参见凌斌:《法官如何说理:中国经验与普遍原理》,载《中国法学》2015年第5期。

二、定罪说理:证据—事实—结论的逻辑演绎

庭审实质化首先是定罪审理实质化。法庭审理应当贯彻直接言词原则,展开充分的事实证据调查与法庭辩论,并在此基础上形成裁判结论。相应地,对于法庭审理的内容和法官心证形成的结论与过程,判决书需要给予确实、全面的体现。逻辑推理是理性思维和分析的手段。一般认为,法官适用刑事法律的过程即是一个三段论推理的过程,刑法规范是大前提,案件事实是小前提,刑事责任是结论。详言之,法官将业已发生的案件事实安置于刑法规范之中,建立二者之间的必然联系,得出符合逻辑的刑事责任承担结果。但是,刑法规范适用于具体个案,并非简单、直接、机械地套用三段论的过程,法官需要对大小前提予以合理建构,将抽象的刑法规范与具体的案件事实进行有效地对接。证据是事实认定的基础,而建立在证据基础之上的事实又是刑法规范适用的依据,因此,定罪说理应当恰当诠释从证据到事实再到结论的逻辑演绎过程,充分体现法律解释的正当性、事实认定的正确性和结论形成的合理性。

(一) 从证据到事实:小前提的谨慎分析

证据裁判原则要求,认定案件事实只能以证据为依据。由是,"案件事实"即为"证据事实",是法官基于证据信息形成的对事实的印象。因此,证据评判之于事实认定说理必不可少。通常理解,刑事判决书中"经审理查明"部分是对案件事实的认定,内容一般包括经庭审查明的事实,经举证、质证的证据及其来源,对控辩双方存在异议的事实与证据的分析和认证。实践中,刑事判决书针对案件事实认定的说理较为薄弱,缺乏对于证据的分析和论证,证明过程无从展现。判决书中法官惯常的证据书写方法,一是单纯地列举证据种类[1],二是提要式地展示证据的内容。少有判决书就单个证据证明事项的说明、证明力与证据能力的评判,以及针对全案证据的综合分析。即使偶有判决书涉及对证据能力质疑的回应,也往往以"经审查,侦查人员在取证过程中不存在刑讯等违法行为"的格式化表述来回避说明审查的过程及依据等。例如,在李庄辩护人伪造证据、妨害作证案的一审判决书中,针对辩护方"证人龚某某、马某某等人的证言是在被公安机关限制人身自由的情况下取得,取证程序违法,不具备证据效力"的质证意见,法官的评判是:"证人龚某某、马某某等人的证言虽是在被限制人身自由的情形下取得,但其证言是公安机关依照法定程序收集,与本案具有关联性,且证人证言之间相互

---

[1] 例如,有的判决书在证据部分这样写道:"上述事实,被告人吕××、郭××供认不讳,并有下列经过法庭举证、质证确认的被害人高××、姜××的陈述,证人张××、刘××、王××的证言,辨认笔录,同案犯李××的供述,案件来源、抓捕经过等证据证实,足以认定。"

印证,具备证据效力。"①至于"限制证人人身自由"与"公安机关获取证言程序的合法性"之间的关系究竟如何这一关键性问题,判决书中没有涉及。判决书不对证据的意旨予以概括,造成证据采信的内容与理由不明晰,事实认定的客观性不能体现。而且,由证据评判到事实认定的过程是跨越的,判决书在列举证据种类和展示证据内容之后,直接得出"以上证据相互印证,能够形成证据锁链"的结论,至于对证据内容如何评价、证据之间如何相互印证、如何形成证据锁链、证据如何证实案件事实等问题则缺乏说明和分析,似乎在证据与事实之间无须思维的媒介。然而,判决书"不应仅是将法院采信的证据展示在众人眼前,而要将各证据串联起来,形成一道紧密相扣的证据锁链,令人对判决书认定被告人有罪确认无疑"②。

笔者认为,在刑事判决书中,对于证据属性评析与证据事实认定问题进行全面、充分、详尽的说理是必要的。证明力与证据能力是证据的属性,也是证据转化为定案根据的条件。案件事实的准确认定依赖于充分、确实的证据,因此,对证据两性逐一地审查与评判是重要的。易言之,首先,事实认定说理是对单个证据证明力与证据能力的评判说理。在严格意义上,单纯地列举、展示证据及其内容不是说理,仅是说理的前提。证据说理应当重在对证据内容的真实性、与案件事实相关性的分析及可采性的评价,特别是对质证中有争议的证据,在是否采信的说理中尤应如此。③ 判决书要完整、准确地记载法庭举证、质证的内容,对于控辩双方没有异议的证据,可以集中、简略表述认证的结论;而对于控辩双方存在争议的证据,应当一证一分析,详细、透彻地说明采信与否的理由。其次,事实认定说理是综合全案证据认定案件事实的说理。判决书应当展示从证据到事实的逻辑推理过程,公开法官基于认证的证据形成关于案件事实的心证结论及路径,彰显司法公正的价值诉求。判决书要充分反映控辩双方对于事实问题的不同认识,尤其是辩护方的意见,避免以法院直接、正面确认的事实替代对于争议问题的评析与辩驳,使事实认定结论令人信服。④

需要说明的是,判决书对证据事实的归纳和认定,还应当以刑法规范为指导。事实具有多元的面向与性质,结论必然不能唯一,而为刑法适用所需要的只是符合刑法规范的事实结论。正如卡尔·拉伦茨所言:"所有经法律判断的案件事实都有类似的结构,都不仅是单纯事实的陈述,毋宁是考量法律上的重要性,对事

---

① 重庆市江北区人民法院(2009)江法刑初字第711号刑事判决书。
② 薛振:《关于完善刑事判决书的思考》,载《人民司法》1997年第12期。
③ 最高人民法院《人民法院五年改革纲要》(法发〔1999〕28号)第13项明确指出:"加快裁判文书的改革步伐,提高裁判文书的质量。改革的重点是加强对质证中有争议证据的分析、认证,增强判决的说理性;通过裁判文书,不仅记录裁判过程,而且公开裁判理由,使裁判文书成为向社会公众展示司法公正形象的载体,进行法制教育的生动教材。"
④ 实践中,判决书对于辩护意见的摘录与回应多集中在狭义的"判决理由"部分,且存在敷衍了事甚至不回应的情况。例如,有的判决书这样阐述:"辩护意见没有事实和法律依据,本院不予采纳。"

所做的某些选择、解释及联结的结果。"①因此,判决书在证据事实描述与定性说理部分,需要注意发挥犯罪构成理论的引领作用,否则法律推理的结论便失去了建立在证据基础上的事实的根基。

(二) 从事实到结论:合理解释大前提基础上的结论证成

如前所述,判决结论的形成是具体的案件事实与抽象的刑法规范实现良好对接的结果,而二者间对接的完成需要法律解释发挥桥梁与纽带作用。刑法以文字为载体,通过文字表达立法的精神与目的,而文字表达的模糊性、多义性、简短性等特性,使得刑法规范与个案事实之间形成距离。因此,欲将刑法规范适用于具体个案,有必要先对刑法规范进行解释。加之,刑法规范的体系化与精细化程度日益提升,使得普通民众对于法律的认知难度加大,判决书详尽阐释刑法规范的意旨与精神,无疑有利于增强民众对裁判结论的理解和认同。

法官解释刑法规范是法官结合具体案件事实,运用法律理性与经验对于特定规范意义的个别化诠释,是在刑法规范具体化实践中动态地把握规范的精神实质。法官在个案中对刑法规范的解释,有别于效力等同于或者相当于立法的抽象的立法解释和司法解释。可以说,法官释法的内生动即在于能够合理地将具体案件事实安置于特定刑法规范的框架之中。法官解释刑法规范,不是对具体适用法律条文的单纯选定和引述,而是详尽地分析与论证。法官应当立基于客观解释论与实质解释论的立场诠释刑法规范。法官在法律适用中对于特定规范的解释是创造性的活动,解释的目标是存在于刑法规范中的客观意思,而非探寻立法者制定刑法规范时的主观意思或者立法原意。② 而且,法官对于刑法规范的解释不应仅仅停留在法律条文的字面含义上,必须以规范的保护法益为指导进行实质性的解释,实现刑法适用的妥当性。③

案件事实与刑法规范是分离的,需要法官在二者之间往返,不断地比较、分析、权衡,进而拉近它们的距离,最终形成对应。"刑法规范与案件是法官思维的两个界限。"④实践中,我国的刑事判决书呈现的多是对于法律条文内容的直接引述和判决结论的直接陈述,仿佛案件事实与刑法规范具有当然的对接性,从事实到结论无须任何法理论证与逻辑推演。例如,在我国刑事判决书的"本院认为"部分,通常是被告人姓名与法律条文内容简单引述的直接相加,之后得出"被告人×××的行为构成×××罪,公诉机关指控的罪名成立"的结论,判决书缺少法官针对具体案情的释法说理与结论证成内容。德国刑事判决书的说理方法值得我

---

① 〔德〕卡尔·拉伦茨:《法学方法论》,陈爱娥译,商务印书馆2003年版,第161页。
② 参见张明楷:《刑法学》(第4版),法律出版社2011年版,第33页。
③ 参见张明楷:《实质解释论的再提倡》,载《中国法学》2010年第4期。
④ 张明楷:《案件事实的认定方法》,载《法学杂志》2016年第3期。

们借鉴,例如,在 Ks1/59 诉布拉奇案刑事判决书中,法官"不是仅仅在援引法律条文,法律规则并非直接作为判决理由而存在,还伴有大量的法律解释,力图将法律表达清楚、准确,力图将法律与案件实际结合起来"[①]。

当然,案件事实与刑法规范的符合性证成不是"简单地将犯罪构成理论的四要件搭积木似的拼凑在一起"[②],罗列和堆砌案件事实与法律条文;而是法官融合案件事实对犯罪构成的缜密梳理与规范价值的权威表达。即如美国大法官卡多佐所言,判决书不仅要让人们知道判决结果"依据的是哪项法律规定,还要让人知道该项法律规定的完整含义和该项法律规定与证据事实之间有哪些内在的逻辑关联"[③]。定罪说理只有充分体现刑法规范与案件事实的严密咬合,方能彰显个案的公正。法官制作刑事判决书的过程,在某种意义上即是法律发现的过程,而"法律发现是'一种不断地交互作用,一种目光往返来回于大前提与事实之间的过程'"[④]。

三、量刑说理:精细、明确量刑的全景展示

量刑审理实质化是庭审实质化的应有之义。在我国,法庭审理实行"定罪与量刑一体化"[⑤]的程序模式,法庭审理的重心是被告人的行为是否构成犯罪,而不单独就量刑问题举证、质证和辩论,量刑程序湮灭于定罪程序中,遑论审理的实质化。"中国刑事司法的经验显示,绝大多数案件的被告人都作出了有罪供述,控辩双方在这些案件中几乎对被告人是否构成犯罪没有明显的争议";"从普遍意义上看,中国刑事审判的核心问题是量刑问题,而不是定罪问题"[⑥]。如此,量刑审理实质化的实现与定罪审理实质化相比较,更具现实意义。近年来,最高司法机关推行量刑程序改革,确立了"相对独立的量刑程序"模式,为量刑审理实现实质化提供了制度基础。该项改革要求法庭要将量刑问题纳入法庭审理程序,与量刑

[①] 王贵东:《德国刑事判决书说理方法之考察及其启示——以 Ks1/59 诉布拉奇刑事判决书为视角》,载《法律适用》2010 年第 1 期。

[②] 陈兴良、周光权:《启蒙与创新:当代刑法学者的双重使命》,载张士宝主编:《法学家茶座》(第 20 辑),山东人民出版社 2008 年版,第 62 页。

[③] 赵华军、潘晖:《判决书的风格和艺术——从美国最高法院大法官卡多佐看判决书的制作》,载《中国审判》2011 年第 5 期。

[④] 〔德〕考夫曼:《法律哲学》,刘幸义等译,法律出版社 2004 年版,第 120 页。

[⑤] 在定罪与量刑的关系上,大陆法采取"定罪与量刑一体化"的程序模式,英美法则确立了"定罪与量刑相分离"的程序模式。"定罪与量刑一体化"的程序模式将定罪与量刑在裁判程序上合二为一,法庭通过一场连续的审理程序,既解决被告人是否构成犯罪问题,又解决有罪被告人的量刑问题;在"定罪与量刑相分离"的程序模式中,定罪与量刑是完全相互分离的两种审判程序,法官在事实裁判者对被告人作出有罪裁断之后,通过专门的"量刑听证程序"裁决有罪被告人的量刑问题。参见陈瑞华:《刑事诉讼的前沿问题》(第 4 版),中国人民大学出版社 2013 年版,第 328 页;陈瑞华:《比较刑事诉讼法》,中国人民大学出版社 2010 年版,第 373 页。

[⑥] 陈瑞华:《刑事诉讼的前沿问题》(第 4 版),中国人民大学出版社 2013 年版,第 328 页。

有关的事实和证据要在法庭上进行调查;明确了检察机关的量刑建议权以及当事人、辩护人、诉讼代理人的量刑意见权;最为重要的是,法官在刑事裁判文书中要说明量刑的理由,以增强量刑的公开性和透明度。[①]

量刑说理是法官对量刑过程和结果具有正当性与合理性的诠释,是法官量刑心证内容和根据的展现,量刑说理清晰、透彻、具有可接受性,对于增强判决理性、树立司法权威、提高司法公信度至关重要。遗憾的是,在我国的刑事判决书中,"重定罪说理、轻量刑说理"的倾向性明显,量刑说理的成分普遍不足甚至缺失,即使被各级人民法院评选出的优秀刑事判决书也概莫能外。在被最高人民法院纳入量刑规范化改革的15种常见罪的判决书中,量刑说理虽然有所体现,但仍存在说理内容简单、不完整,形式模板化,缺乏针对性和说服力等问题。量刑的不说理或者不完全说理,使得我们无法通过判决书了解量刑的事实、方法、依据和过程,解读法官量刑心证形成的路径和缘由,感受规范量刑的实质。究其原因,主要有三个方面:第一,强烈的"定罪中心主义"庭审模式导致的量刑程序不独立和被虚化,使得法官因量刑信息的缺乏而无理可说。第二,司法裁判的行政化表现在一定程度上影响了法官量刑说理的独立话语权,造成法官不能在判决书中完全公开量刑的理由。第三,审限和办案量的巨大压力与职业风险[②]的现实存在,也让法官在量刑说理上"心有余而力不足"。

2010年9月,最高人民法院、最高人民检察院、公安部、国家安全部、司法部联合颁布了《关于规范量刑程序若干问题的意见(试行)》,第16条首次对量刑理由包括的内容作出明确规定:"人民法院的刑事裁判文书中应当说明量刑理由。量刑理由主要包括:(一)已经查明的量刑事实及其对量刑的作用;(二)是否采纳公诉人、当事人和辩护人、诉讼代理人发表的量刑建议、意见的理由;(三)人民法院量刑的理由和法律依据。"《关于规范量刑程序若干问题的意见(试行)》的如上要求契合"相对独立的量刑程序"改革的重要内容,判决书要全景展示精细、明确量刑的正当程序,体现诉讼各方的量刑参与权对于刑罚裁量权的制约效果。

关于量刑说理,笔者认为,首先,判决书对量刑事实、情节的确认和描述要做到全面、具体,不论是法定量刑情节抑或酌定量刑情节,亦不论是从重处罚情节还是从宽处罚情节,都要认定和分析,量刑事实、情节与量刑结果的影响关系应当明晰,避免"罪行极其严重""主观恶性较大""社会危害性极大"等模糊性、概括性表述。量刑说理不是抽象评价,而是具体叙事,判决书需要翔实记述"严重""较大""极大"的具体事实表现,以及对应的刑罚后果。其次,对于控辩双方的量刑建

[①] 参见陈冰:《严格程序 规范量刑 确保公正——最高人民法院刑三庭负责人答记者问》,载《人民法院报》2009年6月1日。

[②] 裁判说理的基本性质是防卫性的,法官首先考虑的是隐匿论点,而非强化论点。不说理或者不完全说理意在"隐藏一种恐惧"。参见凌斌:《法官如何说理:中国经验与普遍原理》,载《中国法学》2015年第5期。

议、意见以及量刑辩论的具体内容,判决书要如实记载和评判,对量刑建议有异议的辩护意见更是要积极回应,说明采纳与否的道理。再次,量刑说理应当体现"法定刑—基准刑—调节刑—宣告刑"的法官心证形成的历程,在"量刑理由和法律依据"的说明中,应当注意展现法官量刑的方法、依据、理由和心理,体现刑罚裁量的客观性和合理性。例如,法官选定基准刑与量刑幅度调节比例的理由,量刑情节对量刑幅度调节比例的影响,以及宣告刑确定的过程等,有必要突出说明。① 复次,量刑说理的内容有待丰富,量刑说理不应仅限于对主刑的说理,对于附加刑和刑罚执行方式的适用也应当做到充分说理。罚金刑是附加刑中适用率较高的刑种,但多数规定单处或者并处罚金的刑法条文并未同时规定判处罚金的数额比例和幅度,法官拥有很大的自由裁量权。判处罚金不说理,难免给人以"罚多罚少法官说了算"的不良印象。有鉴于此,对于判处罚金的案件,判决书应当说明数额确定的依据。适用缓刑是较为常见的刑罚执行方式之一,《中华人民共和国刑法》(以下简称《刑法》)对于适用缓刑的条件也规定得十分宽泛,且适用缓刑在实践中亦缺乏有效的制约机制,权力寻租的空间较大。在适用缓刑的判决书中,法官往往以"有悔罪表现,没有再犯罪的危险,可以适用缓刑"等程式化语言做粗略的表达,并不细致地分析影响被告人人身危险性的量刑证据。因此,在刑事判决书中增加对于判处附加刑和刑罚执行方式适用的详细说理内容是必要的和重要的。最后,法官在量刑时还应当充分考虑可能影响刑罚裁量的诸多因素,力图将刑法规范、案件事实、量刑证据与被告人、被害人的具体情形恰当结合,在量刑说理中体现人文关怀与法律的温情,最大限度地彰显量刑结果的公正性和可接受性。

此外,鉴于判决书对于庭审过程与结果记录的性质,为充分展现量刑程序实质化的内容及对量刑结果的影响,笔者建议,在判决书的理由部分设置量刑说理的独立环节,实现专门的量刑说理。有地方法院已经开始尝试判决书单独说理的改革,成果值得肯定。

四、刑事判决书样式②重构:罪刑说理科学化实现的驱动力

实为体,形为用。裁判文书样式是文书理由表达的载体,样式影响说理的内容和方法。在我国,从20世纪90年代至今,裁判文书样式与说理的改革即始终交织在一起。1992年6月,最高人民法院公布《法院诉讼文书样式(试行)》,改变传统的法院"一方理由"模式为强调控、辩、审"三方理由"的阐释;之后,为与

---

① 河南省郑州市中原区人民法院(2011)中刑初字第196号刑事判决书公开量刑推理过程的写法值得推广;"关于本案具体的量刑依据、步骤、方法,本院详细阐释如下:犯交通肇事罪,死亡一人,负事故全部责任的,可以在一年至二年有期徒刑幅度内确定量刑起点……故对×××宣告刑的计算方法为18个月×(1 - 20% - 15%),应判处其有期徒刑一年。"
② 限于主题,本文对刑事判决书"样式"的重构仅限于与罪刑说理相关部分。

1996年《中华人民共和国刑事诉讼法》和1997年《刑法》相继修订的内容和精神相一致,最高人民法院于1999年4月发布了《法院刑事诉讼文书样式(样本)》,进一步要求刑事判决书"理由的论述一定要有针对性,有个性。要注意结合具体案情,充分摆事实、讲道理。说理力求透彻,逻辑严密,无懈可击,使理由具有较强的思想性和说服力"①。此后,刑事判决书的样式未有变动。在过去的十余年间,《刑法》已通过10个修正案日臻完善,《中华人民共和国刑事诉讼法》也于2012年完成较大幅度的修正,此时,适当调整与修正刑事判决书的样式,对于体现庭审实质化的审判模式和罪刑说理科学化的实现实属必要。

  根据最高人民法院对刑事判决书制作样式的说明,刑事判决书除首部和尾部以外,依次为事实、理由和主文部分。"事实"部分包括法院认定的事实、情节和证据,"理由"部分则是对被告人行为实质的分析和处理结果的论证。值得注意的是,"事实"和"理由"是严格区分的,事实认定和证据采信的理由虽可在"事实"部分诠释,但不作为"理由"看待,不属于说理的内容,使得法官事实认定和证据采信的心证结论与过程的论证实质上被忽视。同时,"事实"与"理由"的分离,也给法官辩驳控辩双方在事实证据和法律评价方面的不同认识带来操作上的困难和逻辑上的不顺畅。②笔者主张,摒弃既有文书样式中叙事与说理泾渭分明的写法,从法官心证形成的面向将"事实"与"理由"有机结合。德国刑事判决书"理由"的结构值得我们借鉴。德国刑事判决书的"理由"具有广义③的意义,包括支持主文结论的全部根据,即"记载主文所由生之根据。惟判决,并应记载事实"④。而且,德国法律只是明确规定判决书"理由"的具体内容,至于具体内容的顺序安排则交由法官基于说理的效果需求自主决定。我们可以尝试统合我国刑事判决书中的"事实"和"理由"部分,形成"理由—主文"的样式结构,将判决所依据的事实、证据和法律,以及事实认定、证据采信和法律适用的道理皆置于"理由"之下,并不对事实与法律作形式上的明显界分。如此,不仅可以为法官对于事实认定、证据采信理由的具体述明提供广阔的空间,同时亦便于对法官心证形成过程的描述、对控辩双方在事实认定和法律适用方面意见的评判,使罪刑理由能够得到更充分的展示。

  另外,刑事判决书的说理在确保基本样式统一规范的前提下,还应当注重个性化的体现。在事实归纳、证据运用、争点评判等部分,可以给予法官意见表达和

---

 ① 最高人民法院办公厅:《法院刑事诉讼文书样式(样本)》,人民法院出版社1999年版,第9页。
 ② 参见龙宗智:《刑事判决应加强判决理由》,载《现代法学》1999年第2期。
 ③ 龙宗智先生归纳了"判决理由"的四种含义:(1)支持现存裁判主义的全部根据;(2)仅指支撑裁判所认定的事实和所适用的法律的理由;(3)在比较狭窄的意义上,限于对裁判所决定的法理分析;(4)特指英美的判例法制度,即对判决中所适用的法律原则和规则的论证。参见龙宗智:《刑事判决应加强判决理由》,载《现代法学》1999年第2期。
 ④ 陈朴生:《刑事诉讼法实务》(增订版),台北海天印刷厂有限公司1981年版,第246页。

发挥的空间,展现法官的个人特色,增强判决书的可读性。

五、结语

罪刑说理的强化势必带来判决书篇幅的扩张与制作的繁琐,法官需投入更多的时间和精力。那么,全面的罪刑说理是否要求及于所有的刑事判决?笔者认为,如同"庭审实质化"的重点在于诉辩双方对于被告人刑事责任的承担存在争议的刑事案件的法庭审判一样,罪刑说理也应当根据不同审级、案件类型和审理程序而有所选择和侧重,实现判决书的繁简分流。例如,对于事实清楚、证据确实充分、被告人自愿认罪的轻微刑事案件,尤其是适用速裁程序审结的刑事案件,完全可以简略甚至省略罪刑说理,"通过填充要素、简化格式,提高裁判效率"[①]。

[①] 最高人民法院《关于全面深化人民法院改革的意见——人民法院第四个五年改革纲要(2014—2018)》(法发〔2015〕3号)第34项。

法律文书用语泛化现象实证研究

——基于106个故意杀人案刑事判决的分析

赵 权[*]

表意精确、解释单一是法律文书语言规范的基本要求之一。[①] 法律文书用语理应含义清晰、标准明确、功能确定、适用严格、解释单一,这是法律文书质量保证的基础,也是法律文书公开的必备要求。法律文书用语是否清晰准确,直接影响着文书公开效果的实现。但目前我国刑事裁判文书中存在部分法律文书用语泛化的现象,背离了法律文书用语应有的要求,也极大地影响了法律文书的形式逻辑和裁判结果,该问题目前尚未引起足够的重视,亟须理论和实务予以回应。本文以最高人民法院《刑事审判参考》所公布的106个故意杀人罪的刑事裁判文书为样本[②],对法律文书用语泛化现象进行一个初步的分析与思考。

一、范畴与描述:法律文书用语泛化的概念界定与现状检视

本文所称的"泛化"并不仅仅停留于词语本义,更多的是对目前我国刑事裁判文书法律用语出现问题的一种概括,是一种法律文书用语现象的整合与归纳。本文语境下所谓"法律文书用语泛化现象"是指,法律文书中所使用的词语或者语句使用范围不当扩大,界定标准不明确,内涵、外延不清晰,使用语境随意不规范的现象。具体来讲,法律文书用语泛化有以下五种表现形式:一是不当地扩大用语的使用范围;二是用语内涵非特定化;三是用语的认定标准不清晰,缺少应有的界分机能;四是语句不具有实际含义,沦为宽泛的判词和空话套话;五是用语极

---

[*] 赵权,东北林业大学文法学院讲师,法学博士,中国法学会法律文书学研究会会员,黑龙江省法学会会员,中国检察学研究会公诉专业委员会办公室工作人员。

[①] 法律文书的语言要求主要有以下六个方面:一是表意精确,解释单一;二是文字精练,言简意赅;三是文风朴实,格调庄重;四是语言规范,语句规整;五是褒贬恰切,爱憎分明;六是语言诸忌,竭力避免。

[②] 选取最高人民法院《刑事审判参考》所公布的案例作为实证研究的样本,是因为《刑事审判参考》是最高人民法院经过慎重思考,精心筛选,组织具有丰富司法实践经验和深厚理论研究功底的资深法官所撰写的,用于指导全国同类型案件审判的指导性案例。这些案例在司法实务中具有极其重要的指导意义,是全国各级人民法院审理案件时的重要参考。《刑事审判参考》所公布的案例历经层层申报筛选,是中国刑事裁判的标杆和楷模,选取这样的样本分析其中存在的问题,更加能够说明问题的严重性和代表性。

为随意,任意滥用、乱用。目前,刑事裁判文书中涉嫌用语泛化问题的词语主要有手段(极其、特别)残忍、后果(极其、特别)严重、情节(极其、特别)恶劣、情节(极其、特别)严重、社会危害极大、罪行特别严重、无法定或者酌定从轻处罚情节,故应依法严惩,等等。下面,笔者结合案例样本,对法律文书用语泛化现象的表现进行具体分析。

在形式层面,"手段残忍"这一用语是目前我国刑事裁判文书中被泛化使用最为严重的词语之一,笔者以"手段残忍"这一刑事裁判文书用语为例,对法律文书用语泛化现象进行一个简要的检视。在本文所选取的106件刑事审判参考指导性案例中,认定手段残忍的共计47件,占故意杀人案件总数的44.34%。从文字表述上看,对于手段残忍的描述存在6种不同的文字表述,分别为"手段残忍"21件、"手段凶残"5件、"手段凶狠"1件、"手段残忍凶狠"1件、"手段特别残忍"14件、"手段极其残忍"5件。从上述数据可以看出,我国司法实践故意杀人案件中对于手段残忍的认定是比较宽泛的,在所选取的106个案例样本中,有接近一半的案件被认定为手段残忍。对于手段残忍情节的文字表述,实践中显示出随意的特点。一些文学修辞式的表述被随意运用在裁判文书中,体现在除了"残忍"的表述之外,还存在"凶残""残忍凶狠""凶狠"等表述。

在实质层面,"手段残忍"的内涵不清晰,具有非特定化、适用范围扩大等问题。笔者认为,手段残忍和手段特别(极其)残忍性质相同,只是程度存在大小。因此,样本中关于"手段残忍"的6种不同文字表述实际上可以划分为两大类,根据杀人手段危害程度的不同,手段特别残忍和手段极其残忍分为一类,其余的归为一类。"手段凶残""手段凶狠""手段残忍凶狠"与"手段残忍"没有明显区别,样本中大部分案件为采取常规手段杀人,如用刀砍刺数下,钝器击打数下后用锐器捅刺砍击,采用捂口鼻、扼颈、溺水等使人窒息的方法,钝器击打头部等要害部位数下等。其中,比较特殊的杀人手段是认定为"手段残忍"的王某故意杀人案[1],其作案手段为用火叉叉住死者颈部,用起子从被害人左耳处刺入大脑,致被害人当场死亡。

从案例样本显示的行为手段上看,手段特别(极其)残忍与手段残忍的行为方式之间并没有显著的不同,认定为"手段特别(极其)残忍"的行为方式有锐器捅刺数下、钝器砸击头部等要害部位、锐器切割颈部等要害部位、钝器击打加锐器刺切。使用比较特殊的杀人手段的案例有两个,一个是认定为"手段极其残忍"的张某故意杀人案[2],其作案手法为先下毒,待中毒状态出现后用勒死和刀刺的方

---

[1] 参见最高人民法院刑事审判第一庭、第二庭编:《刑事审判参考》(总第44集),法律出版社2006年版,指导性案例第343号。
[2] 参见最高人民法院刑事审判第一、二、三、四、五庭主办:《刑事审判参考》(总第85集),法律出版社2012年版,指导性案例第761号。

式对两名被害人加以杀害;另一个是认定为"手段特别残忍"的王建辉、王小强等7人故意杀人、抢劫案①,该案中王建辉等人对被害人殴打致昏迷后,待其醒来继续殴打,最后将其手脚捆住,将20多袋重约50公斤的盐袋子全部压其身上,致其窒息死亡。可见,除了这两个杀人手段特殊的案件外,其他案件中认定为"手段特别(极其)残忍"的行为方式与认定为"手段残忍"的行为方式之间并无实质差异。说明司法实践中对于"手段残忍"与"手段特别(极其)残忍"的认定并非清晰明确,两者之间的关系和程度并没有厘清,审判人员对于两者是在十分混乱的情况下使用的,并不清楚两者之间的区别,只不过是顺手拈来,随意使用而已。

我们再来考察106个案例中没有被认定为"手段残忍"的故意杀人案件。在未被法院认定为"手段残忍"或者"手段特别残忍"的案件中,也有部分案件的行为方式和手段程度与上述案件没有显著区别,甚至比上述认定为"残忍"的案件中的杀人手段还要严重。比如,冉国成、冉儒超、冉鸿雁故意杀人、包庇案②,被告人冉国成持砍刀向熟睡中的被害人何某猛砍20余刀,致其死亡;官其明故意杀人案③,被告人官其明使用捂口鼻、双手掐脖子的方法,致被害人张某窒息死亡;计永欣故意杀人案④,被告人计永欣先用烟灰缸、刀、斧头砸、砍被害人头、颈部等要害部位30余下,致其死亡;姚国英故意杀人案⑤,被告人姚国英趁被害人徐某熟睡之机,持铁榔头朝徐某头、面部等处猛击数下,后用衣服堵住其口、鼻部,致其当场死亡。比照不同案例的行为方式可以发现,没有认定为"手段残忍"的案件与认定为"手段残忍"的案件相互比较,两者在行为方式上并无明显差别,没有认定为"手段残忍"的个别案件甚至比认定为"手段残忍"的案件的行为方式还要严重。这说明,司法实践中,法官不但对于手段残忍严重程度大小认识不清,而且对于手段残忍的有无的认定也是极为宽泛和随意的,法官并不清楚"手段残忍"的内涵和判断标准,对于该情节的判断并非经由严密的逻辑推理,也并不完全依据案件客观存在的事实基础。这一点在李昌奎故意杀人、强奸案中体现得尤为明显。

案情

被告人李昌奎与被害人王家飞存在感情纠纷。某日,李昌奎与王家飞因琐事发生争吵,进而抓打,在抓打过程中李昌奎将王家飞掐晕,抱到

---

① 参见最高人民法院刑事审判第一、二、三、四、五庭主办:《刑事审判参考》(总第48集),法律出版社2006年版,指导性案例第380号。
② 参见最高人民法院刑事审判第一庭、第二庭编:《刑事审判参考》(总第33集),法律出版社2003年版,指导性案例第254号。
③ 参见最高人民法院刑事审判第一庭、第二庭编:《刑事审判参考》(总第44集),法律出版社2006年版,指导性案例第344号。
④ 参见最高人民法院刑事审判第一庭、第二庭编:《刑事审判参考》(总第24辑),法律出版社2002年版,指导性案例第153号。
⑤ 参见最高人民法院刑事审判第一、二、三、四、五庭主办:《刑事审判参考》(总第76集),法律出版社2011年版,指导性案例第647号。

厨房门口实施强奸。王家飞醒来后跑向堂屋,李昌奎提起一把锄头击打王家飞头部,致王家飞当场倒地,并将王家飞拖入堂屋左面第一间房内,又提起房中王家飞3岁的弟弟王家红的手脚将其头猛撞向门框。后又找来一根绳子勒住已经昏迷的王家红和王家飞的脖子,并逃离现场。

根据上述犯罪事实,一审判决认为:"被告人李昌奎所犯故意杀人罪,犯罪手段特别残忍,情节特别恶劣,后果特别严重,罪行特别严重,社会危害性极大,应依法严惩。虽有自首情节,但不足以从轻处罚。"判处李昌奎死刑立即执行。该案二审判决在没有改变案件认定事实的情况下,改判李昌奎死刑缓期二年执行,并删去了"手段特别残忍、情节特别恶劣、后果特别严重"的用语。本案后又经历再审,在认定犯罪事实不变的基础上,又恢复了"手段特别残忍、情节特别恶劣、后果特别严重"的用语,并改判死刑立即执行,并被最高人民法院核准。在该案的判决书中我们可以看到,判决书对于"手段特别残忍、情节特别恶劣、后果特别严重"等用语的使用是极为随意的,在案件认定事实没有变化的情况下,想删就删,想加就加,完全不以认定事实和在案证据为基础。同时,该案判决也体现出法官对于"情节恶劣、后果严重、罪行严重、社会危害性极大"等用语的乱用、滥用,并不清楚其内涵和外延,也不清楚这些评价用语所依据的事实基础。

二、分析与解构:法律文书用语泛化的原因探寻和危害阐释

刑事裁判文书中法律用语泛化现象的出现并非偶然,也并非单一原因所致,而是我国司法体制现状、司法从业人员素养以及法学研究水平的综合反映和一个缩影。具体来讲,主要有以下两点原因需要注意:一是部分法律文书用语的内涵在理论上和实务中尚不明确。法律文书用语泛化最为核心的问题在于部分用语的含义不特定,其内涵和外延并未在理论上予以厘清,从而导致这些用语在法律文书中产生泛化使用的问题。比如,前述的"手段残忍"用语,其在刑事裁判文书中使用混乱的根本原因在于手段残忍的内涵不清、标准不明。对于何种情况属于故意杀人的手段残忍,理论上和实务中并没有一个清晰的结论,导致法官在裁判过程中无所适从。理论上对于手段残忍的解读大多为列举式[①],还有部分解读观点采用了宏观的抽象概括式方法,但是这种宏观的抽象概括方法并不具有司法上

[①] 比如,彭新林副教授认为,下列情形可以认定为故意杀人罪中的手段特别残忍:(1)使用焚烧、冷冻、油煎、爆炸、毒蛇等猛兽撕咬、分解肢体等凶残狠毒方法杀死被害人的;(2)利用凶器袭击被害人多处要害部位而将其杀死的;(3)用凶器数次或数十次连捅被害人将其杀死的;(4)在被害人失去反抗能力后求饶、逃跑、呼救的过程中,执意追杀被害人,直至将其杀死的;(5)长时间暴力折磨被害人,故意加重其痛苦程度,然后再将其杀死的;(6)其他手段特别残忍的情形。参见彭新林:《酌定量刑情节限制死刑适用研究》,法律出版社2011年版,第277页。

的可操作性。① 目前,比较清晰明确的微观式概括观点由陈兴良教授给出,陈兴良教授认为:"所谓故意杀人罪的手段残忍是指,在杀人过程中,故意折磨被害人,致使被害人死亡之前处于肉体与精神的痛苦状态。"②这样的定义模式与前两种定义模式相比,给出了较为清晰的操作、判断标准,锚定了故意杀人罪中手段残忍的具体内涵,有助于"手段残忍"用语在刑事裁判文书中的规范适用。③ 二是部分用语之间的逻辑关系尚未厘清。裁判文书中部分用语之间的逻辑关系没有厘清,彼此之间的界限不明,适用关系混乱,从而导致在文书中的泛化使用问题。以故意杀人罪的裁判文书为例,故意杀人案的裁判文书中存在着如下综合性评价用语:情节严重、情节恶劣、后果严重,等等。目前,理论上和实践中,对这些综合性评价用语的内涵和外延以及相互之间的逻辑关系尚未明确,比如,宋有福、许朝相故意杀人案。④

案情

> 被告人宋有福因琐事与被害人宋起锋发生纠纷,邀请许朝相、李艳坤(在逃)教训被害人。当晚 11 时许,三人蒙面持剑,翻墙跳入被害人家院内。此时,宋起锋女儿宋某某打开房门欲上厕所,被李艳坤捂住嘴推回室内。宋某某挣扎、呼喊,惊动了宋起锋夫妇。宋起锋夫妇出屋查看动静时,许朝相朝宋起锋胸部猛刺一剑,后与宋有福、李艳坤逃离现场。宋起锋被送往医院时已死亡。

对于本案,一审判决认为:"被告人宋有福纠集许朝相报复被害人宋起锋,致其死亡,已构成故意杀人罪,且情节严重,以故意杀人罪判处宋有福、许朝相死刑

---

① 比如,车浩副教授认为,故意杀人罪的手段残忍的法理内涵是对善良风俗和人类恻隐心的挑战,手段残忍侧重的不是对法益侵害程度和后果的判断(法益侵害性),而是着眼于一般善良风俗和伦理观念的违反(规范违反说);手段残忍并不必然造成更大的危害后果(结果无价值),却足以反映出与一般的杀人手段相比,该手段本身的反伦理、反道德性更加严重(行为无价值);对于手段是否残忍,必须基于社会的一般道德观念,站在社会一般人的立场加以判断。参见车浩:《从李昌奎案看"邻里纠纷"与"手段残忍"的涵义》,载《法学》2011 年第 8 期。
② 陈兴良:《故意杀人罪的手段残忍及其死刑裁量——以刑事指导案例为对象的研究》,载《法学研究》2013 年第 4 期。
③ 当然,这样的观点是否合理还需要进行更为深入的刑法教义学的分析,陈兴良教授的观点是主观与客观相统一的判断标准,该判断标准要求手段残忍必须具有主观上折磨被害人的故意(杀人行为以外的主观故意),但这样的判断标准在司法实践中依然存在判断困难的问题。比如,甲以折磨被害人的故意持尖刀捅刺被害人多下致其死亡,乙以单纯的杀人故意持尖刀捅刺被害人多下致其死亡。甲、乙二人的客观行为相同,均为持刀捅刺多下,不同之处在于甲以折磨故意捅刺,乙以杀人故意捅刺,根据该判断标准则甲构成故意杀人罪的手段残忍,而乙由于主观上不具有折磨的故意,因而不构成故意杀人罪的手段残忍。但是,主观上的折磨故意在司法上的判断较为困难,除非被告人承认折磨的故意,但是当前的口供极易发生变化,因此即使被告人承认该折磨故意,但案件的判断依然存在翻供的风险。而且,主观故意需要结合客观行为加以判断,而上述案例在客观行为上并无不同,因此,难以根据客观行为对行为人的主观目的进行判断。所以,该标准在司法实践中依然存在进一步深入研究的余地。
④ 参见最高人民法院刑事审判第一庭:《刑事审判参考》(总第 5 辑),法律出版社 1999 年版,指导性案例第 35 号。

缓期执行。"被告人上诉、检察机关抗诉后,二审判决认为:"宋有福、许朝相深夜持剑蒙面窜入被害人住宅,并将被害人杀死,犯罪情节恶劣,后果严重,社会危害性极大,应依法严惩,由此改判宋有福、许朝相死刑立即执行。"最高人民法院复核后认为:"二被告人的行为构成故意杀人罪,犯罪情节严重;鉴于二被告人作案手段并非残忍,主观上对危害后果持放任态度,不是预谋杀人,对其判处死刑,可不立即执行。因此改判宋有福、许朝相死刑缓期执行。"

本案中,三级法院对法律文书用语的使用是随意而没有根据的,三级法院认定事实相同,但法律评价并不一致。一审裁判文书认为,该案系情节严重;二审裁判文书认为,该案属于情节恶劣、后果严重;最高人民法院复核认为,该案系情节严重,且并非手段残忍。比较本案一审、二审判决,可见司法实践部门对于情节严重、情节恶劣的含义并不明确,也看不出情节严重与情节恶劣之间在司法认定上具有哪些区别。二审判决中除了认定情节恶劣外,还认定后果严重,但本案因琐事发生纠纷致1人死亡,且无其他后果发生,系故意杀人罪的典型构成形态,将该结果评价为故意杀人后果严重,反映出司法实践部门对于故意杀人"后果严重"用语的适用随意。二审判决将情节恶劣与后果严重并列,反映出司法实践部门对于情节恶劣与后果严重之间的逻辑关系也并未厘清。值得注意的是,最高人民法院的复核意见一方面认为该案情节严重,但另一方面又认为手段并非残忍,反映出司法实践部门对于手段残忍与情节恶劣之间的逻辑关系也不甚清晰。

法律文书用语泛化会对裁判文书的形式和实质带来极大危害。其中,最主要的问题是由于相关用语①内涵和外延不清、逻辑关系不明、使用极为随意,导致相关用语沦为法律文书中的修辞和修饰用语。这些本应具有规范含义的法律文书用语,成为刑事裁判结果的点缀和装饰,成为一种修饰性的空话、套话,而不是将其作为裁判结论得出的根据和先在性判断基础。体现在文书制作过程中,即为不是根据案件的客观事实得出该案情节严重、情节恶劣或者后果严重、手段残忍等判断结论,而后再根据这些判断结论得出恰当的综合性评价用语,并据此得出案件的裁判结果;而是与此相反,往往先作出裁判结果,而后再根据裁判结果的论证需要,去选择需要适用的综合性评价用语。如此,法律文书的释法说理和逻辑论证便缺乏重要的事实基础和论证根基,相应的规范用语则沦为了修辞点缀和含义宽泛空洞的判词,情节阐述和词语选用往往随结果需要而变、随舆论压力而变、随主观意愿而变,既不严肃,也不客观,更不规范,亟须引起各界的注意。

三、改进与完善:法律文书用语泛化的应对建议和对策建构

刑事裁判文书中用语泛化现象的原因是多方面的,对于该问题的解决,应该

---

① 在故意杀人案刑事裁判文书中集中体现为"情节严重""情节恶劣""后果严重""手段残忍"等用语。

追本溯源,有针对性地从理论和实践两个层面入手。

一是规范法律文书用语的含义。文书用语被泛化使用的根本原因在于内涵不清,判断标准不明。避免文书用语成为空话、套话的有效做法是对有关泛化用语的含义进行限缩和明确。厘清文书用语的规范含义,是防止文书用语泛化现象的前提和基础。笔者以故意杀人罪的刑罚裁量为例进行分析。故意杀人罪裁判文书中的"情节严重""情节恶劣"等用语应被赋予规范含义,并与量刑结果建立连接。"情节严重"是就客观犯罪事实而言,是指行为的客观危害程度较高。情节严重与手段残忍等单一性评价要素不同,属于综合性评价要素。一般来讲,情节严重的判断依据包括犯罪手段、方法、犯罪对象、犯罪的时间地点以及犯罪过程中发生的影响量刑但又难以被类型化的法定量刑情节和酌定量刑情节所囊括的其他事实情况[1]等。情节严重属于对影响量刑的不法要素的综合性评价,侧重于从结果无价值与行为无价值角度为刑罚裁量提供从重处罚的客观根据。如果说情节严重是对影响刑罚裁量的客观因素的综合反映,那么情节恶劣则是对影响刑罚裁量的主观因素的综合反映。情节恶劣中的"情节",仅指主观事实要素。换言之,该评价的意图,仅在于通过指出犯罪人的主观恶性较大,为刑罚处罚提供依据。情节恶劣集中反映了行为人主观恶性的恶劣程度,体现了行为人主观意识的可谴责性。情节恶劣产生于行为人所表现出来的思想意识无价值,而该思想意识无价值,反映了行为人对待法制秩序要求的行为规范的错误态度和法制观念上存在的不足。[2] 情节恶劣也属于综合性评价结论,其判断基础一般包括犯罪的动机、起因等影响行为人有责性大小的量刑情节,以及犯罪过程中能够体现行为人主观意思的可谴责性和思想意识无价值的事实情况。情节恶劣是对犯罪人有责性的量刑情节与犯罪人主观恶性或者思想意识无价值的事实情况的综合反映。明确了"情节严重""情节恶劣"等用语的含义,才能在裁判文书中根据具体的事实情况准确适用、充分说理,进而得出正确的裁判结论。

二是厘清法律文书用语之间的逻辑关系。只有厘清涉嫌泛化使用的法律文书用语之间的逻辑关系,才能在法律文书中正确地使用相关用语,并为最终裁判结论的提出奠定基础、提供支撑。比如,故意杀人案件中的手段残忍和情节严重,二者都是对犯罪客观事实的法律评价,是体现犯罪行为无价值和结果无价值的事实基础。一般来讲,手段残忍是判断情节是否严重的素材之一,二者之间本应是部分与整体的包含关系。但是,在故意杀人案件中,手段残忍经由司法机关的法律实践,已经将其作为独立的影响刑罚裁量的酌定量刑情节,从情节严重中分离出来,形成了故意杀人罪中影响死刑裁量的特定评价要素。因此,对于手段残忍

---

[1] 比如,持刀反复捅刺多下的情节难以用已有的类型化的酌定量刑情节予以评价,但是,反复击打、多次击打的无价值程度明显较一般杀人行为有所提升,应当在量刑上与普通的杀人行为区别评价。
[2] 参见〔德〕约翰内斯·韦塞尔斯:《德国刑法总论》,李昌珂译,法律出版社2008年版,第9页。

和情节严重应分别进行判断和评价,将二者并列考察。再比如手段残忍与后果严重,故意杀人罪中的后果严重并不包含手段残忍,手段残忍是独立于后果严重的评价要素,而后果严重在故意杀人罪中应特指杀死被害人的人数,杀死1人的故意杀人案件不属于后果严重,而是故意杀人罪的犯罪常态,能被评价为后果严重的故意杀人应是造成死亡结果1人以上的案件。

三是构建科学合理的量刑体系和量刑方法。以故意杀人罪为例,《中华人民共和国刑法》(以下简称《刑法》)第232条规定:"故意杀人的,处死刑、无期徒刑或者十年以上有期徒刑;情节较轻的,处三年以上十年以下有期徒刑。"根据条文内容可知,故意杀人罪有四种不同的法定刑幅度,分别为3年以上10年以下有期徒刑、10年以上有期徒刑、无期徒刑以及死刑(包含死刑立即执行、死刑缓期二年执行同时限制减刑以及死刑缓期二年执行)。从逻辑上讲,《刑法》第232条规定,"情节较轻的,处三年以上十年以下有期徒刑",那么既然存在情节较轻的故意杀人,则也应该存在情节一般的故意杀人、情节严重的故意杀人以及情节特别严重的故意杀人,这是符合逻辑推理的当然结论,司法实践中实际上也存在着杀人程度的区分,只是这种区分尚未明确地加以规定。司法实践中,一般认为故意杀死1人既遂的典型故意杀人案件对应死刑判决,如果存在从轻或者减轻处罚的量刑情节,则在死刑之下再考虑刑罚适用。这样的量刑体系与先定处罚结论再找论证根据的做法相结合,共同造成了部分法律文书用语泛化现象的出现。故意杀人罪的正确量刑体系应为情节一般的故意杀人与10年以上有期徒刑相对应、情节严重的故意杀人与无期徒刑相对应、情节特别严重的故意杀人与死刑相对应。这样的故意杀人量刑体系既有助于死刑的限制适用,同时也有助于部分法律文书用语的规范使用,避免为适用死刑结果而故意泛化使用有关词语的现象出现。

四是法院应建立刑事案件的裁判自信,避免舆论的不当干扰。部分刑事裁判文书之所以产生用语泛化使用的问题,往往是由于案件裁判结果受到舆论的不当干扰,迫使法院改变裁判结果,从而倒逼论证用语作出改变,由此导致裁判文书用语的不当使用,李昌奎案就是一个典型的例证。因此,法院应当规范自身的裁判行为,深入细致地分析案情,明确并规范语言的内涵和外延,科学合理地制定量刑体系和量刑方法,从而使裁判结果的作出合法、合情、合理,并坚持所作出的裁判结果,防止舆论倒逼量刑,从而导致相关法律用语沦为泛化使用的判词。

论裁判文书质量的保障措施

——从当事人和律师的角度

赵旭光[*]

一、裁判文书的应有质量——从制作裁判文书的目的说开去

法院制作裁判文书的目的何在呢?至少应该包含以下三个方面:第一,对于当事人及其委托的律师而言,可以借此知悉法官判断的内容、依据和逻辑,为其考虑是否寻求救济(如上诉)提供资料和依据,同时为特定机构进行审查(如二审法院)提供材料和对象。第二,对于社会公众而言,"使社会上一般人有可能通过判决书了解法院认定事实、适用法律的具体情况,可以作为公众对诉讼审判的公正性进行监督的媒介"[①]。第三,对于法官而言,制作裁判文书的过程也是自己对审判过程的重新审视和思考。前两个目的应居于核心、根本地位,换言之,裁判文书是制作给当事人及其律师、社会公众和相关审查机构看的,是为了向这些主体阐明判决的合理性、正当性,是为了打消各方的顾虑和怀疑——判决是否是肆意、随意、任性、感性的结果。同时,当事人及其律师如对判决不满而寻求救济,裁判文书可以为其提供依据,相关审查机构也可据此明确,本案判决认定的事实和适用的法律中,哪些是错误的、不当的、不合逻辑的。在以上这些主体中,对裁判文书最为关注的,乃是当事人和律师。这当然是因为当事人与案件裁判结果有着直接的利害关系,他们需要看到诉讼的结果;同时,他们也要在裁判文书中看到裁判作出的过程;最为关键的是,他们要在裁判文书中看到法官是如何回答他们的请求和主张的。这种请求和主张包括两方面内容:一是在本案中当事人提出来的实体方面的请求和主张是否得到了法庭的支持,这通常体现在裁判文书中的主文部分,尤其是"判决如下"之后的内容;二是当事人和律师在庭审、辩护词、代理词中提出的意见是否得到了法庭的回应,更重要的是如何回应的。

当事人及其律师拿到判决书,定是直奔判决主文,先看实体判决结果,再看判

---

[*] 赵旭光,华北电力大学人文与社会科学学院教授,法学博士。
[①] 王亚新:《日本的民事裁判文书:说理的形式和方法》,载《人民法治》2015年第10期。

决理由(尤其是败诉或对判决结果不满的情况下),看自己的主张为什么没有得到法庭的支持,如若自己提出的主张在判决书中未能得到(或者未能全面得到)有理有据的回应,一定会对此裁判文书不满,进而否定整个庭审程序。对当事人及其律师的观点应予回应,这是程序正义的基本要求,是程序参与原则的核心要义,即那些权益可能会受到裁判或诉讼结果直接影响的主体应当有充分的机会且富有意义地参与裁判文书的制作过程,并对裁判结果的形成发挥其有效的影响和作用。[①]从工具价值上讲,程序参与是为了保障案件裁判结果的客观性和公正性,保障当事人对裁判结果的接受;从程序价值上讲,程序参与本就是当事人及其律师作为诉讼主体所应当受到的有尊严的对待。程序参与不仅仅要求保障当事人及其律师参加庭审,能够切实地在庭审中提出有利于本方的主张、意见和证据,也即参与的机会;而且更要确保各方的主张和证据均得到考虑和采纳;并且保证裁判结论是直接建立在根据这些主张、证据、辩论等所进行的理性推论的基础上的。同时,这种理性的裁判结论的产生过程也应当向当事人及律师公开阐明。不阐明或者不认真、全面阐明会让程序参与者产生受到漠视和忽视的感觉,对判决的接受度会降低,对司法的权威和尊严也会产生负面看法。

从当事人和律师的角度看来,一份裁判文书的质量高低,首要的因素是是否全面、有效地回应了其主张。当然,裁判文书的逻辑、用语、语法、修辞等方面的因素也很重要,它们反映的是法庭的工作态度。受篇幅所限,本文只关注裁判文书对当事人及其律师的观点回应问题。那么,裁判文书的回应状况如何呢?

二、裁判文书的质量状况——从对当事人、律师观点的回应说开去

最高人民法院对裁判文书质量的关注(乃至于对裁判文书说理问题的关注)从20世纪50年代(1950年11月14日最高人民法院华东分院《关于纠正对反革命犯的轻刑倾向的指示》中就提到了裁判"说理"和"论证")就开始了[②],在接下来的几十年,最高人民法院一直没有停止提升裁判文书质量的努力,这种努力在20世纪80年代审判方式改革和司法职业化改革之后(尤其在2008年启动新一轮司法改革,司法改革进入重点深化、系统推进的新阶段以后)逐渐进入了高潮。党的十八届三中、四中全会明确要求"增强法律文书说理性""加强法律文书释法说理"。与之相呼应,学术界对于裁判文书质量、裁判文书说理等问题的研究和关注从2008年开始逐渐增多,根据中国知网的相关主题检索数据统计可知,相关问题的关注度在2015年达到了顶峰。当然,这场裁判文书质量提升运动的主角仍然

---

① 参见陈瑞华:《刑事审判原理论》,北京大学出版社1997年版,第61页。
② 参见宋北平:《裁判文书说理的基本问题》,载《人民法治》2015年第10期。

是最高人民法院。2012年,最高人民法院在全国法院系统部署开展了庭审和裁判文书"两评查"活动,共计评查庭审27.67万个,评查裁判文书143.86万份,据此评出全国法院"两评查"活动先进单位103个,全国法院优秀庭审200个,全国法院优秀裁判文书287篇。① 同时最高人民法院还下发了《庭审和裁判文书评查指导标准》《法院刑事诉讼文书样式(样本)》《人民法院民事裁判文书制作规范》《民事诉讼文书样式》等指导性文本,力图规范裁判文书制作,提升裁判文书质量。

对这些研究和标准进行仔细分析,就会发现当前提升裁判文书质量的两个主要着力点:第一,形式上要求"格式统一、要素齐全、结构完整、繁简得当、逻辑严密、用语准确"②;第二,内容上要求"加强裁判文书说理,不断提高服判息诉率……增强裁判文书说理的针对性、透彻性,要重点围绕案件争议焦点、事实认定、证据采信、裁判理由、法律适用进行阐释,努力做到'辨法析理、胜败皆明'"③。学术界关于提升裁判文书质量的研究主要集中在裁判文书的说理性方面。现在,裁判文书应该增强说理性已经成为自中央到最高人民法院,再到地方各级人民法院以及法学研究者的普遍共识。经过数十年的改革,人民法院已经初步实现了从"无理由"的判决到判决要"说理"的转变,但是仍未实现"充分说理",尤其表现在对当事人及其律师的主张回应不足上。笔者随机从中国裁判文书网上选择了一份裁判文书,尝试分析一下。

案例:王晨等贪污罪二审刑事裁定书④

在裁定书的正文,首先罗列了两被告人的上诉意见、辩护人的辩护意见,以及辩护人提交的证据、申请证人出庭作证情况。随即裁定书对上述意见进行了回应:"对于王晨的辩护人向二审法庭提交的证据,经查,辩护人提交的证据不能否定王晨实施贪污犯罪行为的事实,故不予采信;司法机关依法调取的证人王×、李×、黎×、马×、周×、吕×、张×、吴×的证言,已经一审法院庭审质证属实并确认,能够证明案件事实,应当作为定案的依据,对于各上诉人及其辩护人申请上述证人出庭作证的申请不予准许。"

应该说,这是一份质量不错的裁定书,格式规范、要素齐全、结构完整,对当事人及辩护律师的意见也都有回应,但明显属于笼统、概况式回应:"对于王晨的辩护人向二审法庭提交的证据,经查,辩护人提交的证据不能否定王晨实施贪污犯罪行为的事实,故不予采信",辩护人提交的证据怎么不能否定相关事实?两个字"经查"就可以解释了?对于当事人及辩护人提出的要求证人出庭作证申请,裁

---

① 参见张先明:《全国法院"两评查"活动圆满完成目标任务 近28万个庭审和144万份裁判文书逐一"体检"》,载《人民法院报》2013年1月30日,第1版。
② 《人民法院民事裁判文书制作规范》(法〔2016〕221号,2016年8月1日施行)。
③ 最高人民法院《关于进一步提高裁判文书质量的通知》(法〔2009〕177号)。
④ 北京市高级人民法院(2014)高刑终字第460号,载中国裁判文书网(http://wenshu.court.gov.cn/content/content? DocID = de8b8ce8 - 65bc - 48c9 - a62d - 01316373528e),访问日期:2016年9月16日。

定书以"已经一审法院庭审质证属实并确认,能够证明案件事实,应当作为定案的依据",不予准许。显然上述证人在一审已经出庭作证,在看不到辩护律师二审辩护词的情况下,我们可以推测,一审已经出过庭,二审中当事人和辩护律师再度申请这些证人出庭,其在辩护词中一定是阐述了申请理由,二审裁定书没有描述理由,只是简单陈述了申请证人出庭作证的事实,然后简单以"一审已经质证属实并确认"直接否定掉,显然根本没有说服力。需要附带指出的是,裁判文书中对诉辩主张的归纳过于简单,叙述过于抽象、概括,甚至有意无意遗漏或篡改当事人的诉辩主张和理由的情况也属常态。① 结果就是:陈述当事人、律师主张就不全,接下来回应也不全,这能让人满意吗?

受篇幅所限,本文不多列举类似判决、裁定文书,但对当事人、律师的意见简单、概括式一语回应,在实践中是常见的现象。需要强调的是,这些裁判文书也并非不说理。大多数裁判文书都在正文对案件事实认定、法律适用进行了大篇幅地论证,有的甚至会把全部证据罗列出来,逐一论证,但唯独对当事人、律师意见进行了概括式论证和回应。这反映了很多法官制作裁判文书的基本逻辑:裁判文书的说理只是为了支持自己的观点和决定,一切说理和论证只围绕法庭的看法进行。他们认为,裁判文书的说理只是为了支持判决,至于当事人和律师的看法则不需要花费精力去回应,因为案件判决是建立在法庭对事实和法律的认识基础上的。这是审判职权主义的一种典型表现,以法官的认知为中心,忽视当事人的认知和感受。所以,审判方式改革一直力图吸收当事人主义的合理因素,但迄今并未吸收到其中的精髓,当事人及其律师的程序主体地位仍然并未得以彰显。

当事人、律师面对忽视他们主体地位的裁判文书,不满意、不接受是可以想见的。那么,有什么救济手段吗?

三、怎么对待一份让人不满的裁判文书

裁判文书质量差,当事人不满意,有救济途径吗?他们最想要的是什么?最高人民法院《关于进一步提高裁判文书质量的通知》要求:"判后答疑是对裁判文书说理的强化和补充,要继续坚持和加强判后答疑工作,增强答疑的针对性和实效性,切实促进当事人服判息诉,实现案结事了。"很多地方法院确实有"判后答疑",当事人、律师如对裁判文书不满,一些法院甚至会要求法官专门安排一定的时间进行答疑,解释为什么这样判。

程序内有什么救济途径呢?从理论上说,当事人在程序内遇到的所有对其权益有影响的决定都应该有相应的救济途径。对裁判文书的事实认定、法律适用或

---

① 参见江苏省高级人民法院经济审判庭:《提高经济纠纷案件裁判文书质量的几点思考》,载《人民司法》1999年第12期。

者审判程序有异议,当事人可以上诉或者申诉。那么对裁判文书质量不满,没有回应自己的主张,是否可以上诉呢?确实有研究者提出将裁判文书说理纳入上诉体系的看法,将说理情况作为提出上诉的第三类理由,倒逼法官去改进裁判文书的说理质量。① 实际上,无论刑事诉讼还是民事诉讼,都没有限制当事人的上诉理由。虽然,一般理论界会认为上诉要么针对事实问题,要么针对法律问题(包括实体法律适用和程序是否合法问题)。但为了保障当事人的上诉权,法律并没有对上诉作出实质条件的限制,当事人当然可以就裁判文书没有回应自己的观点提出上诉。但需要明确的是,虽然无论刑事诉讼法还是民事诉讼法都对上诉只明确了形式条件,没有明确实质条件,但二审的处理方式针对的是事实问题或者法律问题:事实清楚、适用法律正确的,怎么处理;认定事实错误或者适用法律错误的,怎么处理;严重违反程序的,怎么处理。其中没有关于裁判文书没有说理或者没有回应当事人、律师意见、主张的,怎么处理的规定。如果实践中遇到这种上诉理由,民事诉讼可能不开庭审理(根据《中华人民共和国民事诉讼法》第169条第1款的规定,对没有提出新的事实、证据或者理由,合议庭认为不需要开庭审理的,可以不开庭审理),刑事诉讼依据全面审理的原则应该就本案的全部事实和证据进行全面审理。但在处理方式上,民事诉讼和刑事诉讼相同,即仍然是针对原判认定事实和适用法律情况作出决定。所以,现行法律并不支持这种上诉。但是否可以创设这种上诉呢?笔者认为,这在上诉的制度中其实并无现实必要性。因为当事人、律师如对一审裁判文书的质量不满,实际上就是对裁判的不满,裁判文书中没有回应自己的主张,可以通过发动二审程序请求法院再次审理自己的诉讼主张,没有必要针对裁判文书的质量上诉。并且,裁判文书质量问题可上诉无法解决二审裁判文书的问题,如果一审裁判文书质量可上诉是否意味着二审裁判文书可申诉?这显然不可行。但这并不意味着裁判文书质量问题不应获得程序内的救济。

四、构建裁判文书诉讼式审查机制

裁判文书诉讼式审查机制具有以下两个特点。

第一,这种救济必须是在程序内的一种具有诉讼构造的特殊程序。"判后答疑"是我国法院创造的一种独特的法官释明制度,但其缺陷是不具有诉讼的构造。诉讼法中没有关于"判后答疑"的启动、审查、程序、答疑结果等的任何规定,当事人、律师对答疑也没有预期。可以说,"判后答疑"无依据、不透明、不公开、缺乏确定的结果,完全是一种行政式解决当事人对裁判文书质量不满的"接访式"解

---

① 参见王俊:《将裁判文书说理纳入上诉体系》,载《人民法治》2015年第10期。

决办法。因此,本文欲构建的审查机制应避免以上问题,建立一种具有诉讼化特征的裁判文书审查机制。

第二,这种救济程序不能过于复杂,给法院造成过多的负担。自最高人民法院启动庭审和裁判文书"两评查"活动以来,各地各级法院对裁判文书质量普遍建立起了内部评查机制,不仅建立了制作过程中的由承办人负责、书记员协助、承办人校对、审判长最后审核①的审判庭内质量控制流程,而且已经将其作为对法官业务考核的日常标准加以制度化了。如天津市东丽区人民法院《裁判文书制作与评查标准》确定了文书月差错率的考核指标,"同一承办法官因同一类差错被三次通报的;一份文书中出现三处以上(含三处)差错;业务庭单月文书中出现三份以上(含三处)一处折合一处差错文书的","由主管院领导对业务庭庭长、案件承办人共同或分别进行提示谈话"。因上述原因被提示谈话后,再次出现同类问题的,或者年度内部门文书月差错率3次没有达到年初下达的差错率指标的,"由所在庭庭长向审判委员会报告情况,说明问题产生的原因和下一步的整改措施"。更进一步规定,"因文书差错率不达标向审判委员会报告后,再次出现月文书差错率不达标的;因裁判文书瑕疵或差错,造成重大社会影响和严重后果的","责令相关承办人停职检查,承办人和所在庭取消年度评先评优资格"。经笔者检索,各地各级法院已经普遍建立起了这种严格的评查、考核标准。对于裁判文书的考核,尽管学者们普遍支持,但各法院几乎不约而同地认为,现在的考核指标已经令其焦头烂额(据初略估计有上百个考核指标),不能再增加考核指标了。② 笔者对目前司法改革中的这种盲目地、行政命令式地制定考核指标的做法也感到很忧虑,尤其是一些与审判业务无关的指标给法院本已沉重的审判任务增加了很多不必要的额外负担。因此,笔者建议的这种救济程序不能过于复杂,同时笔者认为,这种救济、审查程序建立起来以后就不需要这种日常考核了。法院以行政方式管理法官而不是服务法官的审判工作,诉讼内的问题通过诉讼外的考核解决,这本就违背司法的基本规律。

综上,笔者提出以下构建裁判文书诉讼式审查机制的建议。

1. 审查的主体、组成和审查原则

各地法院已经普遍设立了文书评查机构,但其组成各不相同:有的地方成立了审判监督委员会,由院长、部分审判委员会委员组成,审判管理办公室为具体办事部门(山东省滕州市中级人民法院);有的地方建立"案件评查人才库",由业务骨干、人民代表大会代表、律师组成,评查办公室设在审判管理办公室(河南省义马市中级人民法院);有的地方设立常设的文书评查小组,由法官、法官助理及人

---

① 参见东营市中级人民法院:《裁判文书是司法权威的重要载体——关于裁判文书质量情况的调查报告》,载《山东审判》2005年第4期。

② 参见宋北平:《裁判文书说理的基本问题》,载《人民法治》2015年第10期。

民陪审员各两名组成,专司裁判文书的评查工作(深圳市宝安区人民法院);有的地方专门组成评查合议庭,采用合议制方式进行评查,评查结果由审判委员会审查通过(天津市东丽区人民法院)。总结以上模式,共同点在于审判管理办公室在评查中起召集和服务作用。不同点在于两大问题:第一,评查机构是否要常设;第二,评查机构的组成人员是否要吸纳法院以外的法律专业人士。对于前者,笔者认为,评查机构作为日常法律文书审查机构当然应该常设,但人员不能固定不变,否则即会产生"审查法官的法官",易受人情关系困扰。对于后者,如果评查机构的组成全部是本院法官,难免有失公正,作为内部质量控制部门尚可,但若要针对当事人的申请作出决定则不公平。因此,笔者建议:首先,各级人民法院的文书评查机构从法院建立的评查委员库中随机抽签产生,委员库由本院业务骨干、检察机关业务骨干、专业律师等法律专业人士组成,有条件的地方应纳入高校科研部门的法学专家。其次,评查机构的工作机制为合议制,由评查委员库中随机抽签产生的专家3人或5人组成合议庭,对受理审查的文书进行评查,作出决定。最后,各级人民法院的审判管理办公室作为评查机构的办事机构,负责评审合议庭的产生、合议庭的工作安排。

2. 程序的启动

当事人通过向审判管理办公室提交书面文书审查申请的方式启动文书审查程序,申请书要说明请求审查的理由和内容。审判管理办公室对于申请采登记制,只受理不审查。

3. 审查程序

审判管理办公室受理申请后(可定期对一段时间内的申请集中审查),从评查委员库中随机抽签产生审查合议庭,由院长从中指定一人担任首席委员,负责召集合议庭成员、主持评审合议。合议庭应先召开预备会议决定下列事项:首先,决定进入审查合议的案件,对于申请理由不充分、不需要评审的案件直接作出驳回申请的决定;其次,决定进入评审听证的案件,对于重大、疑难、复杂的案件,以及当事人与法官分歧严重的案件,决定采取听证的方式进行审查,听取当事人及其律师以及承办法官对于文书的意见;最后,决定合议的时间、地点等事务事项。预备会议后,由审判管理办公室按照会议决定安排合议。

4. 审查决定

合议庭进行审查后,以少数服从多数的原则作出审查决定:认为文书未充分说理释法,未充分回应当事人、律师主张和请求的,作出责令原审法庭出具裁判文书补充裁定的决定;认为文书已充分说理释法,已充分回应当事人、律师主张和请求的,作出驳回申请的裁定。

5. 审查决定的执行

原审法庭收到补充决定后,应在法定期限内作出补充裁定,对原文书进行补充说明。

五、相关问题

裁判文书的质量问题是司法改革的一个关键点,是一个牵一发而动全身的关键环节。本文只针对质量审查程序提出了建议,难免有只顾一点不计其余的缺陷。至少,笔者建议的这种审查机制必须建立在实现"要式裁判文书"和"简式裁判文书"分流的基础之上,对于适用于"合意性案件"的"简式裁判文书",当事人无申请文书审查的权利,实际也无必要,因为裁判已然建立在"认罪认罚"或者当事人合意的基础之上,法庭上已经解决了法律文书涉及的所有问题。对于适用于"对抗性案件"的"要式裁判文书",当事人拥有本文所涉及的文书审查申请权。[①]裁判文书繁简分流后,会解决文书审查机制的最大困境——工作量巨大的问题。

最后不得不提的是,笔者之所以提出建立文书审查机制,最终目的在于让当事人拿到一份有理有据的裁判文书,当事人可以据此上诉,获得救济。

---

① 关于"要式裁判文书"和"简式裁判文书"的分类,参见王新清教授《刑事裁判文书繁简分流问题研究》一文。该文尚在公开发表过程中,笔者有幸提前拜读,获益匪浅,在此向恩师致以最深切的感谢。

裁判文书说理改革的价值追求

肖 晗[*]

对于裁判文书的说理问题,无论是大陆法系国家还是英美法系国家都非常重视。意大利早在16世纪就开始要求判决必须说明理由,且早已纳入了本国的宪法条文之中。法国1790年制定的法律就要求上诉法院判决应载明理由,1810年该国法律又进一步明确规定了"不包括理由的判决无效",1939年法国最高法院要求各级法院的判决理由必须确切、具体,并规定了相应的标准。由于英美法系实行的是判例法,因此会更加注重判决理由的充分阐述,有些著名的判决理由甚至上升为本国审理案件的基本规则或原则,例如美国著名的米兰达规则。在我国,谈及裁判文书说理改革不得不提及两个文件:2013年11月,党的十八届三中全会作出的《中共中央关于全面深化改革若干重大问题的决定》中,明确要求"增强法律文书说理性,推动公开法院生效裁判文书";2014年10月,党的十八届四中全会作出的《中共中央关于全面推进依法治国若干重大问题的决定》再次要求"加强法律文书释法说理"。可见,在法治进程中,党和国家将裁判文书说理改革问题置于一个重要的地位。裁判文书不仅要说理,理还要说得充分、到位、逻辑严谨,而关于裁判文书说理改革的一系列措施也正蕴含了我国对于实现司法各方面价值的一种追求。

一、裁判文书说理改革有利于提高裁判文书的质量

裁判文书说理改革的第一个价值是让人能够直观地体会到裁判文书的质量提高了。司法权作为一种判断权,要合理期待裁判结果能让当事人和公众信服,裁判理由必须是清楚、明白的,这是司法裁判的应有之义。然而,因不重视说理或说理说不清、说理不到位、说理徒有形式等问题,一方面导致裁判文书的质量不高,另一方面也让受众感觉法官对事实的认定有"编故事"之嫌,这都有碍于司法价值的实现。裁判文书说理改革,让说理被重视起来,理由变得充分了,如对当事人的诉辩主张不予支持的,不再以简单的"没有法律依据,本院不予支持""根据有关法律""根据有关政策"等模糊用语来代替说理,而是结合证据、诉讼行为将案件事实认定

---

[*] 肖晗,湖南师范大学法学院教授,法学博士。

过程清晰地展现出来,涉及法官自由裁量权的裁判也充分表述裁量的理由和目的。说理不仅围绕争议焦点进行,具有针对性,而且也到位了,该说的说,关系不大的不说了,不为说理而说理,为让当事人和公众都能看得懂而说理,将说理的内容与被说理的对象联系起来,说理也就到位了。说理变得严谨了,如裁判文书的叙事、说理和主文之间不再自相矛盾,不仅能自圆其说,而且说理的逻辑在事实、证据、理由和结论之间具有内在的层次。裁判文书说理的这些改革都表明,裁判文书的质量提高了,一篇篇"事理明晰、法理透彻、文理信达"的裁判文书产生了。

二、裁判文书说理改革有利于抑制法官的司法恣意

一篇建立在客观证据基础之上、脱胎于主观臆断、经得起推敲、能让受众普遍接受的裁判文书,当然是一份高质量的裁判文书,而这样一份说理性的裁判文书,通常是在抑制法官司法恣意的基础上得到的。由于我国的法律规定弹性较大,这为法官实际上拥有较大的自由裁量权提供了空间,法官完全可以安全、放心地行使这些自由裁量权。因此,在一条法律规定存在法意不明、法条竞合、自由裁量等情况下,通过要求法官以说理的方式给当事人一个满意"说法"的形式,就能在一定程度上起到制约法官自由裁量权的作用,也是对法官自由心证、随心所欲、草率断案的一种外在强制。裁判文书说理改革对于法官司法恣意的抑制不仅表现在说理的过程之中,还在于述明裁判理由后可能产生的"危机":如果法官歪曲事实、偏袒一方,理由与判决不存在必然联系,同一案件,理由与结论不一,类似案件的处理"同案不同判",不仅当事人不服,社会公众也会愤慨,舆论的声讨、上级的压力随之而来,这无疑会给法官带来职业上的巨大危机。因此,勒内·达维德说:"对于我们这个时代的人,判决必须说明理由的原则是反对专断的判决的保证,也许还是作出深思熟虑的判决的保证。"[①]从法官"不愿说理"到"必须说理",再到"主动说理",不仅是法官素质提高的表现,更是我国法治进步的一个缩影,这也正是裁判文书说理改革所要追求的价值目标。

三、裁判文书说理改革有利于减轻法官工作负担,提升司法效率

裁判文书说理要求法官根据当事人信息、诉辩主张、案件事实、证据规则等将办案的思路通过逻辑推理的方式予以阐述论证,且说理要透彻,说服力要强。这本是一个耗时耗力的过程,理论上会加重法官的工作负担,但为什么说裁判文书说理改革反倒会减轻法官的工作负担,提升司法效率呢?事实上,裁判文书说理

---

① 〔法〕勒内·达维德:《当代主要法律体系》,漆竹生译,上海译文出版社1984年版,第132页。

改革并不是"一刀切",不是说所有的裁判文书都得长篇大论,毕竟我国当前的司法资源是有限的。而在司法资源相对有限的情况下,实行案件的繁简分流,就构成了裁判文书领域内的"供给侧改革"——简单案件采用令状式、要素式、填充式文书,将更多的精力放在复杂案件的说理上。① 从减少法官工作负荷和提高司法效率的角度出发,用改革的办法推进结构调整,提高裁判文书说理对案件类型变化的适应性和灵活性。具体来说就是:对事实清楚、权利义务关系明确、当事人争议不大的一审民商事案件和事实清楚、证据确实充分、被告人认罪的一审轻微刑事案件,使用简化的裁判文书,通过填充要素、简化格式来撰写裁判文书;对于繁琐、复杂的案件,则有必要在资源配置上予以倾斜,需要花费更多时间和精力打磨出一份说理更到位、理由更充分、逻辑更严谨的裁判文书。因此,这种案件繁简分流的裁判文书说理改革方式既符合我国的司法现状,也能在减轻法官工作负担的同时提升司法效率。

四、裁判文书说理改革有利于促进司法公开

"裁判文书超过2000万篇,网站访问量突破20亿次,用户覆盖全球190多个国家和地区,超过5亿的访问量来自海外",这几个数字来源于中国裁判文书网,而之所以能获取到这些信息,是因为"人民法院的生效裁判文书应当在互联网公布"②。而在这之前,不论是在事实认定部分还是说理部分,更多的是表现为法官单方面的职权行为,几乎未展现当事人参与诉讼的情况,也没有显示出当事人参与诉讼的行为会对裁判的结果产生任何影响。在信息化时代下,裁判文书说理借助互联网这一平台获得更广阔的传播空间:从封闭空间的表达到开放空间的信息传递,从针对当事人说理到向不特定公众阐释,从个案裁判依据到公共产品迁移,要求法官把案件审理的思维过程在裁判文书中表述出来并公之于众,这正是以一种人们看得见的方式在实现正义。作为司法公开的核心内容,裁判文书说理不仅仅构成司法公开的形式,更构成司法公开的内容:裁判文书是人民法院审判活动、裁判理由、裁判依据和裁判结果的最重要载体,裁判文书充分说理,全面展示法官的心证,让暗箱操作没有空间,让司法腐败无处藏身。因此,推进裁判文书说理上网公开,是在落实公开审判的宪法原则,也是保障公众知情权、拓宽社会监督的重要渠道,作为深化司法公开改革的点睛之笔,裁判文书说理改革也必将进一步促进司法从形式公开向实质公开迈进。③

---

① 参见刘莉:《衍变与重塑:裁判文书说理改革的趋势分析》,载《人民法院报》2016年5月13日,第5版。
② 徐隽:《公开文书超过2000万篇 中国裁判文书网全球最大》,《人民日报》2016年8月31日,第9版。
③ 参见刘树德:《裁判文书说理是深化司法公开改革的点睛之笔》,载《人民法院报》2015年3月5日,第4版。

五、裁判文书说理改革有利于保障司法公正,增强司法公信力

裁判文书的质量提高了,是裁判文书说理改革较为直观、浅层次的价值体现;而更深层次的价值在于司法公正有了进一步的保障,司法公信力也得以增强。说理的裁判文书不一定是好的裁判文书,而不说理的裁判文书肯定不是好的裁判文书。因为裁判文书不说理,失去的不仅仅是一次次普法的机会,更关键的是体现了司法的不自信,此种不自信表现为:法官们羞于说理、不敢说理、说不出理,这有碍于司法公正的实现,也会导致司法公信力的降低。只有通过法官的说理,案件的演绎逻辑及心证过程才能清晰地呈现出来。法官的裁判权被公开后,当事人明显感觉到自身的诉求得到了法官的认真对待,还能在一定程度上吸收当事人对裁判结果的不满,使得从对权威命令的"服从"到理性对话的"说服"之间的转变成为可能,社会公众对于裁判文书的信任也自然增强了。如果说法院的裁判文书是一篇论证文,那么法官的责任就是把与案件有关的一系列真实的证据系统地、科学地连接起来,使之成为一个较为完整、客观的案件事实,最后在法院的裁判文书中得到科学、完整且合法的认定。否则,就会陷入一叶障目的泥潭,被当事人当作攻击的目标而一败涂地,损害人民法院的形象和威望。[①] 法律的魅力就在于可以最大限度地有效实现"让人民群众在每一个司法案件中感受到公平正义"的司法目标,在司法改革的潮流更加汹涌的今天,也期待通过裁判文书说理改革的方式,可以让司法更加公正、司法公信力更加深入人心。

当然,裁判文书说理改革的价值不仅仅限于上述所列内容,它浓缩了诉讼程序制度、司法制度以及构成司法制度运作环境的各种经济、政治、文化等因素,是窥探一国司法制度和法律文化的窗口,因而它的价值是多方面、全方位的。至于如何将这些价值从追求落到实处,则是我们需要进一步探究的课题。

[①] 参见李曙光等:《法律裁判文书说理改革初探》,载 http://lawyer.fabao365.com,访问日期:2016 年 9 月 5 日。

刑事判决书中酌定量刑情节说理研究*

奚 玮　王　璐**

判决书并不只是对案件的记录,同样,说理也不仅是法律的推理。党的十八届三中全会作出的《中共中央关于全面深化改革若干重大问题的决定》明确要求"增强法律文书说理性";党的十八届四中全会作出的《中共中央关于全面推进依法治国若干重大问题的决定》再次要求"加强法律文书释法说理";《关于全面深化人民法院改革的意见——人民法院第四个五年改革纲要(2014—2018)》对"推动裁判文书说理改革"进行了具体部署。在刑事判决书中,以情节为基础的定罪量刑是说理的核心问题。《中华人民共和国刑法》(以下简称《刑法》)第61条规定:"对于犯罪分子决定刑罚的时候,应当根据犯罪的事实、犯罪的性质、情节和对于社会的危害程度,依照本法的有关规定判处。"在这些"情节"之中,包含着反映被告人人身危险性、社会危害性大小的一些内容,如作案动机、一贯表现、悔罪态度等酌定量刑情节。① 与法定量刑情节不同,法律并没有明确规定酌定量刑情节的适用标准及范围,但酌定量刑情节同样对刑罚适用有影响力。可以说,酌定量刑情节与法定量刑情节共同构成认定犯罪行为危害性程度的有机整体。在裁判文书说理改革中,酌定量刑情节的说理问题日益受到重视。司法实践中,一些酌定量刑情节往往是控辩双方争议的焦点;一些由此产生的"同案不同判""量刑偏差"现象,不能为社会公众理解,进而对司法权威也产生影响。完善刑事判决书中酌定量刑情节的说理研究,是当前裁判文书说理改革的一个基础性命题。

一、酌定量刑情节说理的必要性

在判决书中针对酌定量刑情节进行说理,贯彻了罪刑相当、刑罚个别化和司法公开原则。

---

* 2014年度最高人民法院审判理论一般课题"裁判文书说理研究"。
** 奚玮,安徽师范大学法学院教授。王璐,法学硕士,安徽国伦律师事务所律师。
① 参见戴承欢、黄书建:《"三位一体"量刑规范化模式的选择及架构》,载《北京政法职业学院学报》2011年第3期。

(一) 贯彻罪刑相当原则

区别于法定量刑情节,酌定量刑情节是法律没有明文纳入考量范围的其他与案件有关的情节。酌定量刑情节与法定量刑情节二者来源具有一致性,都是来源于案件前后的客观事实,也都是与被告人人身危险性与社会危害性密切相关的事实,并且都对犯罪强度、罪责认定、执行改造有重大影响。罪刑相当原则调节罪与刑的均衡关系,要求刑罚的性质和强度要与犯罪的性质和强度相称,轻罪轻刑,重罪重刑,刑当其罪。罪刑相当原则要求法官在判决书写作中重视对酌定量刑情节的说理,以实现刑罚强度与犯罪强度的均衡,限制法官的过度自由心证。

(二) 提升刑罚个别化理念

在法定刑到具体的宣告刑之间,法官自由裁量权的运用能保障法律适用的灵活性,有利于实现刑罚个别化目标;但如若使用不当,就会导致量刑不当甚至量刑不公,进而引发量刑的公信力危机。我国在立法上并没有明确规定"刑罚个别化"原则,但在《刑法》第61条规定中贯彻了这一精神。法定量刑情节一般是以"从轻""从重""减轻""免除处罚"的形式出现,是具有单一方向作用的情节。酌定量刑情节的适用在遵循罪刑相当原则的同时,还要求结合"恢复性司法"等理念,以犯罪的个别预防为出发点,根据犯罪分子的人身危险性进行认定。对酌定量刑情节的说理,在个案中作出有针对性的判决,有利于提升教育、改造、矫正等活动的个别化程度,巩固其效果。

(三) 优化司法公开功能

从根本上来说,量刑说理是诉讼主体之间的沟通和交流,其中包括法院对控辩双方争议问题的回应和观点采纳与否,对当事人等其他主体进行的说明与阐释。"同等情况,同等对待"是刑事司法的基本原则。当前司法实践中还存在一些"同案不同判""量刑偏差"现象。有的结果差别悬殊,超出正常的预期或者有关规定限制的幅度。但是,客观而论,当事人不同,酌定量刑情节的不同对最终的宣告刑有很大影响。对于一些依法裁量的个案,需要在判决书中将"不同判"的依据及形成过程加以说理,将法官的自由心证公开。强调酌定量刑情节的说理,法院与当事人借此可以形成一种良好的信任与合作机制。

二、酌定量刑情节说理存在的问题及原因

当前,刑事判决书中酌定量刑情节的说理现状如何?笔者通过中国裁判文书网案例检索,发现绝大多数案件涉及酌定量刑情节,但是说理方式、程度等差别很

大。在此随机抽取9起个案予以说明其运行的模式及存在的突出问题。

（一）具体案件判决书列表

表1　9份判决书说理统计一览表

案　由	审判法院	判决结果	量刑理由	酌定量刑情节说理字数
郭某盗窃罪一审	山东省梁山县人民法院	盗窃罪，有期徒刑7个月，并处罚金5 000元	被告人郭某曾因盗窃受到行政处罚，酌情予以从重处罚；被告人归案后认罪态度较好，依法从轻处罚。	41
王某妨害公务罪一审	山东省梁山县人民法院	妨害公务罪，管制4个月	被告人王某庭审中自愿认罪，且已赔偿国家工作人员损失，取得国家工作人员谅解，酌情予以从轻处罚。	42
狄某某抢劫罪一审	浙江省嘉善县人民法院	抢劫罪，有期徒刑3年6个月，并处罚金2 000元	被告人狄某某有部分犯罪事实系犯罪预备，可比照既遂犯从轻、减轻处罚，被告人归案后认罪态度较好，可酌情从轻处罚。	49
陈某盗窃罪一审	浙江省长兴县人民法院	盗窃罪，有期徒刑1年，并处罚金10 000元	鉴于被告人陈某认罪态度较好，本院酌情予以从轻处罚。	23
高某非法狩猎罪一审	河南省洛宁县人民法院	非法狩猎罪，单处罚金5 000元	被告人到案后能积极缴纳罚金，如实供述自己犯罪事实，认罪态度较好，确有悔罪表现。	35
白某危险驾驶罪一审	山西省阳泉市城区人民法院	危险驾驶罪，拘役1个月，并处罚金1 000元	被告人白某归案后如实供述犯罪事实，认罪态度好，依法可酌情从轻处罚。	30
张某盗窃罪一审	浙江省舟山市普陀区人民法院	盗窃罪，有期徒刑1年，缓刑1年6个月，并处罚金5 000元，继续追缴违法所得	被告人张某所窃部分赃款、赃物被追回，且获得被害人谅解，也可从宽处罚并适用缓刑。	35

(续表)

案 由	审判法院	判决结果	量刑理由	酌定量刑情节说理字数
黄某交通肇事罪一审	浙江省长兴县人民法院	交通肇事罪,有期徒刑10个月,缓刑1年6个月	鉴于被告人黄某认罪态度较好,并对被害人亲属作出民事赔偿,本院酌情予以从轻处罚,并认为对其适用缓刑不致危害社会,依法宣告缓刑。	57
谢某某、肖某某盗窃罪一审	安徽省芜湖市三山区人民法院	谢某某盗窃罪,有期徒刑4年2个月,并处罚金5 000元;肖某某盗窃罪,有期徒刑3年2个月,并处罚金3 000元	两被告人的辩护人提出的两被告人认罪态度好,本案未给被害人造成财产损失的辩护意见以及被告人肖某某辩护人提出的被告人肖某某是从犯的辩护意见,本院予以采纳。	72

(二) 说理中存在的问题

1. 情节适用随意

从表1中各判决书来看,量刑时所考量的酌定量刑情节基本上都是罪后情节,缺乏罪前、罪中的事实,对于被告人人身危险性和社会危害性的情节未涉及全面。即使如此,针对在同类案件中都存在同一情节,有的作为量刑理由予以适用并加以说明,有的则未涉及,有的在同一情节的定性上存在不同认识。

例1:关于赃物被追回的情节认定

其中的郭某盗窃案和张某盗窃案,二者都存在赃物被追回的事实,浙江省舟山市普陀区人民法院将其作为从宽处罚的理由,而山东省梁山县人民法院则未在判决理由中涉及。这一现象表明,赃物被追回是否属于酌定量刑情节,法官尚未形成统一的意见,具体裁量时是否作为酌定量刑情节适用的做法不统一,进而更谈不上对其适用说理的正确与否。

例2:关于"如实供述自己的罪行"的情节认定

前述表1中的案件,几乎都采用了"如实供述自己的罪行"这一表述,但是对其定性却不统一。如在白某危险驾驶罪案中,山西省阳泉市城区人民法院是将其作为酌定量刑情节适用的;而张某盗窃罪一案中,浙江省舟山市普陀区人民法院却把它纳入到自首这一法定量刑情节范围。这表明同一情节的定性不统一,适用具有随意性,进而使说理也具有矛盾之处,对于司法权威产生不良影响。

2. 情节说理简略

判决书中酌定量刑情节说理部分总体套用模式化语言,比较含糊、简略。分析表1中的案件性质不同,当事人不同,法院也不同。但是涉及酌定量刑情节的表述,却惊人地相似,如"归案后如实供述,认罪态度较好",并且在这一表述后,往往直接附上"可酌情减轻"定论,缺乏论证过程。从适用缓刑的判决书所列情节来看,一般都是"可减轻处罚"后直接加上"适用缓刑",对于适用缓刑中的哪种具体情节没有单独予以说明。表1中对酌定量刑情节说理的字数作了统计,最少23个字,最多72个字,其平均值约为43个字。

3. 情节适用过程模糊化

表1中各判决书中的宣告刑,无论是拘役、有期徒刑还是罚金数额,都很明确、具体。与此不相适应的是,法官最后宣告刑形成心证的过程,即酌定量刑情节如何发挥作用、发挥作用的程度等都没有在判决书中体现出来。从相对确定的法定刑到具体的宣告刑中,尤其是当不成立法定量刑情节时,酌定量刑情节起着至关重要的作用。如郭某盗窃案,其量刑依据主要有两个:一是被告人之前受过行政处罚;二是被告人归案后认罪态度较好。前者得出的结论是"从重处罚",后者是"从轻处罚",这就是典型的"逆向情节"[1]。这份判决书直接列举了两种情节,分别说明了后果,但是究竟如何在逆向情节下,得出"有期徒刑7个月,并处罚金5 000元"的结论,并没有说明。也就是说,衡量二者谁更具有优势性,或者二者优势相当,双方适用的程度如何,并没有进行分析。宣告刑适用过程模糊化,会增加司法神秘感,不利于发挥判决书的沟通作用,也会影响当事人服判和社会公众的可接受度。

(三) 说理状况的原因分析

1. 法律地位不明

即使酌定量刑情节对最终宣告刑有影响,一些法官也倾向于一笔带过,这是为何?有人认为,酌定量刑情节在形式上与罪刑法定原则有冲突之处,在适用酌定量刑情节时不得不顾虑。但是,正如陈兴良教授指出的:"刑罚处罚的合理性问题,并不完全由罪刑法定原则解决,罪刑法定原则主要是构成要件的原则。"[2]酌定量刑情节适用及说理需要被"正名"。另外,我国没有单独的量刑程序。定罪量刑程序合一,不会对每一个量刑情节进行细致的分析。缺乏法律地位的认定和单独的量刑程序保障,酌定量刑情节在适用及说理上难免"先天不足"。

2. 判断标准模糊

究竟哪些酌定量刑情节应当适用,尚未形成统一的认识,这也导致了各地人

---

[1] 参见吴雪萍、魏冬梅:《多个逆向量刑情节并存的适用》,载《江苏法制报》2013年8月23日,第8版。
[2] 陈兴良:《罪刑法定主义的逻辑展开》,载《法制与社会发展》2013年第3期。

民法院对同一情节适用与否的差异性。如果是因为对同一个酌定量刑情节适用与否而产生不同判决,在判断标准不明确、说理不充分的语境下,容易导致当事人和社会公众对判决产生质疑,提起不必要的上诉、申诉和抗诉。为了遏制这一现象,需要明确酌定量刑情节的判断标准。原则上,只要是能反映被告人人身危险性和社会危害性的情节,就要纳入考量范围,进行质证,一旦适用就要在判决书中予以说明。

3. 司法人员责任问题

当前,法院去行政化、员额制、责任制等改革正酣。然而在一些地区,"案多人少"的矛盾依旧较为突出。为了平衡案件质量与效率之间的关系,一些法官在制作判决书时,倾向于将主要精力集中于法律明文规定的定罪说理和法定量刑情节说理。在一些个案中,由于司法行政化等因素的影响,可能会出现司法干预某些案件审判结果的现象。这样一来,即使法官是综合考虑后适用了各酌定量刑情节,但在如何对这一结果给出合理的说法时,只能选择含糊其辞,只对有法律依据的情节进行说理,而有意识地忽略酌定量刑情节等因素。

三、各国和地区量刑指南中的相关做法与借鉴

在涉及酌定量刑情节这一领域时,相对于大陆法系而言,英美法系对于法官的规范和约束更为详细。美国是最早实施量刑指南制度的国家,酌定量刑情节也被具体详尽地规定在量刑指南中,用以指导适用的标准。日本以及我国台湾地区,在"二战"后的程序法改革中,在量刑指南及程序方面借鉴美国做法较多。

(一)双轴式图表:美国量刑指南的启示

美国量刑委员会作为专门机关,对其制定的量刑准则法官必须遵守。其特色在于,量刑委员会设立了一种量刑表格:一张双轴式图表。其纵轴代表"犯罪行为的量值",表示犯罪行为的严重性程度的等级,横轴代表"罪犯的数量值",表示罪犯的犯罪前科的危险性等级。在表格上面有一条处置线,在处置线之上是监禁刑的刑期变化幅度,处置线之下是轻刑种的处罚幅度。线上的每一个独立的量刑格,描述的是监禁刑的数量范围。[1] 就量刑的事实依据而言,美国联邦量刑指南不仅考虑被告人的犯罪意图、犯罪行为以及犯罪的危害后果,而且参考被告人的年龄、受教育程度和职业技能、心理和情感状况、健康状况、就业状况、家庭关系及与邻里关系、犯罪记录、在社会和工作中的一贯表现,等等。与我国差异较大的是,美国量刑程序是独立的,是在认定有罪之后单独进行的。美国《联邦刑事诉讼规则》

---

[1] 参见杨志斌:《英美量刑模式的借鉴与我国量刑制度的完善》,载《法律适用》2006年第11期。

第32条规定:在量刑听证会前至少35天内,缓刑官必须将其对被告人的调查报告提交给被告律师、被告人及检察官。缓刑官的调查报告应当具备以下内容:……(2)补充信息,包括:A.被告人的过去及特征:犯罪记录、经济状况、对量刑或矫正处理有帮助的影响被告人行为的环境因素;B.经证实的任何影响被告人犯罪的经济、社会、心理、医学因素;C.如果合适的话,被告人可以得到的任何非监禁的处置措施的内容和实质;D.如果法律规定被告人应赔偿,有关赔偿的参考情况……量刑时,法官必须确认控辩双方已经阅读和讨论了缓刑官的报告及其补遗,给他们发表意见的机会。量刑时,法官应允许控辩双方举证;法官可以接受控辩双方无争议的缓刑官的报告的内容,作为认定的事实;但必须就控辩双方有争议的部分作出是否采纳或考虑的裁决。量刑前,法官还要保证被告人、被告人律师、检察官出庭并发表意见。当然,美国的量刑指南虽然将各种量刑情节规定得详细具体,但需要相应的社会条件和部门支持,同时也被批评具有一定的机械性,在其历史中从强制性必须适用转变为参考性适用。

(二) 证据顺序设定:日本量刑说理的启示

在日本,为了防止出现重复评价定罪量刑证据的危险,刑事证据分为"甲号证据"和"乙号证据"。所谓"甲号证据""乙号证据"是日本法院为了防止裁判官过早地对被告人的罪责产生预先判断而在证据调查方面设置的一种顺序。特别是对有争论的案件,应当在认定犯罪证据之后才提出情节证据,这就像情节证据不影响定罪一样。[1] 日本《刑事诉讼法》规定,"判决必须附带理由"。日本的判决书分为"定罪的事实""证据目录""适用的法令""理由"部分,有时还会有"量刑的理由"单独的一部分。判决中,特别是有罪判决中的理由,必须对刑罚加重或减轻的情节的评论加以论述。[2] 2000年,日本修改了《刑事诉讼法》并规定,被害人可以发表意见,在杀人罪的被害人死亡的场合,其配偶、双亲、兄弟姐妹也可以请求"陈述其被害心情以及有关本案的意见",裁判官要听取这些被害人及其家属的"被害心情"[3]。日本法律对"甲号证据""乙号证据"顺序的设置,对于优化量刑问题的说理以及回应被害人等具有积极作用,但在实际操作中,也存在一些准确区分两类证据的难题。

(三) 设置情节与方法:我国台湾地区量刑说理的启示

相对而言,我国台湾地区对量刑情节进行了详细规范。台湾地区"刑法"第

---

[1] 参见〔日〕田口守一:《刑事诉讼法》,刘迪、张凌、穆津译,法律出版社2000年版,第210页。
[2] 参见张华:《论日本量刑制度对我国之借鉴意义》,载《河北法学》2011年第1期。
[3] 参见陈光中:《21世纪域外刑事诉讼立法最新发展》,中国政法大学出版社2004年版,第254—255页。

57条是有关量刑的一般性规定,内容为:"科刑时应以行为人之责任为基础,并审酌一切情状,尤应注意下列事项,为科刑轻重之标准:一、犯罪之动机、目的。二、犯罪时所受之刺激。三、犯罪之手段。四、犯罪行为人之生活状况。五、犯罪行为人之品行。六、犯罪行为人之智识程度。七、犯罪行为人与被害人之关系。八、犯罪行为人违反义务之程度。九、犯罪所生之危险或损害。十、犯罪后之态度。"此外,台湾地区对量刑方法还作出了比较明确、专门的规定,即建立了以处断刑为中心的量刑方法。在台湾地区"法定刑—处断刑—宣告刑"的量刑方法中,处断刑处于中心位置,在量刑过程中起承上启下的作用,在处断刑的运行过程中,法官根据法律的规定,对法定刑进行多次修正,得到的处断刑呈现出不断变化的动态过程。这一过程是分阶段完成的,每一阶段法官都需要考虑不同的法定或者酌定量刑情节,以至于最终形成一个确定的刑罚点,即为宣告刑。实际上是将量刑情节分类,并且对各类情节确定加重和减免的具体标准和幅度,然后确定处断刑的量刑情节和修正处断刑形成宣告刑的量刑情节。[①] 台湾地区给予大陆立法的启示在于,可将一些常见的酌定量刑情节纳入法律框架之中,并对各类情节确定具体标准和幅度。

四、解决酌定量刑情节说理不足的路径

针对我国刑事判决书酌定量刑情节说理不足的问题,可以从以下几个路径解决。

(一) 明确酌定量刑情节说理的法律地位

我国是成文法国家,如何保证法官在判决书形成过程中对其说理,明确酌定量刑情节的法律地位相当重要。针对这一状况,可通过修改法律或者发布司法解释的方式,规范酌定量刑情节,并要求加以说理;或者可以将实践中经常适用的酌定量刑情节,直接以条文方式加以规定,尤其是死刑案件、未成年人案件等特殊类型案件中,还有必要进一步强化编撰指导性案例。赋予酌定量刑情节明确的法律地位,让法官对其适用和说理名正言顺,也会减少当事人和社会公众的质疑。

(二) 建立酌定量刑情节的判断标准

宏观上,酌定量刑情节的判断标准可区分为人身危险性标准与社会危害性标准。因为判断标准的不明确,法官在是否应当适用时不能达成统一,也会滋生司法内部的矛盾。一般而言,犯罪之动机、目的,犯罪行为人的生活状况,犯罪行为

---

① 参见皮勇、刘胜超:《海峡两岸量刑规定比较研究》,载《武汉大学学报(哲学社会科学版)》2014年第4期。

人品行、犯罪后之态度、反社会心理状况等因素,在判断人身危险性与社会危害性方面较为稳定。当前,较为急迫的是,针对这些情节的调查取证、说明,以及针对心理、行为状况的测试如何规范化。为此,在刑事司法实践中,可以强化政府管理机构、心理咨询人员、社工等主体的适度参与。

(三) 进一步规范判决文本的结构和要素

随着我国司法公开三大信息平台的建立,司法公开将日益深化,刑事判决书的桥梁作用也就愈发重要。要提升酌定量刑情节的说理在判决书中的法律功能、社会功能,需要进一步规范判决文书的结构和要素。第一,控辩各方量刑意见是否采纳,应详细说理,判决书中应当对各方提出的量刑意见进行记录;第二,全面概括特别量刑情节;第三,具体说明特别量刑情节的采纳与否,采纳的理由、排除的理由要说明,法官应当公开采纳与否的自由心证形成过程。

(四) 逐步建立单独的量刑程序

在是否设置单独的量刑程序上,社会各界争议较大,尤其是关于定罪证据与量刑证据的交叉问题,涉及两个程序之间的关系处置。随着量刑程序、量刑证据研究的深入,在将来的立法中,可以进一步将定罪程序与量刑程序分开,建立单独的量刑程序环节。第一,在量刑程序前,运用量刑调查报告。量刑调查报告的内容包括:一是关于被告人情况的调查报告;二是关于被告人犯罪行为情况的调查报告。第二,在量刑程序中,控辩双方分别提出量刑建议所根据的量刑事实,经充分质证后,由法院决定是否采纳及其理由;同时还将被害人纳入量刑程序中来,通过在程序中的充分质证,将量刑情节明朗化。当然,作为替代方案,即使暂时不设立单独的量刑程序,针对因为量刑情节产生的争议,也可设计一套量刑听证及裁判程序,以促进量刑公正的实现。

论古代刑事裁判文书说理特点

——文理优长

侯兴宇[*]

查阅中国法制史,可以清楚地看到,紧随着法制的发展,法律文书也随之萌生和发展起来,法律文书说理也成了古代法律文书的一道亮丽的风景。考察我国现已出土的文物,可以证实,中国的裁判文书早在诉讼和审判制度的形成之初即已初步成形,自从有了裁判文书,裁判说理已充分展现了中国的人文精神。考证我国现存的文献资料,可以证明,我国的裁判文书随着中国法律文化和社会文化的发展由成形走向繁荣,裁判说理也形成了自身发展的轨迹和特点。特别是刑事裁判说理,在古代重刑轻民的法制背景下,相对于民事说理形成了较为完整的发展体系。按照我国通常的历史分期,裁判文书同样经历了古代、近代和现代三个历史阶段,每个阶段的刑事裁判说理都有其自身发展的特性。

古代刑事裁判说理的特点总体上可以用四个字表述——文理优长。从夏、商、周起至 1840 年止,在长达四千多年的时期中,中国刑事裁判文书说理经历了从萌芽到独立成体再到逐渐发展成熟三个阶段,而刑事裁判说理的"文理优长"[①]也经历了实践型—理论型—实践型的发展过程。

一、夏、商、周、春秋战国、秦、汉时期

第一阶段(夏、商、周、春秋战国、秦、汉时期)为法律文书形成的雏形期。此时,随着夏、商、周奴隶制国家开创了中国法律制度的先河,就应有裁判侧身其间。因为,如果没有裁判(包括口头的和书面的),法律就不可能真正成为统治阶级意志的体现,而这种阶级意志体现的中心就是刑事裁判说理。只是由于历史久远,阻碍了我们对早期裁判文书的考察。但即便是从目前有据可考的出土文物和文献典籍中,也足以显示:我国裁判文书早在西周的中晚期就已开始萌芽,断案之语

---

[*] 侯兴宇,汉语言文学学士,法律硕士,贵州警察学院法律系副主任、教授。
[①] 参见宁致远:《法律文书学》,中国政法大学出版社 2003 年版,第 7 页。

古已有之。据《说文解字》："劾,法有辜也";又据《广韵》:"劾,推穷罪人。"可见西周初期称判决书为"劾"。然而据《周礼·秋官·小司寇》,"读书,则用法",说明当时又称判词为"书"。另据《尚书·吕刑》正义曰:汉世问罪谓之"鞠",断狱谓之"劾",可见直至汉代似乎还有称判决书为"劾"的说法。而其中的"有""推穷""用""问""断"等就揭示了裁判说理的本质。对陕西省岐山县出土的青铜器上所铸铭文考察可知,这篇被称为《𤼈匜铭》的文书,共计 157 个字,13 行,就是一篇西周晚期关于如何定罪科刑、依法刑当如何、减轻后又如何处罚的裁判文书。这篇判决书距今已有三千一百多年,距裁判文书独立成形也还有一千七百多年。因原文艰涩难懂,不便引用,现将其译文引于后:牧牛,你违背了你以前的誓言,敢和你的管理者打官司,并进行诬告,现在你要信守誓约,到𤼈去见𤼈,以表示和好,并且给他五个奴隶,你应当恪守誓言。按照最初的责罚,我本应鞭打你一千下,给你施以墨刑,现在减轻对你的处罚,鞭五百下,罚铜三百锊。先说事理即"违背了生前的誓言",再说法理即"本应大赦"。此判说理较简单,但就实践而言,也不失为一篇量刑处罚的断语。

从目前掌握的文献资料中考证,雏形期的裁判文书还在《国语》(成书于东周后期)和《左传》(成书于战国初年)中存有两篇。现引于后:

《国语·晋语三》:"夫韩之誓曰:失次犯令,死;将止不面夷,死;伪言误众,死。今郑失次犯令,而罪一也;郑擅进退,而罪二也;女误梁由靡,使失秦公,而罪三也;君亲止,女不面夷,而罪四也,郑也就刑!"

《左传·昭公十四年》:晋邢侯与雍子争鄐田,久而无成。士景伯如楚,叔鱼摄理。韩宣子命断旧狱,罪在雍子。雍子纳其女于叔鱼,叔鱼蔽罪邢侯。邢侯怒,杀叔鱼与雍子于朝。宣子问其罪于叔向。叔向曰:"三人同罪,施生戮死可也。雍子自知其罪而赂以买直,鲋也鬻狱,邢侯专杀,其罪一也。己恶而掠美为昏,贪以败官为墨,杀人不忌为贼。《夏书》曰:'昏、墨、贼、杀。'皋陶之刑也。请从之。"乃施邢侯而尸雍子与叔鱼于市。

这两篇判词的刑事说理已具有说理体系性、层次性、逻辑性。

到了汉代断案制判有两种情况:一是依律令断狱(汉代判决谓"断狱",宣判叫"读鞠"),如律无正条,便用比附类推的办法断决,即"决事比";二是以《春秋》精神和事例作为审判的依据,即"春秋决狱"。由此可以推见,当时的裁判以书面形式为主,并较重视裁判文书的制作,以适用于类似案件;同时,裁判文书多引用儒家经典作为裁判理由。如西汉董仲舒的判例:"时有疑狱曰:甲无子,拾道旁弃儿乙养之,以为子。及乙长,有罪杀人,以状语甲,甲藏匿乙,甲当何论?仲舒断曰:'甲无子,振活养乙,虽非所生,谁与易之?《诗》云:螟蛉有子,蜾赢负之'。《春秋》之义,父为子隐,甲宜匿乙而不当坐。"[1]"春秋决狱"是董仲舒倡导的,从此例可见西汉裁判文书叙事简明清晰,阐述理由充分且重视分析事理和论述经义。

概言之,雏形期的裁判文书,由于历史久远,受"神判"和"天罚"思想的影响,又由于受"刑不可知,威不可测"和"临事制刑"等观念的影响,裁判者的随意性较大,且极为质朴。但最为可贵的是说理实在、说理务实、重在实践。

二、唐宋时期

第二阶段(唐宋时期)为独立成体期。据史书记载,从唐朝起,"以判为贵",把"试判"作为科举考试的内容,即:"凡择人之法有四,一曰身,体貌丰伟;二曰言,言辞辩正;三曰书,楷法遒美;四曰判,文理优长。"[2]这就提出了"文理优长"制判理论,也成就了古代判词说理的特点。另外,唐律还规定,官吏制作判词"皆须引律、令、格、式正文"。如此,极大地促进了唐代判词说理的制作水平,使我国的判词到了唐代才真正成为一种独立的文体——"判体",为明代文体大师吴纳和徐师曾所认可,而"文理优长"是成就判词成为判体的真正原因。在此之前,裁判文书均不被公认为一种文体。

唐代判词分为"实判"和"拟判"两种。拟判是为准备科举考试而杜撰之作,并非司法实践中产生的判词;实判是司法实践中产生的判词,两种判词都以骈文制成。唐代判词中以拟判最为有名,留传至今的不少,最为著名的有张鷟的《龙筋凤髓判》、白居易的《甲乙判》。它是根据拟设的当事人制作拟判,由于制作者不是审案法官,其判词也仅是杜撰之作,用作科举的范本。

从现存唐代拟判看,其写作特点有:一是判词前皆有简要的案情介绍,类似考试题目;二是不具体引用律令正文(根据唐律"皆须引律、令、格、式正文;违者,笞三十"的严格规定,这些拟判大多是不合格的);三是皆以骈文制作,四六对句,注重声韵,讲究辞藻,爱用典故,这正是南北朝时期公牍文遗风所致;四是裁判重在说理,判词标准就是"文理优长"。从此,古代判词的特点,也由此形成。

宋代前期,判词仍以"文采俪偶为工"(以文句讲求对偶为上),以骈文制判。到北宋中后期,骈体判已不再适应时代的要求,转向用散文体制判,风格趋向通俗化。王回就是用散文体写判词的代表,并且突破了四六对句(即每第四句、第六句须对仗和押韵)的体式。可见,宋代判词不再以文采取胜,而以实用见长。在徐师曾的《文体明辨》中,有对王回判词的评价。宋代判词保留下来的不多,仅有成书于南宋时期的《名公书判清明集》一书,为当时的名流所作,其现存判

---

[1] 宁致远:《法律文书学》,中国政法大学出版社2003年版,第8页。
[2] 宁致远:《法律文书学》,中国政法大学出版社2003年版,第7页。

词116篇,都是用通俗易懂的散文体写成。现引《名公书判清明集》中胡石壁判词为例:"慢藏所以诲盗,冶容所以诲淫,观阿周状貌之间,必非廉洁之妇。与尹必用比屋而居,寻常升堂入室,往来无间,特患尹必用不能挑之,则未有不从者。今阿周乃谓'被尹必用抱持于房闱之中,抗拒得免,逃遁而归'。此必无之事也。若果有之,何不即时叫知邻舍,陈诉官府,必待逾年而后有词,则其为妄诞,不言可知矣。大凡街市妇女,多是不务本业,饱食终日,无所用心,三五为群,专事唇舌。邻舍不睦,往往皆因于此。近之则不逊,远之则怨,真此曹之谓也。阿周今至讼庭之下,太守之前,犹且谗谗不已,略无忌惮,况在家乎?决竹篦十五,押下本厢,扫街半月。尹必用今后亦当安分守己,亲善邻舍,不许因此得胜,妄生事端,如再惹词,定当惩治。"

据此可以看出,唐、宋时期判词的说理已到达顶峰,说理成为判词的标志,也成了文人墨客卖弄学问的工具,说理已到理无学问事不休的地步。判词说理的文化性得到了空前的发展,但对于司法实践而言并不实用。因此,笔者喻之为判词说理的理论时期。

三、明清时期

第三阶段(明清时期)为成熟期。明代提出"简当为贵"的制判原则,即判词讲究文理清楚、文字简约,以律为据,判决公允。这实为"法贵简当,使人易晓"①的立法思想在判词制作中的具体体现。这一制判原则从理论上承认、总结了判词文体的性质属公文,应用符合公文文体的语言与手法去制作,而不是文学样式,不应以文学语言与样式制作,从而为古代判词的内容走向成熟奠定了基础。著名的有李清的《折狱新语》(判词集),现引其中的《强占事》如下:"审得柳士升妹三女之许嫁刘有义,乃故父一龙命也。迨迁延至今,则有义家徒四壁,仅可咏骤富于新月耳。然一诺千金,著于皎日,何必聘金也!胡为士升者乃与母董氏合谋,以三女另许?不过俞永鼎之十六两动其新涎耳。初阅永鼎诉辞,谓'成婚二载,亦既抱子'。信斯言也,无论深红尽落于狂风,而有子离离,已垂嫩绿。当以三女为鸦头女,而返之不详耳!及当堂提质,则十三室女也。青青一枝,犹未灼灼其华,而遽云'桃花贪结子',可乎?诞哉!兹召三女面讯,则与有义母张氏执手相依,情若母女。而问以适刘乎?适俞乎?曰:'适刘,虽母兄不能强也。'夫女子之嫁,母命之。人尽夫也,是何言与!'逼迫有阿母',犹坚弗承;肯云'理实如兄言'?噫!我知之矣。'执子之手,与子偕老',是女所惭,不可告婿也;聊以执姑手明心尔。若此愿不遂,则投烈火以明烈,而赴清流以矢清,皆可因言而定志者也。合断还有

---

① (清)张廷玉等:《明史》卷93《刑法一》,中华书局1974年版,第2280页。

义,返尔东床。仍杖治士升、永鼎,以为贪财、渔色之戒!"

清朝进一步发展"简当为贵"的制判理论,并将制判技术发展到古代最高峰。此时判词分看语和审语两种。看语,即无权自行处断的知县,草拟的呈报上司处断的判词,制作难度在于写出的供词(当事人的陈述)要能使上司一目了然,要求"论辩精详,使无驳实"①,即辩论之语精练而完备,无懈可击。审语,即可自行判决的知县所作的判词。其制作难度在于分析事理、裁决是非,要求作出"不卖弄文笔而使人心悦诚服的判决"②。

清代产生了许多制判理论的专论,如:

《资治新书》,明末清初具有司法经验的杰出戏剧理论家李渔所著。在该书的卷首《慎狱刍言·论人命》中提出,审理过程,包括所有司法文书的撰制要慎重、精细、详明,判断须出于己见,不可"观望上司之批语以定从违",也不可"摹写历来之成案以了故事(案件)"。

《办案要略》,乾隆中期著名的办案专家王又槐著。书中专论判词和批文(也属判词之一种)的制作。提出制作判词"要能揣度人情物理,觉察奸刁诈伪,明大义,谙律例。笔简而赅,文明而顺"。还提出看语的写作方法和语体要求,即"作看语亦要谙前后层次,起承转合,埋伏照映,点题过脉,消纳补斡、运笔布局之法",字句"要有文体,不可作村夫鄙俚口气,亦不可过于文饰,致令以辞害意也"。

《审看拟式》,光绪十二年(1886年)吏部尚书刚毅择判语80余则汇编而成。其中的《审看略论》③从理论上总结了制判经验:"凡定一狱,即将各犯供词,逐一录叙明白,看是应科何罪,比拟何律。立定主意,于审看中择其紧要关键,总叙一段。""著眼极宜用心剪裁,繁简得当。太繁,则语意复沓而眉目不清;太简,则案情疏漏而比拟隔碍。""审看,乃文章家先叙后断之法。叙笔宜精要,断笔贵简严。……善治狱者,只就案犯真实情形,平平叙去,而眼光四射,筋脉贯通,处处自与断语关合,语语皆为律条张本。……叙完之后,加以断语,拍合律条。"

《考试法官必要》,清末宣统年间由奕劻、沈家本共同编撰。在吸收国外裁判文书制作经验的基础上,对刑事、民事判决书的格式和结构内容作了统一规定,并固定了判案理由的表达形式。其中,规定刑事类判决书程式为:一是罪犯之姓名、籍贯、年龄、住所、职业;二是犯罪之事实;三是证明犯罪之理由;四是援引法律之某条;五是援引法律之理由。规定民事类判决书程式为:一是诉讼人之姓名、籍贯、年龄、住所、职业;二是呈诉事项;三是证明理由之缘由;四是判之理由。

清朝在制判实践中也呈现了许多较高水平的判词集,如《清朝名吏判牍》《吴

---

① (清)黄六鸿:《福惠全书》,撰于康熙三十三年,刻于康熙三十八年,第20卷(共32卷)。
② (清)黄六鸿:《福惠全书》,撰于康熙三十三年,刻于康熙三十八年,第20卷(共32卷)。
③ (清)刚毅:《审看略论》,清光绪二十五年(1899年)刻。

中判牍》《樊山判牍》《刀笔精华》,等等。现就《清朝名吏判牍》中于成龙的判词作一节选于后:"查得械斗恶习,犯王章,伤和气,天理不容,人神共嫉。本县莅任以来,一再出示严禁。每逢朔望,又召集父老,谆谆告诫,以冀消此巨祸,共挽颓风。乃言者谆谆,听之藐藐,仍有赵、廖两姓械斗之事。此皆本县诚信未孚,威望未立,有以致之。今本县再为尔等告:天下事应决之以理,决之以理而不胜,始求之于法,求之于法已非上乘,而况又不言法而言力夫? 使言力而果可为最后之决定也,则亦已矣。无奈,其势又不能,必断之以法,折之以理,而后始可解决,是力者,不恃不足以解决本案,抑治丝而反棼之。何苦来! 何苦来! 故械斗一事,非天下之至笨拙者,必不为此。即以本案言,赵、廖两姓之所争者,不过一区区五亩之地耳,其价以每亩二十千计,亦不过一百千。两姓果有诚意者,不妨出以公平之心解决之。或分其地而耕也,或共其地而耘也,何至出此下策。再不然决之以法,亦不难由官厅为之解决。充其量即一方完全败绩,其损失也不过一百千。乃不此之谋,必出以械斗为快。至今赵姓死者三十八人,廖姓死者四十七人。人之生命,至为宝贵,以三十八人及四十七人之性命,殉诸价值不过一百千之五亩土地,果孰得孰失? 孰利孰害? 此不必本县言明,尔等当亦可恍然悟出。况赵姓房屋,又焚毁者七十二家,而此七十二家之财产,与五亩荒地相较,又果孰得孰失? 孰利孰害? 然此仍不能解决尔等所争之案也,仍须来县诉之于法。使尔等早十日前即来投诉者,此三十八人及四十七人之性命,均可保全,即此七十二家之房屋财产,亦何至化为灰烬。尔等静言思之,痛乎不痛? 是本县不能不为尔等垂涕以道者也。至言本案,本县已研审数四,如按律严惩,则至少应再杀赵姓四十七人,廖姓三十八人。盖须知两者不能相抵,甲杀乙,按律杀甲,丙杀丁又按律杀丙,不能以各死一人为可完案也。今赵姓所死者,非即廖姓所死者杀之也,廖姓所死者,亦非即赵姓死者戕之也。按律法办,应各抵罪。但本县仁心为怀,不忍于两姓死亡枕藉之后,而又杀戮数十人以相抵,几使全村为墟,两姓嗣斩,从宽将余人一概免究,唯将赵姓族长赵君芍、赵翰生,廖姓族长廖桂穆、廖顺成,按律斩首示儆。又廖姓死亡虽多,而房屋财产,并无损伤,赵姓房屋,惨遭一炬,几使全村尽为灰尘,然死者较廖姓为少,应从权相抵。荒地一方,为两姓械斗之起源,决不能再为尔两姓所有,应由官家变价发卖,使一异姓者所有,以免双方争执,且可隔离两姓接触。从此以后,尔等应各痛定思痛,以此案为前车,勿再妄争,致肇破家灭门之祸。本县亦决不再为尔等宽宥也。尔等又须知今日以后之生命,皆非尔等所自有,一死于械斗,再死于王法。本县曲为成全,免予株累,盖亦体上天好生之德,悯尔等杀戮之痛,后日益应兢兢业业,勿蹈前辙,庶不负本县一片婆心。即今日来县听审者,亦各以此为戒,勿凭血气之勇,至贻噬脐之悔。人人怕死,物物贪生,尔等纵不读书明理,当亦不忍使一家一族,轻葬身灭门于一言一语间也。共喻斯旨,其各凛遵。此判。"

上文所引判词说明,清代判词以散文体为主,文字精练;讲究叙述方法并分析证据;叙事说理论证充分,间以参酌情理,说服力强。

总之,明清时期判词说理贵在简当,贵在精练,贵在用律,贵在务实。判词说理有回归司法实践的意义。

综上所述,中国古代刑事裁判说理的"文理优长"经过了实践型—理论型—实践型的发展过程。

论裁判文书说理的维度和限度

叶建平[*]

近年来许多裁判演变为举国皆议的热点事件令人不安,舆论场上的"狂欢"以及挟"狂欢"而来的种种非难[①],虽然缺乏理性的质素,但这种对司法裁判的非议、责难、否定、排斥往往伴随着巨大的牺牲,法官权威消亡,司法公信沦丧,法官们由是四面楚歌,四顾茫然,压力重重,身心俱疲,行止失度,进退失据。为此,笔者试从诉讼理念和制度构造的角度,浅析裁判说理的行止之度、进退之据。

一、裁判说理的中国基因

从历史和现实看,我国裁判文书写作有深厚的历史基础、坚实的现实土壤,也必然会有灿烂的明天。

我国有令人自豪的裁判文书写作历史。从发展源流来看,历史上,司法几乎与制度文明同源协进。司法鼻祖皋陶传说是与尧、舜、禹并称的上古四圣之一[②],集司法、立法于一身。1975年2月,在陕西省岐山县出土了一个青铜器倗匜,上有铭文157字,这是我国目前已知的最早、最完整的一篇诉讼判决书,有中国"青铜法典"之美誉,距今已有3 000年以上历史;而迄今为止发现的罗马私法裁判的最早记录是作成于公元前117年的热那亚判决[③],从现存史料实物看,我国裁判起源早于国外上千年,而且明显温和很多、文明很多。[④] 此后代代相沿,不断发展,蔚为大观,也有不少为人传颂的妙判佳话。

---

[*] 叶建平,提交本论文时为浙江省温州市瓯海区人民法院副院长,四级高级法官。
[①] 网络舆论、刊物论著、讲坛高论、街谈巷议、茶余饭后,不时充斥着对司法权威的蔑视和裁判说理的嘲弄,各类事件、现象不胜枚举。
[②] 参见百度百科(http://baike.baidu.com/link? url = 7zjT0z07tQRPZ1TlesLSMfRl9GHlh8szEnkvvE7r5 - 8ynxMakdmFI3lRdPfQwNrKoJWInQ4jAZmbs0 - Y - E9lOq),访问日期:2015年11月15日。
[③] 参见百度文库:《外国法制史(古代部分)》,载http://wenku.baidu.com/link? url = R5JIdho - PQxYtLIsqMjY9yrP0mGEgYTPEXwTl7FFmKlTTPHApXSKmoxXovasL64e7940WcrBR - UwMIG6R1jwK8dVRzXHwhhyl7aSfE lA6FO,访问日期:2015年11月15日。
[④] 参见凤翔龙飞的博客:《青铜法典——倗匜》,载 http://blog.sina.com.cn/s/blog_4b09dc100102v2cn.html,访问日期:2015年11月15日;张天禄:《我国最早的法律判决书——"倗匜"铭文》,载《河北法学》1984年第6期。

我国有严整规范的裁判写作程式传统。判决古时称作"谳""治决""鞫定""断决""断罪""勘结"等,判决文书叫做"爰书""书判"等①,至清末民国及现代"判决"出现之前或其同时,仍有判词、堂谕、堂判、堂断甚至信票等称法或类别;同时,很早以前就有裁判文书程式基本制作方法的统一格式和书写要求。② 而且判词这一文体也不仅仅是记述审判活动的文书,还是铨选官吏的科目之一。能否有效地掌握、运用这种文体的写作主旨和技巧,能否达到制判要求,是封建时代选拔人才的一种标准,因而历代文人学士也常有判词(拟判)传世。可以说,裁判写作乃是相关官吏的基本功。

当代人民法院在改革中发展裁判写作。人民法院历来重视裁判写作规范,除了一些特殊时段外,在不同时期,分门别类制定了适用、规范的裁判文书样式,各地法院在实践中又有创新完善,说理性不断增强,取得了很好的成效。特别是顺应网络时代呼唤推出裁判文书全面网上公开,在世界司法史上也属难能可贵,意义非常重大。广大法官在监督中提高,在借鉴、比较中进步,裁判写作的理性化发展有目共睹。

当代司法,在吸收传统精华和借鉴他人先进经验的基础上,取得了前所未有的进步,对此应有客观的态度和清楚的认识,以增强自我认同和司法自信。

二、裁判写作的说理维度

从空间维度和时间维度的视角可以较为立体、客观地考察裁判说理,并具有可以对比的特征,也可以说,维度考察是裁判文书写作的形体观、度量法、评判尺,反映了裁判写作的变迁史,也可以作为未来发展的指向针。裁判写什么?当事人的请求权基础决定了它的宽度,既是命题范围,也是规制要求。裁判写多长?纠纷的繁简难易程度决定了裁判写作的长度,简单纠纷写得过长是一种浪费,复杂纠纷过于简单化又嫌表达不足。裁判怎么写?案件的典型程度、当事人的理性程度以及法官的素养程度决定了裁判写作的高度,既有材料的优劣,又有匠者的高下。裁判如何成为妙判?社会的评判、时间的检验是裁判写作优秀与否的矢度,结果很重要,说理很关键,既反映现时代的司法理念又体现跨时代的司法特征则为优;反则次之,但并非反之即为劣,毕竟裁判都是制度和时代的产物。

司法理性要求裁判充分说理,但裁判说理具有自身独有的特性,在着眼裁判说理维度之时需要把握以下要点。

---

① 参见《史记·张汤传》《名公书判清明集》等,同时参考高敏:《释"爰书"——读秦、汉简牍札记》,载《益阳师专学报》1987 年第 2 期。
② 笔者收集的各类堂谕、堂判、信票等古代判决实物,判牍、批牍、判词等判决文书汇辑及中华民国二年八月司法部颁司法官公文书暂行程式令及文本等资料,亦可证此。

一是针对性，或可称之映射性。简单地说，裁判写作不是自选题目、自选体裁、自选内容、自拟观点、自我分析、自我定论，作为司法过程的结果，裁判必然是司法活动的客观反映。制约裁判文书写作的是当事人的请求权基础以及双方的争辩焦点，裁判必须围绕当事人的主张、举证、质证、辩论活动而展开，对裁判写作的内容不能任意自我取舍、筛选或者刻意回避部分内容、材料。裁判的理由不是个人意见的自由表达，而是审判组织——独任庭、合议庭、审判委员会讨论形成的观点、意见和决定，且基本上只能在当事人主张之中做选择，当然还受严格的文书格式的约束。在笔者主审的一个案件中，原想对学界争论不已的一个法律观点进行阐释，但最后发现并不是当事人的主要争议，当事人并没有就此展开辩论，如果写入过多，势必行文无据；且未经辩论，于当事人程序权利也有妨碍，最后还是放弃写入文书。

二是差异性。世界上没有相同的两片树叶，世态百相，纠纷繁复，新情况、新问题层出不穷。案件纠纷往往具有各自的差异性，或类型差异，或角度差异，或选择差异，或认识差异，写作裁判文书既要考虑抽象类型、通常情况、一般规范，更要注意这些特殊方面、差异表现、个案特征，有差别、有针对性地予以回应。有时还要考虑个体认知、心理、性格的差异而予以差异化处理，所谓同案不同判，也有其存在的客观基础。

三是社会性。案件针对的是当事人个体，但处理纠纷的司法活动的最大特点却是公开性，或可称其为社会性。个案纠纷的社会化解决，需要遵循一定的程序，特别是要体现司法活动的公开性、透明度、平等化，即便有不公开审理的特殊情形，但判决结果仍然一律公开。因此，裁判说理不是自话私语，而是具有社会性的特征，必须体现社会化的内容，无法迁就一些过于个体性的要求。

四是主体性。裁判是一种语文表达，与写作者的个性、修养无法决然分离，或多或少总要体现写作者的个性特点，打上写作者的烙印，这是无法掩饰和回避的客观现实。优秀的裁判文书，无非就是那些既能准确表达当事人主体化内容，又能恰当表现自我主体，将两者有机融合的裁判范例。

五是发展性。随着科技发展、文明进步、司法进化，裁判文书写作基本上越来越趋于理性。一方面是制度的规范，另一方面是程序的完善；一方面是理论的发展，另一方面是证据的科技化条件，这些方面推动司法裁判不断完善，越来越理性，越来越文明。

三、裁判写作的说理限度

由上可知，裁判写作有自身的维度基准，但这种特定时空的主客观的结合，也有其自身的合理的限度，以及客观发展状态和主观认知水平的限度，不能回避制约裁判说理的各种因素,如认识的相对性、表达的有限性、纠纷的差异性、理由的多样性、法律制度的先定性、诉讼构造的特殊性、审判程序的特别性、文书样式的限制性。

合理的限度,其实乃是维度的另一种规定,裁判说理的范围限度、方法限度、精确限度、完美限度一定程度上也包含于上述维度描述之中。现实中存在不少似是而非的认识、要求、做法,实有推敲、反思的必要,举其要者如下。

一是规范失偏。作为裁判写作外观维度的要求,常常规定不能突破文书样式规范,但在有些情况下,样式设计过于僵硬,要求苛刻反而不利于表述。从裁判文书样式的结构可知,裁判文书因其司法公文的特点而需具有相对固定的格式,但应注意到文书格式仅具其形,真正应当下功夫追求的还是背后之神。解构裁判文书写作的共性特点,可知"三素"序列:其一,要素是皮,作为格式规范,只要完整齐备,按需灵活调整无可厚非;其二,因素是骨,因素由承载内容的案件的特定情况所决定,要始终着眼事实因素和规范因素以及两者之间的合理联系,及时发现、妥善梳理、合理分析、正确处理案件争点;其三,元素为魂,元素犹言本质,为法律精神尤其是司法理念所决定。

二是评价失偏。作为裁判写作体量维度的评价标准常常要求裁判文书应当要有一定的长度分量。不少学者常以英美著名判决为例,说明好判决都是长篇判决。但境外同样存在大量的简易短判决,甚至很多案件根本无须作出判决或写作判决。如资料表明的美国司法制度状况,2008年时,只有1%的民事案件经由审判结案;而同一年经由审判的刑事案件只占总数的4%,实际上需要制作裁判文书的案件更少。[1] 美国联邦最高法院每年接到的上诉申请通常有1万~2万件,但最终作出处理的不到80件,作出判决的往往是60~70余件[2],盖因裁判权威之故。而在上诉之前,简易程序、诉辩交易、非诉讼纠纷解决机制、上诉许可、择案而审等程序保障和处理机制发挥了疏释作用。[3] 我国香港特别行政区虽然每年案件多达60余万件,185名法官人均3 000多件,但大部分案件也是快速简易处理。终审法院在2011—2013年间结案最多年份的上诉案件是46件,2015年1月1日—11月5日期间发下已决案件判决书26份,程序机理有合理的安排。[4]

三是制度失偏。作为裁判写作外延维度的要求,规定所有裁判都应充分说理。但现实确实存在一些理由不好说、很难说的问题,也存在一些不必要的特殊情形。裁判与法一样,本身都遵循一定的程序法则,实行少数服从多数的原则。

---

[1] 参见方鲲鹏:《金玉其外败絮其中的美国司法制度》,载《经济导刊》2014年第7期。
[2] 参见美国联邦最高法院各年度工作报告等。
[3] 参见〔美〕爱德华·欧·伯克法官:《美国民事诉讼中的效率问题》,载成都法院网(http://cdfy.chinacourt. org/article/detail/2004/06/id/551148. shtml),访问日期:2015年11月15日。
[4] 参见香港特别行政区法院网站(http://www. hkcfa. hk/en/home/index. html等)及终审法院年度工作报告、首席法官司法年度开启典礼致辞等。

少数人即使不同意,也要接受和尊重结果,典型情况下理有不周也只能如此。这也是现代法治的一个必要的副产品,连最高人民法院公布的指导性案例,同样经常有人不予认同。1991年《中华人民共和国民事诉讼法》(以下简称《民事诉讼法》)第138条在第1款关于判决书应当写明四大结构中的第(二)项规定:判决认定的事实、理由和适用的法律依据;第140条关于裁定书的规范则没有说理的要求。为了全面贯彻裁判说理的要求,2012年8月31日修改《民事诉讼法》时进行了特别明确,其中第152条第1款中规定"判决书应当写明判决结果和作出该判决的理由",作出了特别突出的提示要求;第154条列举了裁定适用情形后的第3款规定,裁定书应当写明裁定结果和作出该裁定的理由。随之而来的问题是,《民事诉讼法》第154条首先规定了11种适用裁定的情形,补正裁定、保全裁定、程序转换裁定如何充分说理?何以做到?确有必要吗?连后来制发的文书样式也不作要求,因为有时理在事中、理含裁中,说多了成了无病呻吟。就像刑事案件中的无罪判决,往往是简单地不予确认指控事实,反向认定(否定),仅此而已。

四是目标失偏。作为裁判写作效果维度的一个任务常常要求裁判理由"胜败皆服"。常有人责问,"有理何以说服不了人"?① 如此斥责实已成为裁判难以承受之重。公说公有理、婆说婆有理的情形比比皆是,何况还有无理缠三分的人。世界充满了矛盾和对抗,冲突战争至今不息,何曾因一个理由让世界放弃对抗?除了课堂,现实中没有标准答案,司法者终究不是神,有时不得不放弃无谓的努力。反过来,即使观点相左如司马光、王安石,始终无法说服对方,却不妨碍双方皆成一代名家。何况时间是向前流动的,真理是不断发展的,静态时点作出的裁判说理难有终极性的断语。

五是导向失偏。作为裁判写作竞合度的否定性标尺,常常批评裁判说理千篇一律。现实中,不少人指责法院像流水线一样生产判决。实际上,世界上哪有那么多理由?当事人需要的是一个有法律根据的说法,不是"篇篇有新意"的诗一样的语言,更不是花言巧语。对于事实清楚的债务纠纷,"债务应当清偿",寥寥数字,亦已足矣。千篇一律并无不可,倘能够做到类型化、标准化处理,完全符合效率和效果的要求。根据案件复杂程度,实行繁简分流,对于简单的裁判按照令状式、模式化写作制式文书,不失为理性之选。

有效克服上述观念之失,正确理解裁判说理的限度,还需要理性看待裁判说理的几个特殊属性。

一是理性对待司法认知的相对性。世界并非黑白分明,现实世界和历史都有很多未解之谜。事物是发展的,真理是相对的。"地心说"被"日心说"取代,从现在的观察与理解看来,后者也有显而易见的局限,但不能因此无视前人的牺牲和

---

① 关于"胜败皆服""有理何以说服不了人"之类的表述,大量存在于宣传报道、领导讲话中,不一一注明出处。

贡献,不能否认哥白尼献身的意义和"日心说"的进步性。以前有类推的制度规范,现在奉行无罪推定、罪刑法定;古时屡见刑讯逼供、银针验血、滴血辨亲等方法,现代 DNA 精确排查、高清视频比比皆是,网络世界处处留痕,但不能以现代的科技和理念全盘否定历史存在之客观背景。

二是理性对待裁判理由的分歧度。乌尔比安曾言"已决案被视为真理"①,裁判的效力只能由程序决定。同案不同判,同案不同理,自古难免,在古巴比伦和古罗马,法官对同一案件的判决可能会大相径庭,可以评论裁判理由,但不能否定裁判权威。美国联邦最高法院于 2015 年 6 月对同性婚姻案作出判决,9 名大法官的表决结果为 5∶4,内部的分歧可想而知,而且分歧达到激烈的公开化程度,支持者掷地有声,肯尼迪大法官还引孔子观点为据分析(实际上理解并不准确)②,反对者(包括首席大法官罗伯茨)则愤然质疑五个大法官改变了包括"南非布希曼人、中国汉人(the Han Chinese)、迦太基人和阿兹特克人"等古老民族沿袭下来的婚姻制度,表示最高法院不应该作出这样的判决。从国人的观念看,首席尚且不服,何以服两造,何以服天下? 但实际上裁判作出,天下皆服。考察美国最高法院的判决,可以发现,判决中占最大比例的是 9∶0 和 5∶4 的判决。许多年份中美国最高法院 9∶0 和 5∶4 判决的总和都超过 70%。事实上,5∶4 的判决才更能反映出美国社会对某个特定价值观的分歧,也恰恰因为如此,许多 5∶4 的判决都深刻影响了美国社会的运行。其中一些重要的裁判世人皆知,如医保法案、联合公民案、支持民众持枪的黑勒案、布什诉戈尔案、米兰达案,等等。③ 美国曾几次以 5∶4 作出焚烧国旗案的判决④,但同样奉行普通法的我国香港特别行政区虽多次作出与美国不一致的判决,却并没有引发社会哗然。⑤

三是理性对待裁判说理的偏差率。裁判说理偏差或疑似偏差招来舆论批评,也须正确对待和谨慎处理。如果绝对化、偏执化地去认识、理解的话,所有的裁判都不正确。正如事物都有两面性,裁判也是一样。包括历代传颂的妙判,国外的

---

① 参见[意]彼德罗·彭梵得:《罗马法教科书》,黄风译,中国政法大学出版社 1992 年版,第 107 页。
② 据美国之音电台网站 7 月 2 日报道,肯尼迪大法官写道:"人类历史的曙光出现以来,婚姻把陌生人变成亲属,把家庭和社会连在一起。孔子教导说婚姻是政体之本。"报道说,他引用的是儒家经典《礼记》的英译本,原文应是"礼,其政之本也",强调对婚姻大礼的重视。参见《美媒:美大法官引述孔子名言支持同性恋婚姻》,载 http://www.cankaoxiaoxi.com/world/20150702/837073.shtml,访问日期:2015 年 11 月 15 日;《美国同性婚姻合法化:请孔子站台 网友:牵强附会》,载 http://www.guancha.cn/broken-news/2015_06_27_324804.shtml,访问日期:2015 年 11 月 15 日。
③ 参见王禄生:《美国最高院还有多少 5∶4 的惊世判决》,载 http://opinion.caixin.com/2015-06-29/100823506.html,访问日期:2015 年 11 月 15 日。
④ 参见张千帆:《美国经典案例:"焚烧国旗案"》,载爱思想网(http://www.aisixiang.com/data/3179.html),访问日期:2015 年 11 月 15 日。
⑤ 参见香港特别行政区终审法院终院刑事上诉 1999 年第 4 号判案书,载 http://bbs.tianya.cn/post-208-72914-1.shtml,访问日期:2015 年 11 月 15 日;秦前红、黄明涛:《表达自由的理念与限度——香港终审法院国旗案与美国最高法院焚烧国旗案比较研究》,载《北方法学》2012 年第 5 期。

著名判例,如所罗门"智断亲子案"①,都可以找出反对的理由。如果不能正确认识司法的特殊性,如果不能把握认识的发展规律,实无妙计指导司法,定分止争。同时还要看到,说理与裁判结果也不具有完全的正相关性,说理错误有时并非裁判错误,说理偏差有时并非裁判偏差,一些判决虽然说理有偏有误,但不乏结果正确之类。对于这些案件即使再审,也仅是更正说理,结果并无绝对性改变。②因此,需要客观地、坦然地应对并做好沟通工作。美国每年约有上万件刑事冤案,但自1989年至2015年11月仅有1名司法人员(检察官)受到追究,也未见美国法院灰头土脸③,这份淡定和从容,值得我们借鉴。

四、余论与思索

毫无疑问,法官自应以最善意、最努力、最专业的态度对待每一个案件。虽然事物是发展的,说理是有限的,但司法的权威性、裁判的程序性、纠纷的终结性并不应因此而无端受损,举世而观,昭然若揭。即便如此,裁判的说理效力仍然需要生长的基础和条件。一个社会没有同情共理、尊重合作的共识,必然没有公信权威的裁判说理;没有权威的司法地位、良好的制度保障、完善的程序筛选,便无力支持可靠的裁判说理条件;没有规范良好的文书样式指引,同样难以保障有效的裁判说理。为契合司法发展趋势,更好地服务人民,需要完善三方面基础工作以支撑裁判有效说理。

一是制度的改进。理想的制度要能够充分导向公正,合理吸收不满,有效化解纠纷,并能在一定程度上实现以讼息讼、以刑去刑的目的。如果诉讼不是被合理运用而有滥用之虞时,其后果不是纠纷的合理解决,反而导致纠纷成讼率的上升。如果诉讼不能实现通常的社会目标,即有反思之必要,无止境的诉讼只是激发矛盾纠纷而不是抑制纠纷时,需要改弦更张,不能放任无休止的纠纷不断膨胀、低成本进入法院,拉低裁判效力,摊薄司法正义,防止社会陷入"太多法律,太少公正;太多修辞,太少改革"的困境。④ 一个负责任的现代国家应当一方面保证人民

---

① 参见吴佳能:《"所罗门断案"的思考》,载 http://blog.sina.com.cn/s/blog_4e6955ae0100fecl.html,访问日期:2015年11月15日。认为,如果所罗门的事先的悲伤指数 y* 向左或者向右移动,而两个妇女的成本曲线发生变化,原本产生的分离均衡很有可能被混同,这样,所罗门可能就要犯错误了。而另有不少人则直指所罗门断案依凭基础是权威。
② 《民事诉讼法》第170条关于上诉案件处理的4种情形,第200条关于应当再审的13种情形,所指无非事实认定、证据审查、法律适用、程序运行,均无离开前述要素专门针对说理的情形。
③ 参见周喜丰:《美国冤案每年约万例,迄今仅1名检察官被法院追责》,载 http://www.thepaper.cn/newsDetail_forward_1248437,访问日期:2015年11月15日。
④ 参见〔美〕德博拉·L.罗德:《为了司法/正义:法律职业改革》,张群等译,中国政法大学出版社2009年版,第182页。

有效"获得司法正义的权利"①,另一方面又要避免"因为任何事情起诉任何人",使国家埋葬在"无数的讼案之下"②。否则,再完美的说理也无济于事。

二是程序的优化。不少人主张,应当在每一个案件中充分保证诉讼权利、充分公开裁判理由,让当事人(律师)把话说透、裁判把理说透,但如果不加区分地盲目迁就也会产生弊端。美国联邦最高法院的做法,受理或者不受理上诉案件根本就不给理由,每年受理的案件不到申请量的1%;在特定时间段集中开庭,审理中给予每方当事人(律师)的辩论时间为30分钟。③ 实际上不仅美国法院如此,类似情形不胜枚举。可以说,不是所有的案件都要开庭,不是所有的案件都要裁判,不是所有的裁判都要书写,不是所有的裁判都要说理,不是所有的文书都有同样标准。虽然其他国家和地区不少法官的办案数量10倍于中国法官,但中国法官书写裁判文书的数量可能是几倍于其他国家和地区的同行。因此,有必要通过优化程序,合理完善制度措施,如督促程序、破产清理、非诉讼纠纷解决机制、诉辩交易、快速处理、直接判决、不应诉判决以及上诉许可、合理救济等内容,促其自我消解,让大量的案件简单快速处理,减少需要开庭、审理、写作裁判的案件一半以上,让法官集中精力,专注于重大、典型、复杂、疑难案件,写作更多优秀的裁判文书,引领社会;否则再多再能干的法官也将徒负才华。

三是机制的完善。西塞罗曾说,绝对的正义就是绝对的不正义。社会大众、专家学者、实务人员需要达成共识,不为发现而轻慢,只为改善而努力,积极塑造裁判权威,共同提升司法公信力。通过机制设计,保障法官作出公正权威的裁判,引导社会尊重并服从裁判,不服裁判只能按照法定程序处理,而不能妄议裁判。不是因为正确而有权威,而是因为权威而正确,既客观认识正确与权威的关联关系,更引导公正与权威的有机结合。提高法官地位,尊重裁判权威,维护司法理性,推进裁判有始而终、有信而行,以健康的社会催生伟大的判决,实乃国家之幸,社会之福。

---

① "获得司法正义的权利"(access to justice)出现于1998年6月25日通过的《公众在环境事务中获得信息、参与决策、诉诸司法权利的奥胡斯公约》,《欧盟基本权利宪章》第47条第3款也提及了"有效保障获得司法正义的权利"。在对译词的翻译上,中文既有"获得司法正义的权利""诉诸司法的权利",也有"诉诸法律的权利""诉诸司法的途径"等译法,与之相对应,"公平审判权"受到了广泛的研究和讨论,许多作者将"诉诸法院的权利"和获得法律援助的权利作为公正审判权的组成部分。参见〔加〕威廉·夏巴斯:《获得司法正义的权利——从国内运动到国际标准》,赵海峰译,载《环球法律评论》2003年第4期。
② 参见〔美〕德博拉·L.罗德:《为了司法正义:法律职业改革》,张群等译,中国政法大学出版社2009年版,第184页。
③ 参见李雅云:《在美国联邦最高法院旁听案子的感受》,载《学习时报》(http://www.china.com.cn/chinese/zhuanti/xxsb/567161.htm),访问日期:2015年11月15日;金海军:《美国最高法院2013年开庭期知识产权判例解析》,载《知识产权》2014年第10期。

裁判理由的沟通性及其展开

——以哈贝马斯交往行为理论为视角的一种探索

卓朝君[*]

在司法审判过程中存在着这样一种预设,即法官有责任作出正当的裁判,而且法官作出的裁判必须是正当的,而正当的裁判又必须是合理的、合法的和有效的。这就要求法官在作出裁判时,必须陈述正当理由。因为裁判的正当性需要正当的理由来支撑,也就是说,裁判理由论证的充分性直接关系到裁判结果的正当性。由此可见,裁判理由对于裁判行为和结果的重要性。近年来,随着司法改革步伐的不断加快,人们对裁判理由的重要性也有了越来越清醒的认识,围绕着法院司法以及裁判理由所展开的论述可谓汗牛充栋。然而,一个十分重要的问题并没有真正厘清,即裁判正当性理由的撰写到底是为了什么?有人认为是为了强调司法权威,有人认为是为了增强裁判的说服力,各种观点不一而足。笔者以为,裁判需要撰写正当理由的真正原因在于主体之间需要进行沟通,从而达成共识。在现代民主法治的前提下,要强调对主体的尊重,法官就必须在平等、民主的氛围中充分展示裁判理由,以满足各主体之间的沟通需要。基于此,笔者特借鉴哈贝马斯"交往行为"之有关理论,对裁判理由的沟通性特征以及应该如何实现裁判理由正当性以达到沟通之目的进行了尝试性的探索。不当之处,敬请各位斧正。

一、沟通性理论之一般描述

(一)沟通行为理论的基础

"交往行为理论"又称为沟通行为理论,是哈贝马斯于20世纪80年代出版的《交往行为理论》一书中首先提出的。哈贝马斯以交往行为理论为前提重建现代性的方案,是在交往性的平台上建立起来的。在20世纪哲学向"语言学转向"的

---

[*] 卓朝君,中南财经政法大学副教授,硕士生导师。

背景下,哈贝马斯认识到,要制定一般的合理的交往理论必须深入到人类生活最深层次的语言中,因为语言是唯一使人超出自然的特质。哈贝马斯以一种"准先验"的立场,从语言与交往的结构中,从人类历史发展起来的交往理性的能力中,寻找重建现代性的哲学。"哲学的语言转向是指把语言本身的一种理性知识提升到哲学基本问题的地位,哲学交往的主要对象由主客体关系或意识与存在的关系转向语言与世界的关系。"①在哈贝马斯交往行为理论研究的语言哲学维度中,他以语言交往行为基本范畴作为重建现代性理论研究的基点。语言和语言行为的发展水平,不仅对社会交往活动,而且对社会本身的发展水平起着重要的制约作用。② 哈贝马斯将自己的语言哲学称为"普通语义学"。他认为:"我建议用普通语义学来指称那种以重建言语的普遍有效性基础为目的的研究。"普通语义学认为,一个言语所表达的意义,并非决定于语言使用的特殊情景,而是决定于语义学规则所构成的言语的一般情景的规范性质,从而主张对言语行为必须进行规范的分析。所谓言语行为,是指人们为实现交往目而在具体语境中使用语言的行为,即在具体语言环境中,说话人通过说某一句话或若干句话来实施某种行为。哈贝马斯认为所有的言语行为都隐含着"双重结构",对于交往来说,前者通过"信息传递"发挥"内容交往"的功能,后者依内容行事,发挥"角色交往"的功能。因而,一方面,在一个言语行为中,以言行事的力量存在于被言说的内容的交往性功能中,就是说它的施行性成分需要由陈述性内容来构建;另一方面,陈述性内容又可以在以言行事潜能的变化中得到恒定的保持。在言语行为的这两个构成部分中,以言行事部分处于支配地位,以言表意部分则处于依赖性地位。通过对言语行为的分析,哈贝马斯进一步把人的行为分为"工具行为"和"交往行为"。他所理解的"交往行为"就是指人们的相互作用,这种交往行为具有以下四种含义:第一,"交往行为"是两个以上主体之间产生的涉及人与人之间关系的行为;第二,是以符号或语言为媒介的;第三,它必须以社会规范作为自己的准则;第四,交往的主要形式是对话,通过对话以求达到相互之间的"理解"与"一致"。因此,"交往行为"是以"理解"为导向的行为,换言之,是以"理解"为目的的行为。③

(二) 沟通行为的合理化问题

所谓"沟通"是指具有言语和行为能力的主体相互之间取得一致的过程。④ 哈贝马斯进一步认为,沟通是人类语言的终极目的,沟通过程追求的是共识,它满足了合理同意表达内容的前提。⑤ 沟通是建立在言语行为的基础上的。哈贝马斯

---

① 韩红:《交往的合理化与现代性的重建》,人民出版社2005年版,第78页。
② 参见韩红:《交往的合理化与现代性的重建》,人民出版社2005年版,第90页。
③ 参见韩红:《交往的合理化与现代性的重建》,人民出版社2005年版,第101页。
④ 参见〔德〕尤尔根·哈贝马斯:《交往行为理论》,曹卫东译,上海人民出版社2004年版,第274页。
⑤ 参见〔德〕尤尔根·哈贝马斯:《交往行为理论》,曹卫东译,上海人民出版社2004年版,第275页。

在言语行为的基础上对人类行为进行了四种分类:第一,目的性行为,又称工具性行为。它是一种旨在实现一种目的的行为,也就是有目地、因果地介入客观世界的行为。第二,规范调节行为,即一个群体受共同价值约束的行为。规范调节行为要求群体成员严格遵守群体所具有的那些共同的价值期望,群体成员对规范的遵守体现为贯彻一个已经普遍化了的行为举止期待。这种行为只能发生在一个本来已经存在规范协议的群体之内,只有在这样一个共同体内,群体各成员的行为才能依据共同接受的价值标准,向着一定的方向进行。第三,戏剧行为,指的是行为者在一个观众或社会面前表现自己主观性的行为。这种行为不涉及孤独的行为者,也不涉及某个社会群体的成员,而是关联到互动的每个参与者,他们互相构成观众,并使他们自身表演在诸观众面前。戏剧行为重在自我表现,通过自我表现而达到吸引观众、听众的目的。第四,交往行为,它是一种行为者个人之间通过符号协调的互动,以语言为媒介,通过对话,达成人与人之间的相互理解和一致。哈贝马斯认为上述四种行为分别侧重世界不同的方面。目的性行为关联于客观世界,它因果性地介入客观世界以实现自己的行为计划;规范调节行为对应于社会世界,这个世界是基于合法的规范组成的个人间关系的总体,规范调节行为在同这个世界的关联中相应地提出正当性和有效性要求;戏剧行为与主观世界相连接,即戏剧行为引向自己的主观世界,以表现自己的观点;交往行为反思地或间接地与客观世界、社会世界、主观世界相关联。在交往行为模式中,行为者从"他们自己所解释的生活的视野",即基于他们自己所理解的、用他们自己的语言所表达的"经历过的经验""同时论及客观世界、社会世界和主观世界中的事物,以研究共同的状况规定"。由此可见,目的性行为、规范调节行为、戏剧行为都只是单方面在与一个世界发生关联关系,只有交往行为通过"生活世界"(交往行为组成的世界,也就是由日常语言支撑的世界)与三个世界发生联系,全面地把握社会行为中的各种角色,协调地考虑这三个世界。所以,交往行为更具有合理性。①

既然交往行为理论如此重要,那么,交往行为是否有标准?其目的又是如何实现的呢?

哈贝马斯认为,任何一个交往行为要具备有效性,必须达到三个要求,即真实性、真诚性和正确性(正当性)。理论理性表达真实性,实践理性表达真诚性,审美理性表达正当性。在交往行为中,这三个同样原初的有效性要求体现了一致关联,这就是哈贝马斯的所谓交往行为的合理性。在哈贝马斯的交往行为的合理性中,具有相当复杂的要素,归结起来,有如下四个方面的性质:第一,交往行为涉及的是人与人之间的关系,因此,交往行为合理化首先是主体的交往行为在道德实

---

① 参见傅永军:《哈贝马斯交往行为合理化理论述评》,载《山东大学学报(哲学社会科学版)》2003年第3期。

践方面的理性化,而不是在工具行为或策略行为领域的理性化。第二,交往行为是一种遵守社会规范进行的行为,因此,交往行为合理化不是依赖技术手段、策略方法等功能理性方式实现的理性化行为,而是依赖于"意向表达的真诚性"和主体之间行之有效的并以一定的仪式巩固下来的"正确的社会规范而实现的理性化行为"。第三,交往行为是以符号或语言(言语)为媒介进行的行为,因此,交往行为合理化是语言性的,它是通过言语来协调行为以建立和改善人际关系,并在这个过程中实现的行为理性化。第四,交往行为是以理解为导向的行为,因此,交往行为合理化是主体间性的,交往行为合理化的程度,归根结底是通过相互理解所建立起来的主体间性为衡量标准的,即它要靠在没有压力的情况下获得的理解的主体间性来衡量。

在如何实现交往行为合理化方面,哈贝马斯认为,承认、重视并遵守共同的社会规范效能(或普遍原则),是实现交往行为合理化的基本前提和条件。因为要在市场或者其他任何一个领域中建立起正常的人与人之间的关系或秩序,必须使社会成员承认、重视并遵守社会中存在的共同的社会规范准则。"与有目的—理性的行为不同,交往行为是定向于主观际地遵循与相互期望相联系的有效性规范。在交往行为中,言语的有效性基础是预先设定的,参与者之间所提出的(至少是暗含的)并且相互认可的普遍有效性要求(真实性、正确性、真诚性)使一般负载着行为的交感成为可能。"① 由此可见,社会规范效能对交往行为的重要性。当然,我们应当承认,哈贝马斯所谓人们对共同的社会规范达成一种认可、共识,显然带有一种理想的成分,但他的确宏观地提出了人们在交往过程中如何才能达成共识的前提条件。换句话说,哈贝马斯的理论的确勾勒出人们进行行为沟通,使得沟通达成一致的条件,而这些条件同时显示出交往行为所依据的共同规范是有效的或真实的。那么,某一道德律令是如何成为人们普遍接受并愿意遵循的共同的社会规范呢? 一般而言,人们可以通过两种方法对普遍规范予以接受和认可:一是"经验的路线",它"通过刺激和威吓动员"实现道德律令的普遍化;二是"理性的路线",它"通过论证的意见一致所动员的信任"使得道德律令普遍化。相比较而言,通过论证过程中的相互对话及理解以使道德律令普遍化,更容易使人接受,且更具合理性。

总之,哈贝马斯的交往行为理论,在言语行为的哲学维度里,四分人类行为,并将交往行为同其他几种行为进行了区分,将交往行为合理化的要求及实现的前提进行了探析,为我们研究法律领域中的交往行为的合理化问题奠定了基础。

---

① 傅永军:《哈贝马斯交往行为合理化理论述评》,载《山东大学学报(哲学社会科学版)》2003年第3期。

二、裁判行为与交往行为的契合

裁判行为是一种诉讼行为。所谓诉讼行为即诉讼上能够引起一定效果的行为。① 按照普通语义学的理解,司法裁判行为是法律领域中最为基本的以言行事和以言取效的行为。一般而言,所谓诉讼是指国家司法机关按照一定程序和方式解决纠纷的活动。诉讼对于国家主体而言是一种职能,对于当事人而言在于维护自身的合法权益。无论何种性质的诉讼,都是各诉讼主体的诉讼行为结成了相互关联的行为锁链和诉讼关系,推动着诉讼程序向着裁判这一目标而展开。② 那么,很显然,裁判行为是在各诉讼主体的参与下,经过相互间的言语行为的沟通而得出的一种行为。这种行为就其实质而言也是一种交往行为,且具备交往行为的各种特征。

裁判行为是经过多个主体间的交往沟通而形成的一种行为。诉讼过程中各诉讼主体参与诉讼的前提都是基于一定的诉讼规则,因为交往行动是意向性的,是受规则支配的。哈贝马斯认为,行为如果是由规范支配的,或者说是取向于规则的话,就把它称为意向性的。规则或规范不像事件那样发生,而是根据一种主体间承认的意义而有效的。规范具有这样一种语义内容,也就是意义,一旦进行意义理解的主体遵守了这些规范,它就成为其行为的理由或动机。在这种情况下,我们谈论的是行动。其行动取向于规则的行动者的意向,与该规则的这种意义相符合。只有这种取向于规则的行为,我们才称为行动;只有行动我们才称作意向性的。③ 诉讼过程中不同主体基于规则与意向性,参与到交往行为中。从观察者的视角来看,一种意向表达的意义是无法通过客观观察来把握的,也就是说,作为旁观者是无法准确把握主体参与的意向性的。从符号学的角度看,能够理解的是对同样符号的具有持续意义的使用,绝不仅仅是现实生活的照搬,而是要能够为符号使用者自己所知道且能确保这种意义的同一性。比如,起诉作为言语行动者所依赖的符号,是为起诉人所理解的,并且可以重复使用。它不仅仅是观察者所强加的,也应该是行动者自己所理解的。法官对诉讼案件的审理和裁判,其本身必须依循规则。只有主体间遵守规则的行为,才能符合交往行为之一般特征。

裁判行为涵括了言语行为的"三个世界"。按照哈贝马斯的四分行为论来理解,裁判行为不仅是一种目的行为、策略行为、戏剧行为,更是一种交往行为。目

---

① 参见樊崇义主编:《诉讼原理》,法律出版社2003年版,第384页。
② 参见邵明:《民事诉讼行为要论》,载《中国人民大学学报》2002年第2期。
③ 参见童世骏:《没有"主体间性"就没有"规则"——论哈贝马斯的规则观》,载《复旦学报(社会科学版)》2002年第5期。

的行为的出发点在于,行为者主要关注的是要实现一定的目的。行为者选择他认为适合于一定语境的手段,并把其他可以预见的行为后果作为目的的辅助条件加以算计。所谓达到目的,就是行为者所希望的状态在世界中出现了,而这种状态在一定语境中是计算的结果。① 如果从遵守行为规则的角度对以目的为取向的行为加以考察,并从对状态和事件的干预程度对它们加以评价,那么,我们就说这种行为是工具行为。但如果我们从合理选择规则的角度加以考察它们,并从影响对手抉择的程度来对它们进行评价,那么,我们就说这种行为是策略行为。② 工具行为与社会互动联系在一起,而策略行为本身就是社会行为。诉讼过程中,双方当事人基于特定的目的参与诉讼,因为诉讼的结果关涉其自身利益,因此,诉讼当事人不得不考虑从影响对手抉择的程度来进行行为或完成自身的行为,以期望裁判者满足自己的诉求。诉讼行为所体现的策略性十分明显。交往行为与这种策略行为所不同的是,沟通不仅关注社会世界,同时也关注客观世界和主观世界。就裁判而言,裁判者要对客体作出裁判,必须参与程序的互动过程,通过程序的启动和控制,充分关注案件事实即"客观世界",在竞争双方的参与下,了解和把握一切能够重视客观真相的证据材料和信息。在此基础上,裁判者必须对社会世界予以高度重视,即裁判者必须依循社会之一般规范(这里主要是遵循法律规则)。法律规则是裁判者进行沟通行为的基础。不仅如此,裁判者要作出合乎规则的裁判,也必须关注自身的"主观世界",诸如"先见""经验"的介入。一个裁判的作出既是诉讼各主体参与互动的结果,也是客观、社会及主观三个世界的综合反映。

三、裁判理由作为沟通方式应符合的条件

(一) 裁判理由之一般概述

裁判理由是与裁判主文相对应的概念。"裁判"一般应记载主文及理由。主文,乃裁判之结果;理由,系记载主文所由生之根据。唯判决,并应记载事实。③ 德国学者埃赛尔认为,判决理由这一术语可作两种不同的理解:一是指出裁决所依据的理由;二是指出作出裁判的心理动机。④ 比利时法律逻辑学者班来门解释,后者是主观的,前者是客观的,指怎样说服其他人。⑤ 我国台湾地区学者陈朴生将判决理由解释为"判决所根据的事实、法律以及事实认定和法律适用所生的根

---

① 参见〔德〕尤尔根·哈贝马斯:《交往行为理论》,曹卫东译,上海人民出版社2004年版,第273页。
② 参见〔德〕尤尔根·哈贝马斯:《交往行为理论》,曹卫东译,上海人民出版社2004年版,第273页。
③ 参见陈朴生:《刑事诉讼法实务》,台北三民书局1987年版,第246页。
④ 参见沈达明:《比较民事诉讼初论》(下),中信出版社1991年版,第245页。
⑤ 参见沈达明:《比较民事诉讼初论》(下),中信出版社1991年版,第245页。

据"①。概言之,判决理由指作出判决结果的事实上和法律上的根据以及法官心证的过程。近年来,我国学者对裁判理由问题也进行了有益的探索,归结起来大致有三种观点:第一,将判决理由界定为对判决决定的法理分析。"民事判决理由,主要是根据庭审查明的事实和法律的规定,适用民事理论,阐明法院对案件的性质、当事人的责任和如何解决纠纷等问题的看法。"②第二,认为判决理由是法院认定事实及适用法律方面的理由。第三,判决理由是判决结论据以成立的根据,包括事实根据、法律根据与法理根据。综合上述各种观点,我们可以得出如下结论:第一,判决理由的生成是基于案件的客观证据和事实,没有事实作为基础,理由的阐述无异于"空穴来风",因此,理由的表达所关涉的是一个客观性的命题。第二,理由的表述离不开一定的规则,没有规则,则无法根据事实推导出结论,因此,理由所关涉的是命题的社会性。第三,判决理由的生成,离不开裁判者的心理、经验等因素的指导,任何一个判决结论的作出都应该是裁判者心证的结果,因此,这又关涉裁判理由的主观性层面。上述几方面,大致概括了裁判理由之一般特性。

目前,学界与实务界对裁判理由的关注程度可以说是空前的。无论是从理由的特征、要素及重要性,还是从如何陈述方面来看,都做了许多有益的探索。但至今有一个问题人们还缺乏深入的思考,那就是裁判中必须表达理由的真正目的是什么?是为了推导结论,是为了树立权威,还是为了增强判决的可接受性?如果说是为了推导结论,裁判者完全可以根据事实及规则通过心证作出结论。在人类历史上,没有理由但完全正确的裁判可以说比比皆是,如法国18世纪的裁判,就完全不说理由。因此,如果说阐述理由是为了推出正确的结论,是不大可信的。那么,说理是为了树立权威吗?权威的力量是为了让人信仰,让人服从。从人类社会所出现的各种权威来看,神的权威,高不可测;英雄的权威,让人崇敬;暴力的权威,让人恐惧;然后就是法律的权威,让人认同或信服。如果说阐述充足的理由是为了让判决更具权威这一点可信的话,那么它仅仅是为法律的权威增添了几分色彩,因为法律本身就具有强制力。在一个特定的社会中,交往主体只要加入了这个群体,他就必须服从这个社会的规则。这样看来,裁判即使不论述理由,法律也仍然具有权威。那么,可接受性是否是裁判理由存在的真正目的呢?如果我们把可接受性理解为当事人接受裁判结果的行为,事实上即使是论理非常透彻的裁判,如果驳回了当事人的利益请求或者使他受到损失的话,他可能仍然不会心悦诚服地去接受这个裁判。这样看来,裁判的可接受性也就不是裁判理由撰写的真正目的。那么,裁判理由撰写的根本目的到底是什么呢?笔者以为,必须撰写裁判理由的目的,就是为了主体间的沟通,而理由的可接受性是附随于沟通的。哈

---

① 陈朴生:《刑事诉讼法实务》,台北三民书局1987年版,第246页。
② 周道鸾:《民事裁判文书改革与实例评析》,人民法院出版社2003年版,第16页。

贝马斯说,"离开了交往的前提,命题的字面意义根本无法得到阐明"①,这说明撰写裁判理由的目的就在于沟通。

(二) 裁判理由作为沟通方式应具备的条件

我们把撰写裁判理由定位在沟通性的层面,也就是说,裁判必须撰写理由,是为了满足主体间沟通的需要。那么从沟通性的角度来看,制作裁判应满足哪些条件呢,亦即必须满足什么样的前提条件才能达到"沟通"的目的?对此问题,笔者试进行如下分析。

(1) 裁判理由用于沟通的前提条件。在诉讼的语境中,争议双方各自带有自己的目的,通过言语行为试图说服对方及裁判者,而作为裁判者要想协调不同目的的行为计划,就必须在互动过程中寻求一种达成共识的前提。那么裁判者要想通过裁判理由来达成共识,获得以言取效的目的,其前提条件是什么呢?哈贝马斯说:"这种共识一方面涉及表达的内容,另一方面也涉及言语行为内在的保证及其对于互动具有重要意义的约束力。"②这里,哈贝马斯提供的作为交往的前提条件实际上有三个:一是用于沟通的内容;二是言语行为者的内在保证;三是提供互动的具有意义的预设的约束力。具体而言:

第一,裁判理由用于沟通的内容必须具备真实性。裁判理由是裁判者在争议双方的参与下,通过举证、质证、认证等一系列诉讼行为,进而形成案件事实的基础上,依照有关法律规定和法理解释而形成的。在理由中无论是对事实的评价还是对法理的分析,都必须建立在真实性的基础上。如果在裁判理由中,裁判者提供的是虚假的命题或本身就不存在的命题,则不可能达到沟通以取得共识的目的。

第二,裁判理由必须体现裁判主体的真诚性,这是对裁判者在作出裁判理由时的一种道德规范性要求。对裁判理由的表述,必须是裁判者通过心证来达到的内心确认。如果裁判理由连裁判者自身都不信服,则无法实现与当事人达成共识以让当事人认同和信服的目的。

第三,裁判理由必须建立在预设规范的有效性基础上。这里所说的预设规范是指参与诉讼的各方,在参与诉讼之前都认同的诉讼程序规则,并且参与诉讼各方都充分相信这种规则能够满足自己的真实性要求,通过规则所形成的后果则有极大可能为参与者所接受。在一定的社会群体中,作为参与者的各方都受到相同的规范调控,这是预设规范的前提。进一步而言,预设的规范必须具备现实性和有效性。如果规范失效,在此规范下所形成的结论则无法达到让接受行为者认同和取效的目的。

---

① 〔德〕尤尔根·哈贝马斯:《交往行为理论》,曹卫东译,上海人民出版社2004年版,第283页。
② 〔德〕尤尔根·哈贝马斯:《交往行为理论》,曹卫东译,上海人民出版社2004年版,第282页。

（2）从裁判理由接受者的角度来看,裁判者作出的裁判理由如果不能被接受,裁判理由则失去了意义。那么,从接受者的视角来看,满足什么样条件的理由才可能被接受呢？除了上述所说裁判者在撰写理由时应考虑的三个条件外,对于接受者而言,裁判者给出的理由必须是可理解的,同时能够满足接受者"对于有效性需求的批判"。

所谓理解,从根本上说,就是对意义的认同、主体共识和协调。达到理解是一个在可相互认可的有效性要求的前设基础上导致认同的过程。为了进行有效地沟通和理解,从语义学的前提出发,必须说出可理解的东西,才能供听众去理解,才能与言说者达成默契。按照哈贝马斯的说法,即用于沟通的言语符号必须是可理解的、能有效地表达言说者意思的符号。只有理解才有可能达成共识。

如果言语行为的接受者理解了言语者的表达,这并不一定是达成共识。所谓共识是在理解的基础上,接受者将言语者所规定的行为义务作为自己的行动指南。哈贝马斯说:"互动一方的言语行为要想取得成功,就必须满足如下前提:即另一方接受了他在言语行为中所提供的内容,并对可以批判检验的有效性要求采取肯定或否定的立场。"[1]亦即裁判理由用于沟通时,能够满足当事人的批评,有理由地接受或否定。"言语行为只有与可以批判检验的有效性要求建立起联系,并依靠自己的力量,而且要把沟通过程中的语言交往当作有效性的基础,才能促使听众接受所提供的言语行为,进而作为机制把行为有效地协调起来。"[2]

四、裁判理由沟通性的实践

裁判理由用于沟通,进而达到理解并形成共识,必须满足哈贝马斯所谓对"三个世界"的关注,也就是说,裁判理由的形成应当围绕如下三个方面进行。

（一）事实理由的真实性陈述

事实理由是对认定事实的根据的陈述,是法官对所认定的案件事实的论证。事实具有可靠性、不变性和不可重复性特征,事实只有经过解释才能被发现,才能被当作论证的前提进而形成结论。

诉讼中裁判事实的认定具有二重性。一方面,裁判事实的认定必须与客观事实相契合;另一方面,裁判事实的认定还必须与规范事实相契合。也就是说,诉讼事实的客观性必须建立在诉讼程序规则的基础上,同时,诉讼事实的客观性也受主体自身因素的影响。因此,诉讼事实的客观性只是一种相对的客观性,这种客观性必须建立在程序规则的基础上。诉讼程序规则的客观性和公正性是形成事

---

[1] 〔德〕尤尔根·哈贝马斯:《交往行为理论》,曹卫东译,上海人民出版社2004年版,第274页。
[2] 〔德〕尤尔根·哈贝马斯:《交往行为理论》,曹卫东译,上海人民出版社2004年版,第290页。

实客观性的基础。程序的公正性是由当事人双方的平等参与和法官的中立及程序的公开等因素决定的。在一个公正的程序下所确定的事实,即使与客观实在不完全相符,也可能增强当事人对裁判的可接受性。

裁判要表达事实的真实性及有效性,往往要通过对证据的确认来实现。但单个证据所显示的案件事实可能是片面的,因此,法官必须将全案证据联系起来进行综合判断,在此基础上所确认的事实才更具有可信性。具体而言,法官认定证据事实时,除根据证据的三性(即真实性、关联性、合法性)来确认外,还必须遵循相应的证据规则来进行确认。这表现在:第一,事实推理规则。"事实之认定始于假定而终于确信,在此中间则依证据而为之推理过程。"确认事实是以现有证据为出发点,运用归纳、演绎方法,推知案件事实的过程。刑事案件以被告人无罪推定为出发点,民事案件以当事人的事实主张为出发点进行推定。事实的成立与否,有赖于证据和证据方法。推理过程中,某些事实的认定是以社会经验为基础而形成的确信。第二,司法认知规则。法官对于一些众所周知的事实和某些确信的事实及法律,无须当事人举证,即可认定其真实性作为判决的根据。司法认知规则确立的目的在于节约诉讼资源,因而,该规则成为世界性的通用规则。第三,事实推定规则。该规则是法官依据法律规定或经验法则,从已知的某一事实推断未知的另一事实的存在,并允许当事人提出反证推翻的一种证据法则。前一事实称为前提事实,后一事实称为推定事实,一旦前提事实得到证明,法官可以直接根据前提事实认定推定的事实,无须再对推定的事实加以证明。第四,举证责任的分配规则。举证责任的分配一般是由法律预设的。但在具体案件的举证责任的分配方面,法官也享有一定的自由裁量权,可根据公平原则、诚实信用原则综合当事人的举证能力确定举证责任的分配。这些证据规则对案件事实的认定具有重要意义。法官认定的事实,如按照上述规则进行认证,必须将有关认定的理由即如何运用规则等阐述清楚。唯如此,才可能确保认定事实或事实陈述的真实性,并增强其可信性。

(二) 心证过程的真诚与公开

一般理解,所谓自由心证,是指对证据是否有证明力,以及证明力的大小,法律不预先作出规定,而由法官根据内心确信去自由判断证据,从而认定案件事实。所谓"自由"是指法官根据"良心"和"理性"判断证据,不受任何其他限制和约束;"心证"是指法官通过对证据的判断所形成的内心信念。[①] 自由心证为当今西方各国证据法所普遍采用。确立心证制度不仅可以提高诉讼效率,也可以使事实的认定更加符合实际,防止诉讼突然袭击,同时可以使审判程序的正当化即公开审

[①] 参见杨兵、鲁珺瑛:《心证自由的层次性分析及其客观化制约》,载《黑龙江省政法管理干部学院学报》2004年第5期。

判制度得到完善。按照心证制度的要求,法官必须公开自己对事实的判断,并表明自己的法律见解,从而使当事人有机会衡量程序及实体利益,增加对裁判的认同性。

具体而言,法官裁判理由应符合真诚性和规则性的要求。真诚性即符合道德诚信,不能是虚假的、敷衍了事的态度。在规则方面应要求:第一,心证不能离开证据,心证的形成乃证据选择的结果;第二,心证应该由有证据能力的证据形成,而不是"自由"创造的证据能力;第三,心证是从合法取得的证据材料的范围中形成,而不是在任意限制的证据范围内形成的;第四,心证由直觉、推理或经验法则而形成,但经验法则不等于证据。

(三) 论证的合理性表述

一切论证,无论涉及的是法律问题和道德问题,还是科学假设或艺术作品,都要求同一种相互寻求真实性的组织模式,其目的在于通过争论,凭着更好的论据使主体相互信服。① 由此可见,论证不是单纯的技术展示,其真正目的在于使相关主体信服。裁判理由的论证也就是要把"参与者有争议的有效性要求提出来,并尝试用论据对它们加以兑现或检验"②。那么,如何才能用充分的理由来支持有效性要求呢(譬如裁判结果)?哈贝马斯给出的答案是:第一,作为过程来看,论证所涉及的是一种并非或然的交往形式,因为理想条件几乎得到了充分的满足,也就是作为交往沟通的可理解和可接受的条件。诉讼过程中,对程序拘束力、对事实描述的真实性、真诚性等条件,就是裁判理由可接受的先决条件。③第二,如果把论证言语当作程序来看,它涉及的就是一种特殊规则的互动形式;而且话语沟通过程被规定为正反双方的协调分工形式,从而使得参与者把问题的有效性要求摆出来,提出假设,根据理由来检验正方所维护的要求是否合理。第三,论证就是要根据内在特质(intrinsische Eigenschaften)把令人信服的论据生产(produzieren)出来,至于如何得出令人信服的证据,哈贝马斯的结论似乎不太明显。

对于如何进行论证,阿列克西则给出了明确的答案。阿列克西在论述法律论证问题时,把法律判断的证成分为两个层面,即内部证成和外部证成。内部证成处理的问题是,判断是否从为了证立而引述的前提中逻辑地推导出来;外部证成的对象是这个前提的正确性问题。麦考密克则说得更明白:第一个层面的论证是运用演绎推理的方法解决法律决定形成的正当化问题;第二个层面的论证涉及实质性评价,是在互相竞争的裁决中进行的选择,是一种结果论的论证模式,所关注

---

① 参见〔德〕尤尔根·哈贝马斯:《交往行为理论》,曹卫东译,上海人民出版社2004年版,第36页。
② 〔德〕尤尔根·哈贝马斯:《交往行为理论》,曹卫东译,上海人民出版社2004年版,第17页。
③ 参见〔德〕尤尔根·哈贝马斯:《交往行为理论》,曹卫东译,上海人民出版社2004年版,第25—26页。

的是结果的可接受性。

1. 裁判理由的形式论证

形式论证解决的是法律裁判的形式合理性问题,它通常所用的论证方法是演绎推理。麦考密克认为,演绎推理之所以能够成为法律论辩和论证的工具和方法,是因为在法律制度中有一些大家所普遍承认的预设。这些预设包括:第一,每个法官在审理案件的时候都有责任适用可以适用的法律规则;第二,法官可以确认所有是"法律规则"的规则,在法律制度中存在确认"法律规则"的标准。[①] 其理论出发点是,每个法律制度都包括一系列可以通过共同的承认标准加以确认的规则。构成一个法律制度的承认标准的那些规则是法官指导工作所共同接受的,他们的职责就是适用可借助于这些承认标准加以确定的规则。演绎推理是以法律规则的明确性事实与规范的可对应性为前提的,它保证命题内容结果的因果关系的必然性。在说明法律裁判的正当性过程中,符合逻辑的三段论规则是最起码的要求。韦伯认为,司法的形式主义使法律体系能够像技术合理性的机器一样运行,保证了个人和群体在这一体系内获得相对最大限度的自由,并极大地提高预见性行为法律后果的可能性。程序变成了以固定不可逾越的"游戏规则"为限制的特殊类型的和平竞争,从而实现了经济的可计算性。形式合理性具有事实的性质,它是关于不同事实之间的因果关系的判断,主要被归纳为手段和程序的可计算性,是一种客观的合理性。正因为演绎推论能够使法律决定符合形式合理性,且这种合理性是不以人的意志为转移的客观合理性,因此,其论证才更具说服力。演绎推理作为法律论证中最常见、最重要的一种形式,实际上是从大小前提的逻辑关系中推导结论的。裁判理由形式合理性的表述,关键是演绎推理的前提必须符合正当性要求。具体而言:

第一,必须寻找和确认可以适用于该案的法律规则,以此作为形式推理的大前提。法律规则是对生活事实的总结,生活事实是不断变化和丰富的,规则具有滞后性。因此,寻找和确认法律规则不是轻而易举的。更何况面对庞大的法律体系,对规则的理解有一个逐步深化和变更的过程。

第二,认定和陈述作为推理小前提的法律事实,即针对法律规则来对所认定的事实加以陈述。法律事实是法律规范所规定的,能够引起法律后果即能够引起法律关系产生、变更、消灭的事实。拉伦茨认为:为了能够将生活事实如其所发生般地进行规范上的评价,评价者首先必须以陈述的方式将之表现出来,并在该陈述中,探知一切在规范的评价上有意义的,对该生活事实可能具有适用性的法律规定。于是评价者必须以所闻之生活事实为出发点,去审酌哪些法律条文可能对其有适用性,然后取向于这些法律条文之构成要件,将该生活事实陈述出来。此

---

① 参见〔英〕麦考密克:《法律推理与法律理论》,姜峰译,法律出版社2005年版,第50页。

际若不能将该生活事实涵摄到该构成要件中,则评价者必须取向于该生活事实中的具体情况,将这些法律条文具体化。以陈述的形态存在之生活事实,必须取向于评价者所据之为评价标准的法律条文,才能被终极地描述出来。反之,这些法律条文也必须取向于所评价之生活事实,才能被选出,而且于必要时能进行适当的具体化。①

第三,根据大小前提推出一个可靠的结论。如前所述,演绎推理的第一步就是寻找一个相关的大前提,以此作为推理的起点,然后在结合案件事实的基础上得出小前提,最后形成结论,通常的逻辑形式是:"所有 A 是 B,C 是 A,因此,C 是 B。"演绎推理由于其简单和直接的特点,常为人们所轻视。这种三段论虽然简单,但运用这种推理从有关前提中得出结论,在形式上往往是无懈可击的。在演绎推理中,联系大小前提的是一个"共同概念",如刑事诉讼中的罪名就起着把法律规定和案件事实联系起来的桥梁作用。当然,在运用形式推理进行裁判论证时必须注意,演绎推理的简单性与法律问题复杂性的矛盾。法律规范的抽象性和模糊性决定了在寻找规则的大前提上不那么容易,如果推理规则的大前提无法准确确定,那么,推理结论就难以正确形成。另外,要保证形式推理结论的正确性,还必须注意大小前提的真实性。形式推理的有效性主要不是取决于推理的逻辑形式,而是取决于大小前提的真实性。②

2. 裁判理由的实质论证

实质论证是为了解决推理前提的真实性,即法律推理的大前提——法律规范的选择与适用,法律推理的小前提——法律规范事实与案件事实之间的联系与适用问题。实质论证也称为辩证论证或者结果论证,它"不是从固定的范畴出发进行的推理,它是对各种价值、利益、政策进行综合平衡和选择"③的推理方法。如果推理前提是清楚的、众所周知的,就不需要这种方法。因为在通常情况下,推理是通过表达必然真理的论证方式展开的,通过形式推理能够很容易得出一个演绎结论。但是当在两个或者两个以上可能存在的前提或者原则间进行选择成为必要时,就必须通过对话、辩论、进行比较来选择和维护一种观点并反对另一种观点。只有通过实质的或者辩证的推理方法进行分析选择,才有可能使推理的前提成为可以被接受的结论的基础。司法实践中,运用实质推理的情形通常有三种:一是法律未规定简洁的判决原则或者可以直接引用的法律规定;二是一个纠纷的解决可以适用两个以上相互抵触的前提,但又必须在它们之间作出选择;三是尽管存在着可以适用于案件的法律规定,但是对于被适用的法律事实的认定有异

---

① 参见黄茂荣:《法学方法与现代民法》,中国政法大学出版社 2001 年版,第 190—191 页。
② 参见张保生:《法律推理的理论与方法》,中国政法大学出版社 2000 年版,第 246 页。
③ 〔苏〕B. H. 库德里亚夫采夫:《定罪通论》,李益前译,中国展望出版社 1989 年版,第 16 页。

议。① 司法实践中,具体运用实质推理的方法很多,主要包括:第一,法律解释。法律解释是解释主体对法律文本意思的理解通过某种方式展示出来的活动。法律理论和法律规则中一些专业性强的概念,如果不通过解释,其意思难以理解,如正当防卫、无因管理等都需要解释。第二,法律漏洞补充。法律漏洞,是指某一个法律问题依据其内在目的和规范计划,应该有所规定而未设规定。由于社会的发展与法律的稳定性和滞后性之间的矛盾,决定了法律漏洞的存在不可避免。司法过程中,如果发现法律漏洞,法官有义务进行弥补。通常法官补漏的方法有类推适用、目的性的限制或者扩展、依据习惯或者法理补充等。第三,辩证推理,即在两种矛盾的主张中作出一种可能的选择。辩证推理的方法主要有,根据法律精神重构法律规范、适用平衡原则确立法律原则、根据公共政策或者法律原则确定适用规则、根据经验或者常识确定适用规则。

实质推理虽然能够保证法律推理结论的正当性,但是也容易产生负面影响。因此,必须注意的是:一是实质推理必须以理性思维为基础,避免裁判向非逻辑的、想象的、灵感的、个性化的倾向蔓延。二是运用实质推理进行论证时享有形式推理所没有的权利,具体运用时容易失去控制,因此,在规范方面应该加强对实质推理运用的监督和控制。

五、结论

本文从交往行为理论的视角对裁判理由展开了分析,目的是想说明,裁判理由的沟通性是裁判不可忽视的特征。一个司法裁判的正当性不但取决于所适用法律规范本身的正确性,也取决于作为规范适用的司法程序是否符合理性对话的标准和要求。因此,法官在撰写裁判理由时,第一,必须充分关注和理解当事人的意见。沟通行为是主体之间在相互承认的基础上所进行的一种互动行为。如果裁判者不尊重当事人,则不可能真正作出充分的、让当事人信服的裁判理由。第二,应尽可能在形成共识的基础上撰写。"司法判决的任务是向整个社会解释,说明该判决是根据原则作出的好判决,并说服整个社会,使公众满意。法院所说的以及怎么说的同法院判决结果一样重要,尤其对读者而言。但它对作者来讲同样是重要的,这是因为文字的下面隐含着作者思考问题的标准。"②第三,必须体现法官的真诚,这是对裁判者撰写裁判理由的一种规范性要求。对裁判理由的表述,裁判者必须通过心证以达到内心的确认,如果对于裁判理由连裁判者自身都

---

① 参见〔美〕E.博登海默:《法理学、法律哲学与法律方法》,邓正来译,中国政法大学出版社1999年版,第498页。
② 〔德〕罗伯特·阿列克西:《法律论证理论——作为法律证立理论的理性论辩理论》,舒国滢译,中国法制出版社2002年版,第136页。

不信服,则无法实现与当事人达成共识以让当事人认同和信服的目的。第四,裁判理由必须注意形式和实质论证的合理性。形式推理和实质推理有着各自不同的作用,二者既存在矛盾又相互作用和影响。要使形式推理和实质推理和谐统一,不仅要在制度上明确不同论证方法的依据、种类和顺序,同时也要求裁判理由的撰写者必须严格遵循不同论证理论的思维规则。只有这样,裁判理由的沟通性特征才能真正展现。

刑事裁判文书的说理问题研究

——对四要件说理模式的反思与重构

郭文东[*]

> 犯罪,并不是像水在化学上由氢气和氧气组成一样,仅仅由几个要素所组成。犯罪论体系,是作为整理法官的思考、统领法官的判断的工具而存在的。
>
> ——〔日〕平野龙一[①]

裁判文书是司法审判过程的体现,是司法公正的载体,对当事人的权利影响很大,尤其是刑事裁判文书,关乎被告人的自由乃至生命。当前普遍认为刑事裁判文书不说理或说理不充分,多数研究从裁判文书的样式、语言修辞等方面进行论证。但笔者认为,究其原因,是部分司法人员在认定犯罪的理论体系上有问题,或者说逻辑混乱,在罪与非罪的判断"工具"上不对路,导致其无法说理或说不清道理。本文从犯罪论体系对刑事裁判文书说理的影响切入,对以两大犯罪论体系为指导的裁判文书说理模式进行探讨与对比,以期对我国刑事裁判文书说理质量的提升有所裨益。

一、现状:四要件犯罪论体系说理模式"一统天下"

犯罪论体系多元格局的形成,推动了学术话语层面的刑法知识形态的变化。随着 20 世纪 90 年代德国、日本系列刑法教科书的翻译引进,尤其是 21 世纪初各种国际性或者全国性犯罪构成理论研讨会的召开、部分法学刊物对犯罪理论体系专题的刊登、部分学者对犯罪论体系的比较研究及知识性创作,我国刑法学犯罪构成理论体系的"一元"局面,即以苏联犯罪构成体系为摹本并结合本国实践有所创新的四要件犯罪论体系终被打破,并已形成四要件犯罪论体系与阶层犯罪论

---

[*] 郭文东,四川省德阳市旌阳区人民法院审管办副主任。
[①] 〔日〕平野龙一:《刑法总论 I》,有斐阁 1972 年版,第 87 页。

体系的"二元"竞争格局。① 从实践维度来看,严格按照"阶层犯罪论体系"进行说理尚未见诸具体裁判之中。而居于通说地位的,以"犯罪客体+犯罪客观方面+犯罪主体+犯罪主观方面"为排列顺序的"四要件犯罪论体系"仍处于指导实践的主导地位②,整个过程类似于"切西瓜"(如图1)。检察人员起诉或者抗诉、辩护人辩护、法官裁判均按此犯罪论体系进行思考和表达,但是实践中还出现了按不同排列组合的"四要件犯罪论体系"进行表达的个案,包括:

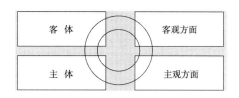

图1③　四要件模式

(1)犯罪主体+犯罪客体+犯罪主观方面+犯罪客观方面。例如,张某某帮助犯罪分子逃避处罚案④的裁判理由:被告人张某某身为负有协助有关部门查处森林资源案件职责的郑湖林业工作站的国家工作人员,受本单位的指派参与林业公安机关对涉嫌滥伐林木犯罪的查处,是负有查禁犯罪活动职责的人,主观上有帮助滥伐林木犯罪嫌疑人减轻罪责、逃避更重处罚的故意,客观上实施了为犯罪嫌疑人伪造证据的行为,具备"帮助犯罪分子逃避处罚罪"的主客观要件,其行为构成了帮助犯罪分子逃避处罚罪。

(2)犯罪客体+犯罪客观方面+犯罪主体+犯罪主观方面。例如,徐凤鹏故意销毁会计凭证、会计账簿、财务会计报告案⑤的裁判理由:第一,从犯罪的客体及犯罪对象方面讲,我国刑法规定的犯罪对象是《中华人民共和国会计法》规定的应当保存的公企业的会计资料,而个体的会计资料不属于该法调整的范围。第二,从犯罪的客观方面讲,徐凤鹏没有实施隐匿、故意销毁会计凭证、会计账簿、财务会计报告的行为,因为其拿走的是"徐凤鹏电器商城"的商品经营账,并不是公司的账。第三,"徐凤鹏电器商城"的投资人、经营者是徐凤鹏个人。第四,徐凤鹏与公司是承包关系,而且也全部如数上交了承包费。综上,公诉机关指控证据不足,应依法判决徐凤鹏无罪。

此外,个案还存在"简化版"的表达方式,包括:

(1)犯罪客体+犯罪客观方面。例如,谭皿非法经营案的裁判理由:南宁市

---

① 参见陈兴良:《刑法的知识转型(学术史)》,中国人民大学出版社2012年版,第66页。
② 参见刘树德:《司法改革热问题与冷思考》,人民法院出版社2014年版,第121页。
③ 参见北京万国学校组编:《万国专题讲座·刑法》,中国法制出版社2014年版,第40页。
④ 参见刘树德:《刑事裁判的指导规则与案例汇纂》,法律出版社2014年版,第655页。
⑤ 参见刘树德:《刑事裁判的指导规则与案例汇纂》,法律出版社2014年版,第79—80页。

中级人民法院认为,我国对图书的出版、印刷、发行实行的是一种限制准入制度,图书的出版、印刷、经营必须取得出版行政管理部门的审批和许可,并取得出版经营许可证,否则其从事的出版、印刷、经营均被视为非法行为,所出版、印刷、经营的出版物均属于非法出版物。4名上诉人通过委托和受托的形式从事图书的出版、印刷活动,其对未取得相关行政管理部门审批和许可情况下的印刷、经营行为的非法性是明知的,况且其翻印、销售的"法轮功"类书籍属于查禁物。

(2)犯罪主观方面+犯罪客观方面。例如,崔勇、仇国宾、张志国盗窃案的裁判理由:第一,被告人崔勇、仇国宾、张志国主观上具有非法占有他人财物的目的。3名被告人均明知仇国宾名下的涉案银行卡内的钱款不属于仇国宾所有,而是牟驰敏储存的个人财产。当深谙银行卡被吞、牟驰敏要求仇国宾帮助领取银行卡时,3名被告人不是协助取回涉案银行卡并交还牟驰敏,而是积极实施挂失、补卡、取款、转账等行为,将卡内钱款瓜分,明显具有非法占有他人财物的目的。第二,被告人的行为具有秘密窃取的性质。本案中,3名被告人虽然公然实施挂失、补卡、取款、转账等行为,但被害人并没有发觉,更无法阻止3名被告人的行为。被害人虽然对3名被告人可能侵犯其财产存在怀疑和猜测,并在案发后第一时间察觉了3名被告人的犯罪行为,但这与被害人当场发觉犯罪行为具有本质区别。因此,3名被告人的行为完全符合盗窃罪"秘密窃取"的特征。第三,被告人的行为符合"转移占有"的法律特征。涉案银行卡被吞后,被害人虽然失去了对银行卡的实际控制,但基于掌握密码,并未丧失对银行卡内钱款的占有和控制。被告人如果仅仅协助被害人取回银行卡,不可能控制银行卡内钱款。被告人是通过积极地实施挂失、补办新卡、转账等行为,实现了对涉案银行卡内钱款的控制和占有。上述行为完全符合盗窃罪"转移占有"的法律特征。①

(3)犯罪客观方面+犯罪主体。例如,赵典飞等非法吸收公众存款案的裁判理由:被告单位苍南县龙港镇池浦村村委会在村民的要求下,以预收街道设施费的名义向本村23岁以上男性村民收取集资费,其集资对象是特定的,此行为的客观要件与非法吸收公众存款罪的客观要件不符。故被告单位的行为不构成非法吸收公众存款罪,被告人赵典飞的行为亦不构成犯罪。②

正如陈兴良教授所指出的那样:"对四要件的不同排列组合表明:四要件之间不存在逻辑上的位阶关系,各个要件之间的顺序可以随意打乱。"③"犯罪构成四要件的顺序可以任意排列组合,这本身就表明了四要件之间的逻辑关系是混乱的、不明确的。"④

---

① 参见刘树德:《刑事裁判的指导规则与案例汇纂》,法律出版社2014年版,第670页。
② 参见王幼璋主编:《刑事判案评述》,人民法院出版社2002年版,第357页。
③ 陈兴良:《犯罪构成论:从四要件到三阶层》,载《中外法学》2010年第1期。
④ 杨丹:《感想与感悟:刑法学的一种感观式叙说——访著名刑法学家陈兴良教授》,载冯军主编:《比较刑法学》,中国人民大学出版社2007年版,第459页。

二、反思:影响裁判文书说理的制度与认识问题

(一) 不合理的制度制约了裁判文书的说理

1. 诉讼结构不尽合理:重视控诉轻视辩护

刑事诉讼结构,是指控诉、辩护、裁判三方在刑事诉讼中的地位及其相互间的法律关系。刑事诉讼结构主要有以下两种:第一,"线性结构",其刑事诉讼的基本特征是:司法一体化,司法机关积极、主动,被告人的权利受到限制。第二,构成一种"等腰三角形"或者"正三角形",刑事诉讼的三角结构的基本特征是:审判中立、控审分离、控辩平等(如图2)。这种结构是我国刑事诉讼改革的基本方向。"辩护机制在大陆法系国家的违法性、责任判断阶段都存在,个人可以主张自己的行为未侵害法益,自己不具有谴责可能性等,以摆脱司法追诉。"[1]"在犯罪构成体系中能否突出辩护机制,决定着辩护人的行为以及行为人的特殊性能否最大限度地得到尊重,这也往往在实体上决定着行为人的最终命运。"[2]

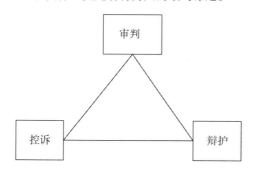

图 2　刑事诉讼构造关系

"抗辩,使得正义诗意地栖居于犯罪构成被完成的那一过程。"[3]

2. 四要件犯罪构成体系存在先天不足:缺乏价值哲学的根基

犯罪并不是一个事实问题,而是一种价值判断。我国刑法学界长期受一种犯罪认识论或犯罪认知论思想的支配,认为只要把犯罪的概念、本质、特征、产生、发展规律认识清楚了,自然就能在司法活动中弄清楚什么是犯罪,司法实践活动自然就有标准可循。其实这种认识是非常错误的。把犯罪当作一种客观事实,没有认识到犯罪是一种价值的属性,忽视了司法评价犯罪就是运用价值标准进行价

---

[1] 周光权:《犯罪论体系的改造》,中国法制出版社2009年版,第46页。
[2] 付立庆:《犯罪构成理论:比较研究与路径选择》,法律出版社2010年版,第85页。
[3] 陈兴良:《犯罪论体系研究》,清华大学出版社2005年版,第115页。

值推理的评价过程,或根本不重视司法评价犯罪的过程性、根本不重视评价的操作方法,是我国犯罪构成理论的立场性错误。① 四要件犯罪论体系所设定的思维方式也与人的一般思维习惯存在一定距离。②

3. 错案追究制度:法官头上悬着一把剑

我国没有法官豁免权,但有错案追究制度,使得法官在裁判时承受着多重压力,要摆脱这种压力,通常有两种做法:①尽可能事先得知上级法院对案件裁判的态度或决定,这就要多请示汇报;②尽可能将责任转嫁或者使责任关系模糊,最好的办法是让领导和他人替自己决策,或者提交审判委员会讨论决定。③ 最终导致一审法官的人身依附性,没有自己的独立意见,更遑论进行充分的说理。

4. "各自为政"的文书格式:导致无法精细说理

当前的裁判文书,由"首部""事实""理由""主文""尾部"五大部分组成,并且每个部分不能错位与颠倒,"事实"部分主要由检察机关的起诉、被告人的抗辩组成,最后再由法院以审理查明的方式进行认定。该部分容易导致起诉机关先陈述一遍案件事实,被告人再重复案件经过,法院进一步重复叙述,显得繁杂混乱。说理部分仅仅就法律适用进行阐述,对案件事实并不涉及。这种完全割裂的文书结构,严重限制了说理的发挥。以德国波恩州法院关于一起故意杀人未遂案的判决书④为例,该判决书的首部与我国裁判文书基本相同,之后是主文,接着是理由。理由部分就像一部具有看点的"武侠小说",娓娓道来案情的起因、发展、结果,并对相关事实进行说理与认定,夹叙夹议,没有任何的重复与割裂感,说理之精巧与适洽,是我们学习的样板。笔者建议,我国的刑事裁判文书结构应改为:"首部—主文—理由"三大部分。

(二) 需要澄清的几个问题

1. 正义:来源于真理抑或权威

古往今来,法律皆出自权力,而不是出自真理。⑤ 就像张明楷教授所言:"我深深地体会到,如何论证,持彼观点法律人士的全部声音只有一个字——不。"⑥ "刑法学不是真理的判断,而是价值的判断。"⑦以为仅凭说理就可以解决一切纠

---

① 参见邵维国:《犯罪论体系——司法评价犯罪的标准、步骤和方法》,中国法制出版社2010年版,序,第6页。
② 参见李洁:《中国通论犯罪构成理论体系评判》,载《法律科学》2008年第2期。
③ 参见张雪纯:《刑事裁判形成机制研究》,中国法制出版社2013年版,第209页。
④ 参见冯军:《比较刑法研究》,中国人民大学出版社2007年版,第443—454页。
⑤ 参见〔英〕马丁·洛克林:《剑与天平——法律与政治关系省察》,高秦伟译,北京大学出版社2011年版,第242页。
⑥ 张明楷:《刑法学》(第4版),法律出版社2011年版,第4版前言,第1页。
⑦ 吕英杰:《兴趣与立场:刑法学的一种追思性梳理——访著名刑法学家张明楷教授》,载冯军主编:《比较刑法学研究》,中国人民大学出版社2007年版,第471页。

纷,这种想法至少是幼稚的。耶林说过:"背后没有强大的法治,是一个语词矛盾——'不发光的灯,不燃烧的火'。"我们当然不能否认许多成功说服的事例,但是现实的另一面是有些人永远无法说服。而且我们更不能确定的是:即使是那些成功说服的事例,背后可能随之而来的强制力又在其中起了多大作用?①

2. 让每个案件都经得起历史的检验:不符合认识规律

法律的解释并非真理的判断,而是价值的判断,不能被事实证伪,难以被实践检验。② 从理论上说,我们可以用实践(的结果)来检验事实认知(判断)的真假,但是这一标准在作出具体判断的当时并不确定,甚至将来也不确定。类似于"真凶再现"这样的情况在实践中是极为少见的,因而用这种实践作为检验事实认知(判断)真假的标准并不具有普遍意义。案件裁判以后没有再次出现"真凶",并不意味着所作的判断(案件事实的认知)就一定是真(符合事实)。③ 人们的认识不可能穷尽真理,只能无限接近真理。法官不得拒绝裁判,只能依据现有的证据,在法律上判断有罪或是无罪。要求法官绝对查明案件事实,办成"铁案"是不现实的。

3. 三阶层犯罪论体系在我国不存在法律制度上的障碍

"尽管犯罪构成体系与各国刑法规定有一定联系,但是从刑法规定大体上相同而犯罪构成体系却存在重大差别的情形来看,理论还是起到了至关重要的作用。就此而言,在我国现行刑法不予修改的情况下,直接采用大陆法系递进式的犯罪构成体系并不存在法律上的障碍。"④因此,三阶层理论不是资本主义的标签,四要件理论也不是社会主义的特征。正如陈兴良教授所言,"撇开意识形态的偏向,我们为何不可以回归资产阶级(大陆法系国家的政治化表达形式)的犯罪构成理论?"⑤

三、出路:三阶层犯罪论体系说理模式的构建

"德日的多数学者采取构成要件符合性、违法性、有责性的犯罪成立条件体系(三阶层)。构成要件符合性,大体是一种抽象的、定型的判断。违法性,一般认为是个别的、具体的、非定型的、客观的判断。有责性是个别的、具体的、内部的、主观的判断。对行为是否成立犯罪的判断,是由客观(外部)到主观(内部)、由抽象(一般)到具体(个别)、由定型到非定型的逐层递进判断(如图3)。这种阶层的体系,有利于克服适用刑法的恣意性;有利于检验个案,既可以节省精力,也可

---

① 参见周恺:《如何写好判决书——判决书的写作与实例评改》,中国政法大学出版社2010年版,第22页。
② 参见张明楷:《刑法学》(第4版),法律出版社2011年版,第2版前言,第2页。
③ 参见何家弘:《论司法证明的目的和标准》,载《法学研究》2001年第6期。
④ 陈兴良:《犯罪论体系研究》,清华大学出版社2005年版,第38页。
⑤ 陈兴良:《犯罪构成论:从四要件到三阶层》,载《中外法学》2010年第1期。

以避免遗漏应当检验的要件;使违法性与有责性处于不同层面,明确区分了违法阻却事由与责任阻却事由"①,整个过程就像"剥鸡蛋"(如图4)。犯罪成立条件的位阶关系有利于保证定罪的正确性,下面就两种犯罪论体系的说理进行对比,在个别案件中得出的结论会大相径庭。

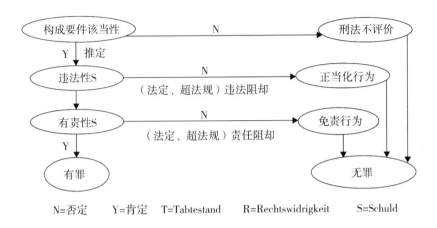

图3②　三阶层犯罪论体系定罪流程

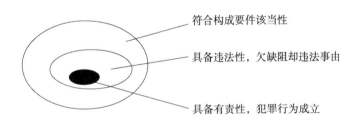

图4③　三阶层模式

(1)客观判断先于主观判断。在通说的四要件理论中,主观和客观的关系并不清晰,司法出于处罚需要或者思维便利,习惯于从主观到客观,导致某些明显无罪的行为或"两可"案件被轻易确定为犯罪。④ 例如,甲女从事非法经营活动,被警察带到派出所讯问。甲为了让警察放过自己,就让自己的妹妹乙买了一瓶农药送到派出所给自己。甲对乙说,自己只是少喝一点农药,以便吓唬警察,让他们不

---

① 张明楷:《刑法学》(第4版),法律出版社2011年版,第98页。
② 参见付立庆:《犯罪构成理论:比较研究与路径选择》,法律出版社2010年版,第306页。
③ 参见陈兴良:《口授刑法学》,中国人民大学出版社2007年版,第110页。
④ 参见张明楷:《犯罪构成体系与构成要件要素》,北京大学出版社2010年版,第46页。

再查封她的店铺。乙就买了一瓶农药送给甲。结果,甲在卫生间喝农药时,不小心喝多了,警察发现甲喝农药后,立即将其送往医院,但甲因抢救无效死亡。审理法院认为,乙已经认识到甲会喝农药,也就有可能认识到甲可能因喝多而死亡,所以,乙的行为构成过失致人死亡罪。根据三阶层犯罪论来分析,问题在于,不能首先判断乙主观上有没有过失,而是要先判断甲的死亡结果能否归属于乙的行为。甲并不是故意自杀身亡,而是不小心喝多了农药死亡的。所以,乙的行为不可能属于帮助他人故意自杀。过失导致自己死亡的行为,不应评价为违法行为。而且,我国并不承认过失的共犯,即使能够认定乙对甲的死亡具有过失,但是在过失帮助他人过失自杀的情况下,还是不能将这种行为认定为过失致人死亡罪。在刑法理论上,这种情形称为自己危险化的参与,是指被害人意识到并实施了对自己危险的行为,而且遭受了侵害结果,但被告人的参与行为与被害人的侵害结果之间具有物理的或者心理的因果关系。对于自己危险化的参与,都不能予以客观归责,所以,乙的行为不成立犯罪。

(2)具体判断先于抽象判断。例如,甲男与卖淫女乙在歌厅认识后,就到甲的住所发生了性关系。第二天早上,甲将钱放在了自己的手表下,让乙自己去拿。乙对甲不满,出于报复甲的目的,顺手把甲的手表拿走了。乙认为手表价值不大,在甲发给她短信询问手表的下落时,乙矢口否认。甲报案后,警察及时逮捕了正要离开当地的乙,而涉案的手表价值1万多元人民币。法院认为,乙是出于报复甲的目的拿走手表,因此不具有非法占有的目的,将乙的行为认定为故意毁坏财物罪。按照阶层犯罪论,本案中,乙虽然出于报复的动机将甲的手表拿走,但报复的动机与非法占有的目的并不冲突和矛盾。乙拿走手表后没有扔掉或者毁损,所以,不能否认乙对手表具有非法占有的目的,对乙的行为应认定为盗窃罪。

(3)类型判断先于个别判断。例如,梁某(女,21岁)在北京某郊县的自家楼道内被邻居程某(男,25岁)猥亵。梁某将此事告知其男友张某,二人遂报复程某。梁某当晚约程某到公园谈心。当张某靠近时被程某发现,程某撒腿就跑。张某追赶,当张某将程某追至人工湖的岸边时,程某跑上结冰湖面逃向对岸。次日下午,程某的尸体被发现。经鉴定,程某死亡原因系溺水死亡。审理法院认为,张某构成过失致人死亡罪。按照阶层犯罪论体系,这是明显个别判断优先的结果。张某是否实施了刑法上的危害行为,能否对其进行客观上的归责?张某在女朋友事前受到不法侵害的前提下,追赶程某,是社会生活允许的行为,根本不是制造法益风险的行为。①

(4)形式判断先于实质判断。例如,A女下班后与甲、乙、丙3名关系较好的男同事在餐馆喝酒,其间,A女喝醉了,乙、丙也喝了不少酒,只有甲比较清醒。喝

---

① 参见周光权:《刑法客观主义与方法论》,法律出版社2013年版,第9页。

完酒后,甲、乙、丙商量由甲开车送 A 女回家。在回家的路上,A 女要求与甲发生性关系,甲知道 A 女喝醉了,没有同意,继续开车。但是,A 女仍然反复要求与甲发生性关系,于是甲与 A 女在车内发生了性关系。次日,A 女觉得自己的状态异常,问甲怎么回事,甲说出真相后,A 女向公安机关告发了甲。法院认为,甲知道 A 女喝醉了,因此知道与其发生性关系是违背其真实意志的,所以认定为强奸罪。根据阶层犯罪论体系,本案难以认定甲有使用与暴力、胁迫相当的手段,难以认定甲利用 A 女不能反抗、不知反抗、不敢反抗的状态强迫 A 女,也难以认定甲的行为违反了 A 女当时的意志。在 A 女反复要求的情况下与其发生性关系,也难以认定甲有强奸罪的故意。

综上,四要件犯罪论体系反映到实践个案的裁判理由论证中,除了不像阶层犯罪论体系所体现的先后有序递进之外,还间或存在部分要件"循环往复"或者杂糅在一起的现象。① 犯罪论体系的机能之一在于提示犯罪认定结构。由于首先有"结果的归属"的判断,然后有"行为的归属"的判断,所以认定犯罪的过程,是从能客观认定的部分到包含主观判断的部分,这是不可逆的。从结果到行为,从行为到行为人,除此之外没有其他的犯罪认定过程。②

四、拓展:裁判文书说理离不开犯罪论命题

犯罪论体系性思考和犯罪论命题性思考,一直是刑法学体系要平衡处理好的两个方面。其实,犯罪论体系离不开一系列具体犯罪论命题或者问题③,如不能正确认识这些犯罪论命题,就会直接影响裁判文书说理的质量。下面仅就部分犯罪共犯、因果关系、正当防卫几个问题进行分析。

1. 部分犯罪共犯的认定与说理

威尔泽尔说,"共犯论是体系论的试金石"。关于共同犯罪理论,主客观相统一的共同犯罪理论(我国传统刑法理论)认为,"二人以上"都是达到刑事法定年龄、具有刑事责任能力的人,而且必须有共同的犯罪故意,否则不成立共同犯罪。司法实务中,存在大量仅根据共同犯罪人的犯罪故意或者罪名不同就否认共犯关系的判决。例如,2000 年 4 月中旬,被告人高海明伙同他人将与其并无经济纠纷的被害人沈国明等 3 人关押,并使用暴力、胁迫手段,取得财物 20 余万元。在被害人被关押期间,郭永杭为高海明等人送饭或者负责看管 3 名被害人。但郭永杭一直认为高海明是在向被害人追讨生意上的损失。一审、二审法院认为,被告人高海明以勒索财物为目的,伙同他人使用暴力、胁迫方法绑架他人,其行为已构成

---

① 参见刘树德:《司法改革热问题与冷思考》,人民法院出版社 2014 年版,第 126 页。
② 参见〔日〕宗冈嗣郎:《犯罪论与法哲学》,陈劲阳、吴丽君译,华中科技大学出版社 2012 年版,第 45 页。
③ 参见刘树德:《司法改革热问题与冷思考》,人民法院出版社 2014 年版,第 127 页。

绑架罪。被告人郭永杭在事前与高海明并不认识,对高海明勒索他人财物的犯罪故意一直缺乏明知,事中在得知高海明在追讨债务的情况下,仍对被害人进行看管的行为,只能构成非法拘禁罪。虽然高海明、郭永杭对同一对象实施了侵害行为,但由于两名被告人的犯罪故意不同,故不能成立共同犯罪。周光权教授认为,法院的判决结论值得商榷。在多个行为人的犯罪故意、犯罪行为存在交叉、重合关系时,实施不同构成要件的行为人也可能在其犯罪构成交叉、重合的范围内成立共同犯罪,这是部分犯罪共同说的题中应有之意。① 违法层面的共同犯罪理论认为,只要认定成立共同犯罪,无论参与者能否承担责任,只要参与人的行为与结果之间具有物理的因果性或者心理的因果性,即使查明侵害结果由其中一人直接造成,或者不能查明具体的结果由谁直接造成,也要将法益结果归属于各参与者的行为。② 司法人员在处理共同犯罪案件时,应当首先从客观违法层面"连带地"判断是否成立共同犯罪,然后从责任层面"个别地"判断各参与人是否有责任以及具有何种责任。③

2. 因果关系的认定与说理

客观归责理论基础是从刑法规范中推导出来的认识,实质是根据刑法的需要,来限制因果关系的成立。客观归责理论的基本内容有:行为是否制造了不被容许的法益风险;行为是否实现了不被允许的法益风险;检验因果过程是否在构成要件的效力范围之内。如"打赌致人跳崖案"④,有人认为 A 系过失致人死亡罪。问题的关键在于:在行为当时 B 的意思被强制,对结果无从作出负责任的决定,死亡结果由行为人承担,而不能要求 B 自我答责,此时 A 有罪;如果基于客观理智的思考,而 B 不能将危险归咎于 A。本案中,一方面,B 存在意识自由,其可以做出任意选择,即便其不跳崖而转身返家,自己必须承受的负面评价也会很小;另一方面,其可以对自己的行为及其后果负责任,其不属于心智不健全者,也不是身体上、生理上受强制者,其应当对自己的行为所造成的死亡后果负责。因此,A 不构成故意杀人罪,也不构成过失致人死亡罪,应该对其作无罪处理。⑤

3. 正当防卫的认定与说理

四要件犯罪构成体系在犯罪构成之外讨论阻却犯罪成立事由(犯罪构成的消

---

① 参见周光权:《犯罪论体系的改造》,中国法制出版社 2009 年版,第 74 页。
② 参见张明楷:《刑法学》(第 4 版),法律出版社 2011 年版,第 348 页。
③ 参见张明楷:《行为无价值论与结果无价值论》,北京大学出版社 2012 年版,第 229 页。
④ A 与 B 以及其他朋友一起玩耍时,B 借用 A 的手机打电话。后来,A 的手机不见了。几天后,A 听说 B 现在用的手机与她丢失的一样,便怀疑 B 偷了她的手机。A 与朋友多次追问 B,并要她承认偷了 A 的手机,但是 B 一直不承认。B 在众人的追问下表示:"为了证实我没有偷手机,我可以跳崖。"A 便说:"你敢跳,我就敢打车送你去。"说完,A 出钱,众人坐了两辆出租车,送 B 到山崖边。B 走到崖边,欲跳,被同来的其他人拉回。A 对旁边人说:"她不会跳,只是做个样子吓唬我罢了。"于是 B 再次走到崖边,纵身跳下。A 等慌忙跑到山下,四处寻找,未果。两天后,发现 B 的尸体。经法医鉴定,系生前高坠死亡。
⑤ 参见周光权:《刑法客观主义与方法论》,法律出版社 2013 年版,第 55 页。

极事由),就意味着必定要在犯罪构成之外和犯罪构成之上架设实质的评价标准,这种实质的评价标准作为出罪的渠道游弋在犯罪构成之外、凌驾于犯罪构成之上,使得犯罪构成作为认定犯罪成立之唯一标准的资格,只具有名义上的意义。[1]例如,2010年除夕夜,张某陪着怀孕的妻子武某在岳父家过年。武某的前夫王某醉酒后不请自来,为了避免发生正面冲突,张某、武某在卧室回避。不料王某持刀闯入卧室,双方没说两句便发生了冲突。王某将上前阻挡的武某胳膊划伤,后又扑上去把张某压在身下殴打。张某夺下王某手中的刀向王某连刺三刀,才挣脱出来。张某看到王某身上的血后,赶紧让妻子拨打120急救电话,但王某最终仍不治身亡。一审法院以故意伤害罪判处张某有期徒刑5年。对此,张某坚持认为自己属于正当防卫,不应该定罪,提出上诉。高级人民法院作出刑事附带民事裁定书,撤销原判,发回重审。重审法院认为,由于张某是为了使本人的人身权利免受王某正在进行的不法侵害,夺刀防卫、扎伤王某,导致王某死亡,其防卫明显超过必要限度,应当认定为防卫过当。最终,法院以故意伤害罪判处张某有期徒刑3年6个月。[2] 根据阶层犯罪论体系分析,王某拿着刀闯进他人卧室砍人,当然是行凶;张某夺下王某的刀之后,张某被王某压在身下,王某用双手掐张某的脖子,行凶还在继续,张某当时手里只有一把刀,没有其他工具,在这种情况下,我们不能苛求张某能完全不伤王某的性命来完成防卫。[3]

五、结语

裁判文书的说理,如仅靠玩语言游戏或在样式上变花样,其实都是在做表面文章,属于换汤不换药的改革模式,对真正树立裁判文书说理的正当性与权威性没有任何实质意义。正如郑成良教授所言:"法治实质上是一种思维方式。"[4]裁判文书如要进行精细化说理,必须借鉴阶层犯罪论体系的方法论,除此之外,别无选择。

---

[1] 参见付立庆:《犯罪构成理论:比较研究与路径选择》,法律出版社2010年版,第65页。
[2] 法官普遍认为,在案件中已经出现死亡结果的情况下,还判被告人无罪,会引起死者家属的上访、闹访。但这样做会导致正当行使权利的一方被定罪量刑,最终不利于普通公民对抗违法犯罪行为时行使权利。
[3] 参见张明楷:《刑法的私塾》,北京大学出版社2014年版,第97页。
[4] 郑成良:《论法治理念与法律思维》,载《吉林大学社会科学学报》2000年第4期。

民事裁判文书说理之探讨

刘金华[*]

为了规范民事裁判文书的制作,提高民事裁判文书的质量,实现司法公正,2012年修订的《中华人民共和国民事诉讼法》(以下简称《民事诉讼法》)针对司法实践中民事裁判文书说理不足的情形,增加规定了裁判文书说理的要求。2016年2月22日最高人民法院审判委员会第1679次会议通过、2016年8月1日开始施行的《人民法院民事裁判文书制作规范》也对民事裁判文书的说理作了进一步规范,应当说是一大进步。但是,这些规范在实践运用中还存在诸多问题,迫切需要进一步进行理论与实证研究,以更好地指导司法实践。[①]

一、民事裁判文书说理的意义与价值

(一) 民事裁判文书说理的主体与受众

理由是民事裁判文书的灵魂。目前,许多民事裁判文书存在说理不充分、缺乏针对性、说服力不强的问题。加强民事裁判文书的说理,首先必须进一步明确民事裁判文书的制作主体和受众,这一点至关重要,因为文书制作者说理,是为了使文书受众通过文书制作者的说理,明确法院对案件作出的裁决是有道理的,是公正的,真正服判息讼,实现案结事了。

裁判文书是司法活动的载体,文书的制作主体只能是依法享有审判权的人民法院,其他任何机关和个人都不享有裁判文书制作权。[②] 因此,民事裁判文书质量的高低,是否充分说理,主要取决于审理案件法官的素质。

法院审理民事案件,主要是解决矛盾和纠纷。民事裁判文书针对的是民事案件,就此而论,民事裁判文书的受众主要应当是案件当事人和社会公众,当然也包

---

[*] 刘金华,中国政法大学民商经济法学院教授,法学博士、硕士生导师。
[①] 严格地说,民事裁判文书包括民事判决书和民事裁定书两类,但理论研究主要针对民事判决书,本文中的民事裁判文书即指民事判决书。
[②] 法律活动包括立法活动和司法活动。立法活动,是指国家立法机关制定法律、法规的活动;司法活动,是指检察机关、人民法院等机关依照法律对民事、刑事案件进行侦查、审判等。

括法学研究人员等法律专业人士。目前,我国民事案件的数量呈爆炸性增长趋势,而且种类繁多,案件当事人大多是缺乏法律专业知识的普通民众。因此,从民事裁判文书的受众来看,民事裁判文书的内容不仅要符合法律规定,运用法言法语,还必须通俗易懂,便于案件当事人阅读、理解、服判、息诉。从现实情况看,有些民事裁判文书比较注重法言法语,但是忽视了当事人的专业知识掌握水平和理解能力,容易产生当事人看不懂、不明白的现象。进一步明确民事裁判文书的受众,可以使民事裁判文书的制作更具有针对性。

(二) 民事裁判文书说理的意义与价值

丹宁勋爵在《法律的正当程序》中写到:"正义不仅要实现,而且要让人们以看得见的方式实现。"法律的价值在于公平、公正,法律要给人公平、公正,就要证明公平、公正在何处,这就要求法官承担起说理的责任,讲出令人信服的理由。[1] 具体而言,民事裁判文书说理主要具有以下意义和价值:

一是有助于实现司法公正。民事裁判文书记载了案件审理的整个过程,是法院审判活动的最终载体,既能反映法官办案质量和审判水平,也是法院对双方当事人权利义务确定和分配的法定凭证。说理充分、透彻的裁判文书,能够让受众知晓案件事实的认定,以及案件事实与法律适用之间的逻辑关系,使其真正感受到司法的公平和正义。同时,说理充分的裁判文书,还可以起到预防法官恣意、避免司法擅断等作用。因此,民事裁判文书充分说理,无疑有利于实现司法公正。

二是有利于当事人服判息讼,维护社会和谐稳定。说理是民事裁判文书的灵魂,民事裁判文书如果不论证、不说理、不反映庭审举证、质证和认证的情况,不体现法官选择法律、适用法律的思维过程,当事人就难以理解法院为何这样认定案件事实、依据什么进行裁判。不说理的民事裁判文书,不仅会使当事人对裁判结果的公正性、合法性产生怀疑,导致上诉、申诉和缠诉;也会使民事裁判文书的社会公信力和权威性大打折扣,有损人民法院公正司法的形象。在制作民事裁判文书时,如果能够做到案件观点、理由阐述透明化、详细化、具体化,让当事人尽可能详尽地了解案件事实认定以及法律适用的过程与推理,就能够减少当事人对法官裁判公正性的怀疑,使官司赢得明白,输得服气。[2]

---

[1] 参见李咏梅:《试论裁判文书的说理》,载中国法院网(https://www.chinacourt.org/article/detail/2015/07/id/1661906.shtml),访问日期:2015年7月6日。

[2] 参见王绚:《民事裁判文书如何说理》,载黑龙江省通河县法院网(http://hebth.hljcourt.gov.cn/public/detail.php?id=471),访问日期:2015年5月18日。

二、民事裁判文书说理的规范与要求

(一) 依法说理

为了增强裁判文书说理的权威性和规范性,裁判文书的说理首先必须依据法律规定。2012年修订的《民事诉讼法》对民事判决书的说理提出了明确要求,该法第152条规定:"判决书应当写明判决结果和作出该判决的理由。判决书内容包括:(一)案由、诉讼请求、争议的事实和理由;(二)判决认定的事实和理由、适用的法律和理由;(三)判决结果和诉讼费用的负担;(四)上诉期间和上诉的法院。判决书由审判人员、书记员署名,加盖人民法院印章。"可见,法律对民事裁判文书的说理已经作出了明确规定,文书制作者必须严格按照法律规定制作裁判文书。

从实践情况看,裁判文书受众对文书说理有迫切的要求。社会各界,无论是立法机关,还是文书制作者以及学术界,都普遍认识到裁判文书说理的重要性,问题的关键在于应当如何说理。笔者认为,依法说理是根本。《民事诉讼法》既然对民事裁判文书的说理作出了明确规定,文书制作者就应当在裁判文书中说理。至于怎样说理,应当因案而异,案情复杂的,应当详细说理;案情简单的,可以简要说理。目前,司法实践中存在裁判文书内容越长、说理越充分的认识误区。实际上,说理不在长短,关键是通过裁判文书制作者的说理,使裁判文书受众能够通过裁判文书知晓案件事实的认定、证据的采纳、法律适用的总体情况,服判息讼。

(二) 赋予法官说理的自主权

至于裁判文书如何说理,不需要对法官进行过多的限制和干预。为了规范裁判文书的制作,1992年最高人民法院发布了《法院诉讼文书样式(试行)》,对于规范裁判文书的制作发挥了较好的指导作用,也增强了民事裁判文书的权威性。[①] 2016年2月22日,最高人民法院再次对裁判文书制作规范进行修改完善,通过了《人民法院民事裁判文书制作规范》,并于2016年8月1日施行。其中,对民事裁判文书的说理进行了进一步的规范,应当说是一大进步。但是,需要注意的是,在规范的同时,在民事裁判文书制作过程中,《人民法院民事裁判文书制作规范》也可能在一定程度上限制了文书制作者的说理,使人民法院的裁判文书

[①] 1992年最高人民法院印发了包括刑事、民事、行政诉讼文书在内的《法院诉讼文书样式(试行)》,实现了诉讼文书规范化、统一化。此后,又相继出台了民事诉讼证据、简易程序、申请再审、执行以及破产、涉外海事诉讼等其他民事类诉讼文书样式。这些民事诉讼文书样式的颁布,对人民法院规范裁判文书的制作,引导当事人制作民事诉讼文书,规范人民法院、当事人、诉讼参加人的诉讼行为,促进司法公正,提高审判效率,维护当事人的权益,发挥了重要作用。

"千案一面",缺乏说理性。① 笔者认为,既然《民事诉讼法》已经对民事裁判文书的说理作出了强制性规定,《人民法院民事裁判文书制作规范》的适用就不应当具有强制性,而应当属于建议性、示范性规范。因此,建议最高人民法院选择试点单位,赋予法官裁判文书说理的自主权。

从我国司法实际情况看,一方面,长期以来,法官在司法实践中对于裁判文书如何说理积累了丰富的经验;另一方面,目前各级法院法官大多数都是经过了司法考试的严格选拔,法律素质已经有了大幅度提高。因此,应当相信我国裁判文书制作者具有相应的才能和智慧,不仅能够依法办案,而且完全有能力将承办案件的过程、当事人的主张和理由、依法作出裁判的理由等阐述清楚。据此,最好是赋予法官制作裁判文书时说理的自主权,弱化文书格式规范对裁判文书制作者的限制,鼓励法官依据《民事诉讼法》第152条的规定,发挥自己的聪明才智,运用逻辑推理,叙述案件事实,充分阐述裁判理由,制作出充分说理的裁判文书。

三、民事裁判文书说理的效力与救济

(一)强化说理的效力

2012年修订的《民事诉讼法》虽然规定民事裁判文书需要说理,但是并没有规定法律责任,即如果不说理,应当承担什么责任,导致法律的强制性大打折扣。司法实践中,法官们逐渐重视对裁判文书的说理,但是,由于相应的规范规定得过细、过死,反而限制了法官充分说理。例如,2016年8月1日施行的《人民法院民事裁判文书制作规范》对裁判文书的说理作出了明确规定,即在事实之后裁判依据之前需要写明理由,并且对应当从哪些方面进行说理作出了具体明确的规定②,

---

① 《人民法院民事裁判文书制作规范》对民事裁判文书的制作,从格式要求看,规定得过细、过死,过于程式化。例如,对文书每一自然段如何开头、开头语如何叙写都作出详细、具体的规定,使文书制作成了变相的填制表格,实践中难免"千案一面"。

② 根据2016年8月1日起施行的《人民法院民事裁判文书制作规范》的规定,说理应当从以下九个方面入手:一是理由部分的核心内容是针对当事人的诉讼请求,根据认定的案件事实,依据法律规定,明确当事人争议的法律关系,阐述原告的请求权是否成立,依法应当如何处理。裁判文书说理要做到论理透彻,逻辑严密,精炼易懂,用语准确。二是理由部分以"本院认为"作为开头,其后直接写明具体意见。三是理由部分应当明确纠纷的性质、案由。原审确定案由错误,二审或者再审予以改正的,应在此部分首先进行叙述并阐明理由。四是说理应围绕争执焦点展开,逐一进行分析论证,层次明确,对争议的法律适用问题,应当根据案件的性质、争议的法律关系、认定的事实,依照法律、司法解释规定的法律适用规则进行分析,作出认定,阐明支持或者不支持的理由。五是争执焦点之外,涉及当事人诉讼请求能否成立或者与本案裁决结果有关的问题,也应在说理部分一一进行分析论证。六是理由部分需要援引法律、法规、司法解释时,应当准确、完整地写明规范性法律文件的名称、条款顺序号和条文内容,不得只引用法条款、项序号,在裁判文书后附相关条文。引用法律条、款中的项的,一律使用汉字不加括号,例如"第一项"。七是正在审理的案件在基本案情和法律适用方面与最高人民法院颁布的指导性案例相类似的,应当将指导性案例作为裁判理由引述,并写明指导性案例的编号和裁判要点。八是司法指导性文件体现的原则和精神,可在理由部分予以阐述或者引用。九是在说理最后,可以另起一段,以"综上所述"引出,对当事人的诉讼请求是否支持进行评述。

其中规定的说理内容非常详细、具体,对文书制作者有针对性地叙写裁判文书理由具有重要的指导意义。

但是,法官在审理案件时,事实、理由、证据、法律依据之间的关系是密不可分的,阐述法院认定的案件事实,必定需要依据证据、法律规定,阐明认定案件事实的理由;说理必定寓意于事实、证据的认定及法律依据的引用中。最高人民法院审判委员会专职委员杜万华在解读2016年民事诉讼文书样式修订及发布实施情况时也指出,说理应当紧扣案件事实和法律争议。① 目前,根据民事诉讼文书样式的规定,先阐述案件事实,然后阐述理由,最后阐述裁判依据,这样做无疑割裂了事实、理由、法律依据之间的关联关系,导致说理的机械化。解决这个问题的方法应当是,将事实、证据、理由、法律依据的阐述结合起来,力争做到边叙事、边说理,阐述清楚法院依据证据、法律认定案件事实的来龙去脉,使案件的审理过程通过文书全面展示清楚。这样的文书叙写要求,既有利于文书制作者逻辑严谨地叙述案件审理、裁判过程,也有利于文书受众理解和接受裁判结果。

从国外情况看,许多国家的法律都强调裁判文书的制作必须说理。例如,《德国民事诉讼法》第313条规定,判决书应当记载如下内容:(1)当事人,其法定代理人与诉讼代理人;(2)法院,参与裁判的法官的姓名;(3)言辞辩论的终结日期;(4)判决主文;(5)事实;(6)裁判理由。② 再如,根据《法国民事诉讼法》第454条、第455条的规定,民事判决书包括以下三方面内容:判决书的形式要件、诉讼理由和判决主文。其中,判决书的形式要件包括:(1)作出判决的法院;(2)参加评议的法官;(3)作出判决的日期;(4)参加辩论程序的检察官;(5)法院书记员;(6)当事人的姓名或名称、字号以及住址或总机构住所地;(7)有律师或诉讼代理人参加时,律师的姓名或诉讼代理人的姓名;(8)非讼案件的判决中应写明作出判决的人的姓名。判决书必须说明当事人各自的请求和理由,以及法院判决的理由。③《日本民事诉讼法》第253条第1款规定:判决书应当记载下列事项:(1)主文;(2)事实;(3)理由;(4)口头辩论的终结之日;(5)当事人及法定代理人;(6)法院。④

还有些国家进一步规定了不说理或说理不充分的法律后果及救济手段。例如,《德国民事诉讼法》第551条第7项规定:裁判书中未载理由,可成为当事人不

---

① 杜万华在解读2016年民事诉讼文书样式修订及发布实施情况时,提出了对裁判文书说理的具体要求:一是根据不同审级功能确定裁判文书说理重点;二是说理应当做到繁简得当,加强对复杂、疑难、新型、典型、有争议、有示范价值等案件的说理,简化简易、小额、无争议案件裁判文书的制作;三是应当紧扣案件事实和法律争议,对证据采信理由、案件事实认定理由以及解释法律根据和案件事实具有法律上逻辑关系的理由等予以充分论述。参见罗书臻:《最高法院发布民事诉讼新文书样式及制作规范》,载《人民法院报》2016年7月6日,第1版。

② 参见《德意志联邦民事诉讼规则》,谢怀栻等译,中国法制出版社2001年版,第77页。

③ 参见张卫平、陈刚编著:《法国民事诉讼法导论》,中国政法大学出版社1997年版,第129—130页。

④ 参见《日本民事诉讼法》,白绿铉译,中国法制出版社2000年版,第94页。

服一审裁判上诉的理由。①《日本民事诉讼法》第312条第2款第6项规定:判决没有附理由或理由自相矛盾的,当事人可以提起上告。法律作出如此规定,主要有以下两个方面的好处:一是将说理作为裁判文书的必备要件,要求法官必须说理,有利于说理切实得到贯彻落实;同时赋予法官充分的自主权,要求法官依法说理,有利于提高法官文书说理能力。二是法官在裁判文书中说理,可以防止徇私枉法等情形的发生,有利于实现阳光下的公正,可以有效地保护当事人的合法权益。

(二) 明确不说理的救济制度

虽然裁判文书的说理日渐受到重视,但是说理不充分或者不说理,仍然是目前民事裁判文书制作中存在的不容忽视的问题。究其原因,主要有三个方面:一是法律只规定民事裁判文书制作应当说理,但是并没有规定不说理应当承担的法律后果;二是审判权运作不独立,加上民事诉讼文书样式结构存在的缺陷,限制了裁判文书制作者的说理;三是"诉讼爆炸,案多人少"的状况,使法官疲于办案,影响了裁判文书的说理。②

国外民事裁判文书的制作普遍把说理放在重要位置。一方面,法律对裁判文书说理的内容加以明确规定,判决书如不阐述判决理由,该判决无效;另一方面,法律还赋予当事人对"无理文书"判决的上诉权。国外的这些法律规定值得我国借鉴。我国法学理论界和实务界早就对民事裁判文书不说理的现象提出质疑,最高人民法院虽然要求制作裁判文书应当加强说理,但实践效果远不尽如人意,原因是多方面的,其中一个重要原因就是法律未明确规定"不说理、说理不充分"应当承担的责任。为了更有效地解决裁判文书说理不充分的问题,可以借鉴国外做法,在《民事诉讼法》中增加规定:民事裁判文书不阐述理由的,该文书无效;判决书未载明判决理由或者判决理由互相矛盾的,当事人可以提出上诉。通过完善立法,强化不说理可能承担的法律后果,无疑可以促使裁判文书的制作更加注重说理,增强裁判文书的权威性。③

---

① 参见《德国联邦民事诉讼规则》,谢怀栻等译,中国法制出版社2001年版,第128页。
② 最高人民法院审判委员会专职委员杜万华在解读2016年民事诉讼文书样式修订及发布实施情况时指出,截止到2016年6月底,全国法院新收各类案件1011.4万件,其中民事案件616.5万件,执行案件262.1万件,合计878.6万件,占各类案件总数的86.9%。参见罗书臻:《最高法院发布民事诉讼新文书样式及制作规范》,载《人民法院报》2016年7月6日,第4版。
③ "诉讼爆炸,案多人少"的问题,需要通过完善相关法律制度加以解决,例如,在我国建立纠纷预防机制,建立纠纷的多元化解决机制。首先,应当尽量避免矛盾和纠纷的产生;其次,产生矛盾和纠纷后,应当鼓励当事人利用诉讼外替代性纠纷解决机制进行解决,即使进入诉讼程序,也应当鼓励当事人选择诉讼调解的方式解决纠纷。同时,还需要完善民事诉讼的审前准备程序,减少进入庭审的案件数量,缓解审判的压力,并且减少文书制作者撰写裁判文书的数量,使案件审理者能够撰写出高质量的民事裁决文书。

裁判文书说理辩难:基于中国刑事错案的反思

王春丽*

> 我们要抛弃不偏不倚,以全部身心坚定地追求善良、美好的生活。
>
> ——[德]拉德布鲁赫

一、引言

在法律研究者的笔下,错案可以从不同角度进行界定,以司法决定错误的内容不同为标准,可以将刑事错案划分为事实认定错误的错案和法律适用错误的错案;以有关司法人员是否存在主观过错为标准,可以将错案划分为责任性错案和无责性错案;以错案的实然状态和应然状态为标准,可以将错案划分为形式错案和实质错案。[①] 而司法实践中,中国共产党第十八次全国代表大会以来纠正的37起重大冤假错案[②],反复验证着一个常识性的法理命题:法治乃规则之治。倘若在刑事司法的过程中不遵循法定程序和规则,错案的出现就成为必然,其不仅具有空间上的必然性,而且具有时间上的必然性。

刑事裁判文书是刑事诉讼活动的真实记录,是司法公正的最终载体,能确保国家刑事法律得到正确实施,同时起到良好的法制宣传作用。[③] 实不皆然,其亦可能产生完全相反的效果。本文意在将刑事裁判文书的说理置于刑事错案的语境下进行辩识,以重新审视那些关于法律文书尤其是裁判文书说理问题的理想化甚或常规化的想当然,意在重新质疑关于刑事裁判文书说理的常识假设。笔者的叙事进路将迥异于当下对裁判文书梳理的正统性分析,因为正统性分析由正统教科书中自成闭合系统的脉络勾画而成,这些勾画都意在宣扬法律的客观性和说理性,导致裁判文书的说理似乎总能彰显和传递司法的公平正义,但问题的症结远不止于此。笔者将尝试着辨别并发现,正是因为有了裁判文书"说理承载公正"

---

* 王春丽,贵州大学法学院讲师,法学博士。
[①] 参见李建明:《刑事司法错误——以刑事错案为中心的研究》,人民出版社2013年版,第61—62页。
[②] 该数据截至2017年11月2日。参见央广网:《最高法:十八大以来纠正重大冤假错案37件,宣告4032名被告人无罪》,载http://new.cnr.cn/dj/20171102_524009858.shtml,访问日期:2018年7月19日。
[③] 参见周萍主编:《法律文书学》,法律出版社2012年版,第140—141页。

这个表面的虚像,才不可避免地扭曲了部分刑事裁判文书无法说理的内在实像。

二、透视:刑事裁判文书说理的中国图景

裁判文书说理,说不说、如何说,在社会大众看来只是法官笔下"愿不愿"的事情,但事实并非如此。① 倘若对若干起经再审改判无罪的典型错案之原审判决书与再审判决书进行对比则不难发现,无论是原审判决的一审、二审判决书,还是旨在纠错的再审判决书,都存在一个共同的特征,即"基本不说理"。例如,在呼格吉勒图案18年前的一审死刑判决书和18年后的再审无罪判决书中罗列的是完全相同的证据,不同的是这些证据在18年前是证明呼格吉勒图死罪的,而18年后却用其证明呼格吉勒图无罪。同样的证据,法官换一种说法,就能够得出截然相反的事实认定、霄壤之别的判决结果。空洞的裁判语言在赵作海、佘祥林等案件中如出一辙②,这不得不令人思考,这样的悖论究竟是如何产生的?

(一) 裁判规则的"液态化"与文书说理的"表面化"

在"潜规则"与正式法律程序二元并存且前者力量显著强于后者,实质性地影响着刑事个案处理的场景下,当代中国裁判文书说理呈现出极为鲜明的中国图景:裁判规则"液态化"与文书说理"表面化"这一独特的、二律背反的模式。从刑事错案的视角进行探察,裁判规则的液态化主要体现为对个案的处理不严格遵循法定的程序,决定的作出亦非依据正式的法律规定形成,而是非正式的法外行事。文书说理的"表面化"则直接体现为裁判文书中所载明的裁判理由与据以作出裁判的内在真实理由不相符,质言之,判决的作出表面看似合法合理,实则违法背理,从而导致裁判文书的非正常说理甚或虚假说理。具体说来,表现在以下方面:

"在法的空间中,有法律程序的展开,控辩活动的推进,以及不同诉讼角色的扮演,而其围绕的中心,是法官对案件实体的心证形成"③,应然层面的刑事庭审大抵如此。公正的诉讼程序乃法律决定正当化之基础,否则客观的、中立的司法判断便会消解于无形。但问题是,具体到刑事司法实践中,"诉讼程序本身被虚置,与审判结果之间并无直接关联"④的情况已经成为活生生的现实。很显然,这不是诉讼程序与判决结果之间关系的正常状态,二者之间亦没有任何必然性。这

---

① 参见庄绪龙:《裁判文书"说理难"的现实语境与制度理性》,载《法律适用》2015年第11期。
② 如湖北省荆门市中级人民法院在佘祥林案的二审刑事裁定书中称,经审查明,被告人佘祥林犯故意杀人罪的事实和情节有法医鉴定、尸检照片、现场勘查笔录等证明,有证人证言证实,还有被告人的作案"行走路线图"及将公安人员带到作案现场指认的记录印证。
③ 龙宗智:《刑事庭审制度研究》,中国政法大学出版社2001年版,第1页。
④ 兰荣杰:《刑事判决是如何形成的?——基于三个基层法院的实证研究》,北京大学出版社2013年版,第66页。

是人为因素导致的,是现行制度设计的弊端和司法权力的异化使然。唯有遵循既存的法律秩序,才能决定何者为正当、何者为不法,而"在法外行事的弹性条件下,无论如何强调问责,实际上都无法要求审判者履行说明义务。因为合法与违法的界限已经变得暧昧不清了,剩下的只是不受法律约束的刚性权力的彰显"①,于刑事错案语境下进行考量,此情尤甚。

（二）司法证明的"非理性化"与裁判说理的"失据化"

"英国著名证据法学家威廉·特文宁曾指出,现代意义上的司法证明是一种理性主义的证明,其直接目标就在于裁判的准确,其核心价值在于追求事实真相。"②2016年6月8日,在山东省高级人民法院聂树斌案复查合议庭,最高人民法院审判监督庭法官将该案的再审决定书交到聂树斌的母亲及代理律师手中。二十余年来,此案跌宕起伏,"一案两凶",最终迎来最高人民法院的再审决定。③然而,聂树斌案与呼格吉勒图案的司法证明过程实际上如出一辙,无论是在审前程序还是在审判程序中,事实真相可能都处于一种真伪不明的状态,而此种状态的形成与司法证明的"非理性"休戚相关。以呼格吉勒图案为例,内蒙古自治区高级人民法院再审合议庭究竟审查、运用、采信了哪些证据才得出与原来一审、二审结论完全相反的案件事实呢? 用判决书中的语言来表述,就是"上述事实,有证人闫某、申某某等人证实呼格吉勒图当天晚上活动及报案情况的证言,证实案发现场情况的现场勘查笔录,证实杨某某系被扼颈致窒息死亡的尸体检验报告,原审被告人呼格吉勒图对当天晚上活动情况的供述和辩解等证据予以证实"这段话,可见再审据以作出无罪判决的是原来的证人证言,原来证实呼格吉勒图当天晚上活动及报案情况的证言,原来侦查机关制作的证实案发现场情况的现场勘查笔录,原来案发后被害人杨某某的尸体检验报告,原来的原审被告人呼格吉勒图对当天晚上活动情况的供述和辩解。也就是说,所有的证据都是原来的,却得出一个与原来截然不同乃至完全颠覆的全新的事实、完全相反的结论! 这是为什么? 怎么做到的? 同样的证据原来证明呼格吉勒图是杀人犯,现在却证明他没有杀人了? 同样的证据原来证明呼格吉勒图犯流氓罪,现在证明他没有流氓行为了? 这样的事实认定是基于什么思维、什么考虑、什么心理状态作出的? 聂树斌案、呼格吉勒图案所反映、折射出来的一个重要问题是:为什么现行的刑事诉讼证明标准和证明过程未能有效避免和抑制冤假错案的发生? 究竟是刑事诉讼证明标准出了问题,证明过程存在实质性缺陷,还是有其他难以名状的因由? 这是值

---

① 季卫东:《法治秩序的建构》,商务印书馆2014年版,第319页。
② 左卫民:《"印证"证明模式反思与重塑:基于中国刑事错案的反思》,载《中国法学》2016年第1期。
③ 聂树斌案异地复查、召开听证会等创新工作方式,也为未来平反冤假错案提供了可供借鉴的路径,成为刑事司法史上标志性的一案。参见新浪网:《聂树斌案终迎再审,其母接到决定书老泪纵横》,载 http://finance.sina.com.cn/roll/2016-06-08/doc-ifxsvexw8706098.shtml,访问日期:2018年7月19日。

得我们深入反思的问题。

进一步而言,倘若我们能够通过呼格吉勒图案原审和再审裁判文书洞察出在这一典型个案中司法证明的"非理性化",则无疑此种"非理性化"直接导致了裁判文书说理的"失据化",这一点从前文援引的裁判语言中同样能够窥见其内里。裁判是司法运行的基本方式,而裁判文书必须依法作出。相应地,裁判结果是法律规定行为模式与具体案件事实相比对的结果,而非偏见、异想、政治等其他因素作用的结果。①

通过刑事错案来考察裁判文书说理的实践面向,我们遗憾地发现,当下中国的刑事诉讼程序运行依然不畅,无法最大限度地防止司法擅断,有效地避免错案的发生。从刑事裁判文书的生成空间来看,司法的证明过程和运行程序是非精细化、非规范化与非外在理性化的。在相当一部分案件中,法官制作出来的裁判文书甚至堪称"写意"之作,既没有呈现出逻辑推理的思维方式,亦未阐述认定事实和适用法律之间的逻辑关系,更没有针对控辩双方的质证和辩护意见采纳与否逐个展开说理,逐一评述,分析论证。质言之,根据裁判文书中公开的论证过程很难顺理成章地推导出判决的结果。由于裁判过程的粗糙,证明标准的降低或虚置,以及对证据收集的合法性调查流于形式甚或不调查,使得庭审无法相对准确地认定事实、采信证据,从而埋下错案的伏笔。这充分说明裁判文书的说理问题并非局限于裁判者本身,它还是刑事司法制度问题、理念问题的集中爆发点。近年来我国已发现和纠正的数起冤假错案并非刑事错案的全部,尽管在司法机关办理的全部刑事案件中占比极少,但是其触目惊心的致错过程却触动着每一个人的敏感神经,吞噬着人们对司法和社会公正的合理期待,拷问着裁判者的人性与良知,甚至动摇着整个刑事司法制度的正当性基础。

三、反思:刑事裁判文书说理的影响因子

以法律为载体的国家意志和"法益"最终要通过司法的个案裁断得以实现和维护②,而"实现和维护"的前提是"依循法律","依循法律"既是司法运行本身的合法性要件,亦型构了刑事裁判文书说理的逻辑前提。故将当前我国刑事裁判文书说理存在的问题置于刑事错案语境下进行考量和深度阐释,反思影响刑事裁判文书说理的内在因素是极为重要的。

(一)"权力主导型"裁判文书生成机制

赵作海冤案纠错之后,在反思冤案时,河南省高级人民法院院长曾指出,按理

---

① 参见江国华:《司法规律层次论》,载《中国法学》2016年第1期。
② 参见江国华:《司法规律层次论》,载《中国法学》2016年第1期。

说公安、检察院、法院三个机关应该相互制约、相互监督,但是有的过程却变成了相互配合,导致冤假错案的发生。① 很显然,在司法运行过程中,权力而非法律占据了绝对性的主导地位。法学界在若干年前就曾讨论并倡导过刑事审判方式的改革,人们不约而同地将引进对抗制作为改造中国"刑事审判方式"的突破口。②时至今日,在我国刑事诉讼领域,对抗式庭审已不鲜见,甚至已成为刑事法庭审判的常态,具体到重大复杂的刑事案件之审理更是如此。然而,无论控辩双方如何激烈抗辩,证人、侦查人员依然鲜有出庭,质证仍局限于对书面言词证据和卷宗证据的诘问,法庭调查依然流于形式,合议庭一如既往地"合而不议","审者不判、判者不审"的现象并未有实质性的改观。"令人不堪之处,倒不仅仅是那些死刑圈里被告的个人命运,更在于这种决定生命去留的方式是一种缺乏明确性操作规则的方式,一种制度化程度较低的方式"。③ 这是刑事裁判文书得以生成的制度环境和现实语境,由"超越"法律、"形式化"的法庭审理过程导出的裁判文书,说理岂非侈谈?

当前,我国正在推进的以审判为中心的刑事诉讼制度改革能否破除沉疴,能否重塑话语体系与实践面向,决定了刑事裁判文书说理的走向。在西方法治国家的司法语境中,鲜有"以审判为中心"的提法,但其实质内核与精髓已然涵摄于刑事诉讼的制度实践之中。"然而,在中国,无论立法还是司法,无论宏观的诉讼结构还是微观的制度和技术,'以审判为中心'的观念基本上是缺失的。"④这使得我国刑事诉讼各程序环节之运转偏离了正轨,实质上的"侦查中心主义"取代了"法庭审理"的核心地位。之所以出现此种境况,缘于我国宪法和刑事诉讼法所确立的公、检、法三机关分工负责、互相配合、互相制约的原则在践行的过程中被异化成"刑事侦查—审查起诉—法庭审判"的线性结构,而处于该线性结构上的后一环节只是对前一环节所形成证据和认定事实的接受和确认,而非独立的审查和判断。这说明各阶段的权力运行出现了问题,前一程序环节未能受到后一程序环节的有效检视和制约,后一环节的权力运行呈现出对前一环节权力运行的监督不作为,从而导致侦查权、起诉权和审判权的"权力混同"和"程序交叉"现象。其后果是本该由审判机关履行的定罪量刑的职能被侦查机关提前预演,审查起诉部门越位确认。近年来持续披露和陆续纠正的一系列冤假错案起初就是在这样的权力运行轨迹下形成的,因而剖解影响刑事裁判文书说理的因素不应脱离亦无法脱离这一制度背景和实践样态。

---

① 参见 http://news.sina.com.cn/c/sd/2012-03-09/005924083389_2.shtml,访问日期:2016 年 8 月 25 日。
② 参见陈瑞华:《刑事诉讼中的问题与主义》(第 2 版),中国人民大学出版社 2013 年版,第 27 页。
③ 白建军:《死刑适用实证研究》,载《中国社会科学》2006 年第 5 期。
④ 魏晓娜:《以审判为中心的刑事诉讼制度改革》,载《法学研究》2015 年第 4 期。

(二)"法退官进型"裁判主体思维模式

古希腊哲学家柏拉图曾经说过,法官的工作就是"以心治心",邪恶的心灵不能拯救邪恶,那是对正义的亵渎和嘲弄。伯尔曼说,法律必须被信仰,否则它将形同虚设。《日本宪法》第76条第3项规定:"所有法官均应从其良心,独立行使职权,仅受宪法及法律之拘束。"在客观良心论者看来,该条文所称"良心"是指法官应当依照"宪法及法律"这个客观意义上的良心为裁判①,足见法官的"良知"之于裁判的深邃意义。当下中国,许多司法裁判人员都受过很好的法学教育,但最终还是制造了冤假错案,除了司法不独立、权力干扰等外在因素,很大程度上源于内心深处没有形成对法律的信仰。

当前我国的公权力普遍缺乏有效约束,现有的规范体系缺乏充分的自我完结性,司法过程亦受到过多外部因素的影响,法律解释学的积淀尚且较为薄弱,这些都会直接或间接映射于司法裁判的过程当中,从而导致法官的规范思维方式在相当长一段时间内很难真正形成,这必将对刑事裁判文书说理产生消极作用。冤假错案的层出不穷,亦从反向维度彰显出影响并决定法官对事实或个案进行判断的法外因素占据优位,在法律因素与法外因素的博弈中,"法律的地位被矮化,规范作用在隐退"②的现实,不得不让人对刑事司法制度设计的有效性、正当性产生质疑,在这种"法退官进"型思维模式潜移默化的影响下,司法者的主体性得到了张扬,而法律受到了抑制,故而出现突破程序和规则办案、有法不依的现象。③ 这是极其值得反思与焦虑的问题,因为倘若不认真对待规则,必然会造成规范功能的减退。更为糟糕的是,此种思维模式会冻结法官的人性,使得法律职业伦理观念难以被裁判者真诚接受,更无法内化于心。

人性的第一维度是良知,它是法律人"以心治心"的标准和规范。信仰乃人性的第二维度。理性是发现从知识得来的命题的确定性或盖然性,这些知识是我们通过感觉和反省获得的。④ 法官的公正、独立乃至对法律的信仰是由其作为"人"之人性本质所决定的,唯有守住人性才谈得上独立的人格和规范性思维,才能够秉持良知作出审慎专业的司法判断;亦唯有恪守住人性的底线,才可能调动良知来规范自己的行为,依法制作出承载个案公平正义、契合法律精神的裁判文书,以个案正义推动社会法治的进步。在赵作海案中,当时被法院指定的辩护人胡泓强是一个律师事务所的实习生,既无辩护律师资格,也没有独立的办案经验,并不符合法律规定的提供法律援助的条件。其未参与审判前程序,仅在审判阶段

---

① 参见〔日〕长谷部恭男:《法律是什么?——法哲学的思辨旅程》,郭怡青译,中国政法大学出版社2015年版,第117页。
② 陈金钊:《法律人思维中的规范隐退》,载《中国法学》2012年第1期。
③ 参见江国华:《司法规律层次论》,载《中国法学》2016年第1期。
④ 参见〔德〕莱布尼茨:《人类理智新论》(下册),陈修斋译,商务印书馆2016年版,第614页。

提供辩护,即便如此,他也能从案卷中看出认定赵作海杀人的证据不足,认为"尸源没查清就无法定案",因此在法庭上为赵作海作了无罪辩护,发表了无罪辩护意见。根据媒体报道,对当时的证据提出怀疑的还有检察官汪继华、郑磊。然而公诉检察官最终还是选择了对赵作海进行有罪指控,制作并发表了指控其涉嫌杀人犯罪的公诉词;法官对律师的无罪辩护意见置之不理,且在没有查明案件事实、排除合理怀疑的情况下便形成判决意见,并最终制作出完全错误和违法的刑事判决书。值得追问的是,律师事务所的实习生尚且能够发现案件存在的重大问题,撰写并发表无罪辩护词,公诉检察官也提出过怀疑,法官究竟有没有发现问题呢?难道其不具备判别是非的专业能力和知识水准吗?显然不可能。这一典型个案鲜明地折射出法官人性与良知的阙如,而一份缺乏人性的冰冷判决书该如何说理呢?在为梅因(Maine)的《古代法》所写的导言中,当论及裁判官的普遍衡平管辖权时,历史学家西奥多·W. 德怀特(Theodore W. Dwight)说道:"乍想起来,裁判官的权力似乎没有限制,裁判官的行为可能危及社会秩序。但实际上,他的权力为他所属的法律职业的观念所约束。"① 这里强调的其实就是良知对法官司法行为的指引。

上述因素尽管无法从整体上勾勒出刑事裁判文书内在"病理"的清晰轮廓,但尚可局部呈现出诉讼程序与行政管理的"双重结构化"对中国刑事审判实践的影响,这意味着诉讼程序本身无法独立生产值得信赖的司法判决。② 从此维度观之,刑事裁判文书的说理必然受制于社会历史传统与现实司法环境的双重张力。

四、前瞻:我国刑事裁判文书说理的未来

冤案是刑事司法的阴影,透过这片阴影,人们可以看到司法制度的漏洞和缺陷。③ 刑事裁判文书的说理并不是一维的,同时包容了法官的专业水平、职业伦理、司法良知等不同的理论和实践面向,在刑事裁判文书不能说理、无法说理、难以说理的背后,其实是不同理念之间的组合。因此,裁判文书说理模式的变迁在深层次上是理念的变迁,裁判文书说理的改革其实是随着司法改革理念和刑事诉讼理念的变迁对在法院系统内部承担裁判功能的审判人员思维层面的调整和转化。如果脱离这一层面单纯强调裁判文书说理,最终很可能会因为与司法制度理念的冲突而窒碍难行。

随着党的十八届三中全会通过的《中共中央关于全面深化改革若干重大问题

---

① 〔美〕罗伯特·N. 威尔金:《法律职业的精神》,王俊峰译,北京大学出版社2013年版,第14页。
② 参见兰荣杰:《刑事判决是如何形成的?——基于三个基层法院的实证研究》,北京大学出版社2013年版,第66页。
③ 参见何家弘:《亡者归来:刑事司法十大误区》,北京大学出版社2014年版,第212页。

的决定》提出"确保依法独立公正行使审判权检察权""健全司法权力运行机制。优化司法职权配置,健全司法权力分工负责、互相配合、互相制约机制,加强和规范对司法活动的法律监督和社会监督""健全错案防止、纠正、责任追究机制,严禁刑讯逼供、体罚虐待,严格实行非法证据排除规则"和党的十八届四中全会通过的《中共中央关于全面推进依法治国若干重大问题的决定》提出"完善确保依法独立公正行使审判权和检察权的制度",我国开启了新一轮司法改革的征程。然而,在这一特殊语境下探讨当前刑事裁判文书的说理问题,必然会在"司法制度"与"刑事诉讼"两种理念之间徘徊与嬗变。行文至此,似乎应当关注刑事裁判文书如何说理、路在何方,其应当受导于技术还是伦理,以及应追求何种目的。但由于对刑事错案语境下裁判文书洞察的有限性以及对刑事审判实践的预期尚难以形成有说服力的判断,故很难对裁判文书说理的未来给出具有前瞻性的观点。中国的刑事裁判文书说理究竟会向何种方向发展完善,主要取决于中国刑事司法制度和诉讼理念如何调整,而非取决于人们的主观价值判断。在中国目前的制度架构下,妥当解决刑事裁判文书说理的方式是匮乏的。裁判结论的合法性是刑事裁判文书说理的前提和基础,而合法性的前提却并非排他地建立在裁判结论的真实性上,其更深层次地取决于司法程序的正当性。从某种程度上说,只有让案件审理者成为真正的裁判者,刑事裁判文书才有说理的底气和可能。然而,在刑事司法语境下,尽管法官有责任决定什么是社会的普遍理性,并在此基础上决定案件,但"法官只不过是个步兵"[①]。就选择实现何种司法目的而言,通常不是法官自身所能掌控的。裁判文书说理无法脱离制度载体,其需要公开透明的司法过程、法官的良知信仰以及外在程序机制的支撑,否则就会沦为"无本之木""无源之水"。尽管当下的司法改革及其配套措施的跟进并非朝夕之间即可完成,但其每一个烙印都将直接关系到我们思考或审视中国刑事裁判文书说理问题的方式。

[①] 参见〔美〕斯蒂文·J. 伯顿主编:《法律的道路及其影响:小奥利弗·温德尔·霍姆斯的遗产》,张芝梅、陈绪刚译,北京大学出版社2012年版,第189页。

法律推理在裁判文书说理中的问题及优化*
——基于S省H市人民法院300份裁判文书的实证分析

田 源**

法官裁判案件看似神秘,其实就是法官结合案件事实,依据法律条文,适用科学方法,逐步推导出裁判结论的过程。充分实现司法判决的价值功能,必须加强裁判文书的释法说理,这既是裁判文书本身的基本要求,也是解决纠纷、化解矛盾、彰显公正、树立公信的必然要求。[①] 我国作为制定法国家,法院对裁判文书的制作一般都比较简单,缺乏法律推理。[②] 随着司法体制改革的不断深化,法官的整体素质得到有效提升,法律推理在人民法院裁判文书中的应用状况较于以往已经有了一些进步。但在局部地区,法律推理的应用状况仍不容乐观,无推理、假推理、胡推理等现实问题仍不同程度地存在。这种状况与党的十八届三中全会、四中全会决议明确提出的"增强法律文书说理性"和"加强法律文书释法说理"的要求之间,仍然有较大差距。为此,本文选取了S省H市中级人民法院2010—2015年间300份刑事裁判文书作为分析样本,对法律推理在裁判文书说理部分中的实际应用情况进行考察,并尝试探寻一条有助于充分发挥法律推理价值功用的现实进路。

一、问题检视:法律推理在文书说理过程中遭遇执行难

为确保分析样本数据的真实、准确、客观,笔者利用年终案件质效评查的契机,借助当前案卷电子化的便利条件,从S省H市中级人民法院2010—2015年间已审结归档的案件中,随机抽取了300起案件的合议庭评议笔录作为分析样本。根据统计,法律推理方法在裁判文书说理部分应用中存在的问题主要分为以下五个方面。

---

* 本文系山东省法学会2018年省级法学自选课题"法官遴选委员会律师委员的伦理风险及规训理路"[批准号SLS(2018)C9]。
** 田源,天津大学法学院讲师,法学博士。
① 参见白泉民:《强化裁判文书说理:让公正司法更有说服力》,载《人民法院报》2014年11月14日,第2版。
② 参见张保生:《法律推理的理论和方法》,中国政法大学出版社2000年版,第380页。

（一）有证据，无推理，证据和结论之间缺乏衔接

随着近年来法院文书改革和裁判文书公开力度的不断增强，在抽样的裁判文书中，已看不到过去那种仅仅列举证据名称，而后冠以"事实清楚、证据充分、足以认定"字样的简单做法，取而代之的是对案件事实尤其是证据部分内容连篇累牍的铺陈。据统计，有193份抽样文书中证据部分占文书比例的1/2，约为抽样文书总数的64.33%，其中，有61份文书中证据部分占文书比例的2/3，约为抽样文书总数的20.33%。这样的裁判文书算得上是有理有据了。然而，绝大部分文书的案件事实部分只是对证据的简单堆砌而已，对是否采信，大都以"来源合法，内容真实，能够证实"等一语以蔽之，缺少对法官依据证据的相关性、可采性（证据能力）和证明力加以判断进而采信过程的描述。绝大部分案件中，存有多份证据，不同证据的证明效力也有强弱之分，甚至部分证据之间还存有矛盾。譬如，同一被告人在不同时间、地点就同一事实的描述可能都不同，或证人证言与被告人供述之间也经常不尽相同等。作为法官，不仅要经历一个对证据的分析、筛选、取舍或判断的法律推理过程，更应当将这个过程体现在裁判文书中。然而，抽样文书中真正能体现法官证据采信过程中法律推理的仅有29份，尚不足抽样文书总数的10%。

（二）引法条，欠解释，适用法律过程缺乏推理

抽样文书中存在的另一个普遍问题是，案件事实与法条适用之间缺乏联系。有242份抽样文书在法律适用过程中没有采取严格的三段论推理模式，在"本院认为"部分关于认定案件事实的陈述大都寥寥数语，有些更是惜墨如金，只有短短几十个字。而后在这缩略版案件事实的基础上，加上法官认为应该适用的法律，进而得出最终的裁判结果，在案件事实和法律适用之间缺乏法律推理的桥梁衔接。恰如美国法学家埃尔曼在分析大陆法系国家判决书比较简单的原因时指出，他们的简洁性和形式主义的风格意在隐藏一种恐惧，即害怕过于详尽可能有碍于审慎周到和严守秘密，而审慎周到和严守秘密正是所有专家权力的重要组成部分。[①] 即便是在基本合格的58份抽样裁判文书中，就法律适用的推理过程进行了一些解释，这些解释也无一例外地用来回答为何会适用法官自主选取的法律条文。至于为什么不适用当事人认为应当适用的法律条文，一律不予回应。

（三）扣模版，套公式，裁判文书说理千案一面

抽样文书所反映的另一个普遍问题是，法律推理部分流于俗套，模板化、公式

[①] 参见〔美〕埃尔曼：《比较法律文化》，贺卫方、高鸿钧译，生活·读书·新知三联书店1988年版，第230页。

化倾向较为明显。缺乏问题针对性,缺少鲜明特色,措辞、用语甚至思维方式均给人感觉似曾相识。譬如,抽样文书中关于证据采信的表达结构,几乎无一例外地套用如下公式:"经审理查明+上述事实,有下列经庭审举证、质证的证据予以证实,本院予以确认+证据"。这种公式化的表述方式让人只能看到法官采信的证据以及据以认定的事实结果,看不到法官对证据的内心判断和确认,亦即形成心证的过程及理由。即便有17份抽样文书针对案件证据、事实进行了一些分析,这些分析也大都停留在问题表面,给人一种隔靴搔痒之感。法律推理的过程苍白无力,其结果无外乎让当事人输得不甘、赢得糊涂。

(四)假推理,真糊弄,单纯追求法律推理的形式

抽样文书中,有13份裁判文书为了展示法官具备法律推理技巧而胡乱推理,甚至在撰写文书过程中避重就轻,想方设法地回避一些控辩双方或当事人之间存有争议的焦点问题,故意将文书说理的重点放在一些无足轻重的枝末细节问题上。具体表现为,罗列一些司空见惯的法律条文,围绕一些通俗易懂的道理大书特书,甚至个别裁判文书大量使用一些远远超出当事人和普通公众理解认知程度的专业术语和高深理论,来讲解一些十分浅显的常见问题,使裁判文书晦涩难懂,让当事人和社会公众即便认得文字,却看不懂在说什么。

(五)重形式,轻其他,推理方法选取僵化单一

形式推理与实质推理是法律推理的两种形式。[1] 按照推理的逻辑特征又可分为演绎推理、归纳推理、类比推理和假说推理。[2] 由于我国是成文法国家,法官在进行形式推理和实质推理等法律推理方法的选择方面,对形式推理的运用多于实质推理似乎可以理解。但如果过分恪守文义解释,过于强调形式推理,或"对规则的忠诚过于僵化、被动,就会变成规则的奴隶。其客观后果是造成法官的责任淡化,宁可遵守规则而作出错误的判决,也不违反规则而根据情况变化适用自由裁量权作出正确判决"[3]。从抽样文书来看,部分运用法律推理的法官盲目适用传统的三段论,不知变通抑或不敢变通。由于立法技术水平有限,现有的法律大前提并非完美无缺,法律竞合、漏洞甚至空白的情况比比皆是,加之事实小前提也并不确定,因此事实与法律之间并不是自动耦合。[4] 恰如博登海默所言,法官并不能轻易地寻找到一条适用于这些事实的一般规则,而要用归纳推理的方法从一系列

---

[1] 参见张保生:《法理学与法律逻辑学视野下的法律推理》,载中国逻辑学会法律逻辑专业委员编:《第十四届全国法律逻辑学术讨论会论文集》,人民法院出版社2006年版,第228页。
[2] 参见陈金钊:《法律方法论研究》,山东人民出版社2010年版,第393页。
[3] 张保生:《法律推理的理论和方法》,中国政法大学出版社2000年版,第233页。
[4] 参见罗灿:《推进裁判文书说理改革要避免的五大误区》,载《人民法院报》2015年2月6日,第5版。

早期的判断中才可能推论出该规则。① 然而,实践中,在面对一些新型、复杂、疑难案件时,在现有的法律、法规不足以用来裁断相关法律问题的情况下,部分法官缺乏独立的判断能力和逻辑分析能力,不敢依照法的价值、道德准则、正义理念来作出裁断,也不敢随意对法律条文作出扩张或限缩性解释,甚至没有适用一些稍显冷僻的法律条文的勇气。

二、原因透析:法律推理在裁判文书中应用难的缘由

(一) 能力所限,部分法官不会推理

由于历史原因,我国法官的职业特殊性没有得到应有的重视。在相当长一段时期内,审判职称被作为一种"福利待遇",随意分配给在法院工作一定年限的具有"干部身份"的人员。不管操守如何、素质高低、有没有训练背景,开车的、做饭的、烧锅炉的,最后都成了法官。② 造成了这支法官队伍数量巨大、成分复杂、整体素质偏低的现状,与现今"具有较高素质,真正符合条件"的要求相去甚远。长期以来,我国法学教育与司法实践存在"两张皮"现象,司法队伍建设只注重对法官业务能力和法律知识的培训,而忽视了法官法律思维能力和法律推理能力的培养,导致很多法官不仅不能有效运用法律推理的方法,甚至个别法官都不知道法律推理为何物。

(二) 思想作祟,主观方面不愿推理

当前,个别法官未能完全摆脱职权主义思想的禁锢,习惯于"我说什么,你就得听什么",甚至认为这是天经地义、理所当然的。这种心态反映到裁判文书的制作上,就是常见的不会法律推理,或是不熟悉法律推理。具体表现为,有的裁判文书中案件事实与判决理由之间没有因果关系,有的裁判文书在"本院查明"之后就直接罗列法律条文,有的裁判文书仅以"无事实和法律依据"作为不采纳当事人意见的理由,综合的表现就是"不讲理"或"不够讲理"。

(三) 制度所限,客观方面不必推理

我国属于成文法国家,成文法传统决定了我国法官没有"造法"的权限。相比于英美法系国家,一份具有良好法律推理和法律解释的裁判文书,会被后继法官撰写的文书不断引用,并给撰写判决的法官带来荣耀和利益;我国法官作出的

---

① 参见〔美〕博登海默:《法理学——法哲学及其方法》,邓正来、姬敬武译,华夏出版社 1987 年版,第471 页。
② 参见程荣斌、陈卫东、贺卫方:《中国司法如何面对新世纪:漫谈中国司法体制改革》,载《民主与法制》2000 年第 2 期。

判决不可能成为主要的法律渊源,即便部分裁判文书被刊发或推广,成为其他法官审理案件的参考范本,事实上实现了法官"造法"。法官在耗费大量精力、时间,制作出一份推理有力、逻辑严密的裁判文书后,并不能赢得应有的荣誉感或成就感。退一步讲,法官即便按部就班地制作出一份要件齐备但缺少法律推理的文书,也不会受到任何惩处或贬损。奖惩缺失的客观制度设计决定了法官不必为追求法律推理在裁判文书中的应用而劳力费神。

(四)形势所迫,迫于压力不能推理

当前,司法体制改革正开展得如火如荼,"让审理者裁判,由裁判者负责"的理念也被确立为改革重要目标。但从实践情况来看,"裁审分离"现象仍然普遍存在,譬如,当前合议庭普遍实行审判长负责制模式。相比于一般审判员,审判长职务较高,资历较老,业务水平也普遍较高。一般审判员往往对审判长的意见言听计从,不敢过分坚持自己对案件的独立观点。但相当一部分案件的判决结果,是在充分参考庭长、院长的意见的前提下形成的,某些案件的最终裁判结果甚至背离了承办法官的初衷。法官在面对连自己都无法说服的既定裁判结果的情况下,自然很难用有效的法律推理或缜密的逻辑思维来组织语言,遑论去说服当事人及社会公众。

三、价值评判:法律推理在文书说理中应用的必要性

(一)法律推理是维护司法公平正义的重要保障

法律推理与司法公正之间有着互为表里的有机联系。美国法学家戈尔丁认为,解决的逐项条件应以理性推演为依据,推理应涉及所提出的论据和证据。[①] 具体表现为:一方面,法律推理的规则与司法公正的要求是相互一致的。法官依据法律条文规定,参照案件事实,通过法律推理得出裁判结果。这一实现司法公正结果的方式,其实也是应用法律推理方法对法律命题进行推理的过程。另一方面,法律推理的目标与司法公正具有一致性。法律推理与司法公正的关系是一种形式与内容的关系,法律推理的过程也是追求公正的过程。这是因为法律推理是一个正当性证明的过程,它的目标是为法律规范及人们的行为提供理由。公正是立法及行为正当的一个重要理由,是正当性证明得以成立的充分必要条件。[②]

---

① 参见〔美〕戈尔丁:《法律哲学》,齐海滨译,生活·读书·新知三联书店1987年版,第240页。
② 参见张琪:《法律推理与法律制度》,山东人民出版社2003年版,第29页。

(二) 司法实践离不开法律推理

法律推理是法官裁断案件的基本思维方法,是推动司法审判实践工作运转的必备要件,诸多的推理方法均扮演着重要的角色。演绎推理构建了宏观架构,归纳推理提供了微观基础,两次类比推理的运用更是整个判决中法律推理的核心,而设证推理则体现了法官对实体内容的考量。① 当前,我国的中国特色社会主义法律体系虽然已然建成,但还有不少法律条文尚存有漏洞需要填补,仍有许多法律空白有待完善。加之,法律固有的滞后性特征,法官单纯依靠遵循上述法律条文来审理案件是难以实现的。恰如卡多佐所言,法典和制定法的存在并不使法官显得多余,法官的工作也并非草率和机械。会有需要填补的空白,也会有需要澄清的疑问和含混,还会有需要淡化——如果不是回避的话——的难点和错误。② 拉伦茨也曾指出,不能拒绝裁判的法官有为法律解释的义务,如法律有漏洞,亦有填补漏洞的义务。③ 当前司法的现实需求,迫切要求法官运用好法律推理的手段来克服制定法存在的一些固有缺陷,通过审理好案件,来更好地维护司法公正。

(三) 法官断案离不开法律推理

当前,裁判文书的"不讲理"或"不够讲理",常常表现为欠缺以法律解释为主要内容的依据。法官适用法律的过程可以用公式简单表述为:X(事实陈述) + Y(法律条文引用) = 判决结果。法官所要做的只是确定案件事实,并从法律条文体系中找出与该事实相对应的条文,然后分别以这两者为大小前提,从中推出法律结论(判决或裁定)。④ 部分法官过于理想化地认为,法律条文将一切事实关系皆包摄其中,事实加法律可以得出正确无疑的裁判。但在司法实践中,通常情况下,X(事实陈述) + Y(法律条文引用)并不一定能得出判决结果。因为事实与法律的模糊性,甚至是未知数,可能出现三种情况:

第一,事实与法律均为未知数,这样 X + Y 肯定为未知数,即不能得出判决结果。

第二,庭审中已将事实查清,即 X(查证事实) + Y(法律条文引用,仍可能为未知数) = 判决结果。

鉴于事实与法律无法自动结合,存在法意不明、法条竞合、法律漏洞等情况,仍然不能得出一个固定的判决结果。"在法律适用过程中,由于存在大量弹性条款,因而不能离开法官对这些条款的理解与说明。没有法官对弹性条款创造性的

---

① 参见孙光宁:《法律推理在司法中的融贯运作——以最高人民法院发布的"指导案例6号"为分析对象》,载《法商研究》2013年第6期。
② 参见〔美〕本杰明·卡多佐:《司法过程的性质》,苏力译,商务印书馆1998年版,第194页。
③ 参见〔德〕卡尔·拉伦茨:《法学方法论》,陈爱娥译,商务印书馆2003年版,第246页。
④ 参见郑戈:《法律解释的社会构造》,载梁治平编:《法律解释问题》,法律出版社1998年版,第171页。

理解活动,就不可能使我国现行的多数法典贯彻到司法实践中去。所以,没有法官对成文法的理解就不会形成法官据以断案的法官法源。对法官来说,适用法律的每一个过程都包含有相互联系、逐步进展的三个环节:即理解、说明和适用。"① 对法律的理解、说明实际上就是法官对法律的解释,是法官断案时适用法律的重要依据。② 法官通过对法律的解释,使得法律条文的模糊性得到明确,法律条文也就由未知变成了确定。

第三,X(查证事实)(已知数) + Y(法律条文的解释及引用)(已知数) = 判决结果。

这时的公式相当于 1 + 1 = 2,过程清楚,结论准确。司法实践中,判决结果虽非唯一,但法律适用过程应当准确无误,竭力做到判决结果能自圆其说。由于这种推理模式的单一性,实践中往往认定事实时缺乏证据分析、适用法律时对法律条文简单引用,得出的结果出现不可信情形。具体而言,可能出现三种情况:①未知数 + 未知数 = 判决结果;②已知数 + 未知数 = 判决结果;③未知数 + 已知数 = 判决结果。

可见,法官要公正审理案件,势必要将未知数转变为已知数,其过程也是认定事实和适用法律时加以推理的过程。法律推理恰恰是实现这一结果不可或缺的必备要件。

四、路径探析:强化法律推理在文书说理中应用的建议

(一) 强化培训,确保法官裁断司法案件"会用推理"

与单纯学习法律推理的理论知识和方法技巧不同,法官法律推理能力的培养不仅依赖相关专业知识,更多的是要仰仗实践经验和工作技巧。对法官而言,要掌握用法律推理手段处理实际问题的能力,仅靠"应急式"的短期培训是难以达到的,必须要历经长期的司法实践经验累积方可实现。要在尽可能短的时间内,提高法官法律推理的水平,必须在借鉴西方国家法律推理理论知识和实践经验的基础上,充分结合我国现实国情,制定一套符合我国特色的法律推理模式。建议设置专门的法律推理课程,纳入现有的法官业务培训体系。聘请一批具有丰富司法实践经验和较高法律推理水平的资深法官担任培训老师,是必要的更是有效的途径。具体的培训模式,既可以采取现代教学模式,也可以采取"师傅带徒弟"式的传统"传帮带"模式开展培训。③ 以此来不断提升法官用法律推理手段处理实

---

① 陈金钊:《法制及其意义》,西北大学出版社 1994 年版,第 61 页。
② 参见董嵘:《法律适用中的法官及其能动性》,载《法律适用》2001 年第 8 期。
③ 参见田源:《由"现实需求"到"司法回应"——欠发达农村地区调解法官模式研究》,载《福建行政学院学报》2014 年第 2 期。

际法律问题的能力。

(二) 科学规范,规定法官制作裁判文书"必用推理"

部分法官在现有体制下,鉴于没有硬性要求在裁判文书中适用法律推理,出于自保的考虑或懒惰的原因而选择"不推理"或"假推理",直观表现为"不讲理"或"不够讲理"。建议最高人民法院修订裁判文书制作的有关规章制度,对裁判文书的形式和内容都作出硬性规定,要求裁判文书应当适用法律推理方法并体现出清晰的法律推理步骤。具体来说,要严格围绕争议焦点,着重在裁判文书中增加对"不予采信"内容的法律推理过程的表述,克服推理过程的武断、机械。同时,要提高法律推理的针对性,避免裁判文书的拖沓冗长,做到推理有据、繁简适当、判断正确,让更多的当事人和社会公众都能信服于裁判文书。

(三) 重视判例,激励法官制作裁判文书"愿用推理"

我国作为制定法国家,法律渊源也是以制定法为主。但正如德国法学家茨威格特和克茨指出的那样,对大陆法来说,最重要的是注意某些技术和方法,以便借助它们使法官创制的法律能够把法律的稳定性要求和使规则适应不断变化的社会条件的需要两者协调一致。在这方面,普通法积累起来的经验,对大陆法法律家具有极其重要的价值。① 由此,笔者建议,一是由全国人民代表大会明确将判例作为我国法律的非正式渊源,提升判例的地位和价值;二是建议将法律文书的说理能力作为法官员额遴选的重要考核依据。各级法官遴选委员会对法律文书说理能力存在缺陷的入额建议人选实行一票否决;三是在各级法院的绩效考核中增加法官说理能力所占的权重。通过系统化的措施,激励越来越多的法官重视法律推理在裁判文书中的应用。

(四) 优化技能,帮助法官在裁判文书中"善用推理"

法律推理作为一种严密的逻辑思维活动,是法官用以拨开法律迷雾,洞察案件真相,获悉科学结论的一把金钥匙。法官审理、裁断案件必须综合应用各种推理方式,才能充分发挥法律推理的价值功效。但实践中,部分法官仅仅满足于对单一类型法律推理方法的应用,导致法律推理停留在一个较为低端的阶段。以法律推理在刑事类案件中的应用为例,要改变这一现状,有必要从以下三个方面入手。

1. 事实认定方面

(1) 围绕犯罪构成确定证据事实。证据事实的形成是侦查人员对客观事物

---

① 参见〔德〕K.茨威格特、H.克茨:《比较法总论》,潘汉典译,贵州人民出版社1992年版,第476页。

进行认识,形成原初事实,将原初事实与《中华人民共和国刑法》分则具体的犯罪构成进行比对,删去与刑法规范无关的事实,再按照具体犯罪所要求的证据规格定格证据,最后形成证据事实的过程。

(2)围绕证据规则确定裁判事实。认定案件事实依靠证据,但对证据的审查判断却是一件困难的事情。司法实践中,人们总结了以下规则:①矛盾法则:证据自身有矛盾,必有问题;两证相矛盾,必有一假;一证与众证矛盾,多系假证;一证与案件事实矛盾,定系假证。②经验法则:即依从现实生活中归纳出来的经验作为判断证据真假的标准。

(3)围绕法律规范确定法律事实。裁判事实确定后,接下来便是定罪和量刑,认定法律事实。定罪过程是三段论的推理过程,其中刑法规范是大前提,裁判事实是小前提[①],如果二者相符合,便可作出相应的判决。量刑是在裁判事实中,确定量刑要素,包括认罪态度、前科、年龄、自首、立功等情节,进而确定量刑等级和量刑幅度。

2.法律适用方面

(1)法律的选择。法律选择即由法官在了解、掌握案件事实的基础上,对有关的事实构成进行定性、分类,将其归入特定的法律范畴,从而寻找、选择案件所适用的法律。卡尔·拉伦茨认为,法官是以下述方式选择形成案件事实之基础的法律条文:即"判断者以'未经加工的案件事实'为出发点,将可能可以选用的法律条文一一检视,排除详细审视,排除详细审视之后认为不可能适用者,添加经此过程认为可能适用的其他条文"。他还指出:"作为陈述案件事实的终局形成,取决于可能适用该事件法律规范的选择,而这项选择却又一方面取决于判断者已知的情境,另一方面取决于他对于案件事实所属的规范整体之认识如何。"[②]

(2)法官适用解释。法律推理主要是解决法官释法问题,即法律发现或法律获取问题。[③] 法官适用解释与平常所说的司法解释不同,法官适用解释是个案解释,是指法官借助实体法与程序法条文以及相关的立法资料,结合案件法律事实,运用实体法与程序法中的相关理论、解释方法和价值、利益衡平来揭示法律规定的含义、意义的活动。

3.法律推理的路径建构

通过以上分析、论证,将裁判推理的逻辑思路绘成如下示意图,便于法官理解和实践操作。

---

① 参见张明楷:《案件事实的认定方法》,载《法学杂志》2006年第3期。
② [德]卡尔·拉伦茨:《法学方法论》,陈爱娥译,商务印书馆2003年版,第163、164页。
③ 参见王洪:《制定法推理与判例法推理》,中国政法大学出版社2013年版,第196页。

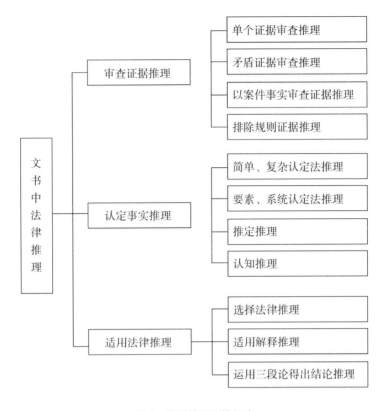

图 1　裁判推理逻辑思路

五、结语

恰如罗尔斯所言,不正义的行为之一就是法官及其他有权者没有运用恰当的规则或者不能正确地解释规则。① 法律推理能否在裁判文书中得到有效应用,是衡量法官业务能力和法学素养高低的重要标尺,是衡量裁判结果是否符合公平正义要求的必备要件。作为一项复杂、长期的系统工程,法律推理在裁判文书中的应用不可能在短时间内一蹴而就。但我们有理由相信,随着体制、机制的日趋健全,教育培训的不断加强,应用技巧的逐步养成,作为法律推理重要主体的法官,必能灵活运用法律推理手段,为当事人和社会公众描绘出一幅清晰明了、科学合理的司法图景,真正让司法的公平正义看得见、摸得着、能得到。

---

① 参见〔美〕约翰·罗尔斯:《正义论》,何怀宏、何包钢、廖申白译,中国社会科学出版社1988年版,第225页。

迷惘与厘清：司法裁判的可接受性研究

郭妙林*

随着法治的发展与推进,作为"社会正义最后一道防线"的诉讼已成为解决纠纷最重要的手段。然而,在各种因素的影响下所出现的人们不服判决、申诉、涉诉上访等现象严重侵蚀着司法救济机制,从而导致司法公信力的下降与社会秩序的不稳定,这不仅与诉讼定分止争的目的相违背,也使得"让人民群众在每一个司法案件中感受到公平正义"的理念落空。究其根源,在于司法裁判不具有可接受性。故而,司法裁判中哪些因素导致裁判受众对其不接受,及如何提高司法裁判的可接受性就成为研究的重要课题。本文以司法裁判可接受性概念的界定为逻辑起点,探讨司法裁判可接受性的评价机制,进而挖掘司法裁判可接受性在实践中的困境与内在症结,并为提高司法裁判的可接受性建言献策。司法裁判可接受性的提高,既有利于提升司法公信力、树立司法权威,也有利于实现法律效果与社会效果的有机统一,使得诉讼成为名副其实的守住社会正义的最后一道防线,也能够让人们真真切切地感受到司法裁判中体现出的公平与正义。

一、司法裁判可接受性的理论概述

（一）司法裁判可接受性概念的界定

纵观现有的理论研究,对于什么是司法裁判的可接受性问题学者们尚未形成一致意见,故而需要借助学者的已有研究,结合对司法裁判可接受性内涵的理解,进而对其进行清晰而准确地界定。整合并分析现有研究中关于裁判可接受性内涵的观点,可以将其分为以下四种：第一种观点："司法裁判的可接受性,是指司法裁判能够被当事人及社会公众认同、信任和接受的属性和程度。"[1]此种观点是现有研究中大多数学者对于司法裁判可接受性内涵的界定。第二种观点："司法裁

---

* 郭妙林,中南财经政法大学法学院诉讼法学专业硕士研究生。
① 王亚新：《民事诉讼与发现真实》,载马俊驹主编：《清华法律评论》,清华大学出版社1998年版,第208页;刘召：《刑事裁判可接受性评价因素探析》,载《学术交流》2008年第11期;王敦生、吴雅丽：《论司法裁判的可接受性》,载《福建法学》2011年第2期。

判的可接受性,分为裁判事实的可接受性、裁判理由的可接受性与裁判结果的可接受性①,或者分为裁判过程的可接受性、裁判理由的可接受性②,或者仅仅只是裁判结果的可接受性。③该种观点只是片面地侧重一个角度来谈司法裁判的可接受性。第三种观点:"司法裁判的可接受性,不仅考虑公众对裁判事实、裁判理由、裁判结果的可接受性,也考虑司法裁判被当事人及一般社会成员所认同、信任和接受的程度。"④该种观点可以大致看成是第一种观点与第二种观点的结合。第四种观点:"司法裁判的可接受性,是指在个案裁判中,如果公众意见与依据既有法律所得出的裁判结果之间存在冲突,那么应当依据民众意见修改、甚至推翻裁判结果;或者说,公众意见是个案裁判的标准。"⑤该观点还认为,裁判具有可接受性之关键是裁判理由的可接受性,因此,裁判理由应当从现行有效的法律体系框架中寻找,而公众意见却无法成为裁判的正当化理由,因而裁判可接受性概念缺乏存在的正当性基础。此类观点是从反面来论证司法裁判的可接受性,即民众意见不能成为裁判结果的依据,否则依据其作出的裁判将缺乏可接受性。

笔者比较赞同上述第三种观点,即认为司法裁判的可接受性,是指当事人及社会公众对司法裁判中裁判事实、裁判理由、裁判结果及整个司法裁判的认同、信任和接受。这主要是基于:第一,这个概念的界定充分体现了司法裁判要实现法律效果和社会效果的统一,即法官在确保法律效果的前提下,尽量使裁判的过程、结果能被当事人、社会公众接受,尽量追求裁判的社会效果。第二,此概念也体现了司法与民意的互动、调和。当然,这里的民意是客观的、理性的。因法律存在抽象、滞后等固有缺陷,而社会生活千姿百态,故需要法律与能够反映社会生活的民意进行互动、调和,使民众的合理诉求得到满足,从而使法院作出的裁判可以被大众所接受,进而也可以完善立法。第三,合理的民意能够通过程序或制度的设计恰如其分地融入到司法裁判之中。

(二) 司法裁判受众之范围

伴随着司法裁判的作出,一些人必将会对裁判知悉并对其表明接受或不接受,这是本文接下来要探讨的问题——司法裁判的受众。成为司法裁判的受众需满足以下两个条件:其一,知悉该裁判,这是成为司法裁判受众的前提条件;其二,对该裁判作出接受或不接受的表示。否则,只是知道该司法裁判,而不表达自己的看法、观点,对裁判的可接受性是没有影响的,故不属于司法裁判之受众的研究

---

① 参见李训虎:《"案结事了"的司法观与裁判事实的可接受性》,载《证据科学》2009年第6期。
② 参见孙光宁:《可接受性:法律方法的一个分析视角》,北京大学出版社2012年版,第86—88页。
③ 向朝霞:《司法裁判的社会可接受性》,载《太原师范学院学报(社会科学版)》2008年第1期。
④ 朱丽:《司法裁判的可接受性》,载《学理论》2012年第3期;刘鹏飞:《运用程序法提高司法裁判可接受性》,载《中国社会科学报》2013年第3期。
⑤ 陈景辉:《裁判可接受性概念之反省》,载《法学研究》2009年第4期。

范围。根据裁判的受众与案件联系的紧密程度,将司法裁判的受众分为核心受众和其他受众。

1. 核心受众

核心受众,是指与案件存在的联系比较密切的受众,主要包括当事人和法律实务者。此处的当事人,与民事诉讼、行政诉讼及刑事诉讼中的当事人并非完全对应,不仅包括民事诉讼的原告、被告,行政诉讼的行政主体和相对人,刑事诉讼中的犯罪嫌疑人、被告人、自诉人、受害人、刑事附带民事诉讼的原告人、被告人,还包括公诉机关。① 这些当事人要么与案件存在直接的利害关系,要么与案件具有某种利益关联,受裁判影响较大,故而成为司法裁判的核心受众。法律上当事人的近亲属、亲友,因受亲情、友情等因素的影响,基本与当事人站在同一立场,故也将其列为核心受众。法律实务者,是指从事法律实务工作的人,主要包括担任辩护人或诉讼代理人的律师及非律师的其他辩护人或诉讼代理人。由于法律实务者在诉讼中作为当事方的辩护人或诉讼代理人而出现,裁判结果不仅直接影响了其辩护或诉讼代理的效果,且其在诉讼中的立场与相关当事方是基本一致的,因而法律实务者也是司法裁判的核心受众。

司法裁判的核心受众是司法裁判受众范围中不可或缺的一部分,然而因为他们与案件存在的联系比较密切,故在裁判可接受性问题上的意思表示并不是那么理性、客观,多是从自己的角度或立场来看待裁判。因此,越是远离案件的其他受众,在司法裁判可接受性问题上反而越是比较理性、客观。

2. 其他受众

其他受众,是指与案件的联系比较疏远的受众,主要是指司法机关、学术法律人和普通民众。司法机关是裁判的制作者,通常情况下不应成为裁判的受众;但其也可能成为裁判的受众,且存在特殊性,因其在制作裁判时可适当对可接受性问题予以考虑。学术法律人,是指从事法学教育或研究等学术性活动的人,比如法学学者。学术法律人能够成为裁判受众,不是因其与特定案件有利害关系,而是因其将法院裁判作为研究对象,并会对裁判发表一些评论性文章或意见。另外,随着公民法律意识的提高,在网络媒体的推动下,某些案件及其裁判也成为普通民众关注的焦点、讨论的对象。虽然多数民众是否接受某裁判是以无言的方式体现的,即通常所说的"沉默的大多数";但必须承认,普通民众作为"民意"的载体,其对案件裁判的评判很大程度上决定了这些裁判是否具有可接受性。普通民众虽然属于裁判的非核心受众,但其对裁判的理性回应却是最为客观、公正的。

---

① 我国刑事诉讼法中,将公诉机关——人民检察院的地位列为刑事诉讼的专门机关,而未将其列为当事人一方。然而案件裁判的结果意味着公诉机关的主张能否成立,且在我国当前"错案追究"机制的前提下,公诉主张的成立与否也影响到办案人员的相关利益,故此处将其也划归当事人的范围。

(三) 司法裁判可接受性是司法公信力的内在支撑

在《中共中央关于全面推进依法治国若干重大问题的决定》说明中,习近平总书记强调了提高司法公信力的重要意义,认为司法是维护社会公平正义的最后一道防线,并在说明中引用了培根的一段话:"一次不公正的审判,其恶果甚至超过十次犯罪。因为犯罪虽是无视法律——好比污染了水流,而不公正的审判则毁坏法律——好比污染了水源。"由此可以看出司法公信力的重要性,若司法这道防线缺乏公信力,就会受到人们的普遍质疑。而司法裁判是司法的核心内容与环节,故而司法裁判的可接受性与司法的公信力紧密相连。换言之,司法裁判的可接受性是司法公信力的内在支撑。若当事人和普通民众对司法裁判高度认可、接受,司法的公信力便不言而喻地得到提高;反之,其遭到质疑,便会损害司法的权威性。

二、司法裁判可接受性的评价机制

什么样的司法裁判是可接受的?笔者认为,正面回答该问题,其困难似有"蜀道之难,难于上青天"之韵味。因为司法裁判的可接受性,贯穿着受众的价值判断,是不能用十分精准的标准予以衡量的。然而,当人们在对裁判是否可接受作出评价时,并不是凭空想象的,必然会受到某些因素的影响,而这些因素是我们可以捕捉到的;且受众因与案件的利害关系、社会地位、知识阅历或关注视角等因素的不同,会在对裁判进行评判时参照不同的因素,进而在对司法裁判的认可、接受程度上存在差异,甚至出现截然相反的态度。然而,影响裁判受众的因素归根到底,主要有裁判者主观因素介入的程度、司法裁判是否契合程序公正、受众的合理预期、评价主体对裁判的知悉程度和裁判的形式因素五个方面的内容。

(一) 裁判者主观因素介入的程度

法律的生命不在于逻辑,而在于实践,否则其仅仅只是"纸面上的法律"。换言之,法律适用是法律的生命,法律需要法官去运用。然而,法律具有滞后、抽象等天然缺陷,因此,法官在对案件进行处理时,必然会对法律规则进行合理的解释;而在证据认定、事实认定及法律适用上,自由裁量权的使用也是不可避免的。尤其是在当今社会、经济迅速发展的时代,一些新的案件类型也会出现在审判者的视野之中,缺乏可以依据的法律规定;然而受"不可拒绝裁判"原则的影响,法官必须对此类案件作出裁判,这时就需要法官发挥其能动作用,解决当事人之间的争议,以维护当事人的合法权益。在上述情况下,裁判文书的制作均掺杂着法官的主观因素,若其适用得恰如其分,裁判受众接受裁判的可能性将会得以提高;

反之,裁判受众会质疑、不信任裁判结果。

(二) 司法裁判是否契合程序公正

司法裁判能否为受众所接受,必然要考虑该裁判是否契合程序公正,因为该因素是可以用看得见的方式实现的。程序公正,主要是指法官中立和当事人的参与。其中,法官中立,主要是指法官在审判中不偏不倚、始终坚持中立的立场。在整个诉讼过程中,法官中立必须得到切实的保持和体现,因为法官中立在司法公正中具有不可替代的作用,既是司法公正的重要保障和前提,也是司法公正的外在表现之一。社会公众对司法裁判是否认同、接受,法官中立的形象因素起着潜移默化的重要作用。当事人的参与,是指在诉讼中,充分保障当事人的权利,听取当事人的意见。判决的利害关系人能够自主地参与诉讼,并对最终的事实认定施加影响可以视为当事人自主地形成判决的过程,此过程可以大大提高判决的可接受性,而与事实裁判是否契合客观真实无直接的关系。① 这凸显了充分保障当事人程序参与的重要性,也避免了当事人对诉讼程序的不满意转化为对裁判结果的不满意。在司法实践中,充分强调当事人的程序参与权,切实地保障当事人的辩论权、处分权,能够有效增强社会公众对裁判的接受度和对司法权威的认可度。

(三) 受众的合理预期

当案件审理的过程、裁判结果与裁判受众之前所预想的存在较大冲突时,受众对裁判持排斥的态度是可想而知的。裁判受众对于案件裁判的心理预期,一般是在其对案件相关信息了解的基础上,依据程序法律规范或实体法律规范对案件审理过程或结果作出自己内心的评价。并且,受众内心的合理预期并不是固定的、一成不变的,随着诉讼过程的推进及对案件知悉程度的加深,这种预期会随之发生改变。因此,需要法官在案件审理过程中尽可能公开自己的心证,使得裁判受众的预期随心证公开程度的深入而逐渐契合作出的裁判。另外,媒体及司法机关也应及时为普通民众知悉案件情况创造有利条件,以期通过一案的处理尽最大可能起到说服"一片"的作用,强化案件的社会效果。

(四) 评价主体对裁判的知悉程度

对案件裁判的知悉程度,一般是与普通民众对裁判的可接受性密切相关的。由于一般民众往往不亲自参与案件的审理过程,获取案件的相关信息及其裁判结果,一般是通过网络媒体、微博等平台或听取当事人自己诉说等方式,因此,不免会出现跟随舆论夸大其词、避重就轻的错误导向,或只听取当事人陈述对其不利

---

① 参见宋英辉:《刑事诉讼原理》,法律出版社2003年版,第129页。

的案件信息或判决,以致民众对案件的了解存在极大的偏差,甚至出现了"民意绑架司法"的非正常现象。此外,我国司法也缺乏应对网络媒体等的能力,不仅无法对其合理利用,反而采取回避的态度,以致出现负面影响。故而,司法机关应当通过各种途径与民众及时沟通案件的相关信息,尽最大可能地将司法活动暴露于阳光之下,避免民众接受信息的片面性,让民众对案件信息及裁判的过程有比较全面、客观的认知,从而使得其能够从理性的角度看待案件的审理、判决。

(五) 裁判的形式因素

裁判的形式因素,是指裁判文书的本身。裁判文书是法官在整个审判活动中智慧结晶的重要体现,其制作的好坏,在一定程度上影响着司法裁判的法律效果和社会效果;并且,裁判文书一旦得以确认,便会独立于裁判文书制作的环境而直面裁判受众,因此,同样也会受到裁判受众的关注,成为影响裁判可接受性的一个重要因素。如果把刑事诉讼程序视为刑事司法的"形式",那么裁判文书则是这一"形式"之"形式"。[①] 一个能让受众欣然接受的裁判,其文书之制作应当像一本论证有据、说理透彻、语言清晰、逻辑严密的哲理书,让读者通过文书的纸面形式,就能窥探到隐藏其中的实质内容,并感受到裁判者独具魅力的司法品格与为人之道。若裁判的受众对裁判文书的前述因素予以认可和接受,那么,裁判本身的可接受性势必会在某种程度上得到强化。

三、司法裁判可接受性的现实困境与内在症结

前述谈及,裁判者主观因素的介入程度、司法裁判是否契合程序公正、受众的合理预期、评价主体的知悉程度及裁判的形式因素在裁判受众评价裁判时扮演着重要的角色。然而,有时即使上述五个方面的因素获得受众的认同,但还是会有一些人对司法裁判不接受、不信任,这主要源于司法裁判可接受性在现实中本身就存有一定困境与症结,主要体现在以下三个方面。

(一) 普通受众对事实探知的绝对化与法律真实的司法模式的矛盾

司法制度中"以事实为依据、以法律为准绳"的原则,追求的是法官在查明案件事实时,所认定之事实需要与实际发生之事实相吻合。这种对事实认知绝对化的理念长期以来在审判中占据重要地位,而普通受众对司法所有的"黑就是黑、白就是白"的朴素情感及信任也是源于此。然而,这种绝对的事实认定在司法审判中是很难做到的,这主要是由于时间的不可逆性决定了法官不可能重回案发现

---

① 参见刘召:《刑事裁判可接受性评价因素探析》,载《学术交流》2008 年第 11 期。

场,只能根据证据,尽可能通过司法程序探知与客观发生的事实相一致的事实,这就会造成普通民众所追求探知的绝对化的事实与法律认定的事实相冲突,使得民众难以接受和理解。另外,法律真实是拟制和推定的事实,必然存在不确定性和难以预测的特点。若不能保证普通民众在对事实认定的过程中体会到程序的正义,其可能会对法律真实的司法模式产生质疑,进而可能演变为对司法裁判的否定和不接受。

(二) 法律适用过程中法律逻辑与社会逻辑的背离

法律适用过程中法律逻辑与社会逻辑的背离,主要是指司法判决的技术性与其伦理性的冲突。司法判决的技术性,是指判决适用程序法与实体法的精确度,它是一个好的判决形成的基础和保证;司法判决的伦理性,是指裁判的过程和裁判的结果与社会主流价值观的嵌合度,它是一个判决能够成为好判决的重要条件。[①] 两者之间的恰当融合,能够使得法律效果与社会效果水乳交融。然而,近年来司法改革仅侧重对裁判技术的提高而忽略了判决自身的伦理性,这样的判决虽符合司法内在的逻辑,但与社会公众的期望相差甚远,有时甚至与社会主流价值观严重背离,这在很大程度上影响了司法判决的可接受性。而判决是法院代表国家按照法定程序对是非善恶的最终评判,此种评判所依赖之价值基础自然与社会公众持有的主流价值观和目的相契合。[②] 因此,不能满足社会目的的裁判,由于缺乏伦理性,民众会将其拒之门外,进而也造成民众与法院的关系渐行渐远。

(三) 民意表达的强烈需求与司法相对封闭运作的对立

公正的程序能够满足民众要求获得平等对待和尊重其人格尊严的心理需求,从而增强裁判的可接受性。然而,司法过程中裁判的突袭将公众对程序正义的信任消磨殆尽。在审判过程中,对事实的认定主要依赖于法官对证据认证后形成的内心确信,而这一心证形成过程,由于不公开,会存在事实认定的突袭与推理过程的突袭[③];又因为当事人无从参与,使得当事人不能利用程序所赋予之攻击、防御的机会,这既有损于当事人的诉讼权利,也会引起当事人对突袭性裁判的不满,进而会磨损当事人对司法的信任度。另外,法官对法律适用的过程,也缺乏与当事人及其代理人的沟通、交流,使得其不得不对法律适用提出疑问。这在某种程度上会加重民众对审判封闭运作之合理性的怀疑,成为民众不能接受裁判的理由之一。

---

① 参见贺小荣:《司法判决与社会的认同》,载《人民司法》2008 年第 7 期。
② 参见时永才、王刚:《论司法裁判的可接受性——兼议值得当事人信赖的民事审判权运行方式》,载《法律适用》2011 年第 1 期。
③ 参见邱联恭:《程序制度机能论》,台北三民书局 2002 年版,第 5—6 页。

四、提高司法裁判可接受性的具体路径

裁判受众对司法裁判的可接受性与前述谈到的评价因素息息相关,某些裁判受众之所以对裁判不认可、不接受,在于其认知、思维与法律上的认知、思维的差异及审判的封闭运作。故而,提高司法裁判的可接受性就需要从影响其可接受性的因素及现实困境着手,努力探寻能增进受众对裁判认可、接受的有效路径,尽最大可能实现法律效果与社会效果的统一,重拾社会民众对裁判的信心。

(一) 公众认同:法律意识的提升和法律职业共同体的建设

诉讼过程中,公众考虑问题往往不是从实体法与程序法的角度出发,而是更多关注司法裁判的过程及结果是否符合普世的正义观、价值观及道德行为准则,这必然会导致公众对案件的看法与法官对案件裁判的不一致,引发公众对司法裁判的抵触。因此,应当引导公众从法律的角度来看待案件,转变他们朴素的正义理念,更加侧重从程序正义的角度考量裁判是否契合人们对公正之追求。这主要是因为:其一,程序正义能够以公众看得见的方式展现在其眼前;其二,实质正义很难实现,这是由时间的不可逆性所决定的;其三,程序正义符合现代法治的追求。提升公众的法律意识,可以尽可能使公众与法官有相同的话语体系,促使其能够更好地理解、接受司法裁判。此外,法律职业共同体的建设也有益于增强社会公众对司法裁判的认同。法律职业共同体,是指以法官、检察官、律师、法学家为核心的法律职业人员所组成的特殊的社会群体。加强法律职业共同体成员间的沟通、交流,在有相同话语体系的背景下,使得该群体对法律的理解尽量一致,也能促进公众对裁判的接受、认同,提升司法权威。

(二) 吸纳民意:人民陪审员制度实施的实质化

人民陪审员制度,是实现司法民主、保障司法公正的一个有效手段。然而,人民陪审员制度存在"陪而不审"等弊端,未将其应有的作用充分发挥出来。因此,为了吸纳民意,真正实现司法民主,在案件裁判过程中,应当充分保障人民陪审员制度的实质化运行。同时,人民陪审员是"民意的代表",应保证其具有一定的文化素养,具有表达民众诉求的能力及强烈的社会责任感,这样才能将民意很好地融入到司法审判的过程之中,保证案件裁判的公平、公正,进而有利于民众认可、接受司法裁判。

(三) 程序修正:程序参与和对话机制的健全

审判的本质要素在于,一方当事人必须有公平的机会举出根据来说明为什么

自己的主张才是应该得到支持的。另外,法官作出的裁判必须建立在合理、客观的事实与规范基础上,而这两方面的结合,就意味着当事人从事的辩论活动对法官的判断形成具有约束力。① 由此可知,充分保障当事人的程序参与权就显得无比重要。在程序保障充分的前提下,当事人能够平等、充分陈述自己的主张,提出证据和进行辩论,尽最大可能地使案件事实接近实际发生之事实。这样,能够促使法官作出的判决具有正当性基础,即使当事人因某种原因导致自己的诉求没有被支持,由于其充分参与了整个诉讼过程,且诉讼权利得到了应有之保障与尊重,当事人仍然会心悦诚服地接受司法裁判。此外,及时将案件信息及裁判结果通过网络媒体等渠道公之于众也十分重要,这可以让公众在对案件了解得比较全面的基础上对案件的裁判进行合理的评判,避免网络媒体的错误引导。包含民意的司法裁判,能够保证民众对裁判的认可和接受。

(四) 限制恣意:法官自由裁量的约束与监督

尽管法院一定要行使自己的判断权,但这决不意味着每个法官认定是过分的、明显不符合道德要求的立法或者是基于法官不能赞同的某些道德观念之上的立法都是无效的。② 这表明,法官不论是在行使关于证据认证、事实认定之裁量,还是关于法律适用之裁量,必须在遵守规则的前提下进行,只有在规则存在漏洞时方可进行补救。具言之,纠纷的解决如果可以在现有的法律规范中寻找到依据时,必须依据规则来处理纠纷;只有当现有法律无规定,或一旦适用现有法律解决纠纷裁判会明显不公时,法官可以在不超越法律及司法解释的基础上,创造新的规则。法官"造法"的实质是为了追求正义、实现法律目的或精神,不得已而为之的一种特殊的做法,是适用法律的一种特殊形式。③ 同时,法官对事实认定、法律适用等过程中形成的心证的适度公开,不仅有利于防止裁判者的突袭与恣意,而且也是提高司法裁判可接受性的重要途径。此外,当事人、普通民众、人民代表大会等对法官自由裁量权的监督,在一定程度上也会限制法官自由裁量时的胡乱作为。

(五) 以理服人:强化裁判文书的说理与论证

"裁判说理"被称之为"裁判文书的生命",因此,全面而准确的说理机制是当事人及社会公众了解立法规定、法官适用法律时形成心证过程的重要方式,这对于促进受众对司法裁判的理解与接受也是具有重要意义的。强化裁判文书的说理,相较于以"力"服人,以理服人不失为解决裁判可接受性问题的一剂良方。透

---

① 参见〔日〕棚濑孝雄:《纠纷的解决和审判制度》,王亚新译,中国政法大学出版社1994年版,第256页。
② 参见〔美〕本杰明·卡多佐:《司法过程的性质》,苏力译,商务印书馆1998年版,第94页。
③ 参见张玫瑰:《论司法裁判中的自由裁量及其规制》,载《国家检察官学院学报》2011年第6期。

彻的说理,明确的权利、义务分配,揭去了蒙在司法裁判之上的神秘面纱,受众不可接受甚至抵触的情绪会被导向理智的认同与接受。总之,加强裁判文书的说理性,是对"听众"的极大尊重,也是法官审判智慧的重要体现。此外,法律的适用是一个普遍性的法律涵摄具体个案的由抽象到具体的过程,该过程包含法官的价值判断,带有感性的色彩,因此,需要借助理性的逻辑来予以论证,使之更加客观,符合公平正义的司法理念。

五、结语

对裁判可接受性问题进行研究,不仅有助于申诉、涉法信访及执行难等问题的解决,而且能够提高司法的公信力,进而提升司法权威,获得社会大众对司法裁判的信任,拉近社会大众与司法的距离,真正贯彻"司法为民"的理念。然而,从正面回应司法裁判的可接受性,其困难程度不言而喻。因此,只能从影响受众对裁判接受的主要因素入手,努力做到让这些因素合法、合理地出现于司法审判的过程中,取得法律效果与社会效果的有机统一,使得受众能够从内心深处接受裁判,将司法——社会公平正义的最后一道防线的功能发挥得淋漓尽致。

反思与重塑:我国裁判文书说理问题研究

郝巧会[*]

裁判文书是人民法院行使国家审判权的集中体现,最权威地记录了审判的过程、裁判的理由,是司法公正的最终载体。裁判文书说理是衔接裁判事实与裁判结论之间的桥梁,是将裁判结论的形成过程外化于裁判文本的现实表达。[①] 强调裁判文书充分说理、透彻说理,不仅能够使当事人充分了解裁判作出的理由,增加裁判的可接受性,而且可以遏制肆意裁判,保证裁判的公平与公正。1999 年,最高人民法院发布了《人民法院五年改革纲要》,第 13 条明确指出要改革裁判文书,提高裁判文书的质量,增强判决的说理性。但改革的效果并不明显。随着司法改革的不断深入,增强裁判文书的说理性又一次被提上了工作日程。2013 年 11 月 12 日,党的十八届三中全会通过了《中共中央关于全面深化改革若干重大问题的决定》,文件中提出要"增强法律文书说理性,推动公开法院生效裁判文书"。2015 年 2 月 26 日,最高人民法院又发布了《关于全面深化人民法院改革的意见——人民法院第四个五年改革纲要(2014—2018)》,其中多条涉及裁判文书说理的内容。随后在党的十八届四中全会上通过的《中共中央关于全面推进依法治国若干重大问题的决定》中再次强调"加强法律文书释法说理"。党中央多次针对审判实务中的具体问题发文强调,既凸显了对裁判文书说理的重视,又回应了社会公众对裁判文书说理的需求。然而,纵观司法实践中的裁判文书,说理不充分、说理不透彻、缺乏逻辑推理论证等问题广泛存在,这不仅难以从法律及情理角度说服诉讼当事人服判息讼,而且经不起社会公众对司法公正的监督与考量,极大地损害了司法权威与司法公信力。为了最大限度地使当事人接受裁判,维护司法权威,从司法公正的载体——裁判文书上下功夫尤为必要;而增强裁判文书对认定证据、作出裁判的理由的叙述与论证,即增强裁判文书的说理性是最为有效、最切合实际的手段与途径。本文在介绍裁判文书说理的内涵与价值的基础上,考察了目前我国裁判文书说理存在的问题,继而对裁判文书缺乏说理性的原因进行了反思与分析,最后有针对性地提出了重塑裁判文书说理的具体措施。

---

[*] 郝巧会,中南财经政法大学法学院诉讼法学专业硕士研究生。
[①] 参见赵朝琴:《规范裁判文书说理问题的多维透视》,载《人民法治》2015 年第 5 期。

一、裁判文书说理的内涵及价值

(一) 裁判文书说理的内涵

裁判文书说理是一个复合型概念,裁判文书为说理的载体,说理是对裁判文书内容上的要求,因此首先必须厘清"裁判文书"以及"说理"这两个基本概念,才能明确"裁判文书说理"的真正内涵。裁判文书是人民法院依照法定程序行使审判权,在案件审理过程中以及审理终结后,根据当事人对案件的意见和对案件事实的查明、认定,并根据法律、法规及有关司法解释的规定,对案件中的程序问题和当事人的权利、义务、责任问题作出关于法律如何适用的具有法律约束力的诉讼文书。[1] 裁判文书将案件审理的过程、裁判的理由以文书的形式加以固定,是人民法院公正审理案件可供查证的载体。说理是指讲明道理。胡云腾法官将说理定义为事理、法理、情理、学理、文理五个方面。[2] 关于裁判文书说理的概念有广义和狭义两种理解。广义上的裁判文书说理是指诉讼的各个主体进行裁判表达所运用论证方法的总称[3],即当事人、法官、律师、审判委员会等诉讼角色在裁判过程中表达、论证己方观点时论述各种理由的总称;狭义上的裁判文书说理仅指裁判者即法官在裁判文书中对案件事实认定过程及裁判理由的理性说明。[4] 本文主要探讨的是狭义概念上的裁判文书说理,即法官在撰写裁判文书过程中利用证据认定事实及陈述裁判理由的说理,不涉及法官之外的诉讼主体陈述己方观点及论证的说理。

(二) 增强裁判文书说理性的价值

增强裁判文书说理性既是中央司法改革工作中的重要一环,也是社会公众对看得见的司法公正强烈呼吁与迫切期望的体现。那么,增强裁判文书的说理性究竟能够实现怎样的司法效果与社会效应?强调裁判文书说理要透彻深入究竟有哪些价值呢?

1. 增强裁判的可接受性

当前司法实践中,案件上诉率呈增长趋势,当事人上访、信访越来越多,公众对司法裁判的信任度每况愈下,公众对裁判的接受度急剧下降。裁判的可接受性是指不同受众对符合或不符合客观正当性标准的司法裁判过程及结果的内心认

---

[1] 参见吴杰:《我国裁判文书说理存在的问题与改革对策》,载《新东方》2015 年第 4 期。
[2] 参见胡云腾:《论裁判文书的说理》,载《法律适用》2009 年第 3 期。
[3] 参见赵朝琴:《裁判说理及其社会效果探析》,载《黑龙江社会科学》2012 年第 4 期。
[4] 参见王旭光:《裁判文书说理性研究》,内蒙古大学 2014 年硕士论文。

同。① 可接受程度主要依赖于司法裁判本身的客观属性和不同受众心理感受二者的良性互动。裁判的可接受性直接影响了司法的公信力与权威性,决定了社会公众对裁判的认可与尊重。而裁判文书的可接受性与裁判文书说理有直接联系。裁判文书说理透彻,将案件处理过程中的事实发现、法律适用以及相关逻辑推理展现在文书中,能够使当事人及社会公众充分了解司法运行的过程、裁判作出的理由,提高公众对司法的关注与参与程度,使司法裁判的公正以看得见的形式让公众知晓,增加当事人及公众对裁判的接受度。同时,裁判文书公开上网,有助于增进公民与法官的合理互动,形成一种审判机关与公民的平等关系。公民监督法官出具的裁判文书,促使法官谨慎作出裁判;审判机关通过说理透彻的裁判文书对民众进行普法教育,弥补大众法律知识的匮乏,提高民众理解裁判文书说理的能力,增强对裁判的信赖。

2. 有效遏制肆意裁判

肆意裁判主要是指法官不严格按照法律规定,而是滥用自由裁量权,在事实认定和法律适用方面作出纯主观的判断。② 法律的不确定性、滞后性以及法律本身的缺漏使法官享有自由裁量权成为必然,自由裁量权赋予法官在面临法律未规定又不得拒绝裁判的情况时,能够根据自己的良心、经验、法理思维对案件作出公正的裁判,这是对刚性法律不足的一种柔性弥补。不过,这种柔性处理同时也是肆意裁判的温床,法官知识上的缺陷或者品德上的瑕疵都会为罔顾法律精神、违背法律理念而作出裁判提供可能性。③ 肆意裁判不仅损害了当事人的合法权益,未能实现个案公平与公正的目标,而且损害了司法公信力,使社会公众对司法权威与法官职业群体的专业素质和道德品行产生了严重质疑。增强裁判文书的说理性要求法官作出裁判时必须先说服自己,形成强烈的内心确信,然后将自己得出裁判的论证过程、裁判的法律依据以及法理分析完完整整、原原本本地显现在裁判文书中。这一阐释理由的过程就是法官向外界证明自己的裁判并非个人主观臆断,而是建立在法律规定以及法理的基础上得出的,具有权威性与不容置疑性,这本身就能有效地避免法官将自己的个人主观偏见以及价值独断作为裁判说理的根据。同时,裁判文书以客观书面的形式将说理呈现在公众面前,接受诉讼当事人及社会公众的监督和评判,尤其是在当前裁判文书上网公开的语境下,社会公众对裁判文书的外部监督更加有力,这就促使法官更加审慎地认定案件事实,严格适用法律,减少裁判的主观随意性,充分考虑法理、情理,反复斟酌,力图使自由裁量的结果更具有合理性、可接受性。就像有学者指出的那样,裁判说理"要求法官作出的裁判行为和裁判结果必须有根有据……这必然在一定程度上防

---

① 参见李素娟:《论司法裁判的可接受性》,黑龙江大学 2014 年硕士论文。
② 参见陈文丽:《裁判文书说理的法理分析》,苏州大学 2009 年硕士论文。
③ 参见陈文丽:《裁判文书说理的法理分析》,苏州大学 2009 年硕士论文。

止法官的恣意妄为,专横擅断"①。

3. 促进司法效率的提升

司法效率的提升,一方面要求法院推动诉讼程序的顺利进行,对繁杂程序的简化;另一方面依赖于当事人对裁判的信服,服判息诉,减少上诉、上访的几率。司法实践中,当事人不服裁判的主要原因是裁判文书缺乏说理,法官认定案件事实缺乏逻辑推理,裁判结果比较突兀,当事人感到莫名其妙,难以心服口服。此时,枉法裁判、肆意裁判就成为当事人最直接的感受,同时也会对裁判结果的公正性有所怀疑,上诉、上访、信访、申诉就成为推翻此"不公正裁判"的必然选择。而这些救济手段一旦启动,势必会造成司法效率的下降与司法资源的耗费。因此,增强裁判文书说理性成为提升司法效率的又一途径。裁判文书说理性强不仅能够使当事人了解法官自由裁量的心证过程成为可能,使裁判文书在形式上具备公正性,而且可以增加当事人对裁判的认可度,增强裁判的权威性。诉讼中败诉一方当事人对裁判信服,自然就会放弃上诉、申诉、信访等救济程序,这本身就能达到快速解决纠纷、实现案结事了的目标;而且败诉方当事人服判息诉,就会主动履行裁判所确定的义务,无须监督机关的介入,也不需要启动强制执行程序,有助于提高执行的效率,增强执行的效果,同时还可以间接提高诉讼效率与司法资源的合理利用率。

二、现状:我国裁判文书说理存在的问题

(一) 断言式说理,说理不充分

争议焦点是双方当事人对案件事实认识的不同之处,也是认定案件事实的关键。有说服力的裁判文书必须围绕当事人的争议焦点展开论证,对当事人在法庭上的辩论进行分析、认定,并且要公开采纳一方观点、驳斥另一方观点的理由,还要对如何选择适用的法律以及适用法律的理由进行论证,不能仅仅是一个结论性的判断,应着重写明论证的过程。然而,当前我国司法实践中的裁判文书,存在大量的断言式说理,只简单地叙述当事人、代理人的主张,然后简洁地作出支持与不支持的论断,并不阐释支持与否的理由。纵观裁判文书网上公开的裁判文书,简单罗列双方当事人的主张,然后直接得出结论"原告/被告的理由更为充分,本院依法予以采信""被告的辩称缺乏合理性,故不予采纳"的现象颇为寻常。案件事实是裁判的前提和基础,让证据"说话",是法官查明案件事实的"基本功",也是让当事人信服的依据。②但有的裁判文书仅仅按照当事人对证据进行分类罗列,

---

① 郑玉:《裁判文书改革与法官自由裁量》,载《行政与法》2003年第9期。
② 参见吴杰:《我国裁判文书说理存在的问题与改革对策》,载《新东方》2015年第4期。

然后将开庭笔录上双方当事人及代理人质证的内容进行叙述,简单地说明一下采信哪些证据、不采纳哪些证据,而证据之间的联系如何、证据效力如何,对案件事实中的哪一部分起到了证明作用等关键性的论证并未说明。说理的不充分使证据认定的过程疑点重重,从而依据证据构架的案件事实也难以令人信服,进而影响诉讼当事人对裁判的认同;另外,许多裁判文书不说理,仅简单引用法律条文,然后直接得出"故原告的某项诉讼请求,本院依法予以支持"或"对于原告的某项诉讼请求,本院依法不予支持"的结论,缺乏对特定案件事实符合具体法律规定的论述;同时也未结合案件事实从法理的角度说明其与该法律规定具有契合点,使裁判文书满篇都是法律条文的罗列,缺乏法理分析,也就难以说服当事人接受裁判,更难以发挥遏制司法腐败、提升司法公正的作用,并且发生错案的可能性也会大幅增加,司法创新的动力会明显弱化。①

(二) 说理模式化,缺乏针对性

所谓裁判文书说理的针对性是指要以法律和认定的事实为根据,针对当事人的诉讼请求和意见,围绕案件的焦点问题,写明法院对纠纷的性质、当事人的责任以及如何解决纠纷的观点和看法。② 裁判文书的针对性要求具体案件具体分析,区别对待同类但不同事实的案件中当事人的争议焦点,并且要结合个案事实和诉讼当事人的诉辩意见对裁判理由进行论述。为了规范裁判文书的格式和内容,最高人民法院发布了全国统一的裁判文书样式,这本是规范司法行为、提高文书质量的有效措施。但在司法实践中,其目标被异化,裁判文书的样式已经演变为部分法官裁判说理照搬的模板,法官只需要将裁判文书样本的空白部分填上相应的内容即可,机械化的撰写工作使裁判文书说理多呈现出规范化、模式化、千篇一律化,这在不支持当事人的诉辩意见或法律规定较为模糊、法官自由裁量权较大的案件中尤为突出。例如法官自由裁量权较大的离婚案件,裁判文书的措词表达虽然不同,但对于判决不准离婚案件之裁判理由的论述,大部分裁判文书均表述为"原、被告双方感情基础较好,应该珍惜夫妻感情,相互理解和体谅,加强交流。对原告的离婚请求,本院不予支持",并未根据原告起诉离婚理由的多样性进行多元化的论述。模板化的阐释论证使当事人通读法院送达的裁判文书后不知所云,感觉像是在看别人的判决,跟自己完全没有关系,这自然谈不上接受裁判的结果,更别说服判息诉了。

(三) 繁简层次不明,逻辑混乱

强调裁判文书的说理性并不是要求法官一定要长篇大论,不分主次地一味追

---

① 参见王旭光:《裁判文书说理性研究》,内蒙古大学2014年硕士论文。
② 参见王仲云:《判决书说理问题研究》,载《山东社会科学》2005年第8期。

求裁判文书的长度不是增强裁判文书说理性的有效途径。裁判文书说理要讲究主次分明,该简要说明的地方必须要言不烦,该着重分析说理的部分一定要将法理、情理说得明明白白、透透彻彻。就当前我国裁判文书的制作而言,很多法官取舍不当,抓不住论证的重点,主次颠倒,繁简错位,对双方当事人无争议的案件事实部分以及质证过程中无争议证据的取舍反复叙述,反而对双方有争议的案件事实及证据简单地一笔带过;还有的法官不会区分主次,眉毛胡子一把抓,不论当事人是否存有争议均详细论述,长篇大论,反而使争议的焦点不突出,裁判文书因论述的繁冗使当事人接受起来有困难。审判活动是运用逻辑思维进行推理论证的严密过程,认定案件事实需要以证据的认定为前提,裁判又需要以案件事实为基础。由此可见,一个公正的裁判离不开逻辑思维的运用。缺乏逻辑推理过程的裁判文书经不起推敲,漏洞百出,难以体现出裁判的公正性。然而,目前我国部分法官习惯套用固定的表达格式,用一种公文式的语言简单叙述,如"于法无据,本院不予采信""鉴于本案的具体情况"等,看似无可挑剔的表达却让人有一种裁判武断、逻辑混乱的感觉,使人难以了解法官裁判的考量与思路。① 法官逻辑思路不清,缺乏必要的分析与论证,会导致证据认定与构架的事实之间存在矛盾,所认定的事实与援引的法律条文之间逻辑联系不紧密,事实、法律与裁判结果三者之间脱节,让人难以信服。②

三、反思:我国裁判文书缺乏说理性的原因

裁判文书缺乏说理性对司法公信力与司法权威的损害显而易见,党中央也多次发文要求增强裁判文书的说理性,但司法实践中裁判文书说理依然存在不充分、缺乏针对性和逻辑性等问题,因此深入地挖掘影响裁判文书说理性的因素尤为紧要。

(一) 体制原因:行政化倾向严重,法官缺乏独立性

司法行政化一直是制约我国司法独立的弊病,也是影响法官充分说理的关键因素。目前我国法院内部普遍存在的行政管理体制、地方行政机关的不当干预、签发裁判文书的层层审批模式使法官丧失了独立裁判案件的权力。虽然中央一直强调要实现司法独立,独立于行政机关、党政机关,不受其他机关的非法干涉,争取法官独立,实现审与判的统一。但当前司法实践中,法官裁判案件仍然会受到地方行政机关的不当干预,而且法官作出裁判文书之后要经过庭长、院长的层层审批,法官不具有独立裁判案件、决定裁判结果的权力,并且特殊情况下,法官可能迫于某些外部压力不得不违背自己的内心确信作出裁判。试想,法官说服自

---

① 参见王申:《法官的理性与说理的判决》,载《政治与法律》2011年第12期。
② 参见彭丹云:《民事裁判文书理由阐述之探究》,载《福建政法管理干部学院学报》2006年第1期。

己接受裁判结果都非常困难,又怎么能够通过透彻的说理、严密的论证来使当事人接受裁判结果呢?行政化倾向严重已经成为阻碍法官说理的一大障碍,而法官终身追责制对法官裁判责任的苛加更使得法官不愿说理、不敢说理。在法官缺乏独立性而不能左右自己作出裁判的情形下,宁简勿繁、含糊胜于明确便成为法官保全自己、规避风险的最佳选择。因此,很多法官在撰写裁判文书时尽量避免多说,能用简洁的语言含糊地表达,绝不用复杂的语言进行阐释,裁判理由可说可不说的时候坚决不说,这就导致裁判文书的说理性严重不足。

(二)人为因素:部分法官观念上不重视裁判文书说理,专业素质有所欠缺

增强裁判文书的说理性,裁判文书的制作者即法官是关键性因素,脱离了制作主体的改革无异于舍本逐末,南辕北辙。一方面,重实体轻程序、重裁判结果轻审理过程的传统思维模式使部分法官在裁判文书制作中不重视说理。重实体轻程序的法律思维模式决定了程序在诉讼中发挥的作用有限,这种观念在裁判文书中的典型反映就是案件程序问题表述不够翔实,实体问题上仅仅重视裁判结果的宣示而忽略结果的生成过程,缺乏对裁判理由的论述。而且有的法官认为判断比说理更重要,裁判说理的主要目的在于息讼止争[1],裁判说理仅仅是说服当事人接受司法判断、平息争议的辅助性手段。判断正确,说理不充分,当事人也可以接受;相反,判断错误,说理再透彻也是徒劳无功。既然是手段而非目标,只要息讼止争的目的达到了,无论说理与否都不应该成为降低对法官的评价的理由。还有的法官特别重视判前的沟通,认为判前沟通是裁判说理的基本前提。[2] 法官通过与诉讼当事人在判前充分交流与沟通,能够最大限度地掌握案件事实,了解当事人的底线,促进调解协议的达成或在裁判文书中作出合理恰当的利益分配。"判前沟通到位,即使裁判文书中不说理当事人也能够接受,而判前缺乏有效沟通,即使在裁判文书中论证充分、说理透彻也无济于事"是很多法官的内心写实。并且息讼止争的最终目标实现了,就避免了上诉、上访等动摇司法权威、损害法官声誉的事情发生,所以法官们更愿意将时间与精力花在更有现实意义的工作上而非裁判文书的说理上。另一方面,部分法官专业素质的欠缺也是制约裁判文书说理性提高的一大因素。裁判文书具有较强的说理性,要求撰写者必须具备扎实的法学知识、严谨的推理能力以及过硬的语言表达能力。而目前很多法官的法学理论知识储备不足,专业素质较差,不能熟练运用法律知识,难以达到"目光在事实与法律之间来回流转"的要求。还有的法官逻辑推理能力较差,导致裁判文书的层次不清楚,逻辑混乱,论述也缺乏有力证据。

---

[1] 参见凌斌:《法官如何说理——中国经验与普遍原理》,载《中国法学》2015年第5期。
[2] 参见胡云腾:《论裁判文书说理与裁判活动说理》,载《人民法院报》2011年8月10日,第5版。

(三) 现实制约:案多人少矛盾突出,法官无暇说理

随着立案登记制的实行,法院的案件呈现井喷式增长。根据最高人民法院立案庭庭长姜启波在接受记者采访时反映的情况,自 2015 年 5 月 1 日立案登记制改革实施以来,截至 2017 年 8 月 31 日,全国法院登记立案数量超过 3 900 万件,同比上升 41.23%,当场登记立案率超过 95%。[①] 案件数量的急剧增长导致对法官数量的需求增加,但当前司法改革施行的法官员额制旨在实现法官的专业化、正规化和职业化,按照中央要求,法官员额比例应该控制在中央政法专项编制的 39% 以内。这就使得法院办案人员配置更加捉襟见肘,案多人少的矛盾愈发突出,法官的审判压力急剧增加。有学者以其所在的东部地区的中级人民法院为例,过去 3 年中一线法官人均结案超过 80 件,民事条线法官结案接近 100 件,最高达 215 件;基层人民法院人均结案超过 150 件,最高甚至超过 400 件。[②] 如此高强度的审判工作,法官能够按时开庭审理案件、耐心接待当事人已属不易,还要在裁判文书上精心组织语言、严密论证结果,这简直是一种苛责。在司法责任制语境下,法官不仅要承担繁重的审判压力,而且还要时刻警惕当事人的反复缠讼,承受办错案件将面临终身追责风险的心理压力。在这样的双重压力之下,要求法官增强裁判文书的说理性非常困难。同时,法官助理制度是为法官减压、减负,使其有充裕的时间与精力从事案件实质审理以及裁判文书撰写工作,但《关于完善人民法院司法责任制的若干意见》仅仅规定法官助理是法官审判辅助性工作的助手,书记员则是审判事务性工作的助手[③],没有具体界定何为审判辅助性工作、何为审判事务性工作,使法官助理和书记员的工作职责不清,导致实践中很多书记员的工作转嫁给了法官助理,法官助理的一些工作实际上由法官负责,根本没有发挥其应有的作用,反而造成了工作效率的降低。

四、重塑:增强裁判文书说理性的措施

通过对目前我国裁判文书缺乏说理性的原因进行分析,可以发现制约法官在裁判文书中加强说理性的因素既有体制上的因素,也有法官自身的原因及现实情况的羁绊。针对以上制约因素,笔者试图从以下三个方面进行重塑,以增强裁判文书说理。

[①] 参见蔡长春:《立案渠道全面畅通立案不难》,载《法制日报》2017 年 11 月 14 日,第 3 版。
[②] 参见庄绪龙:《裁判文书"说理难"的现实语境与制度理性》,载《法律适用》2015 年第 11 期。
[③] 参见刘斌:《从法官"离职"现象看法官员额制改革的制度逻辑》,载《法学》2015 年第 10 期。

（一）完善主审法官责任制，增强法官独立性

行政化倾向严重、法官缺乏独立性是制约裁判文书说理性的制度因素。主审法官责任制是人民法院为实现司法公正，解决司法独立问题而进行的内部结构性改革，旨在祛除司法行政化，强调赋予主审法官独立裁判案件的权力，力求实现审与判的统一。主审法官责任制将案件的裁判权完全交由法官，法官可以根据庭审情况，双方当事人举证、质证的情况，形成内心确信，然后在此基础上得出裁判的结果，全程不受外部行政机关的干涉；而且裁判结果的作出也无须层层上报领导，由领导签字后方可送达当事人。法官的独立性使法官可以充分发挥主观能动性，依靠自己的专业素养审理案件；同时责任制要求"由裁判者负责"，脱离了层层审批的庇护，主审法官必须独立承担起办错案的责任，所以为了使当事人能够接受裁判，法官就必须充分说理，将裁判结果作出的理由一一叙述清楚。可以说，主审法官责任制在赋予法官独立审判权的同时，也可以对法官增强裁判文书说理形成倒逼机制。然而，当前主审法官责任制仍需进一步完善。首先，要制定科学合理的法官选任机制，摒弃那种依据行政级别进行选拔的模式，真正选拔出专业素质过硬的主审法官，为主审法官责任制的实行提供人员保障；其次，要理顺主审法官与庭长、院长、审判委员会以及合议庭其他成员等各对应方的关系，明确界定各对应方的职权与责任，保证法官独立办案，同时也对主审法官的裁判权力进行制约，防止其"专权专断"；再次，要强化内部监督与错案追究机制；最后，要完善主审法官责任制的相关保障制度，只有这样，才能为法官充分说理解除后顾之忧。

（二）培养法官说理意识，提升法官专业素养

要想增强裁判文书的说理性，首先要转变法官重实体、轻程序的传统观念，培养法官重视说理的意识。一方面，要通过开授相关专业知识的专题讲座让法官充分认识到程序与实体具有同等价值，程序公正与实体公正均为司法公正追求的目标，在司法实践中应摒弃重实体、轻程序的传统观念，做到程序与实体并重，不可偏废；同时，还要通过专业培训来提高法官队伍对于裁判文书说理重要性的认识，使其从内心认识到裁判说理的好处，并不断为提高自身说理能力而努力。另一方面，过硬的专业知识是法官提高专业素质的必然要求，法律、法规的不断发展要求法官必须紧跟法律更新的步伐，时常进行专业知识的更新，避免在裁判中出现常识性错误，促进专业素养的更新与提升。另外，除了教授专业的法律、法规和裁判技术以外，应当对法官进行提高说理方法、说理技巧的常规性培训；同时还要加强对逻辑推理能力以及语言表达能力的训练，适当拓宽法官的知识面，完善法官的知识结构，使其在裁判说理时能够旁征博引，游刃有余。

(三) 推动案件繁简分流,完善法官助理制度

案多人少的现实压力,使法官在繁重的办案活动中难以抽身去精心制作裁判文书。所以当前语境下,想办法减轻法官的审判任务,使其将更多的精力放在案件的法律分析以及撰写裁判文书上,是增强裁判文书说理性的当务之急。案件分流机制旨在通过多种纠纷解决方式将数量庞大的案件进行分流处理,达到定分止争的效果,同时也可以减轻法院的审判压力。目前案多人少矛盾突出,对案件分流机制的需求更为紧迫,应建立多元化纠纷解决机制,促进案件分流。纠纷解决机制,是指解决民事纠纷的各种方法和制度。目前我国的纠纷解决机制主要包括诉讼、和解、调解和仲裁。[①] 诉讼是解决纠纷最正式、最权威的方式,但并不一定是最佳方式,其程序繁杂、成本高、耗时长、灵活性不高,且不利于维护当事人之间的和谐关系。因此,应大力宣传其他非诉讼的纠纷解决方式,鼓励当事人采取和解、调解和仲裁的方式解决纷争,让"司法成为解决纠纷的最后一道防线",而不是首选方式,从源头上缓解法院的压力。另外,该语境下的繁简分流还体现在案件说理要坚持繁简分明上,这并不是说复杂的案件要加强说理,简单纠纷就无须说理,而是针对同一案件的不同部分要区分主次,繁简要适当。法官应根据案件的复杂、疑难程度、社会关注度的高低等因素,结合具体的情况分类处理:对双方当事人有争议、复杂的部分要深入透彻地进行说理,如果法理晦涩难懂,还要求法官应该运用通俗易懂的语言再次进行解释,碰到单一运用法理无法使案件得到圆满处理的情况时,还要对适用的情理以及缘由进行说明,做到有理有情、情理融合,让当事人不仅从法理上接受裁判,更从情感上认同裁判。对简单明了的、当事人没有争议的部分,可以简明扼要地说明论证裁判的理由。

另外,法官助理制度的不完善使法官未能从繁杂的非实质审判工作中解放出来,法官、法官助理和书记员的职责不清反而降低了诉讼的效率。因此,为了使法官助理和书记员各司其职,提高审判效率,应对法官助理和书记员的职责范围进行严格界定:法官助理主要负责交换证据、制作裁决书、审前调解、提出法律意见等与案件审理有直接关系的智力性事项;书记员的职责主要包括程序性的、重复性的事务性事项,二者共同为法官审理案件提供准备和帮助。

五、结语

为缓解和消除民意与司法裁判之间的冲突,维护司法裁判的公正性与权威性,法官在裁判文书中加强说理必不可少。增强说理不仅是法官主体地位和价值

---

① 参见蔡虹:《民事诉讼法》(第4版),北京大学出版社2014年版,第4—5页。

观的体现,也是促使当事人与社会公众认同裁判、接受裁判所必需的,更是司法裁判在法律框架秩序内回应民意的重要手段。因此,加强裁判文书说理势在必行。针对裁判文书说理存在的问题,应积极面对,多方位、多角度寻求解决途径,力争使每一份裁判文书都能说理充分、透彻、符合逻辑性,形成案结事了、当事人胜败皆服的局面,提升司法权威与司法公信力。

论我国裁判文书公开制度与改革

钟穗青*

一、裁判文书公开制度概述

(一) 裁判文书公开制度的发展历程

从 2000 年 6 月 15 日《最高人民法院裁判文书公布管理办法》发布并实施开始,裁判文书公布一直是人民法院推进司法公开、维护司法公正的重要工作。2010 年 6 月至 10 月期间,最高人民法院先后颁布了要求司法公开的工作方案,成立了专门负责司法公开相关领域工作的小组,作为负责全国法院在司法公开领域工作的责任机构,确定了 100 个"示范法院"。[①] 2013 年 11 月 21 日,最高人民法院发布了《关于人民法院在互联网公布裁判文书的规定》的司法解释,要求各级人民法院以"公开是原则,不公开是例外"为精神,全面推进裁判文书上网工作,并将裁判文书上网作为人民法院一项日常性的重要工作。自 2014 年 1 月 1 日起,最高人民法院《关于人民法院在互联网公布裁判文书的规定》实施。之后党的十八届四中全会将裁判文书公开作为推进依法治国的重要内容,通过了《中共中央关于全面推进依法治国若干重大问题的决定》,进一步指出加强法律文书释法说理,建立生效法律文书统一上网和公开查询制度,以构建开放、动态、透明、便民的阳光司法机制,推进审判公开,促进我国的司法公正改革。2016 年 8 月 30 日,最高人民法院召开情况发布会,介绍最高人民法院对《关于人民法院在互联网公布裁判文书的规定》的主要修订内容,这是贯彻落实司法为民,创新审判管理,保障人民群众参与司法的重要举措。公开裁判文书的制度是司法公开、审判公开的核心内容,是落实党的十八届三中、四中全会决定的重要举措。

(二) 裁判文书公开的含义和内容

我国一直以来的审判方式改革、司法制度改革,以及现在的裁判文书改革等

---

* 钟穗青,云南大学法学院教师。
① 2010 年 10 月 15 日,最高人民法院发布了《关于确定司法公开示范法院的决定》,该文件确定了 100 个法院作为"司法公开示范法院",具体包含有 11 个高级人民法院、33 个中级人民法院、1 个专门法院以及 55 个基层人民法院。

一系列的改革措施都是为了实现司法公开、司法公正的目标。司法公正的实现要求不但要在审判方式上公开,彻底贯彻和实践审判公开制度;也要将审判工作的最终载体,即裁判文书面向公众公开,接受公众的监督和评价。裁判文书改革在我国的司法改革中占有举足轻重的地位,裁判文书公开制度的形成对于初见成效的司法改革来说更是"锦上添花",裁判文书公开工作的开展将会更好地推进司法改革,保障公民权利,实现公平正义。裁判文书公开是指法院将其依据审判程序作出的裁判文书通过网络、书籍、报刊等媒介向社会公开或者公布[①],即法院通过特定的途径和渠道将自己作出的各类法律文书向案件当事人和社会公众公开。审判公开是审判公正的重要保障,而审判结果的公开则是审判公开的应有之意。裁判文书公开是贯彻审判公开原则的重要举措和有效途径,每个案件的最终审判结果都要通过裁判文书的方式展现出来。通过裁判文书的公开,让更多的公众来监督裁判结果的公正与否,让法院的审判公之于众,不仅能够促进公正的实现,还可以利用这样的机制来提升法院的审判质量,提高司法的文明程度,激励法官公平公正地办案。阳光是最好的防腐剂,裁判文书公开对于解决司法腐败问题无疑是一剂猛药。

(三) 裁判文书公开制度的意义

1. 裁判文书公开是审判公开的内在要求

审判公开有三层含义:一是庭审活动的公开;二是判决结果的公开;三是裁判文书的公开。[②] 因此,裁判文书的公开在一定程度上对审判公开产生了一定的影响。裁判文书是法院审判活动的静态体现,也是实现司法公正的重要环节,随着审判方式改革的大力推进,裁判文书的改革也日益受到重视。[③] 审判公开原则是诉讼法的基石,只有审判公开才能更有效地保障诉讼参与人的程序权利和实体权利,而只有通过保证程序的公正、透明才能更好地实现公平、正义。裁判文书的公开是审判公开的重要内容,对法官素质的提高、解释法律以及使违法犯罪分子服判均具有无可替代的指引作用。裁判文书一旦公开,社会公众就能看见,这也保障了公众的知情权,同时也有利于法院更好地落实审判公开原则,实现司法决策的透明化和司法公正的价值。

2. 裁判文书公开是防止腐败的一种有效手段

裁判文书公开最重要的目的就是让司法裁判接受社会各界人士的监督,以社会大众的尺度来衡量司法的公正与否。司法改革之所以把裁判文书公开作为一个重要组成部分,不仅仅是裁判文书本身的重要性使然,更是兼具了公开的社会

---

① 参见范旭东、陈立伟:《对我国裁判文书理性的思考》,载《法治研究》2007年第8期。
② 参见耿小燕:《裁判文书公开制度研究——以互联网公开为视角》,南昌大学2015年硕士论文。
③ 参见沈志先主编:《裁判文书制作》,法律出版社2010年版,第20页。

评价功能。通过裁判文书的公开,在一定程度上对法官审理案件提出了更高的要求,同时也提高了裁判文书的制作要求。裁判文书的公开可以让更多的人监督司法,减少司法腐败,维护司法权威。

3. 裁判文书公开是实现公民知情权的有效途径

裁判文书向社会公开是为了更好地保障民主权利,也是实现公民知情权的有效途径和重要渠道。裁判文书公开是当事人和社会公众了解国家司法权运作的一个便捷途径,也能更好地实现司法决策的透明化,充分保障公众知情权的实现。裁判文书的公开有利于人们更多、更快地知悉所要了解的司法信息,让司法权暴露在阳光的照射下,不但有利于司法权的良性运作和循环,也为人们知情权的实现增加了一层保护。裁判文书公开是沟通公众和司法机关的一架桥梁,它平衡着国家审判权的正确实施和人民知情权的有效实现之间的关系,促使二者有机融合,以达到相互促进、共同进步的效果。

4. 裁判文书公开是监督司法权的必然要求

裁判文书向社会公开有利于防止司法权的滥用,以群众的力量来监督权力机关的司法行为。法院公布其制作的裁判文书,也是直接将法官的司法行为归入整个法治进程之中,有助于防止法官的司法专断,减少司法腐败,使法官的司法行为和法院的司法行为都与司法精神高度一致,这也是建设现代化法治国家和法治社会的必然要求。[①] 裁判文书公开对法院和法官都提高了要求,此时法官必须更加严格地要求自己,既要保证公平、正义的实现,也要提升自己的法律素养和专业修养。

5. 裁判文书公开是提高司法公信力的重要方法

裁判文书在网络上公开是人民法院向社会公众展示司法公正和效率的重要途径,也为法治思想宣传提供了生动的学习教材。只有让"法律能够伸张正义"的观念深入人心,社会公众才能更加相信法律;只有每一个人都对法律心存敬仰,法治之路才能越走越远。裁判文书本身所要表达的不仅是案件的处理结果,更多的是通过法律让正义得以彰显,维护社会的公平正义。而通过公开裁判文书的方式在实现警示、教育作用的同时,也能让社会公众更加相信法律、相信司法,提升司法公信力。[②] 裁判文书的公开能使社会公众和一些法律人士得以认可、接受法院的判决,了解法院的司法活动;同时还有助于树立法律权威,增强司法的公信力,进而推动法律的发展和进步。

---

① 参见黄晓云:《看得见的正义——专家、学者热议裁判文书上网》,载《中国审判》2013年第8期。
② 参见沈志先主编:《裁判文书制作》,法律出版社2010年版,第32页。

二、裁判文书公开制度运行现状及所需解决的基本问题

(一) 统一标准缺乏

裁判文书公开缺乏统一标准主要表现在以下三个方面:第一,法律依据不统一。目前,我国相关法律和司法解释,都只是较为宏观地规定了裁判文书公开。三大诉讼法尽管都对公开审判作出了明确的规定,但对裁判文书的公开并没有作出具体的规定。第二,公开范围不明确。裁判文书公开范围的规定不够详细,还需要司法解释进一步细化,使全国各级法院都能够有一个统一的标准。第三,网上公开平台不统一。现在我国公开裁判文书的网络平台很多,有全国性的也有地方性的,但缺乏统一的管理。

(二) 裁判理由不充分

裁判理由公开是裁判文书实体内容的公开,是法官内心世界的揭示,是更高层次的司法公开,对法官的能力和智慧提出更高的要求。裁判文书说理公开对当事人、法院及社会都有重要意义,其中对当事人而言,可以确保其参与司法过程、促使其认同裁判结果。目前,我国很多地方法院裁判文书中的裁判理由公开力度极为欠缺,说理徒有形式,完全是公式化、格式化的,只是简单地把法院的意见罗列出来,没有真正做到辨法析理。当前法院的判决书通常仅包含案件事实陈述、法律适用和判决结果三个部分,很难写明判决理由或者理由陈述很少,被称为"不讲理"的判决书。[①] 裁判文书缺乏严密的说理,看不出判决结果的形成过程,缺乏说服力,严重影响了司法公正。

(三) 裁判文书公开相关配套机制缺乏

裁判文书缺乏审查机制、反馈机制、评价激励机制以及监督处罚机制。裁判文书公开缺乏对民意吸收的反馈机制,法院为了完成任务,把裁判文书在网上或其他平台公开之后就不管了,公众的知情权确实得到了保障,然而其监督权却并未很好地得到保障。目前裁判文书公布的质量和效率都存在着严重的问题,部分裁判文书中出现错字漏字、语句不通、说理不清、没有说理等现象。裁判文书公开也没有确切的时间约束,所以公开不及时是常见的现象。因此,对于裁判文书公开,需要制定相关的处罚制度。

---

① 参见杨浙京、程新生:《论裁判公开原则》,载《人民司法》1999年第4期。

三、裁判文书公开制度的完善与改革

(一) 统一法律依据

为强化裁判文书公开的功能,首先需要全国人民代表大会制定统一的法律。我国民事诉讼法已作出规定,刑事诉讼法和行政诉讼法也应当作出相应规定。同时最高人民法院和最高人民检察院也应出台有较强操作性的关于裁判文书公开的司法解释。其次,明确公开范围。裁判文书公开的范围需要作出必要限制,遵循"以公开为原则,不公开为例外"的宗旨,原则上应全部公开,只有在例外情况下不公开。最后,优化公开方式。我国裁判文书公开方式多样化,而裁判文书网上公开优势更为显著。因此,可以充分发挥互联网的优势,通过裁判文书网上公开来实现公众与人民法院之间的直接交流和良性互动,以缩短公众与法院之间的距离。

(二) 完善法官考核机制,壮大司法队伍

完善法官的考核机制,可以在一定程度上缓解法官工作量陡增的窘境。以激励机制来调动法官的积极性,督促法官不断地学习专业知识,提升判案的专业技能,提高法官队伍的整体素质,打造高素质、高效能、高质量的司法团队,作出高质量、高标准、高层次的裁判文书。另外还应提高现有法官的素质,并不断地充实法官队伍,在人员配置上给予充分的保障,这样才能保证裁判文书实现公开的目的。

(三) 对于裁判文书的范式作出指导性要求,规范裁判文书制作

司法实践中,对于解决各地、各级法院制作的裁判文书层次不一、高低不齐的问题,应该在立法上对裁判文书的制作标准和样式作出统一的规定,同时还应增强其说理性。权威来自于确信和承认,对于有着高度理性的现代社会公众而言,对于裁判结果的信服来源于缜密的证明过程,对于裁判结论的承认来自于严密的说理过程。[1] 故制定一个统一的标准来衡量全国范围内的裁判文书,使各项问题的解决都能做到有法可依,不仅能使裁判文书内容更加具体化,更能促进司法公开、公正,实现公平正义。

---

[1] 参见〔美〕乔治·恩德勒等主编:《经济伦理学大辞典》,王淼洋、李兆雄、陈泽环译,上海人民出版社2001年版,第573—574页。

(四) 加大技术投入,完善网站建设

针对正处于发展时期的裁判文书公开网站存在的问题,一方面应加大对公开网站的建设,投入更多的技术、财政支持,对网站进行更加完善的功能设置,充分发挥其作用。另一方面,应当对公开网站上的案件类型进行进一步的细化,对适用的法律条文做技术链接,对检索的准确性进行修改,完善检索功能。以上问题的解决,都需要投入更多的技术和人才,继续完善网站建设,以推动我国裁判文书制度的发展,促进司法改革,实现阳光司法。

四、结论

裁判文书公开制度在我国还处于探索阶段,对于各地、各级法院作出的积极探索,在肯定其成绩的同时,也应该清楚遇到的困难。裁判文书公开过程中出现的权利冲突问题、裁判文书的制作格式问题以及公开后如何善后的问题等都是亟待解决的。这些问题的存在不能完全否认该制度的先进性和优越性,但是也不可避免地在实施过程中会出现一些阻力。根据新事物发展的规律,任何事物的发展都不是一帆风顺的,都必须经过艰难、曲折的过程才能看见光明,裁判文书的公开也不例外。司法改革是一个渐进式的过程,需要我们不断地努力和奋斗来推进该制度的不断完善。随着司法改革进程的向前推进,裁判文书公开制度也会不断完善和健全,在我国的司法改革进程中发挥重要的作用。

从庭审的实质化谈
新民事裁判文书中证据写法的强化

程 滔 吕 颖[*]

一、庭审实质化的重提

党的十八届四中全会通过的《中共中央关于全面推进依法治国若干重大问题的决定》提出"推进以审判为中心的诉讼制度改革",而庭审实质化(也称"庭审中心主义")则是以审判为中心的诉讼制度改革的内在要求。庭审作为整个审判的中心环节,法官要在听取当事人双方的举证、质证及辩论的基础上作出裁判。为贯彻中国共产党第十八次全国代表大会和党的十八届三中、四中全会精神,最高人民法院发布了《关于全面深化人民法院改革的意见——人民法院第四个五年改革纲要(2014—2018)》,明确指出,"确保庭审在保护诉权、认定证据、查明事实、公正裁判中发挥决定性作用,实现诉讼证据质证在法庭、案件事实查明在法庭、诉辩意见发表在法庭、裁判理由形成在法庭"。

庭审实质化并不是首次提出,二十多年前,人民法院在审判方式改革中实行"一步到庭",就要求"证在法庭、辩在法庭、释在法庭、判在法庭"[①]。庭审实质化是相对于庭审形式化而言的,摒除法庭审理走过场的现象,要求庭审发挥其在民事诉讼程序中裁断纠纷的核心作用。但是二十多年前的"以庭审为中心"的改革遭到司法体制方面的阻力,致使法庭审理过程依然是形式化的,对法院作出裁判结论的作用微乎其微。而这次"以审判为中心"的改革是在全面推进依法治国的大背景下进行的,而且有法院管理体制改革、法官管理体制改革等重大改革措施同步推进。[②]

民事裁判文书作为民事诉讼的载体,要充分呈现庭审对举证、证据质证、事实

---

[*] 程滔,中国政法大学教授,法学博士,硕士生导师。吕颖,中国政法大学宪法学与行政法学专业硕士研究生。

[①] 蒋惠岭、杨小利:《重提民事诉讼中的"庭审中心主义"——兼论20年来民事司法改革之轮回与前途》,载《法律适用》2015年第12期。

[②] 参见蒋惠岭、杨小利:《重提民事诉讼中的"庭审中心主义"——兼论20年来民事司法改革之轮回与前途》,载《法律适用》2015年第12期。

认定,依法裁判的过程。特别是对证据的论证,对认定事实的说理,是依法公正裁判的前提和基础,是实现庭审实质化必不可少的环节。

二、庭审实质化与民事裁判文书强化证据写法的互动作用

从20世纪末开始,各级人民法院对法律文书的质量给予高度重视,采取各种措施提高文书特别是裁判文书的质量。最高人民法院早在1999年发布的《人民法院五年改革纲要》中就明确指出,加强对质证中有争议证据的分析认证,增强判决的说理性。2001年最高人民法院发布的《关于民事诉讼证据的若干规定》再次强调"人民法院应当在裁判文书中阐明证据是否采纳的理由"。

实践中,裁判文书对证据的叙述虽然逐渐改变了以前套话式的写法,但还是不尽如人意。对于举证情况仅仅是罗列证据,在质证后简单表述"予以认定"或"不予认定",而不说明任何理由,对认证也不进行分析。

党的十八届三中、四中全会都强调了法律文书的释法说理,而证据的论证也是说理的一个方面,包括阐明法庭采信证据和认定事实的理由,如分析说明为什么采用此证据、不采用彼证据,证据如何形成锁链以证明案件事实。此过程是对案件事实认定的动态说理,将具有实质内容的庭审过程落实在裁判文书中则是裁判说理的外化行为。裁判文书中对诉方与辩方证据的展示,对证据分歧、证据认定的充分回应,使得民事裁判文书说理的结构呈现出复杂互动的形态,也是将庭审过程定格在裁判文书中。庭审中心主义的目的促使庭审过程中的证据采信、事实认定对案件结果产生实质性影响,而强调民事裁判文书详细说理这一过程又在推动庭审的实质化。

(一)庭审实质化要求裁判文书充分反映质证、认证过程

在民事案件审理过程中,证据要想发挥其证明作用,首先需要由当事人、诉讼代理人在举证期限内实现举证,其次在法庭上出示自己的证据,再次对对方的证据进行质证,复次是法官进行认证,最后法官运用证据规则对证据的证明力作出合理的判断,并推导出法律事实。其中质证是法庭上一方当事人对另一方当事人提出证据的真实性、合法性与关联性进行质疑,是认定事实的关键。法官作为案件的裁判者,会针对与双方争议事实有关的主要证据及其与待证事实的相互关系以及证据的真实性、合法性和关联性形成心证。

如前所述,尽管最高人民法院《关于适用〈中华人民共和国民事诉讼法〉的解释》和最高人民法院《关于民事诉讼证据的若干规定》规定,证据应当在法庭上出示,由当事人质证。未经当事人质证的证据,不能作为认定案件事实的依据。最高人民法院《关于民事诉讼证据的若干规定》要求"人民法院应当在裁判文书中

阐明证据是否采纳的理由",但是法院判决的作出有时依然采用未经质证的证据。绝大多数的裁判文书仍然忽视质证的过程,特别是对律师质证意见的回应。这与部分法官多年养成的主观专断的作风,以及司法解释与规定不是法律、效力不高有关。

庭审实质化的核心,即举证、质证要在法庭上完成,认证虽然是法官内心证明的过程,也要尽量在法庭审理过程中作出。裁判文书不仅要反映庭审的过程,还要反映法官心证的过程。因此,法院在裁判文书中是否客观地反映证据,对证据作出认真的分析,对采信证据与否给予令人信服的说明,不仅关系到裁判文书本身的质量,也直接反映了庭审实质化的程度和效果。

(二) 新民事裁判文书强调认证说理推动庭审实质化

裁判的充分说理性不仅要求法官应当将自己对案件事实的判断建立在证据的基础上,而且要求所依据的证据应具有证明力,并达到证明标准。运用证据规则进行分析,说明采信哪些证据,否定哪些证据,阐明有关证据能够证明何种事实,为适用法律进行裁判奠定基础,并在裁判文书中有所体现。

法官对证据的采信反映了法官对于案件事实的认定和依法裁判的心证过程,《人民法院民事裁判文书制作规范》强调证据采信说理,正是将法官形成心证的过程予以公开。认证一方面是对当事人质证的回应,另一方面是认定事实的基础,认证的过程将证据采纳与事实认定对应,最大限度地体现事实认定的正当性。同时对当事人所提交的证据是否采信作出合法、合理、合情的解释,也证明了裁判结果的正确性和合理性。①

强化民事裁判文书中证据的写法是对认定事实过程的展现,证据说理在事实认定和依法裁判的司法论证逻辑中具有不可替代的作用,能够很好地衔接整个民事庭审过程的各个关键环节,充分体现了庭审实质化的精神。

三、新民事裁判文书中证据写法的强化

在《人民法院民事裁判文书制作规范》出台之前,全国法院适用的主要诉讼文书样式是依据1992年《法院诉讼文书样式(试行)》的规定制定的,对裁判文书中证据的写法要求非常简单,"认定事实的证据要有分析地进行列举,既可以在叙述纠纷过程中一并分析列举,也可以单独分段分析列举",由此造成多数裁判文书仅是简单地列举证据,即使有分析,也很简要,而不是论证。

最高人民法院在《关于全面深化人民法院改革的意见——人民法院第四个五

---

① 参见邱新华、张玉良:《展示与回应:民事裁判文书说理模式重塑》,载《山东审判》2014年第1期。

年改革纲要(2014—2018)》中将党的十八届四中全会提出的"以审判为中心的诉讼制度改革"的目标细化为7项具体任务,其中民事司法改革部分的任务主要集中在证据制度改革和以庭审为中心制度的完善上。为进一步规范和统一民事裁判文书写作标准,提高民事诉讼文书质量,最高人民法院发布的《人民法院民事裁判文书制作规范》《民事诉讼文书样式》在"(五)事实"部分对如何表述证据进行了明确规定:"6.在诉辩意见之后,另起一段简要写明当事人举证、质证的一般情况,表述为:'本案当事人围绕诉讼请求依法提交了证据,本院组织当事人进行了证据交换和质证。'7.当事人举证质证一般情况后直接写明人民法院对证据和事实的认定情况。对当事人所提交的证据原则上不一一列明,可以附录全案证据或者证据目录。对当事人无争议的证据,写明'对当事人无异议的证据,本院予以确认并在卷佐证',对有争议的证据,应当写明争议的证据名称及人民法院对争议证据认定的意见和理由;对有争议的事实,应当写明事实认定意见和理由。8.对于人民法院调取的证据、鉴定意见,经庭审质证后,按照当事人是否有争议分别写明。对逾期提交的证据、非法证据等不予采纳的,应当说明理由。9.争议证据认定和事实认定,可以合并写,也可以分开写。分开写的,在证据的审查认定之后,另起一段概括写明法院认定的基本事实,表述为:'根据当事人陈述和经审查确认的证据,本院认定事实如下'。10.认定的事实,应当重点围绕当事人争议的事实展开,按照民事责任分配和证明标准,根据审查认定的证据有无证明力、证明力大小,对待证事实存在与否进行认定。要说明事实认定的结果、认定的理由以及审查判断证据的过程。"

相比之前对证据写法的规定,新样式细化且强化了证据的表述,更能体现庭审实质化的精神,对证据的写法要求有如下三大亮点。

(一) 明确指出不要罗列证据

当事人举证、质证在民事庭审过程中具有重要地位,是当事人为证明自己主张事实的真实性、维护自己民事权利的关键环节。当事人的民事诉求是针对具体案件事实的,当事人承担着对所主张事实的举证责任,围绕案件事实进行举证、质证是通过民事诉讼维护民事权利的基础。

实践中,裁判文书中证据的罗列,不仅造成文书的冗长,而且给法官制作裁判文书造成较大压力,也违背了裁判文书列明证据的原意。有些法官认为文书说理就是写得越长越好,繁简不分,没有主次。因此《人民法院民事裁判文书制作规范》要求,可以简要写明证据质证、认证的一般情况;如果需要罗列的证据过多,可以作为判决书的附件。在具体写法上可以采用归纳的方式,如某组证据具有证明某一争议事实的效力等。

(二) 对逾期提交的证据、非法证据不予采纳的应当说明理由

法官在认定证据的基础上,进一步认定事实。既然证据是认定事实的条件与途径,双方当事人提供的证据是否得到采纳会影响到案件的定性乃至最后的判决结果,因此,裁判文书要反映证据的采信与否及其理由。证据的认定包括证据形式和证据内容的认定。但是法官认定的事实是法律事实,不完全等同于客观存在的事实,是在听取当事人双方举证、质证后,依照法定程序,在对证据的内容进行充分认证和逻辑推理的基础上,对过去的事实予以确认,所以裁判文书同样要反映出认定事实的理由。

《人民法院民事裁判文书制作规范》还特别明确规定,对逾期提交的证据、非法证据等不予采纳的,应当说明理由。当事人要在举证时效内提供证据,超过期限的,审理时法官不组织质证。此外,不符合法定形式或取得程序违法的证据为非法证据,对这些证据法院不予采纳。一些仅因程序原因而不被采信的证据因本身看上去"合法",若不对其不予采纳的理由进行说明,很容易使当事人难以理解和信服。如违反社会公共利益和社会公德侵犯他人隐私所取得的证据,因证据来源非法而不能成为裁判的依据,但若其使得客观事实"显而易见",却未被法院采信,很容易使当事人难以接受,收不到服判息讼的效果。对于逾期未交的证据,法官应当在裁判文书中说明证明风险的负担和证明不能的归责原则,从而使案件裁判具有正当性。①

(三) 经质证对争议证据进行认定和说理

质证是证明过程的一个关键环节,质证的目的是使认定的事实有针对性和说服力。裁判文书中不写明质证的情况,就无从得知哪些证据经过质证,法官对哪些证据是认可的,对哪些证据是予以否认的,看不出双方当事人在证据问题上争执的焦点是什么,法官又是如何评价、采信的。对当事人举证、质证进行分析,是辨析争议焦点和裁断是非的前提。实际上就是要呈现证据在庭审中的程序性地位,并根据证据在庭审中的作用予以定位,将重点放在证据认定的逻辑分析上。新文书样式在民事裁判文书中为证据说理留有一席之地,在落实庭审实质化的同时强调证据对事实认定至关重要,在民事裁判文书中证据写法的历史上具有重要意义。但并不是所有经过质证的证据都要写在裁判文书中,《人民法院民事裁判文书制作规范》对此作了详细说明。

(1) 对有争议的证据的认证。人民法院对证据本身进行认定,即法官对证据能力和证明力进行认定,并对证据是否采纳及其理由进行说明。《人民法院民事

---

① 参见王松:《民事裁判文书应繁简分流》,载《法律适用》2006 年第 12 期。

裁判文书制作规范》要求人民法院写明争议的证据名称及人民法院对争议证据认定的意见和理由,使证据的效力呈现在裁判文书中,能够更有力地重现庭审中法官通过当事人举证、质证对证据的效力形成的"心证"过程。对有争议的证据进行充分的说明,同时也是对待证事实进行认定和裁判结果形成过程的呈现,是庭审实质化的内容。

(2)对有争议的事实,应当写明事实认定的意见和理由。这就要求法官在裁判文书中重点分析证据,对事实认定充分说明。在民事裁判中,法院所确认的案件事实,实际上是法官依据相关证据材料认定的法律事实。认定案件事实的真实程度如何,完全取决于法官对证据材料认识的准确性如何,即案件事实的最终确信是法官源自证据所支持的"法律真实"。

对有争议的事实进行分析认定与证据的说理密不可分。案件事实的认定要与法庭所采信的证据相一致。法官在裁判文书的事实认定部分要结合双方的举证、质证,有层次地分析、说明法官内心确信的心证事实。对举证、质证、认证的动态过程进行表述,评述各方证据的有无,辨别证据的真伪,评价证据效力的强弱,论证矛盾证据的取舍。① 在格式上,以前的裁判文书,都是先写查明的事实,后写认定的证据,易割裂事实与证据的关系,很难说明证据是如何认定案件事实的。《人民法院民事裁判文书制作规范》规定了灵活的写作方式,即争议证据认定和事实认定可以合并写,也可以分开写。内容上要求围绕争议的事实,从有无证明力、证明力大小两方面对待证事实存在与否进行认定,并体现审查判断的过程。在案件事实的表述上,要侧重于与案件定性、处理有关的事实情节,根据确认的有效证据,对事实进行认定并详细阐明法庭对该部分事实认定的理由。②

(3)对于人民法院调取的证据、鉴定意见,经庭审质证后,按照当事人是否有争议分别写明。对于人民法院调取的证据和鉴定意见,除去获取来源合法之外,与当事人提交的证据并无二致,同样需要当事人对证据的真实性和关联性进行质证,并区分存有争议与否进行分别说明。这一规定,在保证裁判文书发挥其凝练民事诉讼程序、展现裁判结果功能的同时,更是对庭审实质性的体现。

四、结语

庭审实质化的贯彻落实还需要完善证人、鉴定人出庭制度,否则举证、质证又将流于形式。在推进"以审判为中心"的司法改革中,庭审的实质化最终要在民事裁判文书中体现,所以,庭审的实质化不可避免地会推进民事裁判文书中对证据写法的强化。与此同时,在民事裁判文书中对证据进行分析说明,是对双方争

---

① 参见李文霞:《反思与建构:对基层法院民事裁判文书制度改革的思考》,载《山东审判》2008年第6期。
② 参见岳海龙:《民事裁判文书理由阐述之探究》,载《法制与经济(中旬刊)》2010年第5期。

议焦点和事实最重要的判断,更是实现案件实体审理结果的最直接依据。表明法官对证据的分析判断、采信证据和认定事实的理由,可以有效避免"先定后审"和"审判分离"情况的发生,加强民事裁判文书中对当庭举证、质证,并据此裁断是非的分析和判断。这是保证法官心证公开的一项重要措施,是证据制度改革的重要环节,是更具有实质意义的公开审判,符合庭审实质化的内在要求。

裁判文书说理中的公证文书效力问题

袁 钢[*]

一、从一份再审判决书谈起

为让正义以看得见的方式实现,进一步深化司法体制改革,切实落实党的十八届四中全会通过的《中共中央关于全面推进依法治国若干重大问题的决定》提出的要加强法律文书释法说理的改革举措,近年来,法学研究学者和法律实务专家都将裁判文书说理作为重要的研究和论证对象。近三年中国法学会法律文书学研究会的学术年会以及专题学术研讨和论坛中都呈现了大量的裁判文书说理的研究成果,明确指出现有裁判文书中出现形式上的说理"表面化"和内容上的说理"失据化",即常见的裁判文书欠缺事实论证、法律推理及说理不够、内容公式化、不针对当事人主张和裁判结论进行说理、不讲支持或不采纳当事人主张的理由等。

笔者在中国政法大学在职法律硕士"法律职业前沿问题"授课过程中,在与某省高级人民法院的法官讨论该院审的一案中,发现该案中对于某些法律问题存在的常见性错误的认知,普现地错误适用法律,导致在表面上很具说理性的裁判文书,其实质完全是错误的。特别表现在作为裁判者的法官对于公证文书的性质、效力等相关问题一知半解,往往在认定公证文书效力方面漏洞百出,导致裁判文书说理缺乏专业性及相关知识。

二、基本案情简介

该案为一起离婚案件,二审过程中一方当事人死亡,后转为另一方当事人诉第三人的所有权确认案件。该案历经2008年基层人民法院一审、中级人民法院二审,2009年省高级人民法院指令中级人民法院再审,申诉人不服中级人民法院再审民事判决,向省高级人民法院提出申诉。省高级人民法院于2013年11月作出再审的民事裁定,决定提审本案,并于2014年1月作出再审民事判决。

---

[*] 袁钢,中国政法大学研究生院副院长、副教授,法学博士,中国法学会法律文书学研究会常务副秘书长。

该案的基本案情是:1994年5月18日,B(女)与A(男)登记结婚,双方均系再婚,都有子女。婚后B(女)之子C跟随A、B二人共同生活。A自1994年开办修理铺,1995年起修理铺由C经营。1999年A、B和C三人用修理铺经营款项建房,房子建好后,由A、B和C三人共同居住。B以C的名义借给肉联厂10万元。

2003年A起诉B要求离婚,某区人民法院作出民事判决:准予A和B离婚;自建房归A所有,肉联厂借款及利息归B所有。B不服提出上诉,二审期间,A于2005年5月26日死亡,中级人民法院终结诉讼。A死亡之前于2005年4月3日在医院住院期间订立遗嘱,其主要内容为:A的全部财产均归D所有,由D全部继承。其他任何人不得干涉,财产由他人代管。

2007年,原告B和C将D起诉至某区人民法院,请求将全部财产确认归B和C所有。区人民法院认为自建房和债权应属家庭共有财产。根据我国法律规定,对构成家庭共同财产,无约定是共同共有还是按份共有的,应认定为共同共有。故本案中的家庭财产应由A、B、C共同共有,因A死亡,无法作为案件当事人,根据其遗嘱,其财产由D继承,故A所享有的共同共有财产依法由D继承。

C和D均不服,依法提起上诉。二审过程中,C提出一份重要证据,即A于2001年6月16日所书《声明》,其内容明确自建房应当归C所有。2004年11月17日,该《声明》经公证机关进行了公证。二审法院未认定该《声明》的效力,维持了一审判决。

C对该终审判决不服,向省高级人民法院申请再审,省高级人民法院于2009年11月26日作出民事裁定,指令中级人民法院再审。中级人民法院仍未认定《声明》的效力,维持一审法院判决。

C不服中级人民法院的再审判决,在向省高级人民法院申诉过程中,于2010年7月8日发生交通事故意外死亡。C的妻子E以申诉人的身份向省高级人民法院申诉,申诉理由之一就是不认定经过公证的《声明》是不当的。省高级人民法院在提审中,对《声明》的效力予以确认,撤销一审、二审和再审判决,直接判定自建房和债权是C的个人财产,由其继承人合法继承。

三、《声明》效力不同认定的说理分析

中级人民法院在二审和再审中基于不同的理由对于《声明》的效力均不予认定。

1. 效力不予认定的说理

在本案二审过程中,中级人民法院认为,因对于该《声明》是否为A签名未作出鉴定结论,且该《声明》与A所订立的遗嘱相矛盾,故对该《声明》的效力不予认定。

笔者认为,该法院完全没有考虑到经过公证的文书的法律效力,仅将《声明》和自书遗嘱放置在同一层面,适用最佳证据规则,排除了《声明》的证据效力。

在本案再审过程中,中级人民法院认为,因该《声明》在某一审行政判决及二审行政判决中查实,经文字检验鉴定,认为"由于 A 处于生病状态,语言受限,生活不能自理,不能对过去所写文字进行确认,加之检材和样本材料不足,故不能作出准确鉴定结论,对此证据不予认定"。虽该《声明》后经过公证,但公证系该行政案件二审终审后当事人自行委托作出的,当时 A 与 B 离婚诉讼的一审仍在审理中,对该《声明》的公证行为与 A 当时和此后的行为相矛盾,故对该《声明》的效力不予认定。

笔者认为,中级人民法院再审中对于《声明》效力认定的说理基本与二审相同,但是有两点值得商榷。第一,中级人民法院认为,"公证系该行政案件二审终审后当事人自行委托作出",而按照公证程序,办理公证均须由当事人向公证机构提出,这也明显表现出再审法官对于公证程序缺乏了解。第二,对《声明》的公证行为性质没有作出认定,仍只停留在前后证据所载明的事实冲突方面。

2. 效力予以认定的说理

省高级人民法院在提审中,将 A 所书《声明》的效力问题作为本案争议的焦点问题之一,对《声明》的效力应予认定,并认为《声明》效力高于代书遗嘱的效力。省高级人民法院认定的理由是:第一,从产生的时间上看,《声明》的作出发生在 A 与 B 离婚诉讼之前的 2001 年,而遗嘱的作出发生在 A 提起离婚诉讼期间,且《声明》在离婚诉讼期间经过公证,A 认可其真实性。第二,从形式上分析,该《声明》经过公证,虽然 A 对此有异议,但该公证文书并未被有关机关撤销,故公证的效力应予认定。A 的两份遗嘱均由他人代写,且两份遗嘱 A 本人签名的字体差异明显。根据民事证据规则,经公证的文书效力应高于未经公证的文书效力。第三,从内容上看,《声明》中直接载明房屋归 C 所有,而两份遗嘱中称 A 将自己的财产给 D,但并未具体指明 A 的财产具体包括哪些,也未说本案所涉房屋、债权应归 D,二者内容并无矛盾之处。因此,应对该《声明》的效力予以确认,其效力应高于代书遗嘱。

笔者认为,省高级人民法院认定《声明》效力的理由主要集中于产生的时间和形式两个方面。第三个理由是对遗嘱的内容是否明确作出了认定,间接认可了《声明》的效力。因此,本文主要针对前两个理由进行分析。

四、《声明》效力认定的法理分析

笔者认为,前述两个方面说理不充分,特别是对法律适用、文书类型、证明效力等缺乏更为准确的认知。

1. 法律适用问题

《声明》是由 A 在 2001 年自书完成的,但是 A 在离婚诉讼期间,在公证机构出具公证文书。无论《声明》的完成时间还是办理公证的时间均早于《中华人民共和国公证法》(以下简称《公证法》)实施之日(2006 年 3 月 1 日)。因此,法院在对《声明》的效力进行认定时,应当适用《中华人民共和国公证暂行条例》(以下简称《公证暂行条例》)和《公证程序规则》(2002 年,已失效)。《公证暂行条例》第 16 条和《公证程序规则》(2002 年)第 8 条均要求声明书公证必须由当事人本人亲自办理,不得委托别人代理,当事人确有困难时,公证员可到当事人所在地办理公证事务。而 2006 年实施的《公证法》第 11 条明确将声明列为公证业务范围。《公证程序规则》(2006 年)第 11 条规定,包括声明在内的与自然人人身有密切关系的公证事项,应当由其本人亲自申办。

虽然前后关于《声明》的法律规定变化不大,但是《公证法》实施之后对于公证文书的救济程序已经从《公证暂行条例》第 26 条规定的,公证处或者其同级、上级司法行政机关撤销公证书的行政程序,转为《公证法》第 39 条规定的由当事人、公证事项的利害关系人向出具该公证书的公证机构提出复查,如公证书的内容违法或者与事实不符的,公证机构应当撤销该公证书并予以公告的内部程序。根据中国公证协会发布的《公证复查争议投诉处理办法(试行)》的规定,地方公证协会接受投诉人的公证复查争议投诉,认为对投诉人的请求应予以支持,书面建议被投诉人撤销原复查决定,重新作出复查决定,地方公证协会也无权撤销公证书。

《中华人民共和国民事诉讼法》(以下简称《民事诉讼法》)将公证文书列为书证的范畴,在审判过程中,由一方当事人将公证文书作为证据进行举证,另一方当事人质证。如公证文书所证明的内容不真实、不合法,法院可以决定不予采用公证文书作为定案的证据。因此,在本案中,法院对于《声明》公证效力的认定的实质,不是认定《声明》公证文书的效力,而是认定《声明》不具有证据效力。

2. 文书类型问题

《声明》是由 A 在 2001 年自书作出的,2004 年申请办理的公证,时间不一致,这就需要法院来认定该份公证文书的类型。在本案判决书的说理部分,仅根据名称就判定该公证文书为声明书公证,而没有从形式和内容上加以区分。仅从目前判决中引述的声明载明的内容,无法判断该公证文书是声明公证,还是文书上的签名、印鉴、日期属实公证,抑或文书的副本、影印本与原本相符公证。

在公证实务中,公证机构在办理声明公证过程中适用专门的办证程序规则。声明公证,又称声明书公证,其意义在于通过公证机构证明声明人的意思表示真实,使接受声明书的个人或者组织确知声明人的态度,从而产生相应的法律后果。公证机构在办理声明公证过程中,必须确认声明人具有完全民事行为能力方可受理;虽然声明书公证是形式审查,但仍然要从内容上审查是否合法,是否违背公序良俗,声明内容违法或者违背公序良俗的不予受理;对于办理放弃、接受或者主张权利的声明书公证,应当了解权利的产生原因并记录在案,可以要求声明人提供相关证明材料。公证机构一般采用格式告知的方式告知公证当事人的相关权利、义务、声明公证的法律意义和后果,需要制作谈话笔录,记录声明人的身份、声明的内容、声明的原因及要达到的效果、对告知内容的确认等,除应符合《公证法》第30条及《公证程序规则》第36条的规定外,公证机构必须重点审查声明人的身份及与声明内容的关系。

可见,在公证过程中,声明书公证的办证规则与文书上的签名、印鉴、日期属实公证,文书的副本、影印本与原本相符公证差异较大,公证机构需要承担较重的审查义务,以确保声明内容的真实、合法。

3. 处分生效问题

《声明》中当事人关于财产处分的单方意思表示的真实性、合法性已经过公证机构确认,其实质是当事人作出声明时的意思表示,是当事人在生前对于财产的真实处分表示,当事人并未将该财产作为遗产来进行处分。因此,《声明》中关于财产的处分意思表示自2001年当事人自书作出时就已经生效。

遗嘱是指遗嘱人生前在法律允许的范围内,按照法律规定的方式对其遗产或其他事务所作的个人处分,并于遗嘱人死亡时发生效力的法律行为。本案中,代书遗嘱是当事人对遗产所作的处分,该处分的单方意思表示在当事人2005年死亡时生效。

4. 证明效力问题

《中华人民共和国继承法》(以下简称《继承法》)第17条第1款规定:"公证遗嘱由遗嘱人经公证机关办理。"第20条第3款规定:"自书、代书、录音、口头遗嘱,不得撤销、变更公证遗嘱。"最高人民法院《关于贯彻执行〈中华人民共和国继承法〉若干问题的意见》第42条规定:"遗嘱人以不同形式立有数份内容相抵触的遗嘱,其中有公证遗嘱的,以最后所立公证遗嘱为准;没有公证遗嘱的,以最后所立的遗嘱为准。"因此,《继承法》及相关司法解释只是规定公证遗嘱的效力高于普通遗嘱,没有规定经过公证的声明效力更高。

为规范办理遗嘱公证,司法部专门制定了《遗嘱公证细则》,其中对于公证机构在办理遗嘱公证、声明公证中的程序、审核对象、所适用办证规则均有不同。笔者认为,虽然《声明》中有当事人处分遗产的意思表示,但是不能认定为公证遗嘱,效力上只能算是自书遗嘱。因此,本案中同时存在代书遗嘱(2005年)、自书遗嘱(2001年)两份遗嘱,人民法院采取的审查标准是不同的,因此可能产生两个结果:分别审查如果都可以采信的话,看哪一份时间较晚,以最后一份为准;如果其中一份遗嘱经过审查不采证,另一份遗嘱就应当作为认定事实的证据。

民事证据最高位阶的法律《民事诉讼法》第63条第2款规定"证据必须查证

属实,才能作为认定事实的根据";第69条规定"经过法定程序公证证明的法律事实和文书,人民法院应当作为认定事实的根据,但有相反证据足以推翻公证证明的除外";《公证法》第36条规定"经公证的民事法律行为、有法律意义的事实和文书,应当作为认定事实的根据,但有相反证据足以推翻该项公证的除外",上述规定往往被归纳为公证文书具有最高证据效力。2004年经过公证的《声明》所证明的事实,法院可以作为认定事实的根据,但是2005年的代书遗嘱中载明的事实与《声明》中事实不同。因此,法院需要审查代书遗嘱是否构成相反证据,是否足以推翻经过公证的《声明》。因此,在本案再审判决中,省高级人民法院认为的"根据民事证据规则,经过公证的文书效力应高于未经公证文书的效力"这种简单的、直接的说理和判断是值得商榷的。

窥一斑而知全豹,本文通过剖析一份裁判文书中关于公证文书效力、性质等问题的说理,意图说明裁判文书说理改革,不仅要形神兼备,更要切中要害。尤其是对于裁判者而言,更是要对公证文书的法律适用、文书类型、证明效力有更为深刻的理解,克服形式化说理,杜绝错误的说理。

规范制作公安法律文书

段 钢[*]

随着社会主义法治化建设进程的日益加快,我国对公安机关依法办案的要求日趋严格。转变执法观念,加大执法力度,规范执法行为,提高执法质量已成为全国各级公安机关面临的重大课题。公安执法人员制作使用各种法律文书与公安机关办理各类案件,是程序与实体的结合,是撰文与办案的统一,是法律规定与实际应用相结合的体现,两者相辅相成,缺一不可。因此,公安机关法律文书的制作使用与公安执法办案同等重要。

为进一步规范公安执法工作,公安部制定颁布了《公安机关办理行政案件程序规定》和《公安机关办理刑事案件程序规定》。两部规定实施以来,公安部又相继颁发了配套的公安行政和刑事法律文书(以下简称"公安法律文书")格式式样,通过规范制作和适用公安法律文书,广大执法人员进一步增强了法律意识,有效地提高了执法办案的质量,保证了法律适用的准确性。但在实践中,有的办案人员在制作公安法律文书时态度不够严肃认真,没有遵循"以事实为根据,以法律为准绳"的基本原则,文书制作和使用不符合规范,直接影响、制约了公安执法工作的正常开展,影响了案件的质量,部分地方甚至出现了因公安法律文书制作不规范引起的公安机关在行政复议和行政诉讼中败诉的情况。因此,规范公安法律文书的制作,研究存在的问题及原因,提出解决问题的对策,使公安机关执法人员严格依法办事,对促进公安各部门执法活动规范化具有十分积极的意义。

一、公安法律文书的内涵

(一)公安法律文书的含义

公安法律文书是指公安机关执法人员依照法定授权,在查处各类案件过程中,记载调查取证或报请适用相关法定程序的格式化书面材料。法律文书制作则

---

[*] 段钢,北京市公安局治安管理总队行动支队副支队长,中国人民公安大学特聘高级教官,北京市公安局兼职教官。

是形成该格式化书面材料的司法活动全过程。公安法律文书是具有法律效力与法律意义的规范性文书,是公安机关执法活动的重要体现和记载。公安机关的执法活动主要分为行政执法和刑事司法两大类,因此,公安法律文书主要包括行政法律文书和刑事法律文书两种。公安机关法律文书的制作与使用要求准确认定案件性质,根据案件特点准确、客观、清楚地记载案件情况,突出重点,并按照法定程序使用各种文书。

(二) 公安法律文书

公安法律文书是公安执法人员依照法定授权,在办理行政、刑事案件过程中,记载调查取证或报请适用相关法定程序的格式化书面材料的总称。它不同于其他公安应用文书的制作,具有自己的特点,表现为法律的约束性、制作的规范性、适用的特定性,其中尤以制作的规范性强最为突出。规范、正确的公安法律文书,是规范公安机关执法活动、确保公安机关严格依法办案的文字凭证。

(三) 对公安法律文书概念的理解

1. 制作主体的专属性

公安法律文书的制作者是公安执法人员,其他人员不能作为该法律文书的制作者。因此,公安法律文书的制作主体具有法定的排他性。

2. 依法制作的特定性

公安法律文书的依法制作,要求公安执法人员根据执法办案这一法定职责的需要,依照法定程序制作相关的法律文书。这里所说的法定程序包括:一是相关程序法或法律中有关程序方面的规定;二是法律文书的制作应基于查处各类案件的需要;三是法律文书制作要遵守文书设定的要求和制作要求。

3. 内容的专有性

公安法律文书的制作虽然是汉字的运用,但由于受到法律要求的特殊限制,制作时应严格区别于一般公文的写作,更迥然于文学创作。要在严格依照汉字使用要求的基础上,以法律专有语言对实施法定程序的相关内容予以准确、精练地叙述。

4. 审核的严谨性

公安法律文书是对公安机关依照法定程序开展侦查工作过程进行准确表述的文字体现。为确保准确、客观、公正地实施法律程序,对于法律文书这一文字载体要经过严格的审查和审批。其意义在于:一是由接受调查人员本人签字认可;二是由法定数量的执法人员签字认可;三是由主管人员审阅认可,并在相应的表格中签字备查;四是由负责人最终审核,并在相应的表格中签字表示同意后,该法律程序方可正式实施;五是通过上述步骤,确定该法定程序运用是否符合法律要求、是否符合实施条件等,如发现问题及时变更、纠正或不批准实施该法律程序;六是留档备查,为今后复查案件、案例参考等留下原始凭证。

5.文书的格式化

文书的格式化受以下因素影响:一是法律程序的适用需由法定授权的相应层级审批许可;二是法律程序适用的重复性;三是不同法律程序根据案件调查的需要的并用;四是法律程序使用文字表述的相似或相通。

决定法律程序适用与否是书面材料体现的固定模式,不同的是四个要件在具体案件中的表现不尽相同,因此法律文书有相对固定的模式,制作者根据违法犯罪主体、客观方面等不同,适用相应的法定程序,形成法律文书格式相对固定而叙述内容不同的表象。这里所说的"相对固定"是指司法机关对文书格式的不断调整,旨在使文书表达更趋合理、准确、简明扼要。

二、公安法律文书制作中存在的不规范问题及原因分析

(一)公安法律文书制作中存在的不规范问题

笔者结合自身多年的基层公安执法经历,通过座谈、问卷和查阅案卷等方式对公安法律文书的规范制作问题进行调研发现,总的情况令人满意,法律文书的质量和规范化程度较公安部新版式样颁发前有明显提升。但根据公安法制部门审查案件、监督执法实践等掌握的情况看,当前公安法律文书制作仍存在诸多问题,有时甚至成为制约办案效率与执法质量的羁绊。主要表现在:

1.认定违法事实性质不够准确

公安机关执法办案是以事实为根据的,事实认定失当,就会影响案件调查和侦查方向的确定、影响法律文书的制作、影响案件的处理。例如,公安机关办理的行政案件涉及的是违法案件,处罚的是违法行为,但有的执法人员在处理案件时没有区分正常行为和违法行为、违法行为与犯罪行为的界限。

例一:在查处赌博案件的执法过程中,常使用"扎金花、玩麻将"等民间俗语。这类语言的应用极易将赌博的违法行为与群众的正常娱乐相混淆。表述中若不明确以"扎金花、玩麻将"等方式进行赌博,必然将带有少量财物"博彩"形式的娱乐活动以及提供棋牌室等娱乐场所并只收取固定的场所费和服务费的经营行为等纳入赌博或为赌博提供条件等违法行为范畴。

例二:在查处卖淫嫖娼案件的执法活动中,"以财物等为媒介发生性关系"是认定卖淫、嫖娼案件的关键,而法律文书中仅仅表述为"发生性行为",并不是认定卖淫、嫖娼行为的法言法语。"发生性行为"的表述没有抓住卖淫、嫖娼违法行为中的概念实质,导致法律文书中"七要素"(时、地、人、因、情、历、果)的重点表述不够准确和严谨。

2. 文书内容不全面、重点不突出

公安机关执法办案应注重调查案件事实,不仅要全面了解案情,还要重点了解清楚涉及案件定性及证据的关键情节,"七要素"运用得体,重点突出适当。对当事人问话要制作笔录,应全面、扼要、突出重点,不能有所遗漏,更不能出现矛盾点。但有的问话笔录对嫌疑人的基本情况和违法事实该问的不问,不该问的却问了很多,有的甚至重复记录表头中的基本情况,或者当案发地点在被害人家中时便不再记录案发地点。要查明全部违法事实,在讯问嫌疑人和询问被害人、证人时,应将违法行为的时间、地点、原因、实施违法犯罪的过程、涉及的人和结果等问清楚,并将其陈述内容准确客观地记录下来。但要注意,各类案件由于性质不同、法律文书用途不同、问话对象不同,"七要素"在询问笔录和讯问笔录中的应用与侧重点也不尽相同。

3. 文书使用混乱、文种乱用

执法案卷是由法律文书组成的,是执法过程的记载、说明和总结。公安机关在执法办案过程中,每一个案件的事实认定和程序适用都有相应的法律文书予以记载,每种公安法律文书都有其特定的内涵和使用范围,不能随意乱用。例如,在实际工作中,有的执法人员对证人、受害人使用传唤证,或者对已掌握线索的案件,到嫌疑人家中时采用口头传唤方式等。《治安管理处罚法》第82条第1款规定:"需要传唤违反治安管理行为人接受调查的,经公安机关办案部门负责人批准,使用传唤证传唤。对现场发现的违反治安管理行为人,人民警察经出示工作证件,可以口头传唤,但应当在询问笔录中注明。"可见,传唤是公安机关办案人员限令违反治安管理相关规定的行为人在指定的时间、地点接受询问的一项法律措施,故而传唤只对违法嫌疑人适用。

4. 程序不合法、不规范

(1)不按程序办理案件。执法人员在办理案件过程中,必须严格遵守程序法。一旦程序违法,就意味着相应的证据属于无效证据。实际执法工作中,有些执法者往往忽视程序规定,或是因"图省事"而违反法律程序规定。

例一:嫌疑人供述了毒品的藏匿处所,执法人员在未办理搜查手续,或是在既无视频资料也无第三方见证的情况下,贸然将涉案物品予以"查获"或"缴获"。

例二:有些行政案件本应当适用一般程序,却适用简易程序办理,此种情况下制作的法律文书必然出现谬误。

(2)不按规定制作文书。口头传唤时,不在讯问笔录相应的项目中予以注明;延长传唤时限时,治安案件不制作《延长传唤时限审批表》、刑事案件不制作《呈请延长传唤时限报告书》,仅以工作记录代替。

(3)未履行告知义务。公安机关作出对当事人不利的决定时应听取当事人意见,公正行使权力,这是现代法治的一个重要原则。例如,对当事人进行较大数额罚款时,未按程序规定告知当事人有听证的权利。《治安管理处罚法》第98条规定:"公安机关作出吊销许可证以及处2 000元以上罚款的治安管理处罚决定前,应当告知违反治安管理行为人有权要求举行听证;违反治安管理行为人要求听证的,公安机关应当及时依法举行听证。"

(4)法律文书的制作和适用遗漏项目,文书结构缺头少尾,乱改文书内容。例如,传唤证没有注明时间或时间项目填写不全,缺少相关人员签字或他人代签。

(5)法律文书的发文字号填写不齐全,适用法律的处罚依据只引用法律名称,而不是引用实体法分则的具体客体名称,且相应的法律条文适用失当。例如,对于抢劫(预备)行为,直接引用《中华人民共和国刑法》第263条(应该引用第263条和第22条);法律条款与案件性质不符或是条款引用不全等。

(6)法律文书制作字迹潦草,任意更改文书内容(特别是日期),出现错别字,标点符号使用不规范等。

5. 未使用法言法语

(1)家庭成员关系表述不当。正确表述家庭成员关系应当使用:父、母、夫、妻等。例如,在某《呈请刑事拘留报告书》中,对当事人之间的关系使用"老公"一词予以表述,极为不妥。

(2)人称使用混乱。例如,公安行政处罚告知笔录和各种呈批表的事实是由执法人员填写,应用第三人称叙述,而有的文书却用第二人称叙述。

(3)表述不准确。有的文书在对违法嫌疑人违法事实叙述之后,又加上一句"该人对违法犯罪事实供认不讳",行政案件的性质是违法而不是犯罪,这样表述很不准确。

(4)"七要素"适用不当。违法犯罪行为的过程表述模糊不清,涉及"历"的相关证据节点表述不明确,导致相关问话笔录既不能作为定案的证据使用,也不能作为否定该案的证据使用,严重影响了最终决定的作出。

(二) 公安法律文书制作不规范原因分析

公安法律文书制作不规范仅是一种外在表现形式,要纠正这种不规范,必须分析其产生的深层原因。

1. 思想根源上,认识不足

公安执法人员是公安法律文书的制作主体。如果制作主体在思想认识上对法律文书的法律效力和法律意义出现或存在认识缺位,错误地认为公安法律文书只是个形式,随意作为,随意行文,必然导致法律文书制作和适用不规范、不合法。如此一来,既侵害了当事人的合法权益,也给公安机关的执法活动带来了不良影响,甚至可能会产生重大的执法过错责任。

2.执法意识上,缺乏程序意识

在办理案件过程中,部分执法人员仍未完全摒除经验执法的传统陋习,习惯老一套做法,缺乏对法律知识运用的深入理解,存在证据意识和程序意识的缺失或应用失当。只重视案件实体的处理结果,不重视程序及法律文书的制作,"重实体、轻程序"问题对公安执法的负面影响至今仍未能有效消除,是影响法律文书制作质量的核心因素之一。

3.执法能力上,综合素质有待提升

"工欲善其事,必先利其器"。执法能力的欠缺主要表现在:一是懵懂执法,对法律条款不能正确把握,必然导致法律的运用水平受限;二是有的执法人员不熟悉、不能掌握相关法律文书的制作要求,只凭原有经验和方法制作,势必会造成文书制作的不规范;三是在法律文书制作过程中,没有认识到语言文字表达对文书制作的重要性,不注重语言表达能力的提高,出现文书表述用词不准、词不达意或是南辕北辙等问题;四是群众工作能力的缺失或能力不足,也是导致执法能力特别是法律文书说理能力欠缺的重要原因之一。

4.专业院校中,需要完善相应的课程设置

公安学历教育和在职培训中,法律文书制作是实操性极强的专业课程,需要授课教师或教官既要具有相应的理论知识,还要具备相应的实战指导能力。对于学历教育,要使学员在接受理论教学的同时,通过实操模拟训练感受到法律条文在执法活动和法律文书制作过程中的结合与应用。对来自一线实战部门的在职执法人员或各级领导,授课中既要讲授理论知识,还要对实际工作中遇到的问题提出解决的方法,更要开展动手实操训练,授课难度大、要求高。目前公安院校法律文书制作课程的教学内容和实操训练尚不完备,课程设置尚需完善,尤其应强化实操能力的训练,实现"武文结合",夯实公安法律文书制作的基础工作。

5.内部监督上,相关部门职能发挥不到位

相关职能部门,包括负有监管职责的各级领导,对公安法律文书的制作、案卷的审阅把关不到位、内部执法监督不到位、指导工作不到位、纠正能力不到位,未能正确、全面履行法律和内部规定赋予的监督权,造成文书制作中出现的错误不能及时被发现与纠正,很大程度上影响了公安法律文书制作的规范性和人才培养与执法能力的综合提升。

三、规范制作公安法律文书的基本要求

公安法律文书制作的规范性是由其在公安执法活动中的地位、作用以及自身文体的特殊性所决定的。它要求适用程序法准确、专项专用,适用实体法得当、法律观点全面、制作规范有据、文字使用精准,使制作者表达的内容翔实得当,阅读

者能够准确无误地理解文书内容。法律规范、文书规范、说理规范三者的高度统一，是实现公安法律文书价值与符合其特性的关键。公安法律文书的规范制作应符合以下基本要求。

1. 结构、内容的程式化

公安法律文书在形式结构、内容要素等方面都有严格要求，制作和使用时应当严格遵守。公安法律文书的格式有以下基本特点：一是结构固定。每种文书的结构一般分为首部、正文、尾部三个部分，文书的每个部分也都有各自的具体结构要求。二是内容固定。文书所记载的事项是固定的，不能随意修改或增减。文书结构和内容的程式化有效地保证了公安法律文书的完整性和严谨性，确保了文书制作的准确、迅速、无遗漏。

2. 语言文字简明、准确

制作文书时，无论是对案件情况的说明、对事实的叙述，还是对理由（说理部分）的阐发、对数量的填写、对处理意见的表达，在文字上都必须简要、明确、切实、准确，在语义上只能有一种解释，而不能有语义分歧或模棱两可、似是而非的现象。例如，"犯罪嫌疑人张三伙同犯罪嫌疑人李四（在押）等6人"。这句叙述的问题出现在"等"字的应用上，造成表述极不准确，不知道涉案人员究竟是6人还是8人。在公安法律文书制作过程中，词语运用的单一解释极为重要，这也是证据的"同一性、互证性、排他性"特点的具体体现。单一解释在公安法律文书中主要体现为专业术语的"专属性"。所谓"专属性"，就是要求一定的语词必须限定表示特指的含义，适于此而绝不同时亦适于彼。例如，"拘留"用在刑事案件中，就是一种限制人身自由的法律措施，是执法过程的术语；而用在治安案件中，就是处罚结果，意味着案件执法过程的结束。

3. 形式规格的统一

每一种公安法律文书的形式、规格、用纸、文字书写、用印等均有统一规定的格式和标准，不能独出心裁、另搞一套，因为公安法律文书的覆盖面广、实用性强、形式多样。例如，公安行政法律文书共有52种，有单联式文书和多联式文书，填充型文书、填表型文书和叙述型文书等，实际执法工作中一定要正确选取、制作，做到形式规格统一，文字书写清晰，用印规范。在公安工作中，只有及时、准确地制作相关文书，才能有效规范公安机关执法活动，确保公安机关严格依法办案、提高办案质量。

4. 文书制作的程序性

制作文书时，先制作哪种，后制作哪种，都必须按照规定的程序依次进行，不得随意更改、颠倒顺序，严格做到"一表一证"。例如，在监区调查治安案件需要进行检查时，必须首先制作《检查审批表》，注明检查的根据和检查的地点、部位，经县级以上公安机关负责人批准后，再填写《检查证》，然后执行人持《检查证》对检查对象进行检查。检查必须当场制作《检查笔录》,由检查人、被检查人、见证人、记录人签名后盖章。绝不允许在不制作《检查审批表》的情况下,就开具《检查证》进行检查,或在检查后补写《检查审批表》;更不允许在检查执行完毕离开现场后再补写《检查笔录》。

四、规范制作公安法律文书的重要意义

公安法律文书制作的规范性高低直接影响着公安机关执法工作的质量高低,对促进公安机关执法规范化建设具有十分重要的意义。

1. 强化公安机关执法能力的法定要求

公安法律文书是公安机关执法工作的重要表现形式,公安机关查办案件有多个阶段,使用的法律文书不同,所反映的内容也各不相同,办案人员要通过使用文书,依次完成办案程序的各个环节。公安法律文书如实记载了公安机关执法办案的过程,是执法的文字工具,具有法定性的特点。文书制作和使用规范,无疑强化了公安机关办理案件的法定要求。首先是程序法定要求,即法律文书的制作和使用要符合法律规定的法定情节,适用相应的规定文种、适用条件和时间等方面的法律程序,履行相应的手续。其次是内容法定要求,即公安机关办理各类案件,尽管文书反映的内容各异,但文书的内容体现了法律精神,可以说公安机关办理各类案件的过程,就是依照法律规定对违法犯罪行为予以查处的过程,制作和使用文书在选择材料、陈述案件事实、阐明理由、提出处理意见时都必须以法律为依据,不可超越法律规定的范围和条件撰写。因此,文书制作的规范化要求,实际上规范了公安机关的执法行为,促进并强化公安机关严格、公正地执法办案。

2. 促使公安机关执法工作规范化、制度化

行政、刑事实体法与程序法,以及公安部颁布的两个办案程序规定,对公安机关执法办案的每一个环节和程序都作了明确具体的规定,并由公安法律文书作为载体表现出来。公安法律文书是规范公安机关执法工作的重要手段,没有这些文书,各个程序的实施过程将失去存在的载体,程序就会不合法,实体应用就无法正确实施。而文书的制作和使用规范化,使得公安机关查处案件程序的各个环节、步骤、时限等都具体化,有章可循,具有操作性,从根本上改变了过去执法工作中出现受案不规范、违法调查取证、滥用强制措施、越权处罚、执行不当等现象,规范了公安执法行为,促使公安机关各部门办理各类案件制度化,保障公安机关在执法过程中正确履行职责,提高办案质量和执法水平,保护公民、法人和其他组织的合法权益。

3. 为公安执法活动监督和考评提供依据和标准

公安法律文书是公安执法工作的客观记录,文书规范化的要求直接体现了办

案质量的标准。公安法律文书是实现执法办案监督的文字形式,它记载了公安执法人员执法办案的各个环节,也记载了他们执法的具体行为,反映了办案质量的高低,同时还是有关部门审查、检验法律实施的重要依据。通过文书,可以实现对办案过程的监督。目前,很多公安基层部门执法质量考核评议把公安法律文书的制作程序、内容及使用是否规范作为重要内容。公安法律文书也是有关部门审查、检验法律实施的重要依据。

4.有效提高执法人员办理案件所需的综合素质

准确制作公安法律文书是执法人员查处各类案件不可或缺的重要业务内容,也是考核办案执法人员政治水平、法律水平、群众工作能力、业务素质和文化修养的重要尺度之一。因为文书质量的高低,既能反映执法人员的综合工作能力,又会直接影响到法律能否贯彻实施,影响到是否正确处罚违法嫌疑人,影响到国家、集体和人民的利益能否得到维护。公安法律文书规范化要求,能够促使执法人员加强法律、法规和公安执法业务的学习,增强法律意识、程序意识、证据意识和安全意识,不断提高自己的执法综合能力。

五、提高公安法律文书制作质量的对策

公安法律文书的制作不规范,不仅导致执法效率降低、办案质量下降,损害违法行为人的权益,造成执法被动局面;而且会极大地损害执法人员的自身形象,严重削弱公安机关的执法权威。提高公安法律文书制作的质量可以从以下五个方面着手。

1.建立责任倒查制度,强化法律文书制作责任

提高公安法律文书制作的质量水平,首先要建立文书责任倒查制度并保证这一制度严格执行,从而强化执法人员制作法律文书的责任心,消除执法人员主观因素作用下的文书质量不高的现象。对于公安法律文书制作过程中存在的各类不规范问题,归根到底是因为有些执法人员完全依靠旧习惯、惯性思维、老经验办案,在办理各类案件过程中仍然存在重实体、轻程序的办案理念,再加上特权思想、自身执法水平和业务素质不高等原因,对法律文书的法律效力和法律意义认识不到位,随意行文,从而使法律文书整体水平难以从根本上提高。因此,法律文书质量一定要归口管理、专人管理,严格审查和考核,把好案卷质量关。

2.完善专业课程设置,强化基础教育业务培训

目前,公安法律文书制作与使用过程中出现的各种问题,究其原因:一是办案执法人员业务知识储备不够,案件定性不准;二是对相关法律、法规把握不准,对法律条文理解不深、不透,适用不当;三是对常用法律文书的规格、内容和制作要求或文书用途没有很好地掌握,大部分执法人员满足于一知半解;四是基本功不

牢固,语言表达能力不强,词不达意。综合以上几方面原因,要通过完善学历教育,强化在职培训和指导力度,提高执法人员的执法办案能力和文字表达的实操综合能力,才能有效提高公安法律文书质量。一方面,在公安院校开设法律文书制作课程,并且完善教学内容和实操训练,各级公安培训主管部门应把培养和提高公安执法人员的法律文书制作能力纳入各类岗前培训、岗位培训的范围。另一方面,公安机关法制部门应经常组织不同形式的执法培训、办案指导与岗位练兵,就办案程序和实体方面的重点、难点有针对性地组织执法人员进行理论与实际相结合的学习,并对公安法律文书中存在的常见问题进行剖析和探讨,从而提高执法人员制作法律文书的能力。法律文书质量提高了,执法人员的办案水平自然就可以得到有效的提升。

3. 严格审查和考核,把好案卷文书质量关

公安法律文书是否规范,是规范执法是否落实到位的主要标识。每一册执法案卷中,法律文书的质量可以反映执法人员及所在单位的执法办案能力和责任心,公安机关进行执法质量检查、考评,大多是从案卷材料和法律文书中去发现问题。公安机关法制部门进行案件质量和执法监督,首先就要从案卷的审查把关抓起,对每一起案件、每一份文书材料仔细审查,大、小问题都不放过,确保每一个办案环节都依照程序规定进行,所有的执法活动都有法律依据。

4. 制作相应的文书范本,供办案执法人员学习和参考

对各类具有专业性的公安法律文书组织相关的资深专家进行探讨,科学、合理地设置法律文书模板和制作具有权威性的案卷卷宗范本,在每类文书的后面附上较详细的制作要求、制作方法说明,供办案执法人员学习和参考。

5. 建立学习交流制度,分享文书制作先进经验

只有全体执法人员达到了较高的法律文书制作水平,才能真正实现公安机关落实规范执法的良性局面。在公安学历教育和在职培训中开设法律文书制作课程,是夯实规范执法基础的有效途径。

按照中国共产党第十九次全国代表大会报告的要求,全面依法治国,必须坚持厉行法治,推进科学立法、严格执法、公正司法、全民守法。在依法治国的大背景下,随着执法环境的日益完善、公民法律意识的不断增强,公安执法人员必须与时俱进,不断提高自身业务水平,严格按照法律、法规和公安部的要求执法办案,严格依照法定条件、程序及公安法律文书制作、使用要求,完整、准确、规范地制作和使用公安法律文书,以提高办案质量和执法效率,确保公平正义和公安执法规范的落实。

检察文书制作应避免过度"形式化"

李世清　邹俊波[*]

近年来,以检察文书为"支点",加强司法规范化建设,是司法改革的一个重要方向。这一改革的主要作用机制是通过出台一系列文书模板和制作管理规范,精细化规定检察文书制作所需达到的"质"与"量",以此来强化文书制作程序细节规范,从而达到确保案件质量和程序正义的效果。在这一改革路径中,司法改革是主线和目标,检察文书则是被改造的对象和客体。

一、文书制作的标准与规范化

之所以倡导和推行这样的改革路径,既离不开检察文书本身作为司法办案重要载体的作用和地位,同时也与过去长期以来检察文书制作不规范、不细致、不认真,进而导致的"失误"乃至"教训"有关。客观地讲,这一改革路径的出发点和目的并无不当,符合检察改革发展的客观规律和基本思路。然而,在全国各地检察机关循着这一方向,大刀阔斧地对检察文书制作进行规范化、标准化改革的同时,一些具体改革措施及其效果却开始在理论和实务界引发激烈争议。相关问题焦点在于,检察文书制作的规范化、标准化,是否意味着检察文书制作及其说理的模块化、形式化;是否意味着对检察官自主创作权的尽可能防范和禁止;是否意味着检察文书创作只需尽可能符合司法公正要求,而无须考虑普通社会大众的参与、互动、理解需要。

例如,1996年、1997年,在《中华人民共和国刑事诉讼法》和《中华人民共和国刑法》相继修改后,最高人民检察院于2002年制定了一整套刑事诉讼检察法律文书样式。2012年,《中华人民共和国刑事诉讼法》再次修改后,最高人民检察院对原来的文书格式样本进行了全面的修订,分别于2012年12月、2013年10月,重新印发了《人民检察院刑事诉讼法律文书格式样本》,包括检察文书格式样本共

---

[*] 李世清,刑法学博士,全国检察业务专家,云南省普洱市人民检察院党组书记、检察长。邹俊波,法律硕士,云南省普洱市人民检察院法律政策研究室副主任。

238 种。① 2013 年 12 月,为进一步加强执法办案活动的监督管理,切实做到严格规范公正文明司法,推进权力运行的公开化、规范化,最高人民检察院决定正式上线运行全国检察机关统一业务应用系统。系统按照"统一规划、统一标准、统一设计、统一实施"的总体要求,通过运用现代科学技术手段实现执法信息网上录入、执法流程网上管理、执法活动网上监督、执法质量网上考评,构建一个纵向贯通、横向集成、互联互通的文书制作信息网络平台。② 该系统的主要特色之一就是实现了文书制作和审批的模板化,据统计,截至 2018 年 8 月,系统共配置了公诉、侦监等业务条线 2 736 种文书模板,其中有 800 余种在系统开发时新编。

配合这些文书格式样本,最高人民检察院相继发布了有关案件质量评查标准。以 2016 年发布的公诉案件质量评查标准为例,标准以表格形式,细化规定了公诉案件实体、程序、法律文书制作以及网上业务办理和案件信息公开共四个方面质量程序标准要求,其中涉及法律文书制作共 32 个小项,占全部项目的 68%。该标准规定了包括审查报告、起诉书、出庭笔录在内的大部分检察文书的制作规范,如标准第 1 项规定"审查报告等文书制作格式及内容不符合高检诉发(2011)54 号文或者统一业务应用系统模板要求",第 2 项规定"起诉书、不起诉决定书格式及内容不符合最高人民检察院标准的"。对于这些不符合标准的文书,案件质量评查将一律给予否定评价。

除此之外,全国各地检察机关根据法律和自身工作需要,也在检察文书制作方面进行了积极的探索和创新,出台了大量的工作细则和具体做法。这些细则以及管理规定和最高人民检察院出台的文书格式样本和质量标准一起,共同构成了当前的检察文书制作规范体系。

客观地讲,无论是检察文书格式样本数量的齐备,还是文书制作的精细化规范要求的完善,都是检察文书体系完备的重要标志,也是检察工作规范性发展的重要表现,体现了过去二十余年来,检察文书改革发展所取得的成果。与此同时,在这些努力成果的带动下,近年来,检察文书制作质量和水平的提升有目共睹。自 2015 年 1 月 1 日开始,全国检察机关所有案件必须进入统一业务应用系统运行,所有因错误操作等原因需要删除案件、线索的,应书面报省级人民检察院案件管理部门审查,技术信息部门操作,原本存在的文书制作混乱随意、案件卷宗装订不规范、文书信息随意删除等现象有较大改善,检察司法办案质量水平也有了较大的提高。以 P 市检察机关为例,2013 年,P 市检察机关共受理刑事申诉案件 380 件,2014 年减少到 327 件,2015 年大幅减少为 161 件,到了 2016 年上半年,全市检察机关受理的刑事申诉案件量再次大幅减少 133 件,仅有 28 件,且这些刑事申诉

---

① 参见罗庆东:《司法改革与检察法律文书》,载《阳光司法与检察文书专题研讨会论文集》,第 2 页。
② 参见胡泽君主编:《全国检察机关统一业务应用系统使用指引手册(检察委员会业务)》,中国检察出版社 2013 年版,第 1—7 页。

案件多数为不服人民法院刑事判决所提出的申诉。

二、实例分析文书制作的形式化

但是,在这一系列规范的背后,检察文书所独具的个性也逐渐消失,取而代之以整齐划一、机械僵硬。以人民检察院案件信息公开网公开的检察文书为例。通过随机选取信息公开网上的 100 份《刑事申诉复查决定书》(分别来自江苏省、浙江省、山东省、广东省、湖北省、广西壮族自治区、云南省等地)进行分析,可以发现:文书全部由首部、申诉人基本情况、案由和案件来源、申诉理由和请求、复查认定的事实、复查结论及根据组成。其中,申诉理由和请求、复查认定的事实等一般占了决定书篇幅的 80%~90%,而复查结论及根据,也就是本院复查认为和本院决定等文书说理部分,则高度概括和浓缩为短短几行字,有的就是一句话,检察文书制作成为一种简单要素、模块和格式的拼装组合。

例1 申诉人刘某某不服××区人民检察院不起诉决定刑事申诉复查决定书。①

……

复查结论及根据摘录:本院认为,根据现有证据,认定杨某某合同诈骗罪、伪造公司印章罪、伪造国家机关印章罪、骗取贷款罪的证据不够确实充分。因此,××区人民检察院认为××市公安局××分局认定的犯罪事实不清、证据不足,不符合起诉条件,依照《中华人民共和国刑事诉讼法》第 171 条第 4 款的规定,决定对杨某某不起诉,该处理决定并无不当,对申诉人的申诉理由和请求不予支持。

本院决定:……

暂且不论这些模块化、格式化表述是否能够满足不同案件、案情乃至不同申诉人的需求,起到定分止争、息诉罢访的效果。应当注意的是,在此过程中,检察文书的制作主体——检察官自身创作能力以及创作激情的消退。通过采访 P 市检察机关 20 名公诉人了解到,90% 以上的公诉人反映,在 80% 的时间里,公诉人实际充当的是一个简单、重复、枯燥的证据摘录、案卡填录等文书组装工的角色;而在剩余的 20% 时间里,大部分时间用来翻阅资料,查找法律条文以及制作各种 PPT 和举证提纲;真正用来思考案件,以及发挥个人主观能动性的空间非常小。这样造成的后果是,检察官的自主创作空间被严重压缩,检察文书的说理性极差,文书内容僵硬死板、千篇一律,缺乏生命力和创造力。大量检察官通过长时间的实践训练,不过成长为一个文书组装"熟练工",自我创作能力严重衰弱,从最初的标准化要求不准写,怕被挑剔不敢写,逐步陷入不能写、不会写的往复循环。

---

① 参见潍检刑申复决(2016)3 号刑事申诉复查决定书,载人民检察院案件信息公开网。

例2　以人民检察院案件信息公开网随机抽取的10份存疑不起诉书为例。①

不起诉理由摘录：经本院审查并退回补充侦查，本院仍然认为××市公安局认定××的犯罪事实不清，证据不足，不符合起诉条件，依照……

……

通过与例1比照，可以很容易作出预测，即便被害人不服该不起诉决定，提出刑事申诉复查，相关刑事复查决定书的内容、格式甚至结果都不会有什么不同。这样的文书、文字，虽然通过"事实不清、证据不足"之类的反复循环论证，"少说少错"之类的互踢"皮球"行为，可能获得一时好处，避免了在文书制作人能力不足、不会写的情况下，文书出差错，让人揪"辫子"的事件发生；但是，在当今信息爆炸公开透明的时代，这样的文字，如何让人信服，如何获得民众认可。

例3　一份被称为"伟大判决"的惠阳"许霆案"判决书②

判决理由摘录：根据双方的争论焦点及本案的所有证据，本院综合分析评判如下：……我们认为，专家意见的立论前提很明显，就是不管ATM机是否正常都代表银行行为，不管是民事交易还是刑事罪案，其过错全部由银行负责或承担。对此，本院持不同意见……所以，如果把机器故障导致的错误指令等同于银行的正常意志，是不合理的，对银行也是不公平的……

就本案而言，判词虽然已经详细阐明理由，但因本案被告在犯罪手段上非常特殊，合法形式与非法目的交织在一起，理论界对案件的定性争议也比较大，那么本判决结果可能难以让所有人肯定或认可。因此，我们也不能确认和保证本判决是唯一正确的，我们唯一能保证的是，合议庭3名法官作出的这一细致和认真的判断是基于我们的良知和独立判断，是基于我们对全案事实的整体把握和分析，是基于我们对法律以及法律精神的理解，是基于我们对实现看得见的司法正义的不懈追求。

正是这样一份判决，在引起网络热议和社会公众共鸣和连番称赞，甚至被冠以"最牛刑事判决书"称号的同时，也得到了由最高人民检察院主管、检察日报社主办的法治类门户网站"正义网"的系列专题报道。

事实证明，随着依法治国的深入，人民群众对司法公正内涵追求的不断延伸拓展，过去通过标准化流水线生产出来的，整齐划一、死板僵硬的文书已经很少能够引起人们的兴趣。随着时代的进步，人们更喜闻乐见的是接地气，敢于创新，充满法理、情理、贴近案件事实本身和老百姓生活的具有生命力的文字。党的十八届四中全会指出，要让人民群众在每一个司法案件中都感受到公平正义，构建开

---

① 抽取2016年9月9日至9月14日人民检察院案件信息公开网公开的标题内标注"存疑不起诉适用"字样不起诉文书，分别是平检公诉刑不诉（2016）8号、应检公诉刑不诉（2016）20号、邮检公诉刑不诉（2016）32号、北铁检刑不诉（2016）3号、平检公诉刑不诉（2016）2号、长检公诉刑不诉（2016）3号、长检公诉刑不诉（2015）7号、城检公诉刑不诉（2015）11号、栗检公诉刑不诉（2016）45号、栗检公诉刑不诉（2016）44号。

② 参见（2014）惠阳法刑二初字第83号刑事判决书，载人民检察院案件信息公开网。

放、动态、透明、便民的阳光司法机制。如何通过检察文书这个"支点",更好地构建符合和满足人民群众不断增长的司法公正需求的办案机制,更好地发挥检察文书的规范、指引、宣示价值,更好地让检察司法办案为人们所信赖、依赖和信仰。这不仅需要深厚的基本功素养,更需要敢于对形式化说"不"的勇气和魄力。

三、避免文书制作形式化的建议

从存在主义论的角度来看,作为司法工作的重要载体,检察文书亦应是"自在"和"自为"的统一。在这一层面上,检察文书及其改革服务、服从于司法与司法改革,是其存在的本来意义和价值。继续严格规范检察文书制作程序,加强其信息化、标准化、模块化建设,为检察司法办案提供大批量的、最低质量水平的文书保障和支撑,有其相当重要的历史性意义和价值。但是,坚持围绕以司法改革为中心进行改革的同时,也应当看到,过度司法改革中心主义对检察文书本身乃至检察司法办案工作所带来的危害以及发展视野上的不足。综上:一是建议在统一之余,认真做好不同类型文书制作"分流"工作。也就是说,要为难易不一、繁简不同、性质不同的案件确立不同的标准,如将检察文书中的程序性格式化文书和实体性叙述性文书区别开来,对前者尽可能地追求设计要素合法科学;对后一类,如起诉书、抗诉书、检察建议等,应尽可能减少格式化的影响,允许承办人根据案件作出调整和取舍,突出证据分析和法理论证,突出作者个性化语言,突出人文关怀等,而不是一味地追求统一。二是建议所有针对检察文书确立的标准应为最低标准和建议标准,而不是一般标准和强行标准,以保证检察官适度的自主创作空间以及对文书模板的选择适用权,通过写作空间的释放,为检察官司法技能和法律素养提升保留足够的空间。三是建议兼容并蓄,鼓励创新。对多元化文书制作始终保持适度包容的态度,在坚持严格依法制作的前提下,立足于对检察文书功能的把握,给自主创作保留一席之地,鼓励采取表格式、数字化等新型表达方式,鼓励积极主动公开说理论证过程,主动从生活以及案件事实中汲取新的词语词汇,而不是一味"掉书袋"、求统一,力求制作更符合司法功能、更符合社会大众需求、更富有魅力和充满人性光芒的检察文书,彰显法治自信,树立法治权威。

新版检察刑事诉讼法律文书的规范完善

薛 培 杨辉刚[*]

一、引言

为适应修改后《中华人民共和国刑事诉讼法》(以下简称《刑事诉讼法》)的实施,最高人民检察院制定了《人民检察院刑事诉讼法律文书格式(样本)》(2012年版),现行新版刑事诉讼法律文书样本共11类,计238种,包括检察机关履行各项职能所需制发的法律文书,是检察人员执法办案的重要参考依据。[①] 此次修订,通过对原版检察刑事诉讼法律文书进行必要的删除、合并与增补,其设计更加合理、版面更加清晰、适用更加方便,使检察机关办理刑事案件的主要环节都有了明确规范的法律文书;同时它紧密结合了检察机关运用统一业务应用系统开具电子法律文书的特点,高度契合了网上办案的时代要求。然而,经过5年多的具体司法实践,笔者发现,新版检察刑事诉讼法律文书仍存在法律依据效力层级较低、文书种类不多、部分重要文书短缺以及设计不够合理等问题,极易导致各地检察机关适用法律文书时的随意和混乱,因而亟待进一步改革和完善,以促进刑事诉讼在制度化、规范化和科学化的轨道上运行。

二、适用新版检察刑事诉讼法律文书存在的问题

新版检察刑事诉讼法律文书在文书种类、格式设计、内容表述及填写规范等方面均有较大的调整和变化,集中反映了修改后《刑事诉讼法》的价值理念和变化,并因全面推行电子化办案的检察机关统一业务应用系统而首次明确了电子法律文书的填写要求,并在全国检察机关统一了绝大部分法律文书的制式,这有利于严格规范办理刑事案件。然而,囿于立法的局限性、规范性和保守性乃至迟滞

---

[*] 薛培,四川省成都市人民检察院侦查监督一处副处长、员额检察官,全国检察理论研究人才,四川省检察业务专家。杨辉刚,四川省崇州市人民检察院副检察长、员额检察官。

[①] 参见最高人民检察院法律政策研究室编:《人民检察院刑事诉讼法律文书适用指南》,中国检察出版社2013年版,第1页。

性,新版检察刑事诉讼法律文书仍存在着法律依据效力层级较低、法律文书种类不多以及设计不合理等诸多问题,这极容易弱化检察法律文书在固定证据、明晰程序、保障诉权等方面的作用,并影响刑事执法办案效率。

检察刑事诉讼法律文书是检察机关代表国家行使刑事司法权的一种载体和形式,是检察机关在办理刑事案件过程中依法制作和使用的具有法律效力的专用法律文书,其彰显的是执法办案者应当具有的忠于事实和证据、准确适用法律的特征,表达出制作者细心衡量各种法律条文的本质内涵,提出基于事实和法律的特别的诉求,其内容必须加以规范明确,对人性与情感虽有考量但绝无超越。在法律至上的领域,按照既有的冷静的判断力和清醒理智对待各项事务,唯独尊重事实。由此而言,检察法律文书的功能是通过刑事诉讼法律文书所固定的犯罪事实和证据,不仅可以了解刑事诉讼程序的启动、运行及结束状态,而且可以获知犯罪事实及情节是否清楚、证据是否确实充分,还可以依法监督侦查机关、审判机关侦查、审判活动是否规范合法,等等。因此,检察刑事诉讼法律文书的实质是《中华人民共和国刑法》和《刑事诉讼法》贯彻实施过程的客观记录载体,其本身承载着公平正义的重要价值,是确保《刑事诉讼法》严格规范实施的有效保障,同时也是刑事诉讼程序公正的具体体现。① 作为刑事程序价值最重要的功能载体,检察刑事诉讼法律文书的法律效力应当通过立法形式予以确认,才能保证其法律权威和《刑事诉讼法》的统一实施。然而,由于新版检察刑事诉讼法律文书仅是以规范性文件的形式予以确认,其法律效力层级较低,这也是导致司法实践中办案检察人员重执法办案、轻法律文书制作,以及各地检察机关随意变更或增设法律文书格式的重要原因。

一是新版检察刑事诉讼法律文书种类不够完备。目前发现部分涉及检察机关审查批捕、审查起诉阶段的对涉案犯罪嫌疑人(被告人)和侦查机关的程序性法律文书空缺量较大,如《逮捕羁押期限及权利义务告知书》《延长侦查羁押期限通知书》《延长审查起诉期限决定书》《提供法庭审判所需证据材料意见书》等;对可能构成犯罪但事实不清、证据不足不批准逮捕而需要公安机关再行补充侦查的重新提请批准逮捕的案件,笔者认为应适用《不批准逮捕案件补充侦查意见书》,但新的法律文书格式中尚没有规定;《提供法庭审判所需证据材料通知书》应用于公诉环节,对《人民检察院刑事诉讼规则(试行)》第 318 条规定的"对收集证据、适用法律提出意见"应当适用何种文书,新的法律文书格式样本中未予规定。而在职务犯罪侦查工作方面,刑事法律所规定的一些法定事由和法定程序,还缺少相应的法律文书,如检察机关办理职务犯罪案件过程中,对于具有人民代表大会代表资格的犯罪嫌疑人采取强制措施时如何履行告知或报告手续。需要完善

---

① 参见侯兴宇:《法律文书应以法律形式予以确认》,载《贵州警官职业学院学报》2004 年第 4 期。

的还有诸如犯罪嫌疑人家属权利义务告知书、被害人权利义务告知书、保证人权利义务告知书等法律文书。

随着《刑事诉讼法》的全面修改,刑事特别程序在刑事诉讼中已居于重要地位,但目前制备的检察文书尚不能完全适应未成年人刑事案件诉讼程序、当事人和解公诉案件诉讼程序、犯罪嫌疑人(被告人)逃匿或死亡案件违法所得的没收程序以及对实施暴力行为的精神病人的强制医疗程序的需要。司法实践中,刑事诉讼特别程序尚处于进一步探索、规范、完善阶段,各种涉及特别程序案件专用的检察文书随着程序的发展还需要逐步创设。如未成年人刑事案件诉讼程序中的社会调查,客观上该项制度尚处于探索阶段,各地实行的社会调查方式不一,既有由检察机关办案检察官自行开展社会调查的,也有委托无利害关系且具有资质的第三方进行调查的。目前,《社会调查报告》的形制、内容、格式尚没有统一的标准,以致司法实践中社会调查报告五花八门,每每不同,从而给法官采信这种品格证据带来了疑问和困惑。又如监护人会见、不捕听证、附条件不起诉听证等未成年人检察业务工作都应有相应的法律文书,但当下司法实践中因缺乏这些法律文书,不得不用到场通知书代替监护人会见听证通知书,以听证会会议记录代替听取意见的文书,等等。此外,未成年人起诉书、不起诉决定书等刑事检察法律文书严重"缺乏教育、感化、挽救的内容"①,这也应引起高度重视,并着手加以改进。事实上,目前未成年人刑事案件诉讼程序、当事人和解公诉案件诉讼程序因司法实践中办理的案件较多,所制备的法律文书尚算相对完备,基本能应付办案的需要。而在犯罪嫌疑人(被告人)逃匿或死亡案件违法所得的没收程序以及对实施暴力行为的精神病人的强制医疗程序中的检察法律文书缺项更多,需要进行进一步完善。

从目前来看,部分新版样式未规定的法律文书仍沿用旧版格式。同时,新版刑事诉讼法律文书并没有完全覆盖检察机关刑事诉讼活动的全部内容。新版文书涉及刑事诉讼附带民事诉讼、刑事赔偿控告申诉、案件管理业务等方面的法律文书还比较短缺,很难适应刑事诉讼制度逐步向法治化、现代化、全面化、精细化方向发展的需求。

现阶段,在侦查监督环节除了《不批准逮捕理由说明书》之外,《复议理由说明书》和《复核理由说明书》还付诸阙如,由此可以说,司法实践中,检察机关目前尚没有开展向不服不批准逮捕决定提请复议、复核的侦查机关(部门)进行进一步释法说理这一项工作。而侦查机关(部门)提请复议、复核的案件都是事实较为复杂、证据认定较为困惑、适用法律存在较大争议的案件,出于不同的角度才会提出复议、复核。作为作出不批准逮捕检察机关的上级检察机关,理应在全面审

---

① 鲍俊红:《未检法律文书从编号到内容都有待规范》,载《检察日报》2015年2月6日,第3版。

查的基础上进一步研判案件,提出维持下级检察机关作出不批捕逮捕决定理由的深层要素。否则,侦查机关(部门)虽然不得不执行检察机关的决定,但办案单位和办案人员内心是否真正认可这种决定尚值得探讨,而这在一定程度上可能会使公安机关认为检察机关在执法办案过程中存在为维持自身观点甚至权威而不会真正回应公安机关价值取向、不对其在执法办案中存在的疑问困惑予以解决的问题,极可能影响双方的配合协作关系、削弱双方打击整治犯罪以及保障人权的合力。

二是新版检察刑事诉讼法律文书内容有待完善。如新版《换押证》与原版相比少了一联,第三联与原来使用的换押证不同,没有起止时间和接收单位盖章,一张《换押证》是否可以同时填写多个犯罪嫌疑人的名字这一问题也未能明确,实践中可能会造成检察院、法院与看守所相互之间工作衔接不便,如看守所不愿使用新版《换押证》。在移送案件时,《换押证》究竟是由检察院负责移送给看守所还是由法院负责移送给看守所,具体如何操作,最高人民检察院没有作出明确规定。新版刑事诉讼法律文书中关于执行监督检察部门办理的起诉案件,如何填写起诉书"文号",也未明确作出规定。

新版《委托诉讼代理人告知书》中要求被害人及其家属签名,但实际工作中,很多被害人及其家属与办案检察机关距离较远,特别是住在外地(甚至外省)的被害人及其家属,根本不可能确保其在3天内签字,这种不从实际可能性出发而所谓"规范"的要求,既不符合现实复杂多变的情形,又没有任何规范执法的现实意义,而且给案件当事人造成了诸多不便。《人民检察院查封/扣押财物、文件清单》中要求加盖"扣押物品、文件专用章",但现实中目前许多检察院并无此专用章。

在公诉阶段,目前使用的《量刑建议书》中"被告人____涉嫌____犯罪一案"的提法也不尽规范,由此会出现两种表述:一种是"被告人张三涉嫌故意伤害犯罪一案",另一种是"被告人张三涉嫌故意伤害罪犯罪一案"。无论哪种表述方式都既不符合常规的语言习惯,也与起诉书的提法不一致,建议统一称为"被告人____涉嫌____罪一案",在制作说明时,统一要求根据最高人民法院、最高人民检察院公布的罪名规范直接填写。《和解协议书》是否应增加记入人民监督员信息和签名尚存疑问,建议增加"被害人撤回附带民事诉讼"和"违反和解协议的法律后果"两部分提示性内容。

又如《派员出席法庭通知书》是新增的法律文书,但在具体实践中如何操作尚未予明确规定。

三是部分新版检察刑事诉讼法律文书格式设置不科学、内容要求不统一。虽然新版检察刑事诉讼法律文书统一了基本格式,并附注了制作说明,但一些法律文书存在格式不规范、布局不合理等问题,导致表格式、填充式文书填写时没有统一标准,造成文书内容混乱。如《未成年人法定代理人到场通知书》中没有指定场所的填写位置,不填写仅是语言告知,一定程度上既可能使未成年人法定代理人即刻忘记,也可能成为具体案件刑事诉讼程序不规范的一个重要因素。相对于表格式和填充式文书,叙述型文书写作主体自由伸缩幅度较大,为保证文书的规范化,必须对内容加以限定,但这些法律文书的"制作说明"只介绍了制作法条依据和归档要求,并未进一步详细列明文书"抬头"的填写要求、文书中空白部分须填写的具体内容、文书模板的空格字符数、文档字体、字符大小和段落,磅数也没有统一标准,由办案部门承办人自行调整,且法律文书编号究竟是用打码机打码、手工填写还是电脑打印未明确规定,各个业务部门在填制法律文书时没有统一的参考标准,可能导致内容填写不统一,略显随意。新版法律文书均要求用 A4 纸打印,但是否需要加盖骑缝章,最高人民检察院尚没有明确规定,目前电子版法律文书尚无法在骑缝处填制文号、加盖骑缝章,往往受到质疑。

另外,新版检察刑事诉讼法律文书未印制成制式文书,文书各联相对独立,法律文书中的各联相互分割以及新版法律文书可以在网上自行下载打印的现状可能会给法律文书管理带来很大不便。实践中,有的由部门打印,有的由检察院统一打印,有的由案件承办人在电脑里将文书全部内容填好后再打印或者先将电脑中的空白文书打印下来再手工填写。虽然多数检察院要求案件承办人开具法律文书时都要到内勤处登记、编号,统一管理,但也有可能出现疏忽或者遗忘,从而造成重号,登记混乱,不利于管理。案件管理部门与办公室对法律文书的保管交接也易出现保管不善问题,出现一定的工作隐患,可能会造成法律文书流失、被仿冒等现象。

三、强化新版检察刑事法律文书管理及规范适用的建议

在当代,法律文书作为一种重要的精密的司法技术,日益凸显其重要性。[1] 故此,检察法律文书的规范愈发重要。检察法律文书种类与检察职能紧密相关,检察机关拥有某项职能是其制发某类法律文书的前提,制发法律文书应坚持"依法原则",简而言之,就是制发每种法律文书都应有明确的法律依据。[2] 同时,法律文书作为检察机关执法办案结果的有效载体,要在坚持"三易"方式即"易看、易读、易懂"[3]的基础上,还应坚持统一原则、程序原则和规范原则,即其制作、签署、发放都有统一的标准、相应的严密规范程序,使其具有特殊的严肃性和规范性,即"法律文书写作形式上的格式化包含着远远超过形式主义的法律内容,它是法律

---

[1] 参见贺卫方:《中国法律教育之路》,中国政法大学出版社 1997 年版,第 87 页。
[2] 参见罗庆东:《〈人民检察院法律文书格式(样本)〉的修订与运用》,载《人民检察》2002 年第 2 期。
[3] 参见潘庆云编:《中国法律语言鉴衡》,汉语大词典出版社 2004 年版,第 172 页。

专业知识的积累、复制与繁殖。每个案件都是独特的,法律文书反映的是文书制作者将堆积在大脑中的法学知识,按照逻辑规则进行整合和实际运用的能力,体现的是文书制作者在司法实践中的品格和创造性思维,其根本目的是通过建立法律语言的话语权威实现国家法治"①。与此同时,法律文书在形式和实质上还应具有人文性,即其外在和内容都应充分展现出法律本身"对国家利益、集体利益的维护以及法律对人权的尊重与关怀,以充分体现法律本身所具有的价值取向和应具有的人文关怀"②。基于以上理由,笔者认为,新版检察刑事诉讼法律文书应从以下七个方面强化管理及规范适用。

一是进一步完善法律文书种类。建议最高人民检察院或省级检察院统一编写一本有关新版法律文书制作使用的指导书籍,确保办案人员能够在具体办案过程中及时查阅相关要求,确保制作和使用法律文书更加规范。与此同时,补充和完善其他需要的法律文书及专用骑缝章、校对章等印章样式,制定实施细则,并与所涉及的相关业务部门进行衔接,保证规范适用。

二是统一法律文书制作标准。为避免各个检察院因操作标准不同,建议由上级检察院统一现有法律文书排版标准,杜绝页面设置不统一、字体外观和大小不统一、格式不规范等现象,各基层人民检察院参照统一标准印制法律文书。对检察机关统一业务应用系统内没有设置的填写式法律文书应统一印制,具体可以参照原做法,以省或市为单位统一印制,基层人民检察院购买使用,以有利于规范办案管理、保障办案安全。

三是协调规范通用型刑事诉讼法律文书的格式。对公、检、法三机关都适用的刑事诉讼法律文书,主要是指采取、解除或撤销有关强制措施,以及用于通知执行机关或通知被执行人的家属或其所在单位时开具的相关法律文书,如《取保候审决定书》及《取保候审执行通知书》《监视居住决定书》及《监视居住执行通知书》等。对于通用型刑事诉讼法律文书,公、检、法三机关都自行制定了自身的法律文书,这既不高效,也不经济。因此,侦查机关和司法机关应当"在协调一致的基础上,制定统一的法律文书格式,以避免各行其是"③。

四是尽快升级统一业务应用系统中的法律文书种类。开发统一的办案软件,实现联网操作,在统一业务应用系统中添加法律文书自动生成系统,确保上述法律文书及文号均可在案管系统中自动生成并直接打印,骑缝文号、骑缝章、院章等都可在网上实现。为便于集中管理,法律文书应由案件管理部门统一管理,需要使用法律文书时,由承办人凭审批意见书到案件管理部门取号,并由案件管理部

---

① 周萍:《以法律文书写作学回归法学为视角的法学发展趋势》,载《西南农业大学学报(社科版)》2008年第3期。
② 马利明:《法律文书协作技术与规范》,辽宁人民出版社2009年版,第95页。
③ 任海、刘金锁:《规范检察法律文书三要点》,载《人民检察》2009年第14期。

门统一打印、制作存档。与此同时,还应加强检察机关统一业务应用系统内法律文书自动生成系统软件的研制,以促进司法标准化为目标,以实现法律文书的自动化、辅助化生成为导向,切实推进法律文书制作的高效化和统一化。

五是调整法律文书格式和内容。新版检察刑事诉讼法律文书中仍存在法律文书设计不合理、遗漏常规项目等问题,极容易导致使用上的混乱,因而必须进一步调整法律文书的格式和内容。首先应对《呈请报告书》的格式进行调整。由于自侦部门办理职务犯罪案件往往涉及公民的人身或财产权利,《刑事诉讼法》和《人民检察院刑事诉讼规则(试行)》对办理职务犯罪案件规定了较为严格的审批程序,而《呈请报告书》就是对于拟进行的职务犯罪侦查行为呈报领导审批时使用的法律文书。因此,该法律文书设计是否合理、制作是否规范,对于严格规范办理职务犯罪案件起着至关重要的作用。为此,笔者认为,应当将《呈请报告书》中"审核意见"一栏删除,保留"办案单位意见"和"领导批示"两栏;除此之外,还应当规范重要法律文书常规项目的填写,特别是涉及限制犯罪嫌疑人人身自由的相关法律文书,如《拘留通知书》和《逮捕通知书》等,必须将犯罪嫌疑人的身份信息包括性别、出生日期、通讯方式和住址等常规信息项目置于格式内容之中。

六是根据司法实践需求及时创制新型法律文书。检察机关在修订完善《人民检察院刑事诉讼规则(试行)》过程中,应全面深刻理解2012年修订的《刑事诉讼法》的精髓,在继续规范完善各种传统法律文书的基础上,在检察机关统一业务应用系统中根据实践需求及时创制如《复议理由说明书》和《复核理由说明书》等新型法律文书模板,积极尝试在执法办案中完善社会治理方式,以此进一步提升检察机关法律监督能力和水平。

七是应尝试制备相应基础性外国语及少数民族语言法律文书。值得注意的是,从过往和目前来看,我国刑事诉讼制式法律文书中尤其严重缺乏基础性的少数民族语言及外国语法律文书,一定程度上很难适应当今全国乃至全球社会人、财、物全面流动、案件当事人呈多元化方向发展的需求,也较难适应当今国际刑事诉讼发展的基本旨趣,可能为刑事诉讼不严密、不周延、不规范埋下伏笔。就此,笔者建议,最高人民检察院或少数民族聚居区省、市(州)检察院在条件允许的情形下,应备相应的使用率较高的外国语(如英语、法语、俄语、日语、韩语、阿拉伯语、西班牙语以及周边国家语言如越南语、泰语等)及人口较多(如50万人以上)的少数民族语言规范的一般基础性的诉讼权利告知法律文书,以切实保障外籍(无国籍)及少数民族案件当事人的合法权益。

民事检察指令制度研究

文向民[*]

党的第十八次全国代表大会报告提出,"要推进科学立法、严格执法、公正司法、全民守法,坚持法律面前人人平等,保证有法必依、执法必严、违法必究"。其中,"科学立法、严格执法、公正司法、全民守法"被称为依法治国的"新十六字方针"。党的十八届四中全会又通过了《中共中央关于全面推进依法治国若干重大问题的决定》,明确强调要:"加强对司法活动的监督。完善检察机关行使监督权的法律制度,加强对刑事诉讼、民事诉讼、行政诉讼的法律监督"。为全面推进依法治国,《中华人民共和国民事诉讼法》(以下简称《民事诉讼法》)修订实施两年后,2015年7月1日,全国人民代表大会常务委员会《关于授权最高人民检察院在部分地区开展公益诉讼试点工作的决定》(以下简称《授权决定》)公布。2016年11月7日,中共中央办公厅印发《关于在北京市、山西省、浙江省开展国家监察体制改革试点方案》;2016年12月25日,全国人民代表大会常务委员会《关于在北京市、山西省、浙江省开展国家监察体制改革试点工作的决定》(以下简称《监改决定》)出台。其主旨是将《中华人民共和国行政监察法》改为《中华人民共和国监察法》,设立国家监察委员会;将试点地区人民政府的监察厅(局)、预防腐败局及人民检察院查处贪污贿赂、失职渎职以及预防职务犯罪等部门的相关职能整合至监察委员会。如果试点取得成功,《授权决定》实际上扩大了检察机关的办案范围,强化了检察机关的法律监督职能,科学地解决了人民群众的合理诉求,满足了人民群众的司法需求,在维护国家利益和社会公共利益、维护司法公正、维护社会公平正义、促进社会和谐、维护当事人合法权益等方面发挥了极为重要的法治作用。《监改决定》事关全国的重大政治体制改革,对民事检察指令制度可以起到积极的推动作用。笔者结合司法实践,拟就检察指令权的内涵、监督方式、法律定位、启动程序、救济程序以及实施的必要性和可行性等谈些个人的肤浅认识,以求教有兴趣的同仁斧正。

---

[*] 文向民,湖南省株洲市攸县人民检察院,四级高级检察官。

一、问题的提出及其背景

为什么提出这个非常敏感的命题？起因于20世纪90年代笔者所办理的一宗房屋优先购买权民事纠纷案，而（联想）萌发出来的思维火花。该案提请市人民检察院向同级中级人民法院抗诉后，问题不在于认定事实和适用法律方面，而在于这起抗诉案件应由哪级法院来审理。实际上这个问题的处理对中级人民法院来说并不复杂，按当时民事法律及司法解释的规定，该案要么提审，要么发回重审。如果指令原审法院以外的其他法院再审（以下简称"指外"），是最好的处理办法；而令人十分尴尬的是，这种方法的适用找不到法律依据。问题还不是这么简单，问题的复杂性就在于案件背后的种种原因，使司法受到干预。起初检方发送检察建议，要求中级人民法院提审。建议被采纳后，当事人强烈反对中级人民法院"提审"，要求发回重审；最后该案虽然以提审、抗诉成功而告终，但让笔者又重新燃起这束思想火花，围绕"指外"找法律。一次偶然的机会，笔者在逛书店时信手翻阅日本《新民事诉讼法》，发现其中有这么一条："罚款裁判，以检察官的命令执行……"笔者感到惊讶！这是为什么？实行审判权与执行权分离制度是世界各国通行的做法，日本也不例外，日本的检察院和法院至今还是分开的（以下简称"两院分开"）。而在我国，至今还是审执不分，这种状态断不可持续下去，必须进行改革。那么，既然检察院能够"命令"法院执行裁判，又为什么不能"命令"（或指令）法院立案或提审、再审呢？这个命题概括起来就是一个公式：检察指令＝立案＋……提审＋再审（"＝"表示命令或指令的意思，"＋"表示连接或选择的意思）。在笔者看来，这是一个新的社会科学意义上的"哥德巴赫猜想"。

二、检察指令的法律内涵

（一）检察指令的概念及借鉴依据

检察指令是个新课题，目前学界尚未形成统一的定义。笔者认为，一般而言，"检察指令"就是指在整个民事诉讼过程中，上级检察机关为了维护司法公正，根据当事人对人民法院或法官在办案中因严重不作为、乱作为、失职渎职行为或当事人对其产生严重不信任之事由所提出的指令申请；或者人民检察院在民事诉讼过程中，依职权不得已而指令（下级）原审法院以外的其他法院为或不为某种行为，以维护司法公正及当事人合法权益的诉讼行为。

史例一：笔者认为，在我国古代，级别低的官吏可以监督级别高的官吏。比如，"在宰相制度下，宰相的确可以制约君权，其中最主要的制约方式是：宰相如果认为皇帝的诏书不妥当,可拒绝副署,并将其封还皇帝,此即"封驳权"①。从汉代监察制度所留下的比较好的经验来看,重点在于建立刺史制度。与一般的御史不一样,刺史就做单纯的监察官,官俸比较少,只有六百石,但是他可以对俸禄二千石的郡守进行弹劾。②级别低的官吏之所以能监督并治罪级别高的官吏,最重要的原因就是其享有"皇权至上""朕即国家""朕即法律"等原则所赋予的特权,这里所提到的"治罪"属刑事范畴,但从监督原理上讲,异曲同工。

史例二:唐代统治者提出"以法治天下,尤重宪官"。日本古代曾设弹正台,包含现代检察制度的内容。虽然两者并无直接联系,但寓意值得深究。清朝末期,我国就有检察官在刑罚执行中指挥监督的立法传统。

史例三:

(1)越系(检察)指令模式(这里"系"指两院系统),是指检察院指令法院实施为或不为的一种诉讼行为。检察院作为执行指挥监督机关,在日本、韩国、我国清末时期以及我国台湾地区,都规定检察院行使执行的统一指挥、协调权,从而达到监督的目的。如执行财产刑,关于罚金、罚款、追征、罚锾的裁判,或者没收保释金、诉讼费用、赔偿费用等的裁判,均依据检察官的命令执行。③《日本新民事诉讼法》第189条第1款规定"罚款裁判,以检察官的命令执行,该命令具有与债务名义同等效力的执行力"即是。④ 法国现行《民事执行程序法》第39条特别规定检察官承担收集债务人情况的义务,以避免债权人虽在取得执行名义后申请强制执行,但由于不清楚债务人的详细情况,以至于使债权无法实现的情况发生。为了解决该问题,法国法律曾规定债权人可以委托执行官全面收集执行情报。然而,因行政机关或金融机构以遵守保密义务为由不予充分回答,导致判决无法执行的后果。为此,法国现行民事执行程序立法把收集债务人情况规定为检察官管辖的事项,并由承担监督执行义务的检察官负责具体实施。执行官有权向检察官提出收集债务人情况的申请。但是,执行官在提出申请前应当独立进行收集情况的活动,否则,检察官可以命令执行官追加调查。另外,自申请提出之日起90日内,检察官未就收集情报的结果予以回答的,该申请自然失效。按照法国《民事执行程序法》第40条的规定,国家或地方公共团体的行政机关、公营企业、金融机构等都属于被收集情况方,有提供信息的义务。被收集情况方在检察官要求提供情况时,不得以保密义务为由予以拒绝。比如,我国的抗诉模式。上级人民检察院向同级人民法院提出抗诉,同级法院必须无条件地进行再审,这实质上是一种准越系模式。该模式源于1991年《民事诉讼法》,一直沿用到2012年修改后的新

---

① 参见王松苗主编:《法眼看天下》,法律出版社2003年版,第35页。
② 参见王戬:《从制约点与支撑点看检察机关法律监督权》,载《检察日报》2006年第3期。
③ 参见《日本新民事诉讼法》,白绿铉编译,中国法制出版社2000年版,第284页。
④ 参见《日本新民事诉讼法》,白绿铉编译,中国法制出版社2000年版,第313页。

《民事诉讼法》。新增设的"检察建议权"实际也同属准越系模式。作此界定的根据是,这种模式的结构和组成中,没有"命令""指令"元素或要素,认定为"越系"比较恰当。

(2)法院指令模式,即上级人民法院指令下级人民法院为或不为的一种诉讼行为。

表1　历年《民事诉讼法》"两指"模式比较表

年度		总条文	总编章节	总字数	模式(总数)	
					越系(检察)指令	法院指令
1982年(试行)		205	五编二十三章	15 978	0	1(157条)
1991年(270条)	第一次修正 2007.10.28	268	四编二十八章	25 034	0	3
	第二次修正 2012.8.31	284	四编二十七章	27 432	0	3

注:为叙述方便,前文所述两种指令模式统称"两指"模式(总字数中,不含标点符号,不含主席令)。

这种模式在我国1982年《民事诉讼法(试行)》中就已经规定了。修改后的《民事诉讼法》涉及指令内容的有3条:①人民法院自收到申请执行书之日起超过6个月未执行的,申请执行人可以向上一级人民法院申请执行。上一级人民法院经审查,可以责令原人民法院在一定期限内执行,也可以决定由本院执行或者指令其他人民法院执行(第226条)。②受委托人民法院自收到委托函件之日起15日内不执行的,委托人民法院可以请求受委托人民法院的上级人民法院指令受托人民法院执行(第229条第2款)。③最高人民法院对地方各级人民法院已经发生法律效力的判决、裁定、调解书,上级人民法院对下级人民法院已经发生法律效力的判决、裁定、调解书,发现确有错误的,有权提审或者指令下级人民法院再审(第198条第2款)。

科学移植刑事管辖原理,充分为构建民事检察制度所借鉴和吸收。最高人民检察院2012年10月16日修订的《人民检察院刑事诉讼规则(试行)》(高检发释字〔2012〕2号)对此进行了规范。比如第18条第2款规定:"人民检察院在立案侦查中指定异地管辖,需要在异地起诉、审判的,应当在移送审查起诉前与人民法院协商指定管辖的相关事宜。"又比如第60条第1款第(二)项规定:"涉嫌犯罪属于人民检察院管辖的,应当报请上一级人民检察院立案侦查或者由上一级人民检察院指定其他人民检察院立案侦查。上一级人民检察院不得指定办理辩护人所承办案件的人民检察院的下级人民检察院立案侦查。"再如第362条第5款规定:"需要依照刑事诉讼法的规定指定审判管辖的,人民检察院应当在侦查机关移送审查起诉前协商同级人民法院办理指定管辖有关事宜。"所有这些规定,如果检察人员用"法治思维"和"法治方式"对此加以科学地改造创新,又严格注意刑事和民事两大诉讼原理相互间的差异、区别,把握其共性,使之更加科学地朝着合乎民事检察监督规律的方向发展,这对于我们构建完善的民事检察指令制度具有重要的法治意义。

(二) 检察指令权的性质及其定位

从我国宪法中规定的检察权的属性看,人民检察院是国家的法律监督机关(《中华人民共和国宪法》第134条),我国检察机关的检察权应定位于法律监督权,这样符合我国国体、政体、国情、党情。笔者认为,检察指令权的性质从属于检察权,是该权的子权力,是一种程序权,更是一种监督方式和手段,应当同属于法律监督权。

从史例上研究,我们不难发现,只有同级模式才提到了"指令"一词,而越系模式,是以"命令"的词汇来表述的。笔者认为,以日本为例,日本实行的是"一检两权"或"一权两性"的检察制度。这是笔者的概括,即一个检察机关具有行政权和司法权,也就是说一个检察权同时具有行政和司法两种性质。所谓行政性,完全源于日本宪法对它的定位;所谓司法性,主要在于日本检察官除了依法履行行政职能外,还承担着大量的办案职能。根据《日本检察厅法》的规定,日本检察官对刑事案件的判决的执行具有监督权(第4条),但是否具有监督民事判决的执行权,对此没有规定。但从总体看,不仅有前述的"罚款裁判,依检察官的命令执行"的规定,而且《日本非讼案件程序法》也是这么规定的,其表述一模一样:"……检察官对罚款的裁判可提出即时抗告,抗告具有执行停止的效力。"(第207条第3款)①连贯起来研究,笔者牵强地认为,日本检察官对民事判决可能也具有监督权属性。

这里所提到的"命令权",虽然不能等同于指令权,但是就有权发布命令这一点而言,其形式一定是上级对下级发布命令或者产生法定授权行为才合程序。命令权的外延广,指令权的外延窄,命令的内涵中就包含有指令的成分,有权命令,必然就有权指令。所以这条规定比较类似检察指令权。

三、推行民事检察指令制度的必要性和可行性

由上可知,过于按照传统的单边的同级"指令"模式来强化诉讼监督,已经不

---

① 《日本新民事诉讼法》,白绿铉编译,中国法制出版社2000年版,第213页。

适应一个法治国家与社会的发展,满足不了人民日益增长的司法需求,实行"检察指令"制度迫在眉睫。

第一,从当前的司法现状看,推行检察指令制度具有必要性。当前的司法现状是:一是对不予立案受理的案件,不送达裁定文书的情况普遍存在,客观上剥夺了当事人的法定上诉权。二是"以事实为根据,以法律为准绳"的审案原则被扭曲,代之"以事实为依据,以法院为准绳"的观念普遍存在,具体到执法质量考核上尤为突出,如害怕扣分、影响排名、影响政绩考核、影响评级评优、害怕瑕疵错案追究等,因而围绕法院的判决书修改相关文书,以应对上级考评,结果把自己原本正确的内容也改掉了。三是对应当指令立案、提审、再审、执行的,不依法指令立案、提审、再审、执行;或对不应当指令立案、提审、再审、执行的,予以指令立案、提审、再审、执行的情况普遍存在。四是主体"倒置"、程序倒挂。在实践中,本末倒置,将"互相制约"等同于"互相监督"。检察机关原本应是监督机关,是监督者;法院是被监督者(以下同),但在实践中,监督主体倒置了,被监督者常常发文不接受监督,对监督者发出的检察建议书(或纠正违法通知书),久拖不办,最后不了了之。五是两权设计倒立,砝码失衡。"两权",即检察权和审判权。实践中,审判权在上,检察权在下,形成一个"陀螺"。据笔者粗略地统计:由检察权衍生出的子权力屈指可数,包括检察建议权、抗诉权和执行监督权等。就检方而言,最有效又最管用的权力其实只有一个,即抗诉权。而由审判权衍生的子权多达100多个(当然,不能把这种子权数简单相加,等于审判权)①,如,法院的查封权、扣押权、财产保全权、执行权、"指令权"、因债限制法人出境权等。在笔者看来,没有这些子权,审判权就像空壳的躯体,无法实现当事人的诉权。但这种权力资源分配的"陀螺"或"倒金字塔"现象,使得法院子权数过多,可能产生权力扩张,过度膨胀,容易滋生腐败。检察权的子权数过少,除了"调卷权""调查核实权"等外,寥寥无几,不利于检察机关实施法律监督。六是一些被监督者怠于履行职责,地方保护思想严重,违纪、违法甚至顶风违纪、违法的情况相对严重。随意下达办案指标,与他人勾结进行虚假诉讼、伪造判决、恶意作为、不作为、乱作为、贪污受贿等违法乱纪及司法腐败现象时有发生。2000年以来,原最高人民法院副院长黄松有、奚晓明,湖南省高级人民法院院长吴振汉等相继落马,其犯罪之数额特别巨大、情节特别严重、手段特别恶劣,给国家利益、人民利益、集体利益所造成的损失不可估量,令人触目惊心!

不作为也是一种严重腐败。"尸位素餐本身就是腐败,不作为的'懒政'也是腐败!"②

---

① 参见最高人民检察院法律政策研究室编:《检察业务指导》(2003年第3辑),中国法制出版社2003年版,第154页。
② 李克强同志在2014年10月8日国务院部门主要负责人会议上的讲话。

案例:2010年12月底,湘潭市雨湖区人民检察院收到湘潭市政法委转来的张某某、宾某某的申诉书。申诉称:湘潭市雨湖区人民法院一宗民间借贷纠纷判决后,法院执行程序违法,要求讨个说法。该院收到申诉书后,即派干警约见当事人、调阅相关案卷和调查取证,查明了事实:申诉人张某某、宾某某与当事人胡某某民间借贷纠纷一案,2010年10月18日经湘潭市雨湖区人民法院审理,判决张某某、宾某某应当归还胡某某借款,同时特别注明应在判决生效20日内偿还。2010年11月8日,双方当事人均收到判决书;2010年11月30日,雨湖区人民法院向申诉人张某某发出执行通知书;2010年12月2日,雨湖区人民法院以"张某某拒不履行生效法律文书所确定的义务"为由作出对张某某二次罚款决定(对张某某本人罚款1万元,对张某某所在公司罚款5万元);同日,雨湖区人民法院作出对张某某行政拘留15日的决定;2010年12月5日,雨湖区人民法院对张某某实施拘留至12月17日。从上述事实,我们不难发现,张某某和对方当事人胡某某的判决日期均为2010年11月8日,根据《民事诉讼法》的相关规定,收到判决书的上诉期限均为15日。经查:张某某和胡某某均未上诉,虽然未上诉,但应依法保护当事人的合法诉讼权利。本案的关键在于判决书又特别注明"张某某所借胡某某借款在判决生效20日内偿还",也就是说,法院判决给了张某某筹款还款20日的缓冲期,由此推算:即使要对张某某采取各种措施,也应当在2010年12月13日之后才能进行。然而,雨湖区人民法院采取的执行措施及罚款决定、拘留决定都是在12月13日之前进行的。也就是说,这不是一份真正意义上的"生效"判决,在判决尚未生效时就错误地开始实施了执行、罚款和对当事人拘留的决定。而且雨湖区人民法院又将此案移送公安机关,要求公安机关以张某某拒不执行裁定、判决罪予以立案,公安机关随即以张某某拒不执行判决、裁定罪立案并报请检察院批准逮捕。

检察院民行干警认真审查并及时向院领导进行了汇报,决定向雨湖区人民法院提出三条检察建议:一是雨湖区人民法院有关办案庭室应该加强对案件材料的认真审查,对于张某某民间借贷纠纷执行一案认真纠错;二是对在办理张某某民间借贷纠纷执行案中,由于工作疏忽,对案件材料审查不认真细致的有关人员,应该按照有关规定追责;三是为了避免类似问题再次发生,请法院进行认真研究,建议更换办案人员,并切实予以整改。

雨湖区人民法院高度重视,就整改情况先后两次函复给检察院:一是就存在的问题坦诚与双方当事人沟通,争取谅解;组织双方当事人和解时,请检察院派员共同参与,目前已参与第一次初步和解。二是对执行立案问题予以纠错,即由申请人撤回原错误申请,再由申请执行人重新向法院申请执行,法院重新予以立案。三是已更换办案人员;法院有关责任人员的责任追究问题,待执行案件处理后,将根据事实及所造成的后果依纪、依规进行处理。四是加强了对执行立案的审查,法院制定了生效法律文书生效日期确认制度,要求立案时由承办人员出具法律文书生效确认书,并要附生效文书的送达回证,以杜绝此类事件的再度发生。五是本案处理情况法院将随时函告检察院。凡此种种,不一而足,促使我们不得不推行检察指令制度。

第二,推行民事检察指令制度是建设我国社会主义法治国家,维护"社会公平正义,强化法律监督、推动科学发展、促进社会和谐"这个检察工作主题的迫切要求。公平正义是法律的灵魂。2011年3月15日,温家宝同志在全国人民代表大会闭幕式上答中外记者问时,提及"公平正义比太阳还要有光辉"。一个以追求法治为己任的国家,必然要求这个国家的检察制度、审判制度特别是立法制度,等等,日益法治化、科学化、程序化。必然要求程序立法"设计严密,权责明确,相互配合,相互制约,高效运行"。修改后的《民事诉讼法》中的两权设计,仍不够严密和科学,民事检察监督手段过于单一,因此必须通过完善监督手段来确保实现社会公平正义。这就必然给"检察指令"制度留下了发展空间。

第三,推行民事检察指令制度是防止职务性和渎职侵权违法犯罪、遏制司法腐败蔓延的迫切要求。防止被监督者滥用职权,重实体、轻程序,不作为、乱作为;防止被监督者受利益驱动影响,"徇"小团体或单位之"私",以案牟私、以案牟利、以案创收、以案谋官、沽名钓誉等。实行"检察指令"制度,对遏制以上违法违纪乱象具有重要意义。

第四,推行民事检察指令制度是在法治中国背景之下,全力维护法律权威的迫切要求。

制定一部全国性的法律,既是主权者的意志,更是以广大人民群众为主体意志的集中体现。其权威和生命力都在于实施,换言之,法律的尊严是法律的生命,"不因领导人的改变而改变,不因领导人看法和注意力的改变而改变",否则法律将成为一纸空文。以我国《民事诉讼法》为例,不少法律条文中涉及命令、指令、责令等措词性要素。笔者认为,这些措词要素既是一个表述问题,其重要性不可估量;也是立法语境论的集中反映。这自然强调:任何一个要素的独立存在都是无意义的,任何要素都只有在与其他要素关联存在的具体的或历史的语境中,才富有生命力。[①] 虽然"语境"属语言学范畴,但它的应用却早已越出了语言学的疆界,成了包括社会学、哲学、心理学、逻辑学、信息科学和文化研究等众多跨学科领域所普遍关注的重大理念与实践问题。[②] 这就要求在对民事检察指令制度的分析实践中结构性地引入与该制度密切相关的其他各种要素,如历史的、社会的、经济的、文化的甚至人的心理要素,进行系统的、整体的分析。所以这些措词性要素,实质上是一种权威性的法言法语,执行命令或指令,就是维护法律权威,检察机关

---

① 参见张文显主编:《法治中国名家谈》,人民出版社2014年版,第57页。
② 参见张文显主编:《法治中国名家谈》,人民出版社2014年版,第57页。

必然是对这种法言法语的权威性的实施者、捍卫者、推动者、维护者,这是毋庸置疑的。

第五,推行民事检察指令制度是适应我国司法体制改革的迫切需要。

第十三届全国人民代表大会第一次会议通过了《中华人民共和国监察法》。如前述检察机关原有的反贪污贿赂侦查和反渎职侵权侦查(以下简称"两反")职能,即将合并至监察委员会,这是大势所趋。检察机关必须顺势而为,这为检察机关推行检察指令制度预留了科学发展的广阔空间。随着公益诉讼试点的成功,修法势必步入快车道。为全面适应改革需要,检察机关在原有的抗诉权的基础上又依法享有提起民事公益诉讼权和行政诉讼权(以下简称"公诉权")。从抗诉权方面看,凡是对法院确有错误的生效裁判案件,检察机关都可以提起抗诉,法院必须无条件再审。这里的裁判案件,相对来说(因为最高人民法院公布了300多种案由)是没有限制的,因而是无限的;但从公诉权方面看,又是有限的。因为根据《授权决定》的规定,检察机关的民事公诉权,仅限于生态环境、资源保护、国有资产保护、国有土地使用权出让、食品药品安全五大领域中进行,实现了有限性和无限性的辩证统一。根据这种案件发展情况的分析和判断,完全可以从中预测到民事检察指令制度的发展趋势及其发展前景。笔者在前文中所研究的检察指令对象仅限于法院,此外,指令权还有可能逐步向这五大领域中的行政职能部门演进与扩张。比如,当检察机关发现国家利益和社会公共利益处于持续受侵害的状态时,面对相关职能部门不作为、失职、渎职等行为,可以指令相关部门为或不为某种行为。例如,7年前,有媒体曾披露这样一则吸引眼球的报道,标题很是醒目,为《无名氏被撞身亡:谁来起诉不能各行其是》(原载《检察日报》2010年7月14日,第3版),文称:"2004年12月江苏省南京市高淳县某出租车公司驾驶员李某酒后驾车轧死一名横躺马路的流浪者。2005年5月高淳县又发生一起类似案件。交警部门经过核查,无法确认两名死者身份,将两案件合并移送到高淳县检察院处理。"检方根据国务院《城市生活无着的流浪乞讨人员救助管理办法》的有关规定,认为民政部门对无名流浪乞讨人员负有救助职责,流浪乞讨人员的生命健康权理应受到法律保护。当时,检方就向高淳县民政局发出检察建议,建议该局作为原告向法院提起对两名未知名流浪人员人身损害赔偿的民事诉讼。检察建议被采纳并诉之法院败诉后,这起案件几乎成为后来同类案件辩护律师引用的模板,也成为实务工作者、理论研究者否定民政局作为原告起诉主体(不适格)的论据之一。然而,笔者在这里引用此例的主旨不在于专门探讨该案件的输赢问题,而在于诠释说明:行政机关在发现民事公益持续处于受侵害的状态且自身又持续处于不作为、不履职的不法状态(以下简称"双重状态")时,为防止损失继续扩大,依法保护民事公益,检察机关可以采取紧急处置措施或指令行政机关为或不为某种诉讼行为,如报告、移送、环评、鉴定、调查,等等。这样作为,会越来越彰显改革的必要性。

应势而动:切实加强检察机关、国家监察委员会和中国共产党中央纪律检查委员会(以下简称"两委一检")的互动、沟通与合作,进一步加强"两委一检"执纪执规的执法衔接。"两委"要根据各自的职能分别牵头,就发生在民事诉讼环节审判人员不作为、乱作为,失职、渎职且尚不构成犯罪的行为,甚至与之交叉产生的违纪、违规、违法行为怎么处理? 由谁来查办? 笔者认为,"两委一检"应作出联合解释。建议将最高人民法院、最高人民检察院发布的《关于对民事审判活动与行政诉讼实行法律监督的若干意见(试行)》(以下简称《民事行政诉讼监督若干意见(试行)》)和最高人民法院、最高人民检察院、公安部、国家安全部、司法部发布的《关于对司法工作人员在诉讼活动中的渎职行为加强法律监督的若干规定(试行)》(以下简称《渎职监督若干规定(试行)》)的主要原则和精神,融入中国共产党中央纪律检查委员会的《监督执纪工作规则(试行)》和《中华人民共和国国家监察法》,以确保民事诉讼沿着检察监督的法治轨道科学运行。

第六,推行民事检察指令制度是构建科学的民事检察监督总体框架的迫切要求。

笔者认为,民事检察监督的总体框架是检察机关在党的领导下依法履行法律监督职能的架构,包括检察机关法律监督民事各领域的法律规范、体制机制和工作制度,是中国特色社会主义法治体系的重要组成部分。基于此,检察机关必须结合深化司法体制改革,加快构建科学的中国特色社会主义民事检察监督总体框架,不断提升检察监督能力,更好地保证公正司法。为此,必须以加强对公权力的监督为核心,健全"民事诉讼监督、支持起诉、指令立案、起诉、审判、执行(均以获得立法通过为前提条件)、民事公益诉讼"协调发展的多元化民事检察工作格局。民事检察监督总体框架是一个全面发展的总框架,也是一个开放发展的总框架。实践证明,只有顺应党和人民要求,顺应时代发展需要,方能推动民事检察监督总体框架的创新发展。

从上述可以看出,依法赋予我国法律监督机关"检察指令"权,是"维护社会公平正义,强化法律监督"的必由之路,也是具有中国特色社会主义检察制度的客观规律,立法者一定要顺应这个规律,改革、创新、实践、发展检察指令制度,逐步把检察指令制度纳入立法轨道。以科学发展观为统领,指导监督机关推行"检察指令"制度改革,不但是必要的,而且是可能的。当前已经基本具备了依法实行检察指令制度的内部条件和外部条件。首先,宪法理念进一步深入人心。修改后的《中华人民共和国检察官法》和《中华人民共和国法官法》明确强调"接受法律监督和人民群众监督"是检察官和法官应当履行的法定职责和法定义务,法律监督首次写入国务院政府工作报告(2013年),其重要作用、意义不言而喻。其次,有了日臻完善的社会主义法律制度。党的十一届三中全会以来,全国人民代表大会、国务院制定了许多法律、法规,如《中华人民共和国宪法》《中华人民共和国各级人民代表大会常务委员会监督法》(以下简称《监督法》)和各单行法律、法规要求受监督者必须接受检察监督等。各有关部门又制定了一系列有关监督方面的司法解释,发布了一整套的监督规定,如《渎职监督若干规定(试行)》《民事行政诉讼监督若干意见(试行)》、最高人民检察院2013年11月18日颁布的《人民检察院民事诉讼监督规则(试行)》。最后,有了比较健全的检察监督制度和执法机构,如民事检察监督制度、民行监督机构等。在我国进入"大民事"审判格局的时代背景下,与之相对应的"大监督"格局势在必行。检察指令权是一项富有开拓性的崭新制度,提出这个探索性的命题,符合中国共产党政法委员会关于"司法改革"的大方向,符合"三个至上"的大原则,目的一是为了在全社会实现公平正义,强化法律监督,逐步实现以权力制约权力之良好愿望和初衷;二是使检、法合力共保司法公正,共塑检法机关"执法为民"的伟大形象,共培"执法公信力",共筑"社会和谐、维护稳定"的伟大工程。"到2010年,我国已经形成了中国特色社会主义法律体系",形成了完备的法律规范体系、高效的法治实施体系、严密的法治监督体系、有力的法治保障体系,形成了完善的党内法规体系,如2016年10月27日中国共产党第十八届中央委员会第六次全体会议通过的《关于新形势下党内政治生活的若干准则》《中国共产党党内监督条例》,等等,为推行检察指令制度提供了强有力的政治保障。我们坚信,有一定的外部监督条件和检察监督的内在要求相结合,"检察指令"制度就有了实施和实现的可能性。

四、确立检察指令权的适用原则

1. 法律至上原则

笔者认为,这一原则应具有两层含义:第一,推行检察指令制度,必须始终坚持以宪法和法律至上为最高判断标准,"法官除了法律没有别的上司"(马克思语)。温家宝同志指出:"法比天大"(2008年5月4日,在中国政法大学与学生们交谈时的发言)。[①] 所谓"检察指令",本质上是一种"法律指令"。检察人员决不能动摇和改变宪法对检察监督权的法律定位,党也必须在宪法和法律内活动。第二,必须始终坚持党对检察工作的绝对领导体制,党的领导是社会主义法治的根本保证。必须牢固树立政治意识、大局意识、核心意识、看齐意识。具体到检察指令制度,除同级指令外,必须坚持以上级检察机关指令下级法院为原则。从表面上看,这样做,颇有"越俎代庖"之嫌;但从实际上看,这种"指令"程序最终要靠法院自己来纠正。如前述,就像抗诉一样,本质上,也是一种越系行为,但最终也要

---

① 参见张文显主编:《法治中国名家谈》,人民出版社2014年版,第57页。

靠法院自己按程序纠错或改判等,这种所谓"检察指令",只不过是"业务指令"或"程序指令",不会影响我国检察工作的政治性、人民性和法律性的根本特征。

2. 全面监督原则

"人民检察院有权对民事诉讼实行法律监督"(《民事诉讼法》第 14 条),这是对法院进行全面监督的法律依据,根据该条规定,无论是立案(受理)环节,还是起诉环节,无论是审判环节,还是执行环节,无论是个案也好,还是类案也罢,检察院都可以进行监督。同理,检察指令制度应贯穿于民事诉讼的全过程。但是,全面监督绝不是说事无巨细、面面俱到或事事、案案都全程监督,而是应根据监督维护司法公正、保护国家利益和社会公益、维护法制统一的需要,严格按照法定程序,在法定范围内、法定条件下进行检察监督。

3. 有限性原则

有限性原则是指检察指令制度的作用是有限度的,其限度就是不影响审判独立,其在西方又称司法独立。在现代社会,无论是资本主义国家,还是社会主义国家,审判独立都被奉为一项神圣的原则,并且认为"司法独立乃是法治的真谛"之所在。有限性原则一般严格控制在当事人"已经穷尽了所有的救济保护措施"限度以内,这与前述的全面监督原则并不相悖。规定检察指令并非要经常使用,而是作为防御性的武器,美国宪法也曾遭遇过"沉睡于文本"的境遇,其设立的总统弹劾制度,由于极少动用,美国人把它形容为"生了锈的大口径枪"。直到 20 世纪 70 年代初的"水门事件",才使得 180 多年前宪法设立的总统弹劾制度显现出鲜活的生命和巨大的力量。[1] 检察指令这张王牌一般不对外抛出,必须谨慎使用,严格限用,坚持"不打(这张王牌)则已,打则必胜"的方针。笔者打个不恰当的比喻:这好像发布食品"有毒"等方面的信息,就像是核武器一样具有毁灭性的力量,有关部门在使用这一"毁灭性权力"的时候必须慎之又慎,尤其要防止这种权力被人利用甚至成为"报复性权力"。

4. 谦抑性原则

任何国家权力都有被滥用和进行自我扩张的属性。检察监督权作为一项独立的、典型的国家公权力,运用中容易过分追求国家利益而侵害个人利益,实践中抗诉权的行使表现出了一定程度的片面性和主观性,因而在行使过程中应当遵循谦抑性原则。[2] 检察指令权如果在民事检察监督活动中过分张扬,不仅容易导致检察机关顾此失彼、疲于奔命,而且会导致与审判权、当事人诉权等的激烈冲突,影响民事诉讼工作的正常进行,并反过来危及民事检察监督的正当性基础。

5. 衔接性原则

切实加强检察指令与修改后的《民事诉讼法》的有效衔接,这是适用检察指

---

[1] 参见孙谦:《中国的检察改革》,载《法学研究》2003 年第 6 期。
[2] 参见孙谦:《中国的检察改革》,载《法学研究》2003 年第 6 期。

令制度的重要原则。《民事行政诉讼监督若干意见(试行)》增加了再审检察建议和纠正违法通知书两种监督方法及其适用范围,并将其纳入了修改后的《民事诉讼法》中。笔者认为,法律明确规定检察机关应当发送检察建议的,就不适用检察指令,而是否向法院发送检察建议的情形属于检察机关自由裁量范畴的可以适用检察指令。例如,地方检察院对同级法院的生效民事判决、裁定,发现符合修改后《民事诉讼法》第200条(法定再审事由)规定情形之一的,或者发现调解书损害国家利益、社会公共利益的,可以向同级法院提出检察建议。对审判监督程序以外的其他审判程序中审判人员的违法行为,也有权向同级法院提出建议,此类情形目前尚无案例。根据《民事诉讼法》第208条第3款的规定,仅限于地方检察院使用,限于对审判人员违法行为的工作建议。在《渎职监督若干规定(试行)》中,明确规定了对法院在民事行政诉讼过程中发生的渎职行为可以通过依法审查案卷材料、调查核实违法事实、提出纠正违法意见或建议更换承办人等措施进行法律监督。比如,对于确有渎职违法行为,但尚未构成犯罪的,经检察机关向被调查人所在机关发出纠正违法通知书后,超过规定期限(15日内),拒不纠正,又拒不说明理由的,检察机关应当指令法院纠正违法行为。又如,对于确有严重违反法律的渎职行为,虽未构成犯罪,但被调查人继续承办案件将严重影响正在进行的诉讼活动的公正性,且审判机关未更换办案人的,经检察机关查证属实并提出检察建议之后,故意拖延时间,拒不在规定的(15日)期限内更换承办人的,检察机关应当指令法院更换承办人。因此,无论是适用检察建议,还是适用检察指令,二者是同一个问题的两个方面,提法不同,统一于检察监督权属的内涵之中,二者并不矛盾,并行不悖,只是严厉程度不同而已。

6. 维护公益原则

自检察制度产生以来,检察权就以国家利益和公共利益的代表身份出现,并以维护国家和社会公共利益作为其首要职责。民事公诉权也是以公共利益为支撑点的。权力的行使以社会公益为目标,不得以权力设定者和行使者的私利为目标。这一点,民事公诉权的内容配置更是如此。可见,民事公益诉讼的各项具体权能要以维护公共利益为价值目标,也就是说,维护公共利益是行政公诉权内容配置的最终目的。舍此,民事公诉权内容配置就会失去其存在的价值。

7. 信任不能代替监督原则

笔者将《中国共产党纪律检查机关监督执纪工作规则(试行)》第3条第(四)项所规定的这一原则,拿过来或移植到检察监督中,颇有异曲同工之妙,必须指出,是拿来借鉴,不是拿来主义,照抄照搬。无论是法官还是检察官都是干部,绝大多数是党员,党组织选任干部,体现了党的信任、人民群众的重托。因此,在司法为民工作中必须增强互信,法院是人民权益受到损害时寻求司法保护的最后一道防线性屏障,法官手中掌握着或大或小的权力,面临着形形色色的诱惑,往往会成为被"围猎"的对象,如果不加强监督,很容易出问题。因此,检方在强化自身监督的同时,必须严格检察监督工作程序,有效管控风险点,强化对民事诉讼各环节的监督制约。

8.救济与保障并举原则

有权利必有救济,这一原则有两层含义:第一,对当事人而言,如果检察院的指令发生严重错误或者检察机关滥用检察指令权,违法指令给当事人造成不应有的损害的,由检察机关根据有关规定负责赔偿。当然,对于忠诚、干净、担当,不畏艰难、敢于监督、敢于履职的检察官,若得不到应有的保护,反而受到打击、报复、迫害、不公平对待的,也应按照中共中央办公厅、国务院办公厅2016年7月21日施行的《保护司法人员依法履行法定职责规定》的精神,对相关人员给予严肃处理,直至依法追究刑事责任。第二,对检察机关的指令行为人民法院不予理睬,压案不办,久拖不决,给当事人造成严重影响与不良后果的,甚至给司法公正造成致命破坏的,可参照最高人民法院、最高人民检察院2016年10月12日发布的《关于建立法官、检察官惩戒制度的意见(试行)》处理。该意见提出在省一级设立法官、检察官惩戒委员会,以便今后更好地处理这类事件,也可由人民检察院直接根据《中华人民共和国各级人民代表大会常务委员会监督法》或《中华人民共和国法官法》等的有关规定进行通报批评、舆论曝光,建议人民代表大会提请对法官撤职或者按《中国共产党纪律处分条例》的规定进行处分。

五、"检察指令权"的适用范围与办案程序

1.适用范围

笔者认为,省级人民检察院可以依法享有指令中级人民法院或与其同级的其他法院立案、提审、再审和执行案件的权力;市级人民检察院可以依法享有指令县级人民法院或与其同级的其他法院立案、提审、再审和执行案件的权力。

2.适用条件

(1)必须是当事人向人民检察院书面提出指令申请。

(2)针对的对象是法院或法官的失职、渎职行为并提供了证明材料。

(3)指令案件必须发生在民事立案、诉讼和执行等所有环节。

(4)当事人基于对被监督者和法官断案的不信任,且被监督者在当地人民群众中或在本辖区范围内执法公信力排名倒数序列的。

(5)检察机关或当事人已经发现被监督者或办案法官在符合回避条件的情况下,被监督者仍不作出回避决定的。

(6)被监督者为了小团体利益或受利益驱动而徇私舞弊的。

(7)其他属于检察机关指令范围的。

(8)对法院的违法罚款行为实行监督。

"指令立案(Filing a Case)"是民事诉讼的重要环节,我国司法改革将立案制改为登记制,因此也可表述为指令登记。因为无法立案或登记,监督便无从着手。也正是因为这个原因,根据最高人民法院《关于适用〈中华人民共和国民事诉讼法〉的解释》第332条的规定:第二审人民法院查明第一审人民法院作出的不予受理裁定有错误的,应当在撤销原裁定的同时,指令第一审人民法院立案受理;查明第一审人民法院作出的驳回起诉裁定有错误的,应当在撤销原裁定的同时,指令第一审人民法院进行审理。这是法院指令,换言之,如果二审法院应当指令而不指令即不作为时,根据越系指令模式,可以适用检察指令。

3. 办案程序

(1)诉讼主体提出申请,包括当事人的基本情况、年龄、职业、申请事由、内容及证据材料。

(2)启动前,全面展开对申请事由的调查核实工作,可由检察机关依法举行听证,围绕当事人申请事由展开,围绕当事人所提供的相关证据材料进行辩论和质证。

(3)检察机关依职权发出指令。根据当事人的书面申请,经检察机关自行调查或经听证核查属实后,提交本院检察委员会集体讨论作出决定,制作检察指令文书并发出指令。

(4)申请指令事由。经审查认为有"指令"必要的,应当向下级法院发出指令立案+提审+再审+执行;或在法律文书中,列明"指令立案、提审或指令其他法院再审和执行"的内容。检察指令发出后,如果检方发现落实不到位时,同级法院应当作出书面解释,说明理由。如果检察院认为理由不成立的,或者法院拒不接受检察指令的,人民检察院可要求法院说明理由,并以两次为限。第一次可以"和"一点,发检察建议;第二次可以"火"一点,发检察指令;第三次可以"硬"一点,提出抗诉,最终是软硬兼施,以火促和。虽然不能像执纪监督那样让"红红脸、出出汗"成为常态,也要让它成为"典型"。如果法院仍不接受检察指令的,按监督救济程序处理。

在法律全球化的当今时代背景之下,中国特色社会主义法治建设是一项无先例可循的伟大事业,是一个长期的历史过程。实践不断向前发展,理论创新没有止境。"制度不是一种目的,而是一种手段。一种制度必须拥有并发展那些能使之充满生机活力的资源。事物的特征和品质是由制度塑造出来的。制度变革是正当的,因为为了使制度能适应事物的自然变化,作为塑造事物品质特征的制度变革也就在所难免。"[①]同理,检察指令制度具有双重性特征:一是它的内部性,即

---

① 〔英〕约翰·埃默里克·爱德华·达尔伯格-阿克顿:《自由与权力》,侯健、范亚峰译,凤凰出版传媒集团、译林出版社2011年版,第274页。

上级检察机关指令下级检察机关为或不为的诉讼行为;二是它的外部性,即上级人民检察院指令下级人民法院为或不为的诉讼行为。这是一个至今绝无仅有的新颖的观点。要证明这个观点的正确性或者实施这项制度,努力探索检察机关内部指令和外部指令的有机结合,让人民法院自觉遵守这种制度,增强他们对这一制度的"思想认同、理论认同、情感认同",真正把权力关进制度的笼子里,还需要一个极其漫长的过程。特别是在中央司法改革的总体框架下,在全面推进以审判为中心的诉讼制度改革以来,在这样的法治大环境、大背景之下,要探索施行检察指令制度,需要有足够的勇气和向社会科学真理献身的精神。在以审判为中心的制度下,法官的权力越大,责任越大。按照阿克顿在《自由与权力》一书中所指出的:"权力越大就越腐败,绝对的权力导致绝对的腐败。"①因此,必须探索建立与"以审判为中心的诉讼制度改革"相对应的"以检察监督为中心的诉讼制度改革"。探索这一改革,不是让检察院凌驾于法院之上,不是打破等腰三角形的平衡性,而是增强平衡的科学性、优化资源的配置性,是坚持宪法和法律至上的重要体现,是全面实现以权力制约权力机制的科学体现。根据以上笔者对民事检察指令制度的立废预测分析判断,笔者认为,该制度不仅不能废,而且必须立。我们的民行检察队伍由弱渐强、进中向好,逐步具有壮大之势。为此,笔者建议在检察院内设"国家检察指令局",专司诉讼环节指令职能。必要时,依法对职能部门的"双重状态"以及不作为、不履职等违纪、违规、违法行为直接行使查办的权力,以切实贯彻总书记关于"法治信仰"和"法治定力"的讲话精神,维护法治权威,为深入贯彻党的十八届五中全会精神,为落实最高人民检察院《"十三五"时期检察工作发展规划纲要》献计献策。笔者认为,在目前的情况下试行检察指令制度,建议全国人民代表大会授权检察机关进行改革试点,对检察指令制度先行先试,也应当允许试错、先局部后全面,整体推进全面实施推广,全面实现"努力让人民群众在每一个司法案件中都感受到公平正义"②的司法目标。尽管证明这种制度的合理性、合法性、科学性有极大的难度,但笔者始终坚定信念,始终坚持理论自信,制度自信,道路自信,始终"不忘初心,继续前进"。

---

① 〔英〕约翰·埃默里克·爱德华·达尔伯格-阿克顿:《自由与权力》,侯健、范亚峰译,凤凰出版传媒集团、译林出版社2011年版,第294页。
② 习近平:《努力让人民在每一个司法案件中都感受到公平正义》,载《人民日报》2013年1月8日。

辩护词制作新探

宋振江[*]

党的十八届三中、四中全会作出的两部"决定"均明确提出,要"增强法律文书说理性""推进以审判为中心的诉讼制度改革"。这是个系统工程,与之相适应的辩护词,也应与之"共振"。

法院裁判文书的说理性是建立在公诉词和辩护词的说理性基础之上的,控辩双方法律文书的说理水平直接影响裁判文书的说理深度。长期以来,刑事审判"以侦查为中心",造成了对辩护工作的忽视甚至歧视,加之一些司法腐败现象的存在,导致律师对辩护词的制作重视不够:存在对证据分析不全面、不透彻,对法律研究不深入,说理性不强,形式单一,质量不高等问题,明显不能适应正在深化的诉讼制度改革的需要。因此,辩护词的说理性应在深度和广度上大大增强,形式也应丰富多样,有所创新。

笔者将实践中对辩护词制作积累的经验,进行理论梳理,虽然粗浅,但意在抛砖引玉。

一、分析证据是辩护词制作的基础

公诉人指控犯罪,起诉书看似只有寥寥数语,其所依据的案件卷宗却洋洋万言。辩方如果没有对其进行深入细致、合法合理的分析和批判(当然还包括律师对反证的搜集),仅有对被告有利的辩方意见,会使注重实证的法官感到辩护词苍白无力。

公诉人指控的案件定性及核心证据是辩护工作的重点。核心证据是对主要犯罪事实认定的基本依据,对案件定性及案卷证据的分析和批判是辩护词的核心,在阅卷时所形成的证据分析意见(质证意见)是辩护词之根本所在。针对辩护重点提出的辩护意见必须有证据的支撑(律师除分析证据之外还应搜集证据,但现实中因取证难、取证险,导致律师的辩护工作主要是对控方提供案卷证据的分析)。

---

[*] 宋振江,一级律师,河北浩博律师事务所主任,全国优秀律师,河北大学法学院硕士研究生导师。

辩护词要遵循实证原则。辩护词的每一个观点都应有证据支撑。在制作阅卷笔录、证据目录、证据分析意见(质证意见)和进行相关工作时,要对案卷证据全面解析。这一过程即是辩护意见的形成过程,由此得出的辩护意见才扎实、厚重,具有说服力。

主观证据的分析。主观证据,即证人证言、被告人供述和辩解及受害人陈述等。主观证据通常是庞杂的,律师在制作辩护词时可通过图表形式比对证据,使人一目了然;并通过分析不同的主观证据之间是否一致,主观证据与客观证据是否一致,以增强辩护词的可读性和说服力。

客观证据的分析。客观证据,即书证、物证、现场勘验笔录、尸检报告、鉴定意见等。应从三个层面进行分析:

第一,浅表性错误的分析。不要忽视客观证据中出现的浅表性错误。不要停留在就事论事的层面,应指出浅表性错误的性质,及其给客观性证据造成的主观影响。如聂树斌案,公诉机关提供的现场勘验报告中对案发地形的方向标注错误,检察员辩解为笔误。通常人们会认为这种错误不会影响鉴定意见的客观性,但这恰是辩护人反击的机会。科学技术应是严肃的,如出现主观错误,客观的东西已然不客观了,该份证据就失去了客观性。可见浅表性分析也可以一叶知秋、见微知著。

第二,专业内容的分析。对于专业的科学技术鉴定意见,应找相关的专家为参谋,并请其推荐相关的参考书目或出具文字意见。将书目中的有利内容或文字意见作为辩护词的附件,使辩护词更显厚重,赢得法官的信任。让法官通过辩护词就可以了解到此方面的背景知识,进而感到辩护人提出的意见是有理论支撑的。

第三,程序合法性的分析。对作出鉴定意见的鉴定机构及鉴定人员的资质、检材取样、报检过程等鉴定的程序合法性进行分析。在司法实践中,侦查机关对相关书证、物证进行的鉴定多数不同程度地存在程序违法问题。这是长期以来审判工作以侦查为中心,忽视(甚至纵容)侦查工作中的程序违法问题所造成的严重后果之一,而程序的违法往往会严重影响鉴定意见结论的正确性。可以说,鉴定意见的程序违法是公、检、法"错案流水线"的一个"重灾区",因此,其程序违法性往往是主要辩点之一。换言之,应该成为辩护人阅卷工作的"聚焦"之处。

程序性文书的分析。分析侦查及起诉机关的程序性文书,将文书中采取措施的各个时间点析出,制作完整的时间轴,进行图表化处理,作为辩护词的附件。通过时间轴点分析有无程序违法情况,如超期羁押、印证被告人是否自首等。

综上,各类证据及文书的分析是律师的基础性工作,辩护词植根于此。因此,应将上述分析作为辩护词的附件,以支撑辩护意见。如果说辩护词为树干的话,这些附件则是其根系。俗话说,树有多高,根有多深,充实的证据和充分的分析是辩护词的根本。

二、辩护词内容的说理性

辩护词应长于说理，言之有据，最忌"假大空"或"讲故事"。说理性应是辩护词的主要内容和本质特征。辩护词除前述对证据的分析外，还应从法理、常理、情理及哲理多角度对案件进行全面分析，充分说理。

1. 法理性分析

辩护人对案件适用法律的分析应深入到法理层面。深挖法律条文背后的立法精神，把握其前沿性理论。在笔者代理过的一起斡旋受贿案中，对被告人"为请托人谋取的利益是否具有正当性的分析"即是典型的法理性分析。笔者在辩护词中通过对法律规定及学界观点的总结指出："（斡旋）受贿罪中谋取的'不正当利益'包括两种情况：非法实体利益和非法程序利益。请托事项是否属于不正当利益，应当进行独立评价，与被告人是否收取请托人的好处费的不正当性无关。评价请托事项是否具有'正当性'，应当依据党和国家现行的方针、政策，严格按照现行法律法规，根据经济社会发展实际，组织相关领域专家进行科学论证，依照程序得出权威结论，才能令被告人、辩护人和社会公众心服口服，才能经得起历史的检验。"这一观点引起三级法院的高度重视。对案件的法理性分析，特别是对新型案件的法理性分析，往往成为前沿性的理论性分析，凸显个案助推法治的功能。

2. 常理性分析

律师对公诉人的认定事实进行常理性分析，指出是否存在有违常理的情形。笔者曾代理过的张某杀妻案，案卷中记录："张某供述：下午到家，其妻正在午休，顿起杀心。拿了一把电工刀藏在身上，然后谎称'外面有人要灯泡'，将其妻叫醒，其妻到存放灯具的东屋，张某尾随而入，和妻吵了几句嘴，起了杀心，张某用两手将其掐死。"笔者的辩护词对张某的犯罪动机作出"非常理化的分析"，认为被告人的供述与客观事实不符。张某最终获得无罪判决。该案判决书中"非常理化的分析"全部采纳了笔者的辩护意见，并将该分析过程写入判决。该案被多家主流媒体推为河北"适用疑罪从无"司法理念第一案，具有"典范"和"标本"意义。可见常理性分析对"疑罪从无"类案件有着不可替代的作用。

3. 情理性分析

辩护人应从情理出发，结合社会影响力，作出有利于被告人的辩护。在笔者代理的一起受贿案中，被告人在检察院讯问笔录中主动供述其行贿人，被告人被认定为自首。依照《中华人民共和国刑法》第67条第1款的规定："……对于自首的犯罪分子，可以从轻或者减轻处罚……"笔者认为，对被告可减轻处罚，即在辩护词中指出："被告人自首后的供述材料成为检察机关侦破相关犯罪案件的重要线索,节约了大量的司法资源,并且引发了全市范围内该领域的多米诺骨牌效应,使该系统的行贿者纷纷自首,使检察机关的战果迅速扩大,为破获全市范围内系列大案起到了重要作用。"通过对案件的社会影响力、对同类案件破获的明显效果、重大作用进行分析,以减轻被告人的刑罚,达到有效辩护的目的。

4.哲理性分析

辩护应遵循辩证思维。对立统一规律是辩证法的实质和核心,控辩审三足鼎立的司法理念即源于此。从方法论的高度分析控方的观点和方法,指出其是孤立地、割裂地看问题还是全面地、辩证地看问题,以超然的视角和终极的高度评判控方观点和方法,使辩护词的立论高屋建瓴。

三、辩护词形式的艺术性

辩护词应简繁得当、凹凸有致。其谋篇布局,如油画的构图,应有层次美。

案件不同,辩护词的内容和形式亦不同。内容决定形式,形式服务于内容。形式和内容应当有机、辩证地统一在辩护词的制作过程中。

辩护词的形式应最大限度地展示辩护人的观点。其应由封面、目录、编者按、观点摘要、正文、附件等部分组成。附件依案情的复杂程度,必要时应附阅卷笔录、分析证据的相关质证意见、图表及相关的法律依据、参考案例等。

设计封面。辩护词封面应体现律师事务所的 logo 或能代表其的特殊标志,利于律师事务所的品牌建设,是对律师文化的宣传。

制作目录。辩护词的目录、观点摘要、编者按就如"路标",指引法官沿着"路标"找到信息,方便其阅读,同时亦能体现律师清晰的辩护思路。

注重修辞。文字应平和客观、温润如玉,切忌攻击性过强。要修饰思想,让读者有继续阅读的欲望,给其一种美的体验。同时辩护人还应加强校对,杜绝错别字等低级错误的出现。文如其人,错字连篇、漏洞百出的辩护词会让当事人对律师的工作态度产生怀疑,进而质疑其专业素养。

形式多样。辩护词的形式不拘泥于文字表述,充分利用图表及视听技术,直观地呈现观点及分析过程。一些复杂案件,仅凭语言和文字很难直观地呈现给法庭。但通过图文配以技术播放手段,让案情重新回放,会给法庭留下清晰的印象,并且能起到事半功倍的效果。笔者代理过的一起寻衅滋事刑事案件,公诉机关指控被告人投砖伤害被害人。如果仅用传统叙述,论证被告人不是致害人,很难被法庭采信。笔者将现场视频按时间节点分割成多个截图,在指控被告人投砖伤人的时间段,可以清晰地利用截图排除被告人投砖伤人的情况,最后法庭支持了辩护人的观点,认为没有证据证明是被告人投砖致被害人受伤。

动态多样。辩护词应多版本。横向来看,辩护词应有简约版、口语化版本、书面化版本及电子版。庭审中的辩护词应是口语化的演讲稿,而提交的辩护词应书面化。纵向来看,应有庭前辩护词、庭后辩护词及补充辩护词。庭审是变化的、不可预测的,庭审过程中控辩双方常常会碰撞出火花。因这些珍贵的思想火花产生在动态过程中,易被辩护词遗漏。所以,辩护人应依庭审的具体情况制作补充辩护词,将散落在庭审中的每一粒"珍珠"串起来,拾遗补缺,"辩"海拾贝。

突出重点。辩护词一定要突出主要观点以维护委托人的核心利益,但不可遗漏侦查过程中存在的程序瑕疵、案卷中的文字错误等。这些问题虽然可能不至于影响案件的定性和量刑,但仍应在辩护词中有所体现。对此类错误的提出,既是对侦查和审查起诉工作的监督,也是对律师的自我保护。随着当事人维权意识的增强,常有因案件败诉而引致对律师的投诉,目标直指这些"细枝末节"在辩护词中的遗漏,给律师带来不必要的麻烦。这些枝节问题也会影响法官对辩方观点的"印象分",这也是辩护词的策略。

汇编成册。辩护词不应是简单的观点表述,而应充分体现辩护观点形成的过程及事实依据、法律依据及其他依据。将对证据的分析、案件的背景资料、涉及的专业知识摘录等进行图表化处理,作为辩护词的附件。将辩护词及相关资料汇编成册,方便法官办案,这就使辩护词成为一本百科全书式的辩护意见书。法官通过辩护词不仅能够了解辩护人的观点、看到证据,还能看到观点形成的过程、事实依据、法律依据及公安、检察内部的行业性、规范性、指导性的规章、规定等。这就如同律师在向法官交付自己的"产品"同时附上了"品质保证书"。

一份完整的辩护词是律师辩护意见形成的轨迹、思辨过程的完整记录,要使之成为法官审理案件不可或缺的辩方工作手册。这是力求形成对控方制衡的重要手段之一,从而形成对控方的有效监督和制衡,实现维护被告人合法权益的辩护目的。

浅议财产保全和强制措施类民事裁定书的主文制作

王建平[*]

财产保全和强制措施民事裁定书主文用词应当准确,含义应当明确,句式表述应当符合语法和逻辑要求,这对裁定书的执行至关重要。经过对这类裁定书制作情况进行调研发现,裁定书主文制作情况比较混乱,主要表现在文字表述不统一、句式不规范和交代事项不周延三个方面,且往往互相交织在一起,书写的随意性和任意性较为普遍,这一情况应当引起高度重视。

一、裁定书主文制作现状

财产保全和强制措施裁定书尽管性质不同,但是目的相同,在保全措施和强制措施上有的采取的方法也相同,都是将裁定指向的财产处于法院掌控之中,以便兑现当事人的合法权益。根据《中华人民共和国民事诉讼法》(以下简称《民事诉讼法》)第103条第1款的规定,财产保全采取查封、扣押、冻结或者法律规定的其他方法。根据《民事诉讼法》第242条、第243条、第244条的规定,被执行人未按执行通知履行法律文书确定的义务,人民法院有权采取的执行措施有:向有关单位查询被执行人的存款、债券、股票、基金份额等财产情况,并根据不同情形扣押、冻结、划拨、变价被执行人财产;有权扣留、提取被执行人应当履行义务部分的收入;有权查封、扣押、冻结、拍卖、变卖被执行人应当履行义务部分的财产。目前,这两类裁定采取的措施主要限于上述范围,但裁定书主文用词混乱,句式繁多,写法各异,缺项明显。

(一) 针对冻结银行存款的裁定书

主要有以下几种写法:
(1)冻结被告×××的银行存款人民币××元;

---

[*] 王建平,上海市长宁区人民法院原研究室主任,少年审判庭庭长,高级法官。

(2)冻结被告×××的银行存款人民币××元,或者查封、扣押等额价值财产;

(3)冻结被告×××人民币××元,如该户存款不足上述金额,则停止支付,直到冻满为止;

(4)冻结×××名下账号人民币××元;

(5)冻结被执行人×××的银行账户;

(6)冻结被执行人×××名下价值人民币××元的股票;

(7)扣留、提取被执行人×××存款人民币××元。

(二) 针对划拨银行存款的裁定书

主要有以下几种写法:

(1)划拨×××名下的账户人民币××元,如存款不足,则按实际金额划拨;

(2)划拨被执行人×××的存款人民币××元,如数额不足,按实际数额划拨;

(3)划拨被执行人×××的银行存款人民币××元;如不足上述金额,则以实际金额划拨;

(4)划拨被执行人×××的银行存款人民币××元;如该户存款不足,则按实际存款数额划拨;

(5)划拨×××银行存款人民币××元;如该户存款不足上述金额,则以实际存款数额划拨;

(6)冻结、划拨×××存款人民币××元,若存款数额不足,则以实际存款数额划拨;

(7)划拨被执行人×××名下的价值人民币××元的财产。

(三) 针对银行存款和其他财产多种保全措施或强制措施的裁定书

主要有以下几种写法:

(1)冻结、划拨被执行人×××的银行存款人民币××元;

(2)冻结被执行人×××的银行存款人民币××元,划拨被执行人×××的银行存款人民币××元;

(3)冻结、划拨被执行人×××银行存款人民币××元,查封、扣押、冻结被执行人×××名下价值人民币××元的财产;

(4)查封、扣押、拍卖被执行人×××的存款人民币××元财产,冻结、划拨被执行人×××的存款人民币××元,如数额不足,按实际数额划拨,提取、扣留被执行人×××应当履行义务部分的收入人民币×××元;

(5)冻结被告×××银行存款人民币××元,或者查封、扣押其等额价值的财产;

(6)查封、扣押、拍卖被执行人×××的存款人民币××元财产；

(7)冻结、划拨被执行人×××的存款,或查封、扣押、冻结、评估、拍卖、变卖被执行人×××应当履行义务部分的财产。

（四）针对不特定财产的裁定书

主要有以下几种写法：

(1)查封或冻结被告×××价值人民币××元的财产；

(2)查封、扣押、冻结被执行人×××价值××元的财产；

(3)查封、扣押、冻结、拍卖、变卖被执行人×××价值××元的财产；

(4)查封、冻结、扣押被告×××名下价值人民币××元的财产；

(5)对被告×××价值人民币××元的财产,有的裁定书直接使用"查封"，有的却使用"冻结"。

（五）针对房屋、汽车等特定财产的裁定书

主要有以下几种写法：

(1)查封被告×××名下价值人民币××元的财产(或位于×××处房产)；

(2)查封被执行人×××在本市×路×弄×号×室的房产；

(3)查封被执行人×××名下的本市×路×弄×号×室房产；

(4)查封被告×××名下的本市×路×弄×号×室房屋；

(5)查封被执行人×××位于本市×路×弄×号×室产权房；

(6)查封被告×××位于本市×路×弄×号×室房屋；

(7)查封被执行人×××坐落于本市×路×弄×号×室的房产；

(8)查封被执行人×××名下的位于本市×路×弄×号×室的房产；

(9)查封、拍卖、变卖×××、×××共同共有的本市×路×弄×号×室房屋及相应土地使用权；

(10)查封被告×××名下××(注:系牌照)小型普通客车一辆；

(11)查封、扣押被执行人×××名下牌号为:×××汽车；

(12)查封、扣押、拍卖、变卖×××名下的牌号为×××的机动车辆。

（六）针对解除财产保全的裁定书

主要有以下几种写法：

(1)因财产保全申请人申请,要求解除财产保全的,有以下几种写法：

①解除对被告×××价值人民币××元财产的查封；

②解除对原告×××名下价值人民币××元财产的保全；

③解除对被告×××存款人民币××元或等值财产的冻结或查封。

(2)被告(被执行人)因其已经提供担保或案外人为其提供担保,或者原告败诉等,被告(被执行人)要求解除已经采取的财产保全措施的,写法有:

①解除对被告×××价值人民币××元财产的查封;

②解除查封、扣押、冻结被告×××名下价值人民币××元的财产。

二、存在的问题及其原因

(一) 存在的问题

上述不同写法多有不妥之处。由于不同写法太多,无法一一列举分析,因而只能对每一种写法中的突出问题择要分析,揭示问题实质。例如:

(1)"冻结被执行人×××的银行账户"。冻结账户,意味着钱款既不能进,也不能出,这似乎是一个走进死胡同的写法。"冻结被执行人×××名下价值人民币××元的股票",意味着股票不能被买卖,这会影响股票买卖可能带来的收益。

(2)"划拨被执行人×××名下的价值人民币××元的财产"。财产如何"划拨"?究竟是划拨存款,还是查封或者扣押财产,无人能够探明。

(3)"冻结被执行人×××的银行存款人民币××元,划拨被执行人×××的银行存款人民币××元"。前后两句是并列关系,还是选择关系?如果是并列关系,为何一部分要冻结,另一部分要划拨?如果是选择关系,则两句间漏写连词"或者"。

(4)"查封、扣押、拍卖被执行人×××的存款人民币××元财产,冻结、划拨被执行人×××的存款人民币××元,如数额不足,按实际数额划拨,提取、扣留被执行人×××应当履行义务部分的收入人民币××元"。既然已经"查封、扣押、拍卖被执行人×××的存款人民币××元财产",为何还要"冻结、划拨被执行人×××的存款人民币××元"?既然已经表明如数额不足,按实际数额处置,为何在实际处置中,少了"冻结",多了"提取、扣留"措施?而且"存款"怎么"拍卖"?这份裁定书究竟要裁定和执行什么事项令人费解。

(5)"冻结、划拨被执行人×××的存款,或查封、扣押、冻结、评估、拍卖、变卖被执行人×××应当履行义务部分的财产"。为了穷尽各种手段,结果把"评估"也书写到强制措施之中,不可思议。

(6)"查封被执行人×××在本市×路×弄×号×室的房产"。"房产"怎样"查封"?究竟是冻结该房产交易,还是查封该幢(间)房屋不得使用,表述不清。

(7)"解除对被告×××存款人民币××元或等值财产的冻结或查封"。财产保全裁定书作出后,实际保全的结果是什么,解除时,应该对该结果做反向对应处理。所以,解除保全措施,不存在使用选择性"连词"。

(8)当事人因其已经提供担保(或因案外人为其提供担保),要求解除已经采取的财产保全措施的,有的写法是"解除对被告×××价值人民币××元财产的查封"。那么,对当事人已经提供的担保或案外人为其提供的担保如何处置没有涉及,这将造成担保落空的严重后果。

(二) 产生问题的原因

从客观上看,1992年《法院诉讼文书样式(试行)》(以下简称"92样式")中财产保全和强制措施裁定书主文撰写要求不明,2016年《民事诉讼文书样式》(以下简称"16样式")中有些部分对撰写要求和用词仍然不明,造成法官随意书写。从主观上看,法官遇到撰写问题时各行其是,造成写法各异。主要表现在以下三个方面:

(1) 缺少规范的表述语句(指具体语句)或者语句表述指引(指采取何种语法结构或者逻辑结构的语句表述方式)。财产保全裁定要求"写明对被申请人的财产采取查封、扣押、冻结或者法律规定的其他保全措施的内容"("92样式"45),或者"写明采取财产保全的具体内容"("92样式"46),在"说明"中要求"裁定结果应写明采取财产保全的具体措施及被保全财产的名称、数量或者数额等内容"。"16样式"5要求:"查封/扣押/冻结被申请人×××的……(写明保全财产的名称、数量或者数额、所在地点等)"。"92样式"86中关于采取强制执行措施裁定只是要求"具体写明采取冻结、划拨存款,扣留、提取收入,查封、扣押、拍卖、变卖财产等强制执行措施的内容";"16样式"39要求:"查封/扣押/冻结被执行人×××的……(写明财产的名称、数量或者数额、所在地等)",这容易造成承办案件的法官按照自己的理解任意书写主文。

(2) 忽视新的裁定样式。解除财产保全裁定书一般分两种情况:一是财产保全申请人要求解除对被申请人的财产保全措施;二是因被申请人提供担保或者案外人为其提供担保,被申请人要求解除经申请人申请法院作出的财产保全措施。目前,针对以上两种情况的裁定,"92样式"47只给出一种样本,即"解除对×××的……(写明财产的名称、数量或数额等)的查封(或者扣押、冻结等)"。这一样本适合第一种情况,但不适合第二种情况,即没有对被申请人或者案外人提供的担保财产作出相应保全措施,最高人民法院《关于适用〈中华人民共和国民事诉讼法〉的解释》(以下简称《民事诉讼法解释》)第167条作出新的规定:"财产保全的被保全人提供其他等值担保财产且有利于执行的,人民法院可以裁定变更保全标的物为被保全人提供的担保财产"。为此,"16样式"9制定了用于"变更保全"的样式要求,即针对《民事诉讼法》第104条"财产纠纷案件,被申请人提供担保的,人民法院应当裁定解除保全"的规定有了新的文书样式。但是,新法还是忽略了一些地方,只规定了解除对申请人的申请裁定,而没有对被申请人提供的等值担保财产予以保全,容易造成脱冻。

(3) 遗漏新的书写语句。在上述形形色色的涉及诉讼的财产保全裁定书主文表述之后,都存在一个普遍问题,即没有明确当事人申请复议的期间,只写"如不服本裁定,可以向本院申请复议一次。复议期间不停止裁定的执行"。原因是,《民事诉讼法》第108条仅规定当事人可以申请复议,但没有规定何时申请复议。《民事诉讼法解释》和"16样式"5中均有明确的期限要求。但是司法实践中,有些法官没有注意样式中句式的新变化,还是沿用"92样式"或者既有的老版本书写。然而,期间事项的缺失,将会出现当事人随时都可以提出复议的情况,这不利于法院及时发现和纠正可能存在的裁定错误。

三、改进裁定书主文表述对策

(一) 关于文字统一问题

文字统一主要涉及动词和名词固定搭配和准确表述问题,建议:

(1)要求银行等金融机构对被申请人存款进行就地保全的,使用"冻结";异地保全的,使用"划拨"。

(2)要求被执行人所在单位、银行等金融机构对被执行人工资、营业等收入进行就地保全的,使用"扣留";异地保全的,使用"提取"。

"扣留"的结果与"冻结"的结果相同,"提取"的结果与"划拨"的结果相同。前者是指被保全的财产不在法院掌控视线范围内,故要求除作出裁定的法院外,任何人不得动用;后者是指被保全的钱款汇入作出裁定的法院代管款账户,以便及时处理。

(3)要求有关产权登记部门对不动产(如房屋、土地等)和特定的动产(如车辆、船舶等)不予办理该项财产权利证书的转移手续的保全,使用"冻结"。例如,严禁房产交易和车辆交易的保全,使用"冻结"。

但是,需要查封或扣押该项财产的,对严禁房屋使用的保全,使用"查封";对严禁车辆使用的,就地保全使用"查封",异地保全使用"扣押"。

(4)要求对其他财产进行就地保全的,使用"查封";异地保全的,使用"扣押"。

(二) 关于句式规范问题

(1)财产保全裁定书主文一般分列两条表述,第一条属于针对当事人提供担保的财产进行保全的内容,第二条属于针对当事人请求的保全事项进行保全的内容,一般作如下表述:

"一、冻结原告(或被告)×××的银行存款(或股票资金账户内存款)人民币××元;或者查封原告(或被告)×××价值人民币××元财产;或者冻结原告(或被告)×××的房产交易手续;或者冻结原告(或被告)×××的车辆交易手续。

二、冻结被告(或原告)×××的银行存款(或股票资金账户内存款)人民币××元;或者查封或扣押被告(或原告)×××价值人民币××元财产。"

上述第二条主文属于一般表述,如果当事人针对某一财产提出保全申请,则应予以具体表述,例如:

"二、冻结(或查封)被告(或原告)×××的房产交易手续(或房屋);或者冻结(或查封、或扣押)被告(或原告)×××的车辆交易手续(或车辆)。"

(2)解除财产保全裁定书主文表述,应区分以下两种情况:

①因财产保全申请人申请,解除财产保全的,一般应对实际采取的保全措施做相应变更处理,如:

"一、解除对原告×××的房产交易手续的冻结。

二、解除对被告×××(写明财产的名称、数额等)的查封。"

②当事人因其已经提供担保(或因案外人为其提供担保),要求解除已经采取的财产保全措施的,一般分列两条表述,第一条属于针对当事人(或案外人)提供担保的财产进行保全的内容,第二条属于针对当事人请求的对原保全事项进行解除的内容,一般作如下表述:

"一、冻结被告×××的银行存款人民币××元。

二、解除对被告×××(写明财产的名称、数额等)的扣押。"

(3)强制措施裁定书主文表述。

①强制措施裁定书主文涉及冻结、划拨、查封、扣押和扣留、提取、拍卖、变卖被执行人应当履行义务部分的财产的表述的,参照财产保全裁定书制作方法对应书写,一般作如下表述:

"冻结(或划拨)被执行人×××的银行存款(或股票资金账户内存款)人民币××元;或者查封(或扣押)被执行人×××价值人民币××元财产。"

上述主文属于一般表述,如果针对某一财产采取强制措施,则应予以具体表述,例如:

"冻结(或查封)被执行人×××的房产交易手续(或房屋);或者冻结(或查封,或扣押)被执行人×××的车辆交易手续(或车辆);或者扣留(或提取)被执行人×××在××(写明被执行人领取收入的有关个人姓名或者单位名称)的收入人民币××元;或者拍卖被执行人×××价值人民币××元财产;或者变卖被执行人×××价值人民币××元财产。"

至于该财产是房屋还是车辆等,在"协助执行通知书"中写明具体内容即可。

②被执行人履行义务完毕后解除查封、扣押等强制措施的,一般作如下表述:

"解除对被执行人×××(写明财产的名称、数额等)的查封(或扣押)。"

(三) 关于事项交代问题

1.告知申请复议事项的表述

《民事诉讼法》第108条规定:"当事人对保全或者先予执行的裁定不服的,

可以申请复议一次。复议期间不停止裁定的执行。"《民事诉讼法解释》第171条规定:"当事人对保全或者先予执行裁定不服的,可以自收到裁定书之日起5日内向作出裁定的人民法院申请复议……"为保护当事人合法权益,应在裁定主文之后另起一行,统一按照"16样式"5表述。

2.告知财产保全续保申请事项的表述

已废止的最高人民法院《关于适用〈中华人民共和国民事诉讼法〉若干问题的意见》第109条规定:"诉讼中的财产保全裁定的效力一般应维持到生效的法律文书执行时止。"由于"执行时止"指代不明,《民事诉讼法解释》第168条将其修改为:"保全裁定未经人民法院依法撤销或者解除,进入执行程序后,自动转为执行中的查封、扣押、冻结措施,期限连续计算,执行法院无需重新制作裁定书……"但是,根据实务部门有关规定,银行存款冻结和房产交易冻结分别有一定的有效期,如需续保,应重新办理延长手续。故执行上述规定时适用例外规则:"查封、扣押、冻结期限届满的除外"。由于文书样式没有规定财产保全续保申请事项的表述要求,故实践中有的法院不要求书写,有的法院只要求口头告知当事人,并在笔录中写明。如逾期脱冻,责任由当事人自负。鉴于裁判文书程式化和统一性要求,目前可由各地高级人民法院统一本辖区内有关财产保全续保申请事项的表述规范要求,先行先试,这有利于办案需要,也可以为今后进一步修订文书样式积累经验。

附:此类文书样式

样式一(用于当事人申请财产保全)

……裁定如下:

一、冻结被告(或原告)×××的银行存款(或股票资金账户内存款)人民币××元;或者查封被告(或原告)×××价值人民币××元财产;或者冻结被告(或原告)×××的房产交易手续;或者冻结被告(或原告)×××的车辆交易手续。

二、冻结被告(或原告)×××的银行存款(或股票资金账户内存款)人民币××元;或者查封(或扣押)被告(或原告)×××价值人民币××元财产;或者冻结(或查封)被告(或原告)×××的房产交易手续(或房屋);或者冻结(或查封、或扣押)被告(或原告)×××的车辆交易手续(或车辆)。

……

如不服本裁定,可在收到裁定书之日起5日内向本院申请复议一次。复议期间不停止裁定的执行。

样式二（用于当事人申请解除财产保全措施）

……裁定如下：
一、解除对原告×××的银行存款人民币××元的冻结。
二、解除对被告×××价值人民币××元××财产的查封。
……
如不服本裁定，可在收到裁定书之日起 5 日内向本院申请复议一次。复议期间不停止裁定的执行。

样式三（用于当事人因其已经提供担保或因案外人为其提供担保，要求解除已经采取的财产保全措施）

……裁定如下：
一、冻结被告×××的银行存款人民币××元。
二、解除对被告×××价值人民币××元财产的查封。
……
如不服本裁定，可在收到裁定书之日起 5 日内向本院申请复议一次。复议期间不停止裁定的执行。

样式四（用于执行中的强制措施）

……裁定如下：
冻结（或划拨）被执行人×××的银行存款（或股票资金账户内存款）人民币××元；或者查封（或扣押）被执行人×××价值人民币××元财产；或者冻结（或查封）被执行人×××的房产交易手续（或房屋）；或者冻结（或查封，或扣押）被执行人×××的车辆交易手续（或车辆）；或者扣留（或提取）被执行人×××在××（写明被执行人领取收入的有关个人姓名或者单位名称）的收入人民币××元；或者拍卖被执行人×××价值人民币××元财产；或者变卖被执行人×××价值人民币××元财产。
……

样式五（用于被执行人履行义务完毕后解除查封、扣押等强制措施）

……裁定如下：
"解除对被执行人×××（写明财产的名称、数额等）的查封（或扣押）。"
……
限于篇幅，其他解除强制措施的裁定，按照上述样式对应书写。

浅谈司法公开与审判权的独立行使

张陆庆[*]

一、司法公开与审判权独立行使的界定

司法公开是法治国家发展的必然趋势,是现代民主社会的重要理念,同时更是对司法权进行有效监督的必要措施,其核心体现了"把权力置于阳光下"的理念,并以公开促进公正、以公正加强公信。世界各国都在理论上将司法公开作为本国司法制度研究的关键,将审判公开作为司法公开的核心原则,并在实践中设立了相关具体措施。

何为"司法公开"?按照陈光中教授的表述:"审判公开是指人民法院审理案件和宣告判决都公开进行,允许公民到法庭旁听,允许新闻记者采访和报道。"[①] 司法公开在信息时代的背景下,更强调整个司法运作过程的公开,其范围也应该比审判公开更广,还包括审前程序的公开及司法文书的公开。

司法公开,作为法治进步的重要标志,是在公民权利意识不断觉醒并要求制约公权力来保障私权利的对抗过程中形成的。我国现在正处于法治建设的关键时期,探索适合中国的司法公开制度以促进中国法治建设更是法治进程中的重大课题。[②] 在我国近几年的司法改革中,司法公开受到了越来越多的重视,但是其实际运行效果却不尽如人意:尚未达到彻底公开的程度,甚至使过去存在的问题和矛盾不但没有得到解决反而进一步被激化。其中,最为突出的问题在于与审判权独立行使的关系。而此矛盾的焦点集中在司法文书的公开上。

司法文书公开,是指人民法院将其制作的司法文书通过报纸、刊物、网络等媒介向全社会发布、公布的状况。[③] 从公开的内容上看,司法文书公开包括司法主体的公开、司法事实的公开、司法理由的公开以及司法结论的公开,即司法文书的实质公开。从公开的对象而言,司法文书公开包括向当事人公开和向社会公众公开,即司法文书的形式公开。

---

[*] 张陆庆,中国政法大学副教授。
[①] 陈光中主编:《刑事诉讼法学》,中国政法大学出版社 1996 年版,第 7 页。
[②] 参见李德顺:《法治文化及其意义》,中国政法大学出版社 2006 年版,第 80 页。
[③] 参见范旭东、陈立伟:《对我国司法文书公开的理性思考》,载《法治研究》2007 年第 8 期。

司法文书公开是审判公开原则的延伸,在我国法律中可以找出司法文书公开的印记。《中华人民共和国宪法》第 130 条规定:"人民法院审理案件,除法律规定的特别情况外,一律公开进行……"《中华人民共和国民事诉讼法》第 148 条第 1 款规定:"人民法院对公开审理或者不公开审理的案件,一律公开宣告判决。"上述法律条文虽然没有明确规定司法文书是审判公开的具体内容,但是"裁判文书对于推动整个司法改革,其价值不仅仅在于排解和吸附纷争,执行、阐释和创设法律,体现和培养法官素质,而且由于它浓缩了诉讼程序制度、司法制度以及构成司法制度运作环境的各种经济、政治、文化因素,因此成为窥探一国司法制度和法律文化的窗口"[①]。裁判文书作为法院审理案件的结果,是保障和维护当事人权益的重要载体和说明书。我国法律设置审判公开制度的根本目的是为了实现司法公正,而裁判文书则是这一目的的重要载体。

依法独立行使审判权,是指非经司法机关的审判,不得剥夺任何人的生命财产和自由。只有有效保证审判权的独立行使,才能保证行政权合法、合理地行使,不妨碍审判权的独立行使,不侵害公民权利。审判权的独立行使又可分为内部独立和外部独立。

内部独立是指司法体系内部独立地运行,不受外界任何因素的干扰,具体包括法官独立和法院独立。其中,法官独立是指法官不受其他法官的态度和行为的影响,在依照法律的前提下,对案件进行审判,独立地行使审判权。在实践中,在法官之间可能因为同事关系或者亲戚关系等各种关系,通过给正在审案的法官打招呼和送礼等手段,使审判法官不能公正地审案。内部独立的第二层意思是法院独立。法院独立是指法院审理案件不受其他法院的影响,依职权独立地审理案件,这里的其他法院是指审理案件的上、下级法院和同级法院。我国法律明确规定各级法院之间是监督和指导的关系,而不是领导和被领导的关系,具体来说就是上级人民法院监督指导下级人民法院的审判业务工作。各级人民法院独立行使审判权不受其他法院的影响,并且审级独立也是法院和法官在司法工作中应当维护的原则。

外部独立是指人民法院审理案件只依法进行,不能受到任何机关、团体和个人的干涉。实践中,个别行政机关和社会团体基于某一特定的目的,也可能会通过自己的影响力向法院施压。此外,对于社会影响重大的案件,一般会经过新闻媒体的报道,这样就会带来巨大的舆论压力,法院和法官将受到不同程度的影响,从而影响法院审判权的独立行使。

二、司法文书公开过程中妨碍独立行使审判权的障碍及完善建议

司法公开的适度性恰恰体现出如何既保障当事人的知情权、保证案件审理的

---

① 傅郁林:《民事裁判文书的功能与风格》,载《中国社会科学》2000 年第 4 期。

质量,又不影响案件的独立审判。《中华人民共和国宪法》第131条规定:"人民法院依照法律规定独立行使审判权,不受行政机关、社会团体和个人的干涉。"除此之外,对于一起经过相关媒体报道而引起社会轰动的案件,法官是否能够完全忽视社会舆论的巨大压力而保持公正审判呢?

以最具代表性的司法文书公开制度为例,我国目前存在的问题有:申请司法文书公开的主体不明确;司法文书公开的内容不明确;司法文书公开的范围不广;司法文书公开的途径少;需求多,办案人数少及司法文书公布的说理片段少等。具体到个案问题,在案件审理过程中和案件审理完结后,法官的言论自由的界限和尺度是什么?法官是否有特权在判决书没有下来之前在微博上或者其他场合发表对正在承办案件的看法?法官是否有特权在审判结束后,在相关研讨会、学术论文上发表对此案的看法?这就要求在司法实践中,要考虑公开的裁判文书是否应该包括合议庭持不同意见成员的书面意见、是否应该包括审判委员会成员的少数不同意见、是否应该包括评议的过程和内容纪要,等等,这些在目前公开的裁判文书中都是没有的。而这些少数意见,也是说理的重要组成部分,对于公众合理评判案件,甚至颠覆对案件的看法都有很重要的指导理解作用。同时,建立法官言论限制制度。一方面,案件审理过程中,在判决书尚未作出之前,法官不得发表对本案的任何言论或看法。另一方面,当判决书作出之后,法官不能再对案件进行评论。

法律工作者在司法公开过程中还要考虑到当事人因个体文化和诉讼地位等具体情况的不同,导致其诉求有所不同。有些当事人不愿法院公开其司法文书,如婚姻家庭纠纷中的离婚双方为避免给以后的生活带来麻烦,希望法院不对外公开其离婚原因的司法文书;有些当事人希望法院公开其司法文书,比如工会要求法院尽量多地公开各种类型的劳动争议案件司法文书,以便于工会组织劳动者学习,并将此作为与用人单位进行沟通谈判的法律依据,同时作为劳动者保护自身权利的范本。不同的群体对法院司法文书公开有不同的诉求,导致司法文书公开工作难以完全满足各类人群的利益诉求。因此,司法文书公开应当注重人性化,平衡各方当事人的利益,使司法公开不要流于形式,使审判工作不仅从形式上实现公正,也从实质上实现真正的公正。

综上,法院应该保持法官的中立,尤其是客观上的中立,即言行中立。言行中立是指法官在案件判决作出前和判决作出后,不得发表言论进行偏袒。保障案件审判权的独立行使,使案件不受任何其他因素的干扰,公正审判。同时,也要保证当事人的知情权,使案件置于公众的监督之下,实现"阳光司法",进一步保证司法公正。

法律文书革故与鼎新

优秀法律文书

第二届全国优秀法律文书评选活动纪实

根据中国法学会法律文书学研究会2015年第四次会长办公会及第二次常务理事会的决议并请示中国法学会研究部,研究会决定举办第二届全国优秀法律文书评选活动。为了保证评选活动的公平、公正,研究会专门成立了以潘剑锋教授为主任委员的学术委员会负责本次优秀法律文书的评选活动,于2016年3月25日正式发布《关于举办第二届全国优秀法律文书评选活动通知》,附《第二届全国优秀法律文书评选活动报名表》《第二届全国优秀法律文书评选活动实施方案》,说明部分获奖作品将入选全国优秀法律文书作品集,不收取任何费用。

截至2016年6月30日,研究会收到各类法律文书约400篇。研究会委托学术委员会副主任赵朝琴教授进行大赛文书的初评,组织近20人的具有博士学位或者高级职称的团队分为四组按照评审标准逐一审阅。9月24日,学术委员会在北京召开终审第一次会议,后经两轮的网上评审,认真审阅初评报送文书,一一出具意见,对于存在不同看法的文书,又经过反复地讨论、审议,最终出具终评意见。经过初评、首次终评、首次返评、再次终评、再次返评、初步确定、预通知、核对信息,最终发布获奖名单,检察文书、刑事裁判文书、行政裁判文书、律师文书、公证文书一等奖各1份,民事裁判文书一等奖2份,各类文书二等奖、三等奖若干(详见附件5)。

2016年12月2日,由研究会主办,海南政法职业学院承办,北京大学出版社协办的第二届全国优秀法律文书评选颁奖活动在海口举行,优秀法律文书获奖代表和组织奖代表参加本次颁奖活动。与会专家学者对于本次法律文书评选活动给予高度认可,同意专家对于优秀法律文书作出的准确评判。

在本次优秀法律文书的评选过程中,研究会及学术委员会委员未向参评人收取任何费用,并且海南政法职业学院承担全部奖杯、奖牌的制作费用、部分人员食宿费用、场地使用费用、资料费用和海口本地交通费用。

附件1:《关于举办第二届全国优秀法律文书评选活动通知》
附件2:《第二届全国优秀法律文书评选活动实施方案》
附件3:《第二届全国优秀法律文书评选活动报名表》
附件4:《第二届全国优秀法律文书评选活动评选标准》
附件5:《第二届全国优秀法律文书评选活动获奖名单》

附件1：

关于举办第二届全国优秀法律文书评选活动通知

各位会员单位、会员：

为全面推进依法治国，促进法律文书质量的进一步提升，提高法律文书学研究水平，搭建法律文书交流平台，发挥法律文书的展示、宣传、教育功能，在总结我会首届全国优秀法律文书评选活动经验的基础上，决定举办第二届全国优秀法律文书评选活动。具体活动安排详见《第二届全国优秀法律文书评选活动实施方案》。

特此通知

中国法学会法律文书学研究会
2016年3月25日

附件2：

第二届全国优秀法律文书评选活动实施方案

为贯彻落实中国法学会法律文书学研究会关于开展第二届全国优秀法律文书评选工作的安排部署，促进法律文书质量的进一步提升，促进法律文书学研究的进一步深入，搭建法律文书交流平台，发挥法律文书的展示、宣传、教育功能，开展此项活动的具体安排如下：

一、领导机构

第二届全国优秀法律文书评选活动工作领导小组为中国法学会法律文书学研究会学术委员会，由河南财经政法大学负责本次评选的初选工作。

二、参选范围

全国各级人民法院、人民检察院、公安机关、公证机构、律师事务所、基层法律服务机构自2014年1月1日至2015年12月31日在实际工作中制作的法律文书，具体包括：

（一）公安文书类，限公安机关的起诉意见书。

（二）检察文书类，限各级人民检察院的起诉书、抗诉书和检察建议书。

（三）裁判文书类，限各级人民法院的判决书。

（四）律师文书类，限辩护词、代理词、法律意见书。

（五）公证文书类，限各种要素式公证书。

三、作品要求

此次活动是中国法学会法律文书学研究会第二届全国优秀法律文书评选，并定期举办此类活动。有关单位和个人按照本方案规定的参选范围和评选标准,在本单位范围内评选出较为优秀的法律文书,按照时间要求提交评选活动组委会参评。

(一)参评作品应是本单位已经制作完成的法律文书。每一参评作品应同时报送案例简介。

(二)各参评作品所在单位或个人对其提交参评的法律文书质量负责。参评判决书在提交以前,应当依照最高人民法院《关于人民法院在互联网公布裁判文书的规定》的规定,对相关内容信息做必要的处理。其他法律文书可以参照执行。

(三)参评作品应当具有代表性,每人限两件以内。

(四)参评作品应当真实,作者与作品相一致。如发现冒用、盗用、抄袭、篡改他人作品等情况,即予以取消参评资格,收回奖励证书,并在相关媒体予以通报。

(五)无论何种形式的参评作品,都应由所在单位核实,同时邮寄加盖单位公章的纸质文稿和案例简介。

四、评选标准

(一)格式规范,结构合理,要素齐全。

(二)事实脉络清晰、简繁得当。

(三)法律适用有据有序,引用准确无误。

(四)说理充分,案件处理结论具体明确。评选具体标准详见《第二届全国优秀法律文书评选活动评选标准》。

五、奖项设置及成果运用

(一)评选奖项将在上述五类文书中产生。每类文书各评出一等奖1名,二等奖、三等奖若干。

(二)评选设立组织奖,对组织选送作品出色的单位特设"最佳组织奖"。

(三)所评出的优秀法律文书,再经评选活动组委会评选若干篇最佳文书,参加中国法学会法律文书学研究会举办的优秀法律文书颁奖活动。

六、其他说明

(一)截稿日期:征稿截止日期为2016年6月30日,以当地邮戳为准。

(二)参评方式

1.每位参评者均须填写《第二届全国优秀法律文书评选活动报名表》,请登录 flws.fyfz.cn 或者"法律文书学研究会"微信公众号自行下载。

2.法律文书原件或者加盖公章复印件的作品以及案例简介寄至指定地点。

3.《第二届全国优秀法律文书评选活动报名表》及参评法律文书的电子版(请以PDF文件制作)必须同时发送到指定邮箱。

(三)注意事项

1.获奖选手经组委会通知本人后,参加现场颁奖仪式,研究会为获奖人员或单位颁发荣誉证书和纪念品。

2.获奖作品经学术委员会推荐,入选由中国法学会法律文书学研究会编辑出版的图书(恕不计稿酬,奉上样书)。

3.获奖作者名单在相关媒体和网站公布。

4.本次评选活动不收取任何费用。

5.参评作品恕不退还,组委会负责参评作品的保密性并保留对本次活动的解释权。

附件3:

第二届全国优秀法律文书评选活动报名表

承办人		单位		省份	
联系电话			电子邮箱		
优秀法律文书名称					
文书性质(裁判、检察、公证、公安、律师)					
文书类型(限民事判决书、刑事判决书、行政判决书、起诉书、抗诉书、检察建议书、要素式公证书、起诉意见书、辩护词、代理词、法律意见书)					
案情简介					
参评理由(500字以内)					
单位推荐意见					
				年　月　日(盖章)	

附件4：

第二届全国优秀法律文书评选活动评选标准

中国法学会法律文书学研究会第二届全国优秀法律文书评选活动采取评分方法，满分为100分。具体评分项目及分值按下列标准确定：

一、选题（满分为10分）

1. 参评文书涉及的案件或项目社会影响较大、具有典型性、疑难性、复杂性或新颖性，能够充分体现承办者的法律知识、写作水平、业务能力，根据情况在8—10分之间酌定。

2. 参评文书涉及的案件或项目具有一定的典型性、疑难性、复杂性或新颖性，可以基本显示承办者的法律知识、写作水平、业务能力，根据情况在5—7分之间酌定。

3. 参评文书涉及的案件或项目的疑难程度较低，不具有典型性或新颖性，难以通过参选法律文书充分体现承办者的法律知识、业务能力及写作水平，根据情况在1—4分之间酌定。

二、格式与结构（满分10分）

1. 参评文书采用文书格式符合法律文书样式，首部、正文、尾部等要素齐全，篇章结构合理，层次分明，繁简得当，根据情况对参评文书、参评案件在8—10分之间酌定。

2. 参评文书采用文书格式基本符合法律文书样式，首部、正文、尾部等要素基本齐全；结构基本合理，层次基本分明，繁简程度基本合适，根据情况对参评文书、参评案件在5—7分之间酌定。

3. 参评文书采用文书格式不符合法律文书样式，首部、正文、尾部等要素欠缺；篇章布局、层次及详略处理方面欠佳，根据情况对参评文书、参评案件在1—4分之间酌定。

三、语言表达（满分15分）

1. 参评文书行文流畅，语言准确，专业用语规范，文字表达言简意赅，标点符号正确，根据情况在11—15分之间酌定。

2. 参评文书行文流畅程度较好，语言表达基本正确，用语基本规范，错别字及标点符号出错率较低，根据情况在6—10分之间酌定。

3. 参评文书行文流畅程度一般，语言表达的准确程度、规范程度一般，错别字及标点符号出错率较高，根据情况在1—5分之间酌定。

四、说理分析（满分35分）

1. 参评文书围绕焦点或主题展开论述分析，观点鲜明，论据充分，说理透彻，逻辑严密,结论明确清晰,根据情况在 30—35 分之间酌定。

2. 参评文书能够围绕焦点或主题展开论述及分析,立场观点基本明确,论据充分,逻辑性及说理性程度较高,基本能够体现承办者的专业水平和能力,根据情况在 21—30 分之间酌定。

3. 参评文书基本围绕焦点或主题展开论述分析,观点基本明确,论述的逻辑性及说理性欠缺,根据情况在 11—20 分之间酌定。

4. 参评文书没有正确围绕焦点或主题展开论述分析,观点存在错误,论述的逻辑性及说理性欠缺,根据情况在 1—10 分之间酌定。

五、适用法律(满分 20 分)

1. 参评文书适用法律正确,能够结合事实及证据准确引用法律,并进行充分的法律分析,根据情况在 15—20 分之间酌定。

2. 参评文书适用法律正确,能够结合事实及证据正确引用法律,法律分析较好,根据情况在 8—14 分之间酌定。

3. 参评文书适用法律欠当,法律分析一般,根据情况在 1—7 分之间酌定。

六、社会效果(满分 10 分)

1. 参评文书被受理部门或委托单位完全采信或采用,其观点或结论被有关部门完全采纳,参评文书所涉当事人息讼服判,或者给予高度好评,根据情况在 8—10 分之间酌定。

2. 参评文书被受理部门或委托单位部分采信或采用,其观点或结论被有关部门部分采纳,参评文书所涉当事人基本认可判决、决定等,或者给予一般评价,根据情况在 5—7 分之间酌定。

3. 参评文书被受理部门或委托单位采信或采用较少,其观点或结论被有关部门采纳或采用较少,参评文书所涉当事人未能息讼服判,或者给予较低评价,根据情况在 1—4 分之间酌定。

七、其他

1. 参评文书得分不足 75 分,不得入选优秀法律文书。

2. 参评文书不足 90 分者,不得列入优秀法律文书、精品案件的前三名。某一类参评文书所有参评者的得分均不足 90 分的,相应的优秀法律文书的前三名予以空缺;得分满 90 分者只有两名,第一名空缺;得分满 90 分者只有一名的,第一名、第二名空缺。

附件5：

第二届全国优秀法律文书评选活动获奖名单
检察文书获奖名单

排序	类别	承办人	案号	奖励等级
1	民事抗诉书	滕艳军	高检民监(2015)118号	一等奖
2	起诉书	兰　伟 杨　凯 孙嘉兴	红检公诉刑诉(2015)28号	二等奖
3	检察建议书	马　望	津检××院民执监(2015)1282000000X号	二等奖
4	起诉书	刘　佳	郑中检公诉刑诉(2014)330号	二等奖
5	检察建议书	杨　桃	普检预建(2015)1号	二等奖
6	起诉书	张巍巍	西检公诉刑诉(2014)344号	二等奖
7	起诉书	余文鑫	随检公诉刑诉(2015)12号	三等奖
8	起诉书	杨　峣	巧检公诉刑诉(2015)194号	三等奖
9	起诉书	谢景春	津检二院刑诉(2013)00213X号	三等奖
10	起诉书	方文琳	云检分院公诉刑诉(2015)111号	三等奖
11	检察建议书	赵凤伟	津红检检建受(2016)12010600001号	三等奖
12	检察建议书	欧阳红雷	昆铁检预防建(2015)194号	三等奖
13	起诉书	金本凯	瑞检公诉刑诉(2014)127号	三等奖
14	刑事抗诉书	李　娜	思检公诉诉刑抗(2016)1号	三等奖
15	检察建议书	王恒珊	大检侦监建(2015)8号	三等奖

法院刑事文书获奖名单

排序	类别	承办人	案号	奖励等级
1	判决书	罗智勇 董朝阳 李剑弢	(2015)刑抗字第1号	一等奖
2	判决书	虞小丹 彭国清 周加陆	(2014)温瓯刑初字第1263号	二等奖
3	判决书	王建平 顾薛磊 乐嘉勤	(2015)长少刑初字第15号	二等奖
4	判决书	曾琳 熊华东 刘永祥	(2014)鄂武汉中刑终字第00145号	二等奖
5	判决书	冷汉军 邓泽民 彭红杰	(2015)鄂刑监一再终字第00002号	三等奖
6	判决书	魏峰 王震 顾存永	(2014)睢刑初字第311号	三等奖
7	判决书	潘梦扬 欧丽珍 刘开廷	(2012)海中法刑终字第144号	三等奖
8	裁定书	徐翠华 邓泽民 郑娟	(2013)鄂刑监一抗字第00008号	三等奖
9	判决书	吕秋收 王敏重 张晨昀	(2015)厦刑初字第85号	三等奖

法院民事文书获奖名单

排序	类别	承办人	案　　号	奖励等级
1	判决书	宋鱼水 冯　刚 张玲玲	（2014）三中民初字第07916号	一等奖
2	判决书	陈文军 封　波 吕旦华	（2013）玄商初字第580号	一等奖
3	判决书	刘　芳 严家政 张　红	（2015）鄂黄陂民一初字第00231号	二等奖
4	判决书	张　艳 徐作云 陈　禹	（2013）徐民再初字第0002号	二等奖
5	判决书	赵云霞 何学年 吴　婷	（2015）鄂武汉中民再终字第00001号	二等奖
6	裁定书	杨俊广 陈俊生 喻英辉	（2015）鄂武汉中执异字第00037号	二等奖
7	判决书	陈婷婷 吴劲峰 金　耘	（2015）温瓯商初字第267号	二等奖
8	判决书	苏坤明 马士军 孙德启	（2014）淄商终字第207号	二等奖
9	判决书	叶建平 林现瑶 周培俊	（2014）温瓯民初字第1016号	二等奖
10	判决书	王　飞 张　红 陈　伶	（2014）鄂黄陂民商初字第00379号	二等奖
11	判决书	郭文东	（2015）旌民初字第848号	二等奖
12	判决书	王建红 王　丹 鲍书香	（2014）睢少民初字第15号	二等奖

(续表)

排序	类别	承办人	案号	奖励等级
13	判决书	周回回 潘洪銮 周加陆	（2013）温瓯执异初字第14号	二等奖
14	判决书	屠俊霞 马爱国 崔奋勤	（2013）鄂东西湖民商初字第00577号	二等奖
15	判决书	王冬梅 许培民 李旭彪	（2015）辽河终民一中字第75号	二等奖
16	判决书	冯代群 陈伟伟 张宁博	（2014）睢商初字第503号	三等奖
17	判决书	丁相永 陈华伟 张　原	（2012）辽河中民二初字第12号	三等奖
18	判决书	曾庆伟 陈治刚 陈　婷	（2015）鄂黄陂民一初字第00101号	三等奖
19	判决书	相　林 毕作珍 周　伟	（2015）淄民再终字第39号	三等奖
20	判决书	龚雪林 李振峰 徐　苹	（2015）赣民提字第30号	三等奖
21	判决书	唐巧芳 卞建蓉 王立峰	（2014）张商初字第627号	三等奖
22	判决书	陈　琪 张明富 饶　辉	（2014）铜民初字第1636号	三等奖
23	判决书	葛　文 杜有刚 王　青	（2015）徐民再提字第0013号	三等奖

(续表)

排序	类别	承办人	案　号	奖励等级
24	判决书	贾宏斌 周海鹏 史舒畅	(2015)沈中民二终字第02416号	三等奖
25	判决书	侯冀宁 李　军 崔曦文	(2014)辽阳民三初字第00077号	三等奖
26	判决书	唐晓红 柴修峰 林晓春	(2013)鼓商初字第0527号	三等奖
27	判决书	赵红梅 杜　昕 王嘉莉	(2015)葫民终字第00176号	三等奖
28	判决书	周秀峰	(2013)鼓商初字第0976号	三等奖

法院行政文书获奖名单

排序	类别	承办人	案　号	奖励等级
1	判决书	夏　露 胡慧莉 于　毅	(2014)鄂江岸知行初字第00002号	一等奖
2	判决书	黄良聪 张进光 周加陆	(2015)温瓯行初字第1号	二等奖
3	判决书	陈雪梅 王　璐 黄书萍	(2015)旌行初字第79号	二等奖
4	判决书	陈丽娟 孙　彬 刘久斌	(2015)葫行终字第00048号	二等奖

律师文书获奖名单

排序	类别	承办人	案由	奖励等级
1	代理词	谭芳	全国首例代孕龙凤胎监护权案二审代理词	一等奖
2	辩护词	宋振江 刘焕奇	被告人罗××涉嫌斡旋受贿、私分国有资产案辩护词	二等奖
3	代理词	陈静	国际仲裁代理词	二等奖
4	代理词	吴胜利 彭晓红	浏阳隆鑫商贸有限公司诉湖南省国土资源厅等行政补偿案代理词	三等奖
5	代理词	陈雷	借款合同纠纷案代理词	三等奖
6	辩护词	岳民山	被告人廖某交通肇事逃逸案辩护词	三等奖
7	代理词	曾兴风	卢建标与周家洪、周家平申请执行人异议案代理词	三等奖

公证文书获奖名单

排序	类别	承办人	案号	奖励等级
1	具有强制执行效力的债权文书公证书	谢斌	(2015)京中信执字00071号	一等奖
2	接受遗赠公证书	于春	(2015)新乌证内字第××××号	二等奖
3	具有强制执行效力的债权文书公证书	孙建军	(2014)京方圆执字第0112号	二等奖
4	合同协议类要素式公证书	许传高	(2014)皖蚌众公证字第××××号	二等奖
5	证据保全要素式公证书	高宏	(2014)包天泽证内民字第0271号	二等奖
6	继承类要素式公证书	李艳萍	(2015)云昆明信证民字第11286号	三等奖
7	证据保全要素式公证书	曾庆泽	(2014)赣洪江证内字第4075号	三等奖

(续表)

排序	类别	承办人	案号	奖励等级
8	继承类要素式公证书	文璟	(2013)云昆国信证字第25829号	三等奖
9	继承类要素式公证书	孙莉萍	(2015)常常证民内字第8729号	三等奖
10	具有强制执行效力的债权文书公证书	展文文	(2016)济齐鲁证经字第1406号	三等奖
11	继承类要素式公证书	刁姝	(2015)川律公证字第×××号	三等奖
12	继承类要素式公证书	蔡煜	(2012)沪杨证字第2612号	三等奖

组织奖获奖名单

1. 天津市检察院第二分院
2. 云南省普洱市人民检察院
3. 云南省红河州人民检察院
4. 河南省郑州市人民检察院
5. 湖北省武汉市中级人民法院
6. 山东省淄博市中级人民法院
7. 江苏省徐州市中级人民法院
8. 辽宁省葫芦岛市中级人民法院
9. 辽宁省辽河市中级人民法院
10. 四川省德阳市旌阳区人民法院
11. 浙江省温州市瓯海区人民法院
12. 辽宁省新民市人民法院
13. 湖北维力律师事务所
14. 河南力天律师事务所
15. 湖北诚昌律师事务所
16. 安徽省铜陵市衡平公证处
17. 黑龙江省哈尔滨市哈尔滨公证处
18. 河南省郑州市黄河公证处
19. 江西省南昌市赣江公证处

检察文书一等奖获奖作品
专家评语

承办检察官:滕艳军
检察院:最高人民检察院
案号:高检民监(2015)118号民事抗诉书

最高人民检察院滕艳军制作的高检民监(2015)118号民事抗诉书,针对原终审判决存在的两处适用法律错误,通过向最高人民法院提出抗诉,启动了案件的再审程序,较好地维护了实体正义。文书涉及的案件为民事抗诉案件,体现了检察机关检察监督的职能。该抗诉书对整个案件的基本概况有一个清晰的描述思路,文书格式符合法律文书样式,篇章结构合理,层次分明,繁简得当;以时间脉络对主要案情进行概括,语言精练,具有较强的内在逻辑性;说理部分围绕案件的争议焦点"合同的解除原因是什么,也即双方当事人是否存在违约、违约方应如何承担违约责任"进行梳理;最后提出检察机关的观点,认为广东省高级人民法院(2014)粤高法民一终字第24号民事判决适用法律确有错误。观点鲜明,说理透彻,逻辑严密;文书行文流畅,语言准确,专业用语规范,文字表达言简意赅,并且熟练地引用法律条文,结合案件事实证据进行深入剖析,充分展现了检察人员较高的写作水平和扎实的学术功底。

中华人民共和国最高人民检察院
民事抗诉书

高检民监(2015)118号

黄洁明因与关永汉房屋买卖合同纠纷一案,不服广东省高级人民法院(2014)粤高法民一终字第24号民事判决,向广东省人民检察院申请监督,该院提请本院抗诉。本案现已审查终结。

2012年9月10日,关永汉起诉黄洁明至广东省江门市中级人民法院,请求法院判令:1.黄洁明向关永汉返还已支付款项100万元。2.黄洁明承担违约责任,向关永汉双倍返还定金4 000万元。3.黄洁明承担本案一切诉讼费用。2013年4月12日,在庭审过程中,关永汉增加一项诉讼请求:要求解除其与黄洁明分别于2012年3月8日、3月22日以及4月20日签订的《新华市场转让合同》《补充协议》《补充协议书》。黄洁明提起反诉,请求法院判令:1.关永汉向黄洁明支付违约金2 000万元。2.关永汉承担本案全部的诉讼费用。2013年4月12日,在庭审过程中,黄洁明增加一项诉讼请求:要求解除其与关永汉分别于2012年3月8日、3月22日以及4月20日签订的《新华市场转让合同》《补充协议》《补充协议书》。

广东省江门市中级人民法院于2013年9月16日作出(2012)江中法民一初字第22号民事判决。该院一审查明:关永汉与黄洁明于2012年3月8日签订《新华市场转让合同》,约定由黄洁明向关永汉转让其所有的鹤山市新华市场的6处房产及经营管理权,成交价格为1亿元。由于上述转让的标的物中有3处房产,因黄洁明为案外人的银行贷款(总金额为4 601万元)提供担保并办理了抵押登记手续,故双方协定,本次交易以关永汉首先向黄洁明支付部分转让款(4 600万元),后由关永汉负责替黄洁明偿还案外人的银行贷款(即赎楼)并注销上述3处转让房产的他项权登记后,再行将涉案全部标的物过户的方式进行。同时,双方还约定了通过银行资金监管的途径来保障本次交易的进行,双方应于本合同签订当天,共同前往银行签订《资金共管协议》。

双方关于转让款的支付方式及时间的主要约定有:1.2012年3月22日前,关永汉应将第一期转让款2 000万元支付到双方开设的银行共管账户中,并作为定金。2.2012年3月30日前,关永汉应将第二期转让款2 600万元支付到银行共管账户。3.2012年4月9日前,关永汉应代替黄洁明偿还约定的4 601万元银行贷款。

双方针对共管资金的解付、4 601万元的银行贷款的偿还、存在抵押权房产的他项权注销登记以及转让房产的过户等问题的主要约定有:1.黄洁明在关永汉支付第一期转让款4 600万元到银行共管账户后,应于2012年4月2日与关永汉一起到鹤山市公证处办理《委托书》,授权关永汉负责办理抵押房产的他项权登记注销手续和涉案标的物的权属交易登记手续。《委托书》办理完毕后交由黄洁明保管。2.在公证处办理完毕《委托书》后,由关永汉签署《委托付款通知书》,授权银行解付共管账户中的4 400万元到黄洁明指定收款账户。在银行审查《委托付款通知书》且确认无误后,黄洁明将《委托书》移交给关永汉。3.关永汉在取得《委托书》后应在2012年4月9日前负责偿还4 601万元的银行贷款并注销他项权登记。4.在关永汉履行完自己的前述义务后,双方应在2012年9月1日前完成本次交易全部房产的过户手续。

双方针对违约责任问题的主要约定有:若关永汉未支付定金或未足额支付定金的,则须向黄洁明支付违约金2 000万元;若黄洁明逾期超过15天,未按约定办理移交《委托书》授权关永汉办理涉案房产的他项权登记注销及权属交易登记手续的,关永汉有权单方取消本协议,黄洁明应双倍返还定金。

此外,双方还针对涉案转让房产移交、转让标的租金的处理、违约责任等问题作出了具体约定。还约定了黄洁明应在本协议签订后的5个工作日内办理6处房产中3处没有设定抵押权房屋产权证的旧证换新证手续。

上述合同签订后,双方没有确定资金监管的银行,没有签订《资金共管协议》。关永汉也没有依照《新华市场转让合同》的约定履行相关的付款义务。在合同签订当日,黄洁明办理了约定的3处房产旧证换新证的手续。2012年3月13日,黄洁明提前与关永汉一起前往广东省鹤山市公证处办理了合同中约定的《委托书》,并由黄洁明保管。《新华市场转让合同》中约定的其他合同义务,双方均未实际履行。

2012年3月22日,黄洁明与关永汉签订《补充协议》,对《新华市场转让合同》中约定的部分内容进行了补充约定,主要是针对4 601万元的抵押房产银行贷款的偿还问题。因上述银行贷款由两部分构成。其中一笔的贷款金额为2 500万元,主债务人为鹤山市华大物业管理有限公司,债权人为中国工商银行鹤山市支行,抵押物为黄洁明所有的鹤山市沙坪前进路42号房产。另一笔的贷款金额为2 101万元,主债务人为鹤山市华大发展有限公司,债权人为中国工商银行鹤山市支行,抵押物为黄洁明所有的鹤山市沙坪前进路44号、46号两处房产。故双方约定,由原来《新华市场转让合同》中约定的关永汉在2012年4月9日前负责偿还上述4 601万元贷款变更为:关永汉先行支付转让款2 000万元至银行监管账户并负责偿还2 101万元的银行贷款,后由黄洁明以自己的财产为关永汉向银行贷款提供担保。关永汉取得银行贷款资金后,再行支付第二期转让款并负责偿还第二笔贷款2 500万元。完成后,黄洁明再行提供财产为关永汉再次向银行贷款提供担保。《补充协议》中还针对黄洁明的收款账户变更、银行监管资金的支付等问题作出了约定。其中双方约定在2012年3月22日前,双方应与银行签订资金监管协议。

《补充协议》签订后,除于当日双方共同与广发银行江门分行签订了《交易资金托管协议》外,《补充协议》中约定的其他主要合同义务,双方也没有实际履行。2012年4月20日,黄洁明与关永汉再次就本次交易进行补充协商,并签订了《补充协议书》,双方当事人针对相关合同义务的履行再次作出约定,主要内容如下:1.签订本《补充协议书》当天,关永汉应支付100万元转让款至黄洁明指定的账户。同时关永汉到鹤山市工商银行以自己或指定的公司名义开设保证金账户,并在2012年4月23日前支付2 101万元到该账户。款项到账后,关永汉与鹤山市工商银行签订《质押合同》,该款项作为鹤山市沙坪前进路44号、46号两处存在抵押登记房产涉及的贷款债务的质押保证金。关永汉保证未经黄洁明同意,关永汉不得单方撤销该《质押合同》。2. 2012年4月24日前,关永汉应将2 000万元转让款支付到广发银行江门分行建设支行的监管账户中。在前述转让款到位且《质押合同》签订后,黄洁明提供其所有的鹤山市沙坪镇新湖二巷49号之五、鹤山市沙坪镇新湖二巷44号101房、鹤山市沙坪镇新湖二巷51号之三、之四等3处房产(即本次交易的6处房产中原来没有设定抵押权的3处房产)为关永汉向银行申请贷款提供抵押担保,关永汉申请贷款的金额不超过2 300万元。3. 在前述黄洁明为关永汉申请贷款提供担保房产的相关抵押登记手续完成的同时,关永汉应将第一期转让款2 000万元的《委托付款通知书》交付给黄洁明,由黄洁明前往相关银行办理款项的解付手续。4. 2012年4月27日前,黄洁明与关永汉应到银行签订《委托还款协议》,由关永汉偿还以鹤山市沙坪前进路44号、46号两处房产作担保的2101万元贷款债务。5.《补充协议书》中涉及的银行的工作由关永汉负责办理,黄洁明予以协助。

另外,《补充协议书》中针对关永汉应支付的第二期转让款的支付问题以及2 500万元的抵押房产银行贷款的偿还问题约定的操作流程与前述方式基本一致。其中约定,2012年5月3日前,关永汉应支付2500万元到鹤山市工商银行的保证金账户中并签订《质押合同》,该款项作为鹤山市沙坪前进路42号存在抵押登记房产涉及的贷款债务的质押保证金。此外,双方在《补充协议书》中还对本次交易标的物的过户、新华市场租户租金收益、税费等问题进行了约定。

《补充协议书》签订后,双方着手开始履行各自的相关义务。2012年4月20日,案外人黄微珍、梁建雄分别向黄洁明的账户中划入款项共计100万元。黄洁明于同日向关永汉出具《收据》一份,载明:"今收到关永汉关于新华市场转让合同款订金共壹佰万元整(该款项分别由梁建雄、黄微珍汇入伍拾万元整)"。2012年4月26日,中国工商银行鹤山支行与新粤公司签订《质押合同》一份,约定新粤公司为鹤山市华大发展有限公司的债务向债权人中国工商银行鹤山支行提供质押担保。在该《质押合同》的附件中载明:保证金账户开户行:鹤山工行;户名:鹤山市新粤纤维有限公司;账号:20120060412000075 29;质物价值为:人民币2 101万元。2012年5月7日,鹤山市沙坪前进路44号、46号两处房产上的他项权登记办理了注销手续。2012年5月8日,关永汉往其在广发银行江门分行开设的资金监管账户中划入款项2 000万元。后双方就《补充协议书》的履行问题产生争议。黄洁明认为因关永汉并未向其提供梁建雄、黄微珍以及新粤公司出具书面的同意代为付款、代为质押的手续,导致其交易安全不能得到保障,而且关永汉也没有提供办理相关银行贷款(2 300万元贷款)的申请资料,其无法配合关永汉并提供抵押物作担保。关永汉则认为黄洁明不配合其办理银行贷款手续并提供抵押物进行担保的行为在先,导致其无法继续履行《补充协议书》中约定的其他义务。2012年5月22日,黄洁明重新以鹤山市沙坪前进路44号、46号两处房产为鹤山市华大发展有限公司2 101万元的债务提供抵押担保,并办理了抵押登记手续。双方当事人各执一词,遂成本案诉讼。

该院一审另查明:2012年7月9日,因关永汉与江门市中盈融资担保有限公司之间存在追偿权纠纷,江门市新会区人民法院依据江门市中盈融资担保有限公司的申请冻结了上述监管账户中的2 000万元款项。后江门市新会区人民法院作出(2012)江新法执字第1529-1号《执行裁定书》扣划了上述2 000万元款项,并于2012年7月20日向关永汉、黄洁明发出(2012)江新法执字第1529-1号《通知书》。

该院一审还查明:一审庭审后,根据该院的要求,关永汉向该院提交一份由梁建雄、黄微珍于2013年4月13日出具的《证明》,载明梁建雄、黄微珍分别向黄洁明的账户中划入款项50万元系受关永汉委托。该院于2013年7月12日对梁建雄、黄微珍进行询问,二人均确认《证明》的真实性。黄微珍陈述其系关永汉开设公司的出纳人员,其根据关永汉的指示向黄洁明汇入50万元款项。梁建雄则向该院陈述其因与关永汉之间存在款项往来,其系受关永汉的委托向黄洁明的账户中划入款项50万元。

该院一审认为:本案为房屋买卖合同纠纷。关永汉与黄洁明签订的《新华市场转让合同》《补充协议》《补充协议书》系当事人在平等、自愿、协商一致基础上共同订立,为当事人的真实意思表示,内容不违反法律、行政法规的强制性规定,为有效合同,各当事人应当严格遵照履行。

(一)关于合同解除的问题

庭审中,关永汉、黄洁明均同意解除合同,并相应增加要求解除《新华市场转让合同》《补充协议》《补充协议书》的诉讼请求。根据《中华人民共和国合同法》第九十三条第一款"当事人协商一致,可以解除合同"之规定,该院对于关永汉、黄洁明分别在本诉与反诉中提出解除合同的诉讼请求均予以支持。

(二)关于合同解除的原因和责任问题

审查双方当事人的实际履行情况,在履行涉案合同过程中,关永汉和黄洁明均存在违约,导致涉案合同解除的过错不能单一归责于一方,双方均有责任。对此分析如下:

1.关永汉在本次交易过程中存在多处违约行为。《补充协议书》约定关永汉应于2012年4月20日当天到鹤山工商银行,根据银行的要求以自己或者指定公司的名义开设保证金账户,并在2012年4月23日前支付2 101万元的质押款项到账,用以赎楼办理注销抵押登记手续。但关永汉则是于2012年4月26日才委托了新粤公司与中国工商银行鹤山市支行签订《质押合同》并汇入了2 101万元质押款项,关永汉上述迟延履行行为构成违约。《补充协议书》约定关永汉应于2012年4月24日前将转让款2 000万元支付至银行监管账户,而实际上关永汉亦逾期履行该项义务,迟至2012年5月8日才履行该项义务,构成违约。《补充协议书》约定,在关永汉履行支付2 101万元的质押款用以赎楼办理注销抵押登记手续及向银行监管账户汇入2 000万元转让款的合同义务后,由关永汉另行向银行贷款(不超过2 300万元)用作资金周转,黄洁明则需提供房产抵押担保。虽然关永汉主张其曾经准备好了申请贷款的相关资料且通知了黄洁明,但未提供证据证实,亦构成违约。此外,关永汉于2012年5月8日向银行监管账户中汇入的转让款2 000万元,于2012年7月被江门市新会区人民法院因案件的执行依法扣划。至本案起诉前,关永汉并未举证证实其仍有足够的合同履行能力,并且在被扣划了相关款项后其未能够为继续履行合同作出充分准备,应当认为,关永汉在购房款的支付问题上存在重大违约情形。

2. 黄洁明于2012年5月22日将鹤山市沙坪前进路44号、46号两处房产重新设定抵押登记的行为,不属于为保障自身合法权益所采取的合理措施,构成违约。理由如下:

首先,虽然关永汉在本次交易过程中确实存在逾期签订《质押合同》用于办理银行赎楼手续、逾期支付2 000万元监管资金的违约行为,但根据本案合同的性质及嗣后的实际履行情况,应当认为关永汉的上述违约行为并未达到致使合同目的不能实现的程度。且黄洁明也未提供证据证实其在关永汉迟延履行债务后进行过催告,关永汉上述两项合同义务的实际履行时间仍然超过了经催告后所确定的合理期限。因此并不存在合同可以法定解除的情形。同时,审查关永汉2 000万元监管资金的实际支付时间(2012年5月8日),比照《补充协议书》中约定的履行期限(2012年4月24日),也未超过双方在《新华市场转让合同》中约定的可以解除合同的15天期限,因此本案也不存在符合当事人约定的解除情形。故本案所涉及的一系列合同具备应当继续履行的条件。

其次,黄洁明主张在履行过程中因关永汉并未向其提供由梁建雄、黄微珍以及新粤公司出具的同意代为付款100万元、代为质押2 101万元的手续,导致其交易安全无法获得保障,应视为关永汉没有履行上述两项义务,其有理由相信关永汉不具备继续履行合同的能力。该院认为,黄洁明的该项主张实质行使的是同时履行抗辩权。同时履行抗辩权性质上是当事人一方为对抗另一方履行义务请求而暂时不履行己方合同义务的抗辩权,但并非否定己方合同义务存在的抗辩权。

依据双方签订的一系列合同内容,关永汉的合同目的是获得涉案房屋,黄洁明的合同目的是通过出售房屋获得合同约定的价款。关永汉的主要合同义务是支付购房款,黄洁明的主要合同义务是通过赎楼消除设定于涉案房屋上的抵押权后,交付涉案房屋并协助关永汉将该房屋的产权过户登记。从双方对本次交易约定的整个流程来看,关永汉如要办理房屋过户登记手续、取得涉案房屋的所有权的前提是必须付清全部转让款(包括代为支付赎楼款用于注销设定于涉案房屋上的抵押权),即:关永汉付款在先,黄洁明转移房屋所有权在后。而本案双方发生争议,尚处在关永汉的第一期付款阶段,即便黄洁明关于关永汉没有适当履行合同义务的主张成立,但鉴于黄洁明已经实际领受了100万元的款项、新粤公司也已经实际与中国工商银行鹤山支行签订《质押合同》,鹤山市沙坪前进路44号、46号两处房产的抵押登记亦于2012年5月7日办理了注销登记手续,应当认为,截至此时,黄洁明的合法权益并未受到任何实质影响;相反,黄洁明还因此获得部分收益(即在未改变所有权登记的情况下原设定抵押的房屋消除了抵押手续、实际控制占有100万元的款项),黄洁明的合同目的并未受到影响。黄洁明若认为只有在第三人能够提供相关手续的情况下,才能保障其交易安全,完全可以在接下来的合同履行阶段继续与关永汉协商并提出要求,甚至还可以在最后的房产过户阶段通过行使同时履行抗辩权拒绝过户来保障。因此,黄洁明的该项主张不能成立。

综上,在本案出现关永汉违约但不影响本次交易继续进行的情况下、在黄洁明自身合同权利未受到实质性影响且有足够能力与条件对自身权益进行保障的情况下,黄洁明于2012年5月22日将已经从银行赎出的鹤山市沙坪前进路44号、46号两处房产重新设定抵押,系对其负有赎楼合同义务的违反,明显阻碍了对方当事人合同目的的实现,依法应认定为构成违约。

(三)关于当事人提出的各项诉讼请求能否成立的问题

1. 关于关永汉本诉主张的100万元转让款的退还问题。2012年4月20日,案外人黄微珍、梁建雄分别向黄洁明的账户中划入款项共计100万元。黄洁明也于同日向关永汉出具《收据》确认收到上述款项作为定金。加之,经该院询问,黄微珍、梁建雄也明确表示其汇出款项系应关永汉的委托,故该100万元的款项性质系关永汉为履行《补充协议书》所支付的转让款。根据《中华人民共和国合同法》第九十七条"合同解除后,尚未履行的,终止履行;已经履行的,根据履行情况和合同性质,当事人可以要求恢复原状、采取其他补救措施,并有权要求赔偿损失"的规定,在本案《新华市场转让合同》《补充协议》《补充协议书》已经双方当事人协商一致解除的情况下,关永汉要求黄洁明返还已经支付的转让款100万元,合法有据,予以支持。

2. 关于关永汉本诉主张的要求黄洁明双倍返还定金4 000万元、黄洁明反诉主张要求关永汉支付违约金2 000万元的问题。如前所述,在履行涉案合同过程中,关永汉和黄洁明均存在违约,导致涉案合同解除的过错不能单一归责于一方,根据《中华人民共和国合同法》第一百二十条"当事人双方都违反合同的,应当各自承担相应的责任"的规定,两方当事人作为违约方均不能要求对方承担合同解除的违约责任,本案黄洁明将收取的相关款项返还给关永汉即可。故黄洁明反诉主张要求关永汉支付违约金2 000万元的诉讼请求,不予支持。至于关永汉本诉主张要求黄洁明双倍返还定金4 000万元的问题。首先,基于前述理由,关永汉在本案中存在违约是导致涉案合同解除的原因之一,其无权请求适用定金罚则;其次,关永汉向监管账户中汇入的2 000万元款项,根据其与黄洁明、广发银行江门分行三方签订的《交易资金托管协议》第二条"在托管期间,托管账户内的资金所有权属于资金存入方……"的约定,该2 000万元款项作为定金,不能视为已经交付给了黄洁明,加之,该款项实际已于2012年7月被江门市新会区人民法院因案件的执行依法扣划,故关永汉要求返还定金,理据不足,对其诉讼请求,不予支持。

综上所述,该院一审判决如下:一、解除关永汉与黄洁明分别于2012年3月8日、3月22日以及4月20日签订的《新华市场转让合同》《补充协议》《补充协议书》;二、黄洁明应于该判决发生法律效力之日起10日内向关永汉返还已收取的转让款100万元;三、驳回关永汉的其他诉讼请求;四、驳回黄洁明的其他反诉请求。关永汉、黄洁明均不服一审判决,向广东省高级人民法院提起上诉。

广东省高级人民法院于2014年7月21日作出(2014)粤高法民一终字第24号民事判决。该院二审对一审法院认定的事实予以确认。另查明,二审时,关永汉出示其打印的2012年5月9日、11日、16日向黄洁明电子邮箱发送邮件的网络页面,证明其催促黄洁明办理抵押登记,并当庭登录邮箱相应页面,显示的页面内容与打印内容一致。黄洁明表示无法确认电子邮件的真实性,不确认收到该邮件,且邮件内容也无具体指向,未显示是向具体哪一家银行申请贷款,或者具体哪一家银行同意贷款并出具了贷款通知材料。二审时,经向双方当事人释明,是否认为涉案合同所约定的违约金过高应予调整,双方均表示,如己方应承担违约责任,则请求调整约定违约金数额。此外,该院向黄洁明一方释明,按黄洁明一方的主张,关永汉构成迟延履行,同时也构成根本违约,若经人民法院认定关永汉不构成根本违约,是否在本案中要求其承担迟延履行违约责任。黄洁明当庭表示,关永汉具体构成何种违约,由人民法院依法认定,就迟延履行应承担的责任,以书面意见明确要求关永汉按逾期付款每日2‰计算违约金2 730 300元(9101万元×15天×0.002)。

该院二审认为:本案是房屋买卖合同纠纷,诉讼过程中,关永汉、黄洁明对涉案合同及补充协议的解除均无异议,对此予以确认。本案的争议焦点是,合同的解除原因是什么,也即双方当事人是否存在违约,以及违约方应如何承担违约责任。

双方为交易鹤山市新华市场的6处房产先后签订3份合同,交易房产中3处已由黄洁明为银行贷款办理抵押登记,购房款总额为1亿元,其中4 601万元以代为偿还涉案房屋所担保的银行贷款的形式支付(贷款分两笔,一笔金额为2 101

万元,一笔为2 500万元),799万元作为买方办理过户时卖方应缴税费予以扣减。2012年4月20日双方签订的《补充协议书》对交易款项支付细节作了最后一次变更约定,引述该协议相关内容如下:

1. 签订协议当日,关永汉支付100万元转让款给黄洁明。

2. 签订协议当日,为代黄洁明偿还银行贷款一事,关永汉到鹤山市工商银行按照银行要求以其或其指定的公司名义开设保证金账户,并在2012年4月23日之前支付2 101万元到此账户,将到账银行回单复印件给黄洁明,提供原件核对,与鹤山市工商银行签订《质押合同》,约定款项作为原以鹤山字第0100004121号、第0100003810号房产作抵押的贷款的质押保证金。关永汉保证未经卖方同意,不单方撤销该合同。

3. 2012年4月24日之前,关永汉将2 000万元转让款支付到广发银行江门分行建设支行的监管账户。

4. 前述2、3项完成当日,双方办理交易房产中3处无抵押登记的房产的他项权登记,作为关永汉贷款的抵押物,贷款金额不超过2 300万元。

5. 在前述第4项完成后,由关永汉向黄洁明出具委托书,办理前述第3项2 000万元监管资金的解付。

6. 2012年4月27日之前,关永汉替黄洁明偿还贷款2 101万元,即前述第2项所涉银行贷款。

2012年5月3日前,为替黄洁明偿还银行贷款2 500万元,关永汉需支付2 500万元到保证金账户,并与贷款银行签订《质押合同》,具体细节与前述第2项相同。

完成上述事项后,黄洁明提供原作为2 101万元银行贷款担保物的两处房产,为关永汉办理贷款提供担保。

7. 2012年5月8日前双方签订《委托还款协议》,关永汉当天替黄洁明偿还贷款2 500万元,银行注销该贷款担保房产(也是交易6处房产之一)的他项权利登记。

2012年5月8日前,黄洁明再支付2 500万元到监管账户。当日双方办理前述2 500万元贷款原担保房产的抵押登记,作为关永汉贷款的抵押物。

8. 在银行、房管部门确认上述第7项他项权利登记手续无误,黄洁明签名的同时,关永汉将监管资金2 400万元的《委托付款通知书》交付给黄洁明。若因关永汉原因上述资金不能支付给黄洁明,则属关永汉违约,按关永汉逾期付款进行处理,黄洁明可取消所签的抵押合同。若以上房产不能完全办理抵押,则属黄洁明违约,按黄洁明违约责任处理。

9. 以上所有银行工作由关永汉负责办理,黄洁明给予配合。

结合《新华市场转让合同》、3月22日《补充协议》的内容看,涉案合同就付款事宜经过两次变更,延迟原约定的付款时间,变更原约定的付款方式,从关永汉应分期直接付款、代为偿还贷款,变更为黄洁明陆续提供交易的6处房产为关永汉办理贷款提供担保,以保障交易资金安全,可以反映关永汉自身支付能力存在困难,但双方对此达成谅解,并且重新协商了付款时间和方式,以保障合同顺利履行完毕。变更后的合同约定合法有效,双方均应遵照履行。

经查,合同实际履行情况为:关永汉在签订合同当日支付了100万元,2012年4月26日由新粤公司与鹤山市工商银行签订《质押合同》,并支付2 101万元保证金。2012年5月7日,该2 101万元银行贷款担保物鹤山市沙坪前进路44号、46号两处房产被抵押双方涂销了抵押登记。2012年5月8日关永汉向约定的资金监管账户划入2 000万元。其后合同未继续履行,黄洁明于2012年5月22日重新以鹤山市沙坪前进路44号、46号两处房产为银行贷款办理了抵押登记。

黄洁明一方认为,第一笔100万元是由案外人梁建雄、黄微珍支付,为偿还贷款2 101万元支付保证金并与银行签订《质押合同》的是案外人新粤公司,关永汉未能提供案外人代为付款、代为质押的证据,自身交易安全不能得到保障。就此问题分析如下:就合同履行的方式,关永汉有权在保障黄洁明一方利益不受影响的情况下选择由第三人代为履行,由案外人梁建雄、黄微珍支付的100万元已由黄洁明出具《收据》表示收到关永汉支付的款项,黄洁明再对该笔款项支付方式提出异议,不予支持。而新粤公司与鹤山市工商银行所签订的《质押合同》,也明确指向是为涉案合同中约定的2 101万元银行贷款提供质押担保,并已支付2 101万元保证金,黄洁明根据合同约定应获取的利益已经得到充分保障,黄洁明认为关永汉未能提交新粤公司受其委托办理质押事宜的证据,交易安全不能得到保障,缺乏理据。

关永汉签订质押合同代为偿还贷款,支付2 000万元至监管账户时均迟于合同约定,分别迟延3天和14天,但根据《新华市场转让合同》的约定,逾期15天卖方可解除合同,未超过15天的承担迟延履行的违约责任。黄洁明作为卖方,可以在保留追究对方迟延履行责任的前提下,继续履行合同,按照《补充协议书》的约定,在关永汉为2 101万元银行贷款签订质押合同并支付保证金,支付2 000万元至监管账户后,黄洁明应提供交易的3处无抵押登记的房产作为关永汉办理银行贷款的担保物。黄洁明一方表示未能提供是因关永汉不能提供办理银行贷款的申请资料,无法配合,但根据二审查明的事实,关永汉曾于2012年5月9日、11日、16日向合同载明的黄洁明电子邮箱发送邮件协商办理抵押登记事宜,黄洁明虽不认可收到该邮件,但未能给予充分理由予以反驳,应当认定关永汉就抵押登记事宜与黄洁明协商。黄洁明主张是因关永汉不能提供办理银行贷款申请资料而无法配合,二审时提出是因关永汉资信差无法贷款,应予以举证而未能举证,对其该项主张不予采信。

更重要的是,黄洁明在银行涂销了2 101万元贷款两处担保房产的抵押权登记后,于2012年5月22日再次重新办理抵押权登记。该两处担保房产,是涉案合同标的,按照合同后续安排,也将作为关永汉办理贷款的担保物为关永汉提供担保,黄洁明重新办理抵押登记的行为,是以自己的行为明确表示拒绝继续履行合同,足以印证关永汉提出的黄洁明拒绝提供担保的主张。

最后一份《补充协议书》的约定环环相扣,每一环节是下一步骤履行的前提。黄洁明一方重新办理抵押登记的行为,影响关永汉依约向银行融资,导致合同事实上无法顺利履行。关永汉支付到监管账户的2 000万元资金被人民法院因其他纠纷扣划,是在合同事实上无法履行之后发生,不影响对黄洁明一方构成根本违约这一事实的认定。

关于违约责任的承担问题。根据《补充协议书》第八条的约定:"若因关永汉原因上述资金不能支付给黄洁明,则属关永汉违约,按关永汉逾期付款进行处理,黄洁明可取消所签的抵押合同。若以上房产不能完全办理抵押,则属黄洁明违约,按黄洁明违约责任处理。"《新华市场转让合同》第八条违约责任约定:"1. 本协议签订后,若关永汉未按时支付定金,黄洁明有权单方终止本协议,因此产生的责任由关永汉承担。2. 关永汉逾期付款,每逾期1天按未付金额的2‰向黄洁明支付逾期违约金。若逾期超过15天,黄洁明有权单方取消本协议并没收定金,若关永汉未支付定金或未足额支付定金的,关永汉须向黄洁明支付违约金2 000万元。3. 若黄洁明未能按本协议第5条的约定办理及移交《委托书》授权关永汉负责办理上述房产的他项权利登记注销及权属交易登记手续,每逾期1天按4 600万元的2‰向关永汉支付违约金,若逾期超过15天,关永汉有权单方取消本协议,黄洁明双倍返还定金。但非黄洁明的原因造成的除外。"该约定实质是双方若根本违约,另一方有权解除合同,并要求违约方按2 000万元承担违约责任。若迟延履行未超过15天,则按每日未付款额或已收款额的2‰支付逾期违约金。合同所约定的定金2 000万元性质为违约定金。约定的定金数额并未违反《中华人民共和国担保法》第九十一条不得超过主合同标的额20%的规定,合法有效。双方在履行《补充协议书》时发生的违约行为,应适用前述约定承担责任。

黄洁明一方表示自己未实际收到定金2 000万元,定金罚则不生效,但关永汉是根据合同约定将2 000万元支付到银行监管账户,也即已经依约履行支付定金的义务。黄洁明一方违约的,应当按照合同约定承担双倍返还定金的违约责任,因该笔2 000万元后被人民法院依法扣划,不存在返还问题,黄洁明应向关永汉按2 000万元承担违约责任,关永汉要求黄洁明双倍返还4 000万元以弥补损失,不能得到支持。关永汉就其迟延履行行为,包括签订质押合同,支付保证金2 101万元代为偿还贷款迟延3天,支付2 000万元至监管账户时迟延14天,其中签订质押合同虽非直接付款行为,但必然导致合同后续事项的迟延,故关永汉对该两项应当承担违约金共计686 060元(2 101万元×3×0.002+2 000万元×14×0.002)。因涉案房产交易合同标的金额较大,因违约造成的损失受房地产市场影响,难以估算,为引导市场交易主体诚实守信,维护合法有效的合同效力,在当事人未充分举证证实合同约定的违约金过分高于对方所受实际损失的情况下,对违约金数额不予调整。

综上所述,一审判决认定事实清楚,但适用法律不当,予以部分改判。原审判决第一项解除涉案合同正确,予以维持。合同解除后,关永汉已支付的100万元应由黄洁明返还,对原审判决第二项予以维持。双方当事人部分上诉理由成立,予以支持。判决:一、维持广东省江门市中级人民法院(2012)江中法民一初字第22号民事判决第一项、第二项。二、撤销广东省江门市中级人民法院(2012)江中法民一初字第22号民事判决第三、四项。三、黄洁明应于本判决发生法律效力之日起10日内向关永汉支付2 000万元违约金。四、关永汉应于本判决发生法律效力之日起10日内向黄洁明支付686 060元违约金。五、驳回关永汉的其他诉讼请求。六、驳回黄洁明的其他反诉请求。

黄洁明不服二审判决,向广东省高级人民法院申请再审。该院于2015年3月20日作出(2014)粤高法审监民申字第12号民事裁定,驳回黄洁明的再审申请。

黄洁明不服,向检察机关申请监督。

本院审查认定的事实与二审法院查明的事实一致。

本院认为,广东省高级人民法院(2014)粤高法民一终字第24号民事判决适用法律确有错误。理由如下:

一、二审判决认为对涉案部分房产"黄洁明一方重新办理抵押登记的行为,影响关永汉依约向银行融资,导致合同事实上无法顺利履行",从而构成根本违约,属于适用法律确有错误。第一,黄洁明在关永汉逾期履行的情况下,为本已解除抵押的鹤山字第0100004121号、第0100003810号两处房产重新办理抵押登记的行为,并不影响关永汉依约向银行融资(金额不超过2 300万元)。因为按照《补充协议书》的约定,为关永汉进行融资担保的是黄洁明未设定抵押的另外3处房产,即鹤山字第0100017469号、第0100017471号、第0100017472号房产,而非上述重新设定抵押的两处房产。二审判决认为黄洁明重新设定抵押的行为将影响关永汉依约向银行融资,无事实依据。第二,《补充协议书》的各条款有明确的先后履行顺序,黄洁明履行以鹤山字第0100004121号、第0100003810号两处房产为关永汉进行融资担保的义务,系在关永汉尚需履行下列三项主要义务之后:一是关永汉先办理银行监管资金2 000万元的解付给黄洁明;二是关永汉替黄洁明偿还在工商银行鹤山支行的2 101万元贷款;三是关永汉再支付2 500万元到银行保证金账户,并与工商银行鹤山支行签订《质押合同》,作为原以鹤山字第

0100003811号房产作抵押的贷款的质押保证金。在关永汉尚未履行上述三项义务的前提下,二审判决认为黄洁明重新设定抵押的行为将导致合同事实上无法履行,依据不足。第三,根据《补充协议书》第4条的约定,鹤山字第0100017469号、第0100017471号、第0100017472号3处房产设定抵押的目的系为关永汉本人购买涉案房屋进行融资,并未约定关永汉可以指定其本人以外的主体或基于其他目的向银行进行贷款。但本案中关永汉提交的建设银行新会支行两份《客户告知书》显示,申请贷款的主体分别为江门市荣信燃料物资有限公司和江门市新会耀翔贸易有限公司,且明示贷款不得用于固定资产或股本权益性投资,这与《补充协议书》约定的贷款主体和贷款目的明显不符,黄洁明据此拒绝为关永汉进行融资担保有一定的合理性。综上,黄洁明将涉案两处房产重新设定抵押的行为,不足以导致合同无法继续履行以及合同目的无法实现,二审判决认定该行为构成根本违约,适用法律确有错误。

二、二审判决黄洁明向关永汉支付2 000万元违约金,属于适用法律确有错误。第一,涉案房屋转让协议相关内容经过两次变更后,原《新华市场转让合同》《补充协议》中约定的定金条款已经被《补充协议书》变更取消。双方当事人就合同的履行先后签订了三份协议,其中关于第一期转让款2 000万元的内容在三份协议中均作出约定,前两份协议中均有"作为定金"的表述,而第三份协议却在其他表述不变的前提下删除了"作为定金"的内容,而且在协议的其他条款中也没有关于定金的表述。由于第三份协议签订在后,且三份协议关于第一期转让款2 000万元的表述不一致,应当认定双方在第三份协议中取消了关于定金的约定。第二,关永汉存入资金监管账户的2 000万元,在本案起诉之前已因另案被执行划走,应视为其支付定金的义务没有有效履行,故其要求黄洁明双倍返还定金的诉讼请求无事实依据。综上,二审法院援引《新华市场转让合同》《补充协议》中的定金条款进行判决,适用法律确有错误。

综上所述,广东省高级人民法院(2014)粤高法民一终字第24号民事判决适用法律确有错误。根据《中华人民共和国民事诉讼法》第二百条第(六)项、第二百零八条第一款的规定,特提出抗诉,请依法再审。

此致
中华人民共和国最高人民法院

2015年9月28日

附:检察卷宗一册

刑事裁判文书一等奖获奖作品专家评语

合议庭成员:罗智勇、董朝阳、李剑弢
法院:最高人民法院
案号:(2015)刑抗字第1号

评选理由:该案是中华人民共和国成立以后第一个由最高人民法院开庭审理,最高人民检察院派员出庭履行职务的刑事抗诉案件。该案争议的焦点不在于如何认定案件事实,实际上本案做到了案件事实清楚、证据充分(包括涉案资金数额、自首情节等),案件真正的争议焦点在于如何正确适用法律和对被告人判处刑罚,即如何理解适用《中华人民共和国刑法》第180条第4款援引同条第1款法定刑的问题。《中华人民共和国刑法》第180条第1款规定了"情节严重"和"情节特别严重"两个量刑档次,第4款只规定"情节严重"的定罪标准,在适用第4款时需援引第1款规定。但究竟是援引第1款的部分规定("情节严重")还是援引第1款的全部规定(两个量刑档次),被告人的行为究竟属于"情节严重"还是"情节特别严重",对此,检察机关和人民法院在理解上产生了分歧,而对法律条文的不同理解直接影响最终的量刑。原审判决虽然认定事实正确,但法律适用错误,即对法律条文的理解和适用错误,导致量刑畸轻。该案的再审改判,进一步明确了我国刑法有关援引法定刑的基本原则,对统一法律适用标准、指导同类案件依法正确处理具有重要影响。本案判决书涉及的案件社会影响较大,案件具有一定的典型性、代表性、疑难性,判决书的格式严谨,语言准确规范,思路表达清晰,说理分析透彻,行文严谨流畅。此案件判决的作出有利于规范我国证券市场管理秩序,实现了法律效果和社会效果的双赢。

阅读文书全文请扫描以下二维码:

民事裁判文书一等奖获奖作品专家评语

合议庭成员：宋鱼水、冯刚、张玲玲
法院：北京市第三中级人民法院
案号：（2014）三中民初字第07916号

琼瑶与于正著作权纠纷一案，双方当事人的特殊身份，使其成为一起备受社会各界关注的特殊案件，加之著作权类纠纷具有的专业特点，从实务到理论，都对法官的裁判文书写作水平提出了严格要求。法官以其过硬的专业理论功底和较强的文书写作功底，制作完成该篇优秀的裁判文书。首先，格式体例规范。从文书形式上看，无论是首部及尾部的相关事项还是正文部分的叙事说理，其体例与格式均符合最高人民法院对于民事判决书的要求，规范、严谨，结构分明，要素齐全。其次，文书释法说理，有理有据。为了便于原、被告争议作品具体情节的比对，叙述的21个故事情节完整清楚，双方争议的6个焦点问题的归纳简明扼要，并且围绕诉辩双方的争议焦点作出有针对性的回应。从著作权的归属、文学作品中思想与表达及其区分、实质性相似的判断标准、特定情境与有限表达及公知素材的关系、改编权、摄制权等一系列专业问题的界定与梳理论证，到民事责任的评定，均能针对案件事实，以法律为依据，客观公正分析论证，环环相扣。尤其是对专业问题的阐述，能做到有理有据，令人信服。该裁决过程的释法说理，充分有力，真正体现了尊重原创、保护原创的法律精神，彰显了司法公正。最后，案件审理中引入的专家辅助人并就剧本创作问题当庭发表意见，体现了审理程序的透明与公正。纵观全文，文书语言表述准确、流畅，逻辑严密，引据叙事，由事及理，法理互见，由理而断，体现了以理服人的文本风格。

阅读文书全文请扫描以下二维码：

民事裁判文书一等奖获奖作品专家评语

合议庭成员：陈文军、封波、吕旦华
法院：江苏省南京市玄武区人民法院
案号：(2013)玄商初字第580号

江苏省南京市玄武区人民法院选送的由陈文军法官承办的玄武区人民法院(2013)玄商初字第580号民事判决书(于2014年12月19日作出)，是一份修正刑事判决受害人的民事判决书。获奖理由：

一、该民事判决书克服了刑事判决书确定的事实被民事判决照单接纳的思维定势，而是根据具体案情，认真分析、独立思考，作出符合事理、情理又不违背法理的民事判决，以民事判决改变了刑事判决对刑事受害人认定的内容，并以此为基础作为民事判决的事实依据，进而作出民事判决。

二、该民事判决书既立足于民事案件的事实和证据，又密切关注与本案有牵连关系的刑事案件的证据、事实和情节。对民事案件事实的认定是建立在刑、民两个案件事实基础之上，有更扎实的证据和事实基础。本案法官审理民事案件，却往返穿梭于民事案件以及与民事案件有牵连的刑事案件之间，足见该案法官对所承办案件认真负责的精神，对法律公平正义的坚守，对刑民案件法律知识的娴熟，对驾驭刑民案件审理的综合能力。

三、该判决书敢于在现有法律框架内有所突破、有所创新。有三个明显特色：其一，根据民事案件的事实，改变了刑事判决对刑事受害人认定的内容。其二，根据本案中双方当事人所形成交易习惯认定民事案件事实。其三，在判决书中借用专家学者的理论观点，作为民事判决的理论支撑。

阅读文书全文请扫描以下二维码：

行政裁判文书一等奖获奖作品
专家评语

合议庭成员:夏露、胡慧莉、于毅
法院:湖北省武汉市江岸区人民法院
案号:(2014)鄂江岸知行初字第00002号

湖北省武汉市江岸区人民法院(2014)鄂江岸知行初字第00002号行政判决书,具有很强的专业性。本案虽然是一起涉及工商行政处罚的行政案件,但是却要对商标侵权等违法事实进行法律上的认定,需要运用知识产权审判的理念和方法来处理问题。全案的争议焦点在于"对在先权利人、利害关系人界定及企业字号、名称作为商标性使用的界定",极大地考验了行政案件审判人员的专业素质。该行政判决书全文符合文书样式,篇章结构合理,层次分明,繁简得当;尤其是对证据的梳理分析清晰明确,使之形成证据链条,一目了然;该判决书语言准确,行文流畅,重点突出,逻辑清晰;判决结论保护了老字号商标权人的合法权利,展示了行政裁判对知识产权保护的司法职能,显示了裁判者较高的理论水平和专业素养,是一篇不可多得的优秀的行政裁判文书。

阅读文书全文请扫描以下二维码:

律师文书一等奖获奖作品
专家评语

承办律师：谭芳
律师事务所：上海市华诚律师事务所
案由："全国首例代孕龙凤胎监护权案"二审代理词

  谭芳律师的"全国首例代孕龙凤胎监护权案"二审代理词，紧紧围绕争议焦点展开论述分析，观点鲜明、论据充分、说理透彻、逻辑严密，结论明确清晰；该代理词篇章结构合理、格式规范、行文流畅、专业用语规范、文字表达言简意赅，充分体现了承办者的法律知识、写作水平和高超的辩论技巧。
  本案本身具有极高的社会关注度，且没有明确的法律规定可以适用，尤其涉及了人民群众普遍关注的亲情伦理的问题，在一审判决不利的情况下，二审的代理上诉工作存在较大难度。本份代理词以现行的《中华人民共和国婚姻法》（以下简称《婚姻法》）、《中华人民共和国民法通则》（以下简称《民法通则》）为基础，结合代孕、人工生育子女等问题，抽丝剥茧、层层推进，最后在联合国《儿童权利公约》中找到法源，从保护孩子的利益出发，争取对孩子最有利的判决，并最终为二审判决全部采纳。
  该份代理词的意义不仅仅在于为当事人赢得了官司，更是为同类案件提供了开创性的代理思路，也促使了法官的判决与国际条约准则接轨，对相关理论的发展有着不可磨灭的推动作用。

代 理 词

尊敬的审判长、审判员：
  上海市华诚律师事务所接受本案上诉人陈某的委托，指派我们担任本案的代理人，参与本案的诉讼，根据庭审调查的事实以及争议焦点，发表如下代理意见：
  一、关于上诉人与孩子之间是否存在父母子女关系？上诉人认为，其与孩子的关系可以类推适用现行《婚姻法》的继父母子女关系以及类推适用最高人民法

院 1991 年复函的规定

1. 我国现行法律并无亲子关系认定制度,对于继父母子女关系,《民法通则》或《婚姻法》等法律也未给出明确定义,但从现行的法律规定来看,父母子女关系成立的条件分为如下几类:第一种是基于自然血亲成立,血缘关系是决定性因素;第二种养父母子女关系成立的决定性因素在于是否有办理合法的收养手续;第三种继父母子女关系成立的决定性因素在于是否共同生活。是否形成具有法律意义上的继父母子女关系,除了结婚的事实外,共同生活或者是抚养行为起到了决定性的作用,如果没有共同生活的事实,继父母子女仅是一种姻亲关系,只具备伦理上的意义,没有法定的权利义务关系。因而,判断是否形成继父母子女关系,与孩子是否为父母前一段婚姻中所生并无实际的意义,被上诉人庭审中过分强调前一段婚姻关系在继父母子女关系形成上的作用实际上是对继父母子女关系的一种曲解,而被上诉人认为本案上诉人与孩子间不能适用继父母子女关系的重要理由也就是孩子并非在上诉人亡夫前一段婚姻中出生,显然这一观点即使是从现行法律规定上来看也不能成立。

虽然,本案的上诉人和亡夫找人代孕的行为不具备合法性,但行为的违法性并不必然导致结果的违法性,本案的不合法行为导致的结果是两个孩子的出生,孩子一出生即为民事权利主体,他们同样拥有被抚养以及不被歧视的权利,也就是说不能因为上诉人和其亡夫以及提供卵子和代孕母亲的违法行为而造成孩子父母的缺位。就目前的实际情况来看,卵子提供者以及代孕母亲无法寻找,上诉人养育近四年,与孩子建立了深厚的感情,是最适合抚养孩子以及建立父母子女关系的人选,而上诉人和孩子的关系与继父母子女关系的形成有诸多的类似之处,无血缘关系,但有合法的婚姻关系以及共同生活的事实,当下,为了解决孩子的身份关系以及抚养问题,可以类推适用继父母子女关系。

2. 在判断人工生育子女的法律地位时,是否具有血缘关系从来都不是判断的标准,最高人民法院 1991 年的复函以及最高人民法院的指导案例早已确定这一原则,这也符合全世界的立法趋势,亦为世界各国立法所采纳。最高人民法院 1991 年复函解决的是人工授精子女法律地位的问题,在这一复函中,最终确定为孩子父亲的人并非精子的提供者,而是孩子母亲的丈夫。本案中两个孩子的出生与人工授精子女一样,出生基于夫妻双方的意愿,妻子一方并非卵子的提供者,却有与孩子共同生活的事实,虽上诉人与其亡夫得到孩子的手段并非为法律所允许,但在立法未有明确之前,并不能排除上诉人具有合法的母亲身份的可能,人工授精的子女法律地位在 1991 年复函以前同样处于模糊状态,无法界定。从世界各国的立法来看,异质人工授精这种行为本身也经历了从不合法到合法的过程,而关于人工授精子女的法律地位的认定也从单一地以血缘关系判断演变为不将血缘关系作为判断标准。随着现代文明以及科学技术的发展,建立人类卵子库满足越来越多人的生育需求,也并非完全没有可能,随之而来的父母子女关系问题也是必然需要解决的。而本案类推适用最高人民法院1991年复函解决孩子的法律地位问题,不会造成对于买卖卵子以及代孕行为肯定的结果。如现行行政法律、法规有对上诉人的违法行为的处罚条款,应当适用行政法律、法规解决,而不应影响上诉人以及孩子的民事权利,不能混为一谈。

二、被上诉人不能依据《民法通则》第16条的规定取得孩子监护权

假设依据上诉人行为的违法性就可以剥夺上诉人的监护权,那么被上诉人同样无权成为孩子的爷爷奶奶,理由如下:

1. 上诉人亡夫罗某行为的违法性可能会导致其无法成为孩子的父亲

假设上述逻辑关系成立,无论被上诉人如何否认其子罗某参与代孕行为,但其子至××提供精子、支付代孕巨款、从××接回孩子并且做亲子鉴定已是不争的事实,相信没有罗某物质上的支持以及强烈的生育意愿,也就不会发生两个孩子出生的事实了。包括两被上诉人在原审庭审时也一再提到其在代孕这件事上是明知的,再强调罗某没有参与代孕行为或受到上诉人的欺骗,显然被上诉人是无法自圆其说的。那么罗某同样参与了代孕并且促成了代孕的成功,罗某的行为同样违法,显然如果上述被上诉人的逻辑成立,无论罗某与孩子有无血缘关系,罗某都因自己的违法行为导致其不是孩子的父亲,那么被上诉人更加不能因为和罗某的父母子女关系而理所应当地成为孩子的爷爷奶奶。做个不恰当的比方,就是罗某和上诉人一同干了件违法的事,但是上诉人受到了法律的惩处,剥夺其监护权,而罗某却因此获益,理所应当地成为了孩子的父亲,显然这是不符合法律的本意的。被上诉人大谈特谈权利来源、身份关系基础,仅从上诉人行为违法性上来看待本案的问题,那么假设本案中卵子的提供者是一名已婚妇女,其和丈夫都主张两个孩子的抚养权,那么此时罗某可能也只是一个精子提供者,而不是孩子的父亲了,自然,被上诉人也不是孩子的爷爷奶奶了。

2. 本案不应将血缘关系作为优势因素考量

此外,必须说明的是,本案并非卵子提供者或者代孕母亲向上诉人主张孩子的抚养权,需要考量血缘关系是否具有优势。被上诉人认为两个孩子仅能视为罗某的非婚生子女,非婚生子女和婚生子女享有同等的权利。那么,假设两个孩子是因为罗某婚外情所生的子女,婚外情同样违反了《婚姻法》的禁止性规定,行为本身同样是不合法的,而上诉人却心甘情愿地抚养了孩子4年,并且也愿意在罗某去世后继续抚养孩子,此时,还能够仅凭血缘关系将孩子交由被上诉人监护吗?显然,答案是否定的。

3. 现行民事法律规范无法成为被上诉人主张监护权的依据

《民法通则》和《婚姻法》的规定是被上诉人主张权利的重要依据,然而《民法通则》明文规定只有在未成年人父母死亡或没有监护能力的情况下,才能在有能

力的情况下担任监护人,《婚姻法》第 28 条也规定了有负担能力的祖父母、外祖父母,对于父母已经死亡或父母无力抚养的未成年的孙子女、外孙子女,有抚养的义务。姑且不论被上诉人是否为孩子的祖父母以及他们的监护能力,就单说这一前提条件,被上诉人也很难符合,原审在排除了上诉人的母亲资格后,同时也无法查明孩子的孕母及卵子提供者,但无法查明不等于孕母或卵子提供者已然死亡或者丧失监护能力,在这种情况下将孩子直接判决给被上诉人也根本违反了法律规定。

综上,被上诉人也并非孩子当然的监护人。

三、由于现行的民事法律规范并无父母子女关系认定的规则,而假设上诉人与被上诉人均并无必然的监护人资格,此时,判断孩子应当由谁监护以及跟随谁生活就应以儿童利益最大化原则作为判断标准,这一原则也为联合国《儿童权利公约》所确定

在现行的法律规范内,本案可能出现的几种情况:

1. 假设上诉人与被上诉人均不具备法律规定的第一、第二顺序监护人的资格,孩子应当交由居委会或者国家民政部门进行监护;

2. 本案无法查明孩子的母亲,但可交由公安部门顺藤摸瓜,也许假以时日,能够寻找到代孕的母亲或者卵子提供者,再将孩子交由孩子的母亲抚养;

3. 在上诉人与被上诉人之间选择最合适的一方来抚养孩子,或者共同行使监护权。

那么我们来看第一种情形,两个孩子已经来到上诉人的家庭生活了近 4 年,形成了稳定的生活环境,从孩子的角度来看,他和别的孩子没有任何差别,而一旦把孩子送交民政部门监护,势必改变孩子的生活环境而且必将改变孩子一生的命运,显然这并不是一个有利于孩子的决定。

再看第二种情形,假设找到了孩子的母亲,孩子的母亲是否有抚养意愿尚未可知,但通常代孕母亲或卵子提供者大都出于经济利益的驱使生育孩子,其本身并无意愿更加没有经济能力抚养孩子。将孩子交由代孕母亲或卵子提供者来抚养,或许从血缘关系上看更加密切,但显然也不是有利于孩子的决定;

最后一种情形,虽然上诉人与被上诉人都不必然是孩子的监护人,但短期内立法也无法解决本案的问题,那么如何寻找一个最佳的途径解决孩子的抚养问题,当然应当遵循儿童利益最大化原则进行处理。

首先,从双方的抚养意愿上来看,被上诉人虽然主张孩子的监护权,但在多次的庭审中,被上诉人曾不止一次地提到罗某的亲姐姐愿意抚养,并且有抚养能力,被上诉人取得监护权后就会把两个孩子送到美国交由女儿抚养(杨浦区人民法院 2014 年 8 月 27 日庭审笔录第 5 页第 9 行;闵行区人民法院 2014 年 4 月 30 日庭审笔录第 4 页倒数第 2 行、第 5 页以及第 6 页以及闵行区人民法院 2014 年 7 月 9 日

庭审笔录第3页倒数第4行、第4页第1行),可见,被上诉人坚称自己是为了保护孩子才争取孩子抚养权的说法显然站不住脚,被上诉人根本没有抚养意愿;而上诉人自始至终为了能和孩子生活在一起,一再地对财产做出一定程度的放弃,甚至愿意放弃自己名下全部的股权份额,可见其抚养的意愿。代理人认为,不论双方之间有多少财产利益的纷争,都不应该拿孩子的将来作为武器。

其次,从双方的抚养能力上看,不论被上诉人如何陈述自己有经济能力抚养孩子,但两名被上诉人是耄耋老人已是不争的事实,两个孩子尚有14年才能成年,被上诉人如何保证在这14年间身体健康还有富余的精力去照顾并保护孩子;还是说交由与孩子素未谋面的姑姑处抚养,那么法庭将孩子判给被上诉人抚养的意义何在?代理人非常想说的是,金钱不是养育孩子的唯一条件,而情感和关怀才是幼年的孩子最需要的。反观上诉人,有正当的工作,有足够的精力保证孩子能够得到充分的照顾,并且能让孩子生活的现状不发生任何改变,安稳地度过童年,对孩子有足够的爱心,显然上诉人的抚养能力优于被上诉人。

再者,从孩子目前的生活环境来看,孩子已与上诉人以及上诉人的父母建立了深厚的感情,而被上诉人并未带过两个孩子,甚至在明知孩子是代孕出生的情形下提起诉讼,根本没有考虑到孩子的隐私可能会被曝光的风险。而根据多次的庭审表现,被上诉人无法控制自己的情绪,辱骂上诉人,很难给予孩子正面的影响,如将孩子交由被上诉人处抚养,不但会改变孩子现有的稳定的生活环境,还可能会给孩子带来不可逆的影响。而两个四岁的孩子又如何认知在不到两年的时间内失去了爸爸和妈妈?这恐怕不是一个判决可以解决的问题了。

最后,从判决对孩子利益保护的角度来说,本案的判决恐对孩子的将来产生更深远的影响在于,罗某去世后的财产仍然未得到分配,按照原审判决如果监护权由被上诉人单独行使,而孩子的孕生母亲无法寻找的情形下,一旦被上诉人侵犯孩子的人身或财产权益,谁来保护孩子?难道保护孩子的责任要推卸给同样无辜的国家相关部门?或者由相关部门主动干预?显然,原审判决未曾考虑这些问题。相反,如果能够由上诉人继续抚养孩子,上诉人如有侵犯孩子权益的行为,被上诉人作为祖父母仍然有权监督上诉人以及保护孩子。上诉人也不止一次地在公开场合表达其愿意在保证孩子权益的情况下,将属于孩子的遗产份额交由被上诉人监管。孩子利益保护是本案必须考虑和不可回避的问题,原审判决未有任何论证,草率地作出判决,实属对孩子的将来不负责任。

综上所述,生儿育女是人类最基本的愿望,对某些人来说也是最重要的需求,同时还是种族延续的需要。虽然本案中的上诉人和罗某用了不恰当的方式生育了两个孩子,从公法性质上看,这一行为虽然是禁止性行为,但上诉人并未对任何私权利造成侵害,不论是代孕的母亲还是卵子提供者应当都是自愿行为,上诉人的行为如果要受到法律的惩处,也是应当由相关部门作出处罚,而不是以剥夺孩子抚养权的方式代替。假定上诉人的行为违法因而无法获取母亲的身份,那么罗某也不能因为提供了精子就取得了合法的父亲身份,被上诉人更加不能取得爷爷奶奶身份,因为这一切并不以血缘关系作为判断标准。无效的民事行为产生的法律后果不一定无效,本案涉及的代孕行为即使无效,但造成的法律后果是两个孩子的出生,不论孩子是婚生还是非婚生子女,都应当等同于婚生子女进行对待,而要解决本案的问题,唯一的途径就是从儿童利益最大化角度出发,作出最有利于孩子成长的判决。

上述代理意见恳请贵院予以斟酌参考!

此致
上海市第一中级人民法院

委托代理人:谭芳律师
2015 年 11 月 16 日

公证文书一等奖获奖作品
专家评语

承办公证员：谢斌
公证处：北京市中信公证处
案号：(2015)京中信执字00071号

北京市中信公证处(2015)京中信执字00071号执行证书具有以下显著优势：

一是选题新颖独特。该文书涉及的案件社会影响较大，具有典型性和疑难性。案件所涉标的额大，借款本金为11.555亿元，出具执行证书时，加上利息、违约金等已达14亿元；案件主体涉及多个企业，内容包含《借款合同》《补充协议》《最高额抵押合同》和《项目管理协议》；案件属于借款提前到期，在同类公证业务中，这种情形并不多见，具有典型性。

二是文书结构合理。该文书符合法律文书样式，申请人、被申请人及申请事项一目了然，首部、正文、尾部等要素齐全，篇章结构合理，层次分明，繁简得当。

三是语言精练准确。该文书行文流畅，语言准确，公证用语规范，文字表达言简意赅，标点符号正确，字里行间充分体现出了承办公证员的法律知识、写作水平和公证业务能力。

四是说理分析透彻。该文书围绕借款纠纷及事实展开论述分析，观点鲜明，论据充分，说理透彻，逻辑严密，结论明确清晰。

五是法律适用正确。该文书能够结合借款事实及证据准确引用法律，并进行充分的法律分析，有理有据，处理得当。

六是社会效果良好。该文书的结论先后被上海市第一中级人民法院和上海市高级人民法院完全采纳，切实保障了债权人的债权快速得以实现，在信托业乃至金融业影响重大。

执行证书

(2015)京中信执字00071号

申请执行人:华能贵诚信托有限公司
企业法人营业执照注册号:520000000005866
住所:贵州省贵阳市金阳新区金阳南路6号购物中心商务楼一号楼24层5、6、7号
法定代表人:李进
被申请执行人:上海赢湾兆业房地产有限公司
企业法人营业执照注册号:310115002134646
住所:上海市浦东新区罗山路1502弄14号201-8室
法定代表人:王洪伟
申请事项:执行证书

申请执行人华能贵诚信托有限公司于2015年1月14日向本处申请出具该公司与被申请执行人上海赢湾兆业房地产有限公司签订的具有强制执行效力的《借款合同》及其补充协议、《最高额抵押合同》的执行证书。

经查:

一、被申请执行人上海赢湾兆业房地产有限公司于2013年8月15日与华能贵诚信托有限公司签订了《借款合同》及其补充协议,向华能贵诚信托有限公司申请借款人民币1 175 500 000元,以实际发放的借款金额为准,借款期限为24个月。此笔借款利率为固定利率,年利率为11%,每年3月20日、6月20日、9月20日、12月20日及借款到期日结息。上述《借款合同》及其补充协议在我处办理了具有强制执行效力的债权文书公证,公证书号为(2013)京中信内经证字28188号。双方在合同中明确约定:如甲方(上海赢湾兆业房地产有限公司)不履行或不完全履行本合同项下之相应款项支付等义务,或出现本合同约定的其他情形,乙方(华能贵诚信托有限公司)有权向北京市中信公证处申请执行证书并凭本合同的公证书和执行证书向有管辖权的人民法院申请强制执行。甲方承诺放弃申请诉讼解决的权利并自愿接受人民法院的强制执行。

二、作为上述借款的担保,上海赢湾兆业房地产有限公司自愿签署《最高额抵押合同》,以该公司名下编号为沪房地浦字(2013)第061930号《上海市房地产权证》项下位于花木街道46街坊16/3丘对应国有土地使用权作为抵押物为上述借款提供最高额抵押担保,并已办理完毕抵押登记手续,详见登记证明号为浦201314049401的《上海市房地产登记证明》。上述《最高额抵押合同》在我处办理

了具有强制执行效力的债权文书公证,公证书号为(2013)京中信内经证字28189号。双方当事人在上述合同中特别约定"如主合同债务人不履行或不完全履行主合同项下之相应款项支付等义务,或出现本合同及主合同约定其他抵押权人可以行使抵押权的情形,抵押权人有权向北京市中信公证处申请执行证书并凭本合同的公证书和执行证书向有管辖权的人民法院对抵押人申请强制执行。抵押人承诺放弃申请诉讼解决的权利并自愿接受人民法院的强制执行"。

三、为确保上述贷款资金的安全及所投专项开发建设的上海杨高中路地铁口房地产开发项目顺利进行,华能贵诚信托有限公司与上海赢湾兆业房地产有限公司及其母公司、佳兆业集团控股有限公司等各方签署《项目管理协议》,明确约定了所开发项目的项目管理进度和销售进度。并在管理协议第8.4条中特别约定:戊方(上海赢湾兆业房地产有限公司)可根据本项目实际情况就本协议附件一所列节点中:(1)取得本项目四证时间,(2)"工程±0"时间,(3)取得《商品房预售许可证》的时间,申请延期,每项延期期间不超过两个月,否则甲方(华能贵诚信托有限公司)有权:(1)就本款前述第(1)、(2)、(3)项延期履约之事项要求乙方支付1 000万元违约金;(2)要求乙方、丙方、丁方、戊方提前履行交易文件项下全部义务。

现查实:

一、申请执行人华能贵诚信托有限公司于2013年8月28日履行放款义务向上海赢湾兆业房地产有限公司一次性发放借款人民币1 155 500 000元;

二、债务人上海赢湾兆业房地产有限公司在履行合同、协议过程中出现所开发上述项目工程进度明显滞后的重大违约情况,2014年3月3日华能贵诚信托有限公司向上海赢湾兆业房地产有限公司、佳兆业集团控股有限公司等签发《通知函》,要求违约方予以纠正违约行为并保留追究其违约责任的权利。

2014年4月2日,上海赢湾兆业房地产有限公司、佳兆业集团控股有限公司等出具了《说明函》,要求延后调整项目管理及销售时间节点。

此后,又发生了借款人之母公司佳兆业集团控股有限公司对外连续发布公告,称该公司实际控制人、经营管理层发生变更且该公司位于深圳的项目被政府部门"锁定"、被债权人要求提前清偿贷款等事宜。

2015年1月14日华能贵诚信托有限公司根据《项目管理协议》第8.4条及《借款合同》第12.3条之约定向上海赢湾兆业房地产有限公司发函宣布上述《借款合同》项下全部借款提前到期,并要求上海赢湾兆业房地产有限公司立即支付上述借款本金、利息、违约金和其他费用。

三、截止到本《执行证书》出具之日,被申请执行人上海赢湾兆业房地产有限公司未向华能贵诚信托有限公司履行其支付上述借款本金、利息、违约金和其他费用的义务,亦未履行最高额抵押担保义务。

四、就华能贵诚信托有限公司的上述债权主张,经向被申请执行人上海赢湾兆业房地产有限公司发函核实,该公司就华能贵诚信托有限公司提前终止《借款合同》的依据提出异议,理由为《借款合同》仍在正常履行,尚未届至清偿期限。个别项目现状与《借款合同》无关,违约事实不存在,华能贵诚信托有限公司单方面宣称债务提前到期及要求债务人清偿债务的情形不能被申请强制执行。

本处认为,双方在《借款合同》中约定,上海赢湾兆业房地产有限公司承诺接受并配合检查,具体以相关方另行签署的《项目管理协议》约定为准。《项目管理协议》中也明确华能贵诚信托有限公司对上述《借款合同》项下开发项目进行监管。因此,《项目管理协议》属于《借款合同》中"就本项目与乙方签署的其他协议",上海赢湾兆业房地产有限公司违反《项目管理协议》,工程进度明显滞后的行为构成华能贵诚信托有限公司宣布借款提前到期的依据。根据《借款合同》的约定,上海赢湾兆业房地产有限公司接到华能贵诚信托有限公司要求其纠正违约行为通知之日起5日内,违约情形未得到解除的,华能贵诚信托有限公司有权停止发放借款,宣布借款立即到期,并要求其偿还合同项下所有到期及未到期的本金、利息、违约金和其他费用。故华能贵诚信托有限公司在上海赢湾兆业房地产有限公司在履行合同、协议过程中出现所开发项目工程进度明显滞后的重大违约情况后,依照上述合同约定向其宣布借款提前到期,事实清楚,理由充分。上海赢湾兆业房地产有限公司虽提出异议,但没有提出合理有效的相反证据,且亦无证据证明其在接到华能贵诚信托有限公司要求其纠正违法行为的《通知函》后采取过有效的补救措施,本处对此不予认可。

现应申请执行人华能贵诚信托有限公司的申请,根据《中华人民共和国民事诉讼法》第238条、《中华人民共和国公证法》第37条和最高人民法院、司法部《关于公证机关赋予强制执行效力的债权文书执行有关问题的联合通知》的规定以及申请执行人与被申请执行人所签《借款合同》及其补充协议、《最高额抵押合同》的约定,特出具本《执行证书》。

申请执行人华能贵诚信托有限公司可持本《执行证书》及(2013)京中信内经证字28188号、(2013)京中信内经证字28189号《公证书》向有管辖权的人民法院申请强制执行。

被申请执行人:上海赢湾兆业房地产有限公司

执行标的:

一、借款本金人民币1 155 500 000元;

二、被申请执行人应支付未付的利息人民币88 267 361.11元(自2014年12月21日起计算至放款日起满24个月之对应日,按照《借款合同》第12.3条第(2)项约定计算);

三、违约金(以逾期借款本金为基数,自借款实际提前到期日起计算至全部借款本金获得全额清偿之日止,按照《借款合同》第12.3条第(3)项约定按逾期借

款本金0.5‰/天计算);

四、实现债权的费用(按实际发生额计算,包括但不限于公证费人民币115万元、律师费人民币70万元、执行费等其他费用);

五、被申请执行人不能履行上述债务的,申请执行人有权以被申请人持有的《上海市房地产权证》[沪房地浦字(2013)第061930号]项下位于花木街道46街坊16/3丘的国有土地使用权折价或拍卖、变卖该抵押物所得的价款优先受偿。

中华人民共和国北京市中信公证处

公证员:谢 斌

2015年1月21日

精准定位、励精图治、努力奋斗
全面提升影响力,实现跨越式发展

——中国法学会法律文书学研究会第三次
全国会员代表大会工作报告

各位代表:

上午好!九月的北京,秋高气爽。在全面推进依法治国和深化司法改革大好形势下,中国法学会法律文书学研究会同仁汇聚一堂,共襄盛举,在这里召开第三次全国会员代表大会。回顾过去,硕果累累,法律文书学研究会(以下简称"研究会")的工作博得了领导和业界的赞誉。过去的发展历程,令人激情满怀,经过十年的不懈努力,我们从一个名不见经传、影响力有限的体制外二级民间研究机构发展成为法学领域的"国家队",成为中国法学会大家庭的一名重要成员,取得了可喜的成就。但是,我们不能停留在过去的功劳簿上,还必须要以新的姿态和饱满的热情去迎接新的挑战。按照中国法学会的统一部署,我们要在这次大会上完成换届任务,选举出新一届的理事会、常务理事会和研究会领导机构,为今后更好地开展各项学术活动、全面提升影响力、实现跨越式发展奠定坚实基础。总结过去是为了展望未来,根据研究会章程的规定,受常务理事会委托,我在此向大会作工作报告,请予以审议。

一、过去五年的工作回顾

研究会具有艰苦奋斗的优良传统,励精图治的扎实学风,团结互助的团队精神。20世纪80年代,研究会在司法部司法文书师资培训班的基础上起步,研究团体不断发展壮大,2005年经中国法学会批准筹建,2006年在北京市召开了第一次全国会员代表大会,正式宣告成立中国法学会法律文书学研究会。2011年在中国法学会的领导下,筹备社团登记事宜,依法、依规完成登记的必要准备工作,在尚未完成社团登记的情况下,报经中国法学会同意,将2011年的筹备登记会议定位为第二次全国会员代表大会,根据研究会章程和中国法学会的相关规定,第二届理事会的任期今年届满,需要换届。从2015年开始,我们就按照中国法学会的要求有条不紊地进行换届筹备工作。

本届理事会成立以后,由于一直等待登记完成,研究会的工作一度受诸多主客观条件所限,但学术年会正常进行。2014年,中国法学会听取了研究会的工作汇报,明确指出研究会登记是个复杂漫长的过程,在此种情况下,应当转换思路,研究会的发展不能裹足不前,要大胆开拓。经过认真研究,我们提出新的工作思路并付诸实施,研究会领导成员齐心协力,在全体同仁的共同努力下,迅速扭转局面,举办了一系列学术活动,影响力不断扩大,取得了宝贵的经验,得到了中国法学会领导的高度肯定,并作为经验写入了中国法学会年度报告。以下将相关重要活动作一小结。

(一) 成功举办学术年会

2013年12月1日,2013年学术年会在南京市举行。会上,来自全国各地法院、检察院、律师事务所、高校、行政机关的研究会会员分析了法律文书存在的缺乏风格、内容繁简失当、语言笼统空洞等不足;强调了法律文书的实体价值、程序价值、社会价值;得出法律文书写作展现了法治的发展趋势,法律文书提高了法治技术水平的结论。

2014年10月26日,2014年学术年会在北京市举行。中国法学会副会长、全国政治协商会议社会和法制委员会原副主任朱孝清同志出席会议并讲话。本次年会的主题为"法律文书与司法公开",与会代表180余人围绕法律文书公开的基础理论、文书公开的机制与内容、裁判说理与文书质量、法律文书的实证研究等专题展开了深入的研讨和交流。

2015年5月24日,2015年学术年会在中南财经政法大学成功举行,本次年会的主题是"阳光司法与法律文书"。中国法学会副会长朱孝清,中国法学会研究部副主任李存捧,湖北省法学会副会长李仁真和武汉市法学会会长胡绪鹍等出席了本次年会。开幕式上,朱孝清副会长作了重要讲话,常务理事会向大会报告工作。同时,决定增补两位副会长,三位常务理事。本次年会围绕"阳光司法与法律文书",分别从"阳光司法的法治思维""阳光司法与裁判文书公开"和"阳光司法与裁判文书说理"三个主题展开研讨。

每年一次的学术年会,是研究会生存与发展的标杆性活动,形成了强大的凝聚力,年会不仅围绕主题开展学术交流和研究,碰撞出思想火花,还充分利用这个机会,召开常务理事会和理事会,议决研究会的重大事项,为研究会的发展进行筹划,成为进一步落实中国法学会部署的预备会,部署一年的学术活动,同时也是前一年活动开展的总结和反思,从而实现了学术年会的多功能化,实现了质的飞跃。

(二) 成功举行法律文书沙龙

2015年4月25日,研究会主办的"法律文书沙龙:依法治国下刑事裁判文书若干问题"在北京邮电大学科技大厦召开。研究会副会长胡伟新、罗庆东、刘桂明,秘书长许身健,以及来自中国政法大学、中国人民大学、吉林大学、中国青年政治学院、北京师范大学、海南大学等高校的法学专家和尚权律师事务所、德恒律师事务所、大成律师事务所、盈科律师事务所等律师事务所的刑事辩护律师共计60余人参加了此次活动。这是研究会第一场系列学术活动,为活跃学术气氛、激发研究法律文书的兴趣、提高法律文书的写作水平奠定了扎实的基础。

(三) 与《民主与法制》杂志联合开办"法律文书大家谈"活动

2014年3月,在研究会副会长、《民主与法制》杂志总编辑刘桂明的提议下,《民主与法制》杂志积极响应中国法学会法律文书学研究会的号召,开设"法律文书大家谈"新栏目,刊登来自全国公、检、法、司杰出代表有关古今中外法律文书解读的优秀文章,旨在促使全社会更加关注法律文书与司法公正的关系,推动和繁荣法律文书学术研究。

(四) 成功举办"中国公证文书改革研讨会"

2015年5月15日,由研究会主办、昆明市明信公证处承办的"中国公证文书改革研讨会"在昆明市举行。本次研讨会共邀请高校教授、公证专家、昆明的法官和律师共62人参会。中国公证协会副会长段伟、常务理事周志扬、公证理论研究专家咨询委员会副主任委员刘疆,以及公证业内专家王海宁、林群等应邀参加会议。本次研讨会从公证文书的制作改革入手,分析公证体制改革的路径,立足于本职工作,树立起行业的社会形象,进一步统一业内人员做好工作,以公证实务的发展促进制度改革的深化,推动改革理念的普及,产生了良好的社会影响。

(五) 成功举办"证券发行注册制背景下的律师文书制作研讨会"

2015年5月21日,由研究会主办、华东政法大学律师学院和国浩发展研究院承办的"证券发行注册制背景下的律师文书制作研讨会"在华东政法大学长宁校区举行。本次会议共有来自著名高校、专业研究机构、上海证券交易所的教授和专家,以及来自山东省、广东省、福建省、江苏省、天津市、上海市等多地的知名律师事务所的律师共30余人参加。研究会副会长刘桂明、吕红兵,以及来自上海法学会、华东政法大学律师学院的专家等参加会议。本次研讨会及时把握专业发展动态,超前进行专业学术研究,以对专业论坛的精准定位、"短平快"的研究风格,使我们走在司法制度改革的前沿,改变过去为相关部门的政策落实进行解读的被动落后局面,更好地发挥了研究会人员的聪明才智,逐步发展成为国家改革特别是专业法律服务的智库,真正发挥主力军作用。

（六）成功设立"法律文书学研究会"微信群和公众号

根据研究会常务理事会和理事会的要求，秘书处于 2015 年 5 月设立了可以容纳 500 人的微信群聊，群聊名称为"法律文书学研究会"，主要用于研究会各会员即时分享有关法律文书的改革信息。同时，为加强信息传递工作，研究会还设立了"法律文书学"微信公众号。互联网解决了空间和时间上的障碍，使研究会的研究活动及时化、直观化、常态化、现代化，走出了传统的开会、做课题研究模式，通过多种形式的沟通和交流，极大地促进了研究会的团结，形成了合力，研究成果更为直接、快速地进入各自职能部门的转化程序，融入司法改革的大潮中。

（七）成功举办"阳光司法与检察文书专题研讨会"

2015 年 9 月 22 日，由研究会主办、云南省普洱市人民检察院承办的"阳光司法与检察文书专题研讨会"在普洱市举行。来自最高人民检察院和中央民族大学法学院、苏州大学法学院等院校的专家学者以及 21 个省、自治区、直辖市的近百名法律实务工作人员参加了会议。本次研讨会对新形势下检察文书中所涉及的概念、结构、论述等开展了热烈的讨论。此外，研讨会紧扣司法改革主题，在以审判为中心理念的指导下，形成了一部高水平的专门研究检察文书制作的论文集，由法律出版社出版。研究会的专业论坛依靠内部凝聚力和地方司法部门的支持，实现了共赢，对司法改革的落地发挥了研究会独特的作用。

（八）成功举办"司法公开与裁判文书改革研讨会"

为提高法律文书理论研究与裁判文书写作水平，进一步加强审判实务界与理论研究界的交流与合作，2015 年 11 月 5 日，由最高人民法院研究室和研究会联合主办、浙江省杭州市中级人民法院承办的"司法公开与裁判文书改革研讨会"在杭州市举行，会议针对裁判文书的总体改革、说理改革、样式改革展开了深入探讨。本次研讨会的很多研究成果都呈现在后来出台的裁判文书样式和规范文件中。此外，研究会还组织人员直接参与到了最高人民法院相关部门对裁判文书样式修改的具体工作中。这种不拘泥于固有形式，而是将研究成果运用到司法改革的实践中的做法实现了研究会的价值，研究会的努力得到了尊重与认同。

（九）组织专家参与民事和刑事裁判文书样式修订

全国法院通行适用的裁判文书样式主要制定于 20 世纪 90 年代，之后没有进行过大幅度的修订。直到 2015 年年初，最高人民法院开始对全部裁判文书样式进行全面修订。为充分发挥研究智库的作用，研究会的法律文书学专家应邀与最高人民法院研究室通力合作，参与到正在进行的裁判文书样式的修订工作中。研究会专家对20余种裁判文书样式提出书面意见,经研究会细致整理,提交最高人民法院研究室于修订时参考。基于研究会的特点,与实务部门的密切合作是我们今后的工作方向,我们必须深入司法工作第一线,研究重点下沉,牢记为司法实务服务的宗旨,直接参与到司法改革中去。研究会的人员构成和项目选题都不能脱离这一特点。

(十) 成功举办法律文书学教学研讨会

2015年11月28日,以"面向职业的法律文书学教学"为主题的法律文书学教学研讨会在海口市举行。研讨会上,围绕法律文书学教学方法的研究与改革,来自法律文书领域的专家学者和公、检、法、司各部门的业务骨干深入解读党的第十八届四中全会通过的《中共中央关于全面推进依法治国若干重大问题的决定》对法律文书学的政策导向,学习交流国内外先进的教学方法和理念。法律文书的教学训练、师资培养和教学法研究是研究会各项工作的源头,也是重要研究领域,必须引起充分的重视。这次会议为今后的探索奠定了基础,是我们扩大队伍、开阔视野的新起点。教学和科研是不可分离的两个方面,必须坚持两手抓,使二者互为补充。教学法的研究,是推动人才培养的捷径,是理论研究的重要组成部分,研究成果应该向这方面倾斜,让更多的法律职业人员都能写好法律文书是我们的重要使命。

(十一) 成功举办"裁判文书说理的技巧与规则研讨会"

2016年6月24日,研究会与《人民司法》杂志社、中国行为法学会法律语言文化研究会、江苏省徐州市中级人民法院在徐州市联合举办了"裁判文书说理的技巧与规则研讨会"。最高人民法院业务庭资深法官、各地方法院获奖法官和其他作者,以及部分高等院校的学者60余人参加会议。这次会议既是颁奖会,又是动员会,还是一个发布会,为坚定今后的发展方向做出了重要的探索,体现出研究会多角度、全方位、理论联系实际团结各方面力量的综合能力,发挥出研究会、法治媒体和地方法院全面合作的优势,实现了"1+1>2"的工作目标。

(十二) 成功举办"法律文书理论与实务学术研讨会"

2016年8月14日,由研究会主办、贵州警察学院承办的"法律文书理论与实务学术研讨会"在贵阳市举行。来自全国法律文书理论界和实务界的60多名专家学者齐聚一堂,共同对法律文书的相关理论与实务问题进行了研讨。法律职业教育是法学教育的"重镇",是不可忽略的重要方面,也是法律文书教学和研究需要依托的关键领域。研究会需要协调好法律职业院校和普通高校之间的关系,充分发挥国家队主力军的优势,调动一切积极因素,把专业人才聚集到一起,发挥整体研究的合力,为学科建设和人才培养作出应有的贡献。

(十三) 总结经验,协同创新,打造"1+N模式",得到法学会领导好评

遵循广泛参与、注重成果、学术平等、百花齐放的原则,在中国法学会的指导下,研究会2015年度工作以举办"1"个学术年会为中心,在重点突出学术年会的社会影响和研究成果、搭建全国法律文书学研究专家平等交流平台的同时,充分发挥研究会负责人在所在单位和所属领域的专业优势,打造"N"个面向法治、主题精准、人员精悍、研讨深入、服务社会、理论实务并重的专业论坛,并且已经取得初步成果,获得法学会领导的肯定。研究会在办好"1"个学术年会的同时,以"1"个学术年会为抓手,充分考虑到法律文书涉及审判业务、检察业务、公证业务、律师业务、狱政管理、仲裁业务、纪检监察、行政执法等全方位法律领域,研究会半数负责人来自法学实务领域,超过六成的会员为来自实务工作第一线的专家。研究会发挥负责人和会员的专业优势,由负责人分别牵头,充分调动所属单位、行业协会专业人士的积极性,动员各种力量,分别选取各自领域的热点、焦点问题,开展理论界和实务界的直接对话,举办"N"场专题研讨和论坛。

随着研究会队伍的扩大和事业的发展,我们将广辟渠道,促进更多合作成果的产生,更好地为法治建设服务,这不仅需要加强和各级各类高校的合作,也要广泛发展和地方法学会以及地方政法部门的合作,还要扩大国际视野,走出国门,进行横向交流,把国际上好的经验借鉴过来,为我所用。同时也要注重传统文化的扬弃,从古籍文献中学习民族的优秀文化,古为今用。简言之,就是要实现纵横两条线的法律文书研究,全面推进法律文书制作水平的提升,为法治建设作出贡献。

上述活动的成功举行离不开中国法学会和各位副会长、常务理事所在单位的大力支持,特别是从2014年以来中国法学会每年向研究会拨付经费15万元。研究会严格按照中国法学会的财务管理规定,依托中国青年政治学院财务部门依规、合理使用经费。关于2015年中国法学会支持经费情况,将由研究会秘书长许身健向大会作专门报告。

二、未来工作展望

各位同仁,回顾以往的成绩,我们倍感自豪,上述成果的取得离不开中国法学会的统一领导与工作指导,离不开各位的共同努力,在此,要向关心研究会发展以及努力耕耘的同仁表示感谢。习近平总书记说,要"不忘初心,继续前进"。2017年,研究会工作的总体要求是:以习近平总书记系列重要讲话精神为指导,紧紧围绕全面落实党的第十八次全国代表大会和第十八届三中、四中、五中全会部署推进研究会的工作,立足"四个全面"战略布局,把握"五大发展理念"要求,主动适

应新形势,积极探索新机制,着力增强实效性,有效提升影响力,努力推动研究会事业的整体跃升和蓬勃发展。

党的第十八次全国代表大会以来,以习近平同志为总书记的党中央从推进政治体制改革、实现国家治理体系和治理能力现代化的高度描绘司法体制改革的宏伟蓝图,加快建设公正、高效、权威的社会主义司法制度,推动新一轮司法体制改革大潮涌起。习近平同志指出,完善司法制度、深化司法体制改革,要遵循司法活动的客观规律,体现权责统一、权力制约、公开公正、尊重程序的要求。习近平同志强调,问题是工作的导向,也是改革的突破口。要紧紧抓住影响司法公正、制约司法能力的重大问题和关键问题,增强改革的针对性和实效性。法律文书的改革已经纳入司法体制改革之中,这就要求我们大力支持司法体制改革,抓好工作任务落实,下功夫凝聚共识,充分调动一切积极因素,形成推进改革的强大力量。

展望未来,研究会的下一步工作思路是:紧紧抓住全面依法治国进程中的战略性、前瞻性问题和重大现实问题,以加强"学习型、协同型、智库型、国际型"研究会建设为目标,精准定位、励精图治、努力奋斗,全面提升影响力,实现跨越式发展。

具体而言,我们的工作思路如下:

(一) 成立学术委员会并启动第二届全国优秀法律文书评选活动

研究会2016年第一次会长办公会暨常务理事会通过《学术委员会议事规则(试行)》,成立学术委员会并由潘剑峰教授担任主任。在研究会学术委员会的主持下,为全面推进依法治国,促进法律文书质量的进一步提升,提高法律文书学研究水平,搭建法律文书交流平台,发挥法律文书的展示、宣传、教育功能,在总结研究会首届全国优秀法律文书评选活动经验的基础上,研究会在中国法学会官网、中国法学创新网、法律文书学研究会博客和微信公众号,以及各相关媒体正式发布通知,决定举办"第二届全国优秀法律文书评选活动"。目前,该项工作已经获得中国法学会领导的高度重视,研究会应抓住优秀法律文书评选活动的契机,发挥优秀法律文书的引导作用,提高研究会在学术界和实务界的影响力,在中国法学会直属研究会中做出特色,树立品牌。

(二) 以师资培训为抓手,全面提高法律文书实务水平

研究会前身始于宁致远教授在20世纪80年代初受司法部委托举办的司法文书师资培训班,在司法改革和教学改革过程中,法律文书学也发生了很大的变化,需要对全国的师资进行系统培训,高起点、国际化、应用型、技能型训练等都需要进行新的探索,才能够在高等教育和职业培训中更好地掌握法律文书的制作技巧,更好地为法治建设服务。目前,法律文书教学仍然是我国法学教育中的薄弱

环节,通过对法律文书教学理论和方法的充分研究,以期提升我国高等院校法律文书学的教学水平,培养服务于依法治国的法律专业人才。

研究会将继续举办"法律文书大家谈"和"法律文书进校园"活动,邀请各位实务和研究领域的专家走进校园现身说法,提高学校、教师、学生对于法律文书学的重视。研究会希望进一步争取"外援",引进先进法学教育方法,全面提升高等院校特别是重点院校和法律职业院校法律文书学的教学水平,形成一支相互学习、共同进步的师资队伍。

(三) 积极推进"互联网+",高度重视大数据和云平台中法律文书的实务和研究工作

2015年国务院发布了《关于积极推进"互联网+"行动的指导意见》,研究会必须顺应世界"互联网+"发展趋势,充分发挥中国互联网的规模优势和应用优势,特别针对中国裁判文书网的数据进行深入开发。一方面,推动法律文书在实务中的运用,成为引导实务工作的标杆;另一方面,鼓励学者对于大数据的实证研究,挖掘数据背后的规律,这也是朱孝清副会长对研究会提出的要求。通过对中国裁判文书网2000余万份裁判文书的分析,从裁判文书格式、说理等方面进行实证研究,以期指导审判实践。为配合裁判文书上网,研究会拟组织部分专家对若干典型案例进行裁判文书点评,引导社会的评价视角,推动司法改革顺利进行,从而避免偏激言论充斥网络,使网络真正成为联系法治与公民的纽带。

(四) 设立研究会分支机构

研究会未来拟成立裁判文书、检察文书、律师文书、公证文书、法律文书教学改革以及其他独具特色的专业委员会,成熟一个设立一个。要加强研究会内部各学科的协同,创新组织研究机制,实现横向联合、资源互补,形成协同创新平台,集聚各学科的研究资源,推出重大原创性成果。

(五) 推动地方法学会建立法律文书学研究会,筹备建设法律文书学的研究基地和方阵

为了扩大研究会在地方的影响力并提升研究力量及研究品质,研究会将推动地方法学会建立法律文书学研究会,筹备建设法律文书学的研究基地和方阵。要加强顶层设计和统筹规划,推进研究会与地方性研究会之间的协同,发挥研究会系统智库集群的整体优势,推动形成覆盖全国、上下协同、联通互动的研究会系统工作体系,激发出更大的创新活力。

(六) 出版"法律文书论丛",择机改为期刊出版

目前,研究会组织编辑出版了"法律文书论丛",下一步的工作重点是争取将

该论丛改为期刊出版,以扩大其影响力。

(七) 有序推进国际交流,扩大研究会的国际影响力

研究会要积极走出去,讲好中国故事,宣传中国法治。目前研究会正在着手主导成立"亚太法律文书学协会"。我们要以学术交流为内容,逐渐承担起学术外交的实践者和推动者的责任,推动中国法律文书学走向世界。要把加强国际化人才培养,为国际组织输送人才作为一项重要任务,积极培育适应国内和国际两个层面需要的高级法律人才,在积极参与国际规则制定中发挥更大的作用。要结合实际,制定中国法律文书学"走出去、请进来"的工作规划,大力提升对外交流质量。

(八) 加强学术研究,致力智库建设

研究会若想开展前瞻性、针对性、储备性研究,就要把加强成果提炼作为提高决策咨询质量的关键环节,确保实现成果转化;要将决策咨询能力和智库成果作为研究会人才评价的重要指标,大力加强智库人才建设。同时,要坚持问题意识,突出问题导向,强化问题倒逼机制,积极与实务部门建立联系,主动征询研究需求,积极参与法治建设,拓展研究会发挥智库作用的广度、深度和精度。下一步,研究会将为裁判文书上网工作提供进一步的学术资源及智力支持。

(九) 建章立制,加强研究会建设

研究会的进一步发展,需要建章立制、加强自身建设。按照中国法学会领导的指示精神,研究会要更加奋发有为,推进自身建设再上新台阶。一是在组织建设方面,要把提高研究会的广泛性和权威性作为一项重要内容常抓不懈,真正把全国范围内在本学科、本领域最优秀的人才都吸纳进来;二是在制度建设方面,要进一步完善以章程为核心的各项规章制度,进一步明确会长、副会长、常务理事的职责,严格执行研究会关键岗位履职要求,严肃章程的权威性;三是在作风、学风建设方面,要充分发挥研究会作为学术共同体制定学术规范和开展同行评价、学术自律、学术自治的功能,防止"行政化"倾向;四是在队伍建设方面,要将培养、举荐人才作为研究会的一项重要职责,通过课题、调研、论坛、评奖等多种形式,推动研究会成为法学领军人才的孵化平台。

同志们,在中国法学会的正确领导下,经过全体会员的共同努力,研究会承前启后,继往开来,取得了很大成绩。但我们也要看到不足,要不断总结经验,虚心向其他研究会学习,励精图治,再创辉煌。

我们还要向长期支持研究会发展的领导表示感谢,研究会成绩的取得,离不开中国法学会的大力支持,感谢中国法学会王乐泉会长、陈冀平书记、张文显副会

长、张苏军副会长,也要感谢中国法学会副会长朱孝清同志的精心指导;感谢中国法学会研究部李仕春主任的悉心指导,感谢李存捧副主任、彭玲副主任、张涛副主任及研究部全体同志的帮助;感谢中国法学会外联部谷昭民主任和其他同志在外事方面给予的大力支持和帮助!感谢研究会全体同仁的努力奉献和支持!

马宏俊

2016 年 9 月 24 日